## ［省略された大学名］

愛教大…愛知教育大　愛県大…愛知県立大　青森公大…青森公立大　青学大…青山学院大　大阪教大…大阪教育大　大阪公大…大阪公立大　小樽商大…小樽商科大　お茶女大…お茶の水女子大　尾道市大…尾道市立大　関学大…関西学院大　北九市大…北九州市立大　共通テ…共通テスト　京教大…京都教育大　京産大…京都産業大　京都府大…京都府立大　釧路公大…釧路公立大　熊本県大…熊本県立大　群県女大…群馬県立女子大　県広島大…県立広島大　高知工大…高知工科大　神市外大…神戸市立外国語大　看護大…国立看護大学校　滋賀県大…滋賀県立大　静文芸大…静岡文化芸術大　島根県大…島根県立大　水産大…水産大学校　西南大…西南学院大　センター…センター試験　高崎経大…高崎経済大　都留文大…都留文科大　東医歯大…東京医科歯科大　学芸大…東京学芸大　東京女大…東京女子大　都立大…東京都立大　東京理大…東京理科大　東北学大…東北学院大　名外大…名古屋外国語大　名市大…名古屋市立大　奈良教大…奈良教育大　奈良女大…奈良女子大　日本女大…日本女子大　兵教大…兵庫教育大　福井県大…福井県立大　福岡教大…福岡教育大　福岡女大…福岡女子大　防衛医大…防衛医科大学校　防衛大…防衛大学校　北教大…北海道教育大　三重看大…三重県立看護大　宮城教大…宮城教育大　明学大…明治学院大　横市大…横浜市立大

# 上級入試漢字・語彙

桐原書店編集部 編

"ADVANCED KANJI AND VOCABULARY.
5 YEAR COMPILATION FROM UNIVERSITY TESTS"

桐原書店

# 目次


200 最頻出漢字200 ―― 4

40 最重要語彙40 ―― 12

第1章
- 漢字 336 WORDS ―― 18
- 語彙 言語／表現 68 WORDS ―― 30
- 長文問題 言語 ―― 36

第2章
- 漢字 336 WORDS ―― 42
- 語彙 科学／表現 69 WORDS ―― 54
- 長文問題 科学 ―― 60

第3章
- 漢字 336 WORDS ―― 66
- 語彙 社会／表現 66 WORDS ―― 78
- 長文問題 社会 ―― 84

第4章
- 漢字 336 WORDS ―― 90
- 語彙 文化／表現 63 WORDS ―― 102
- 長文問題 文化 ―― 108

第5章
- 漢字 336 WORDS ―― 114
- 語彙 情報／表現 65 WORDS ―― 126
- 長文問題 情報 ―― 132

第6章
- 漢字 同音異義語 100 WORDS ―― 138
- 漢字（読み問題含む） 104 WORDS ―― 142
- 語彙 文学・芸術／表現 66 WORDS ―― 146
- 長文問題 文学・芸術 ―― 152

第7章
- 漢字 同音異義語 100 WORDS ―― 158
- 漢字（読み問題含む） 104 WORDS ―― 162
- 語彙 哲学／表現 64 WORDS ―― 166
- 長文問題 哲学 ―― 172

第8章
- 漢字 同音異義語 100 WORDS ―― 178
- 漢字（読み問題含む） 104 WORDS ―― 182
- 語彙 実用・その他／表現 70 WORDS ―― 186
- 長文問題 実用・その他 ―― 192

付録
- 入試問題 ―― 198
- 四字熟語 ―― 206

索引 ―― 261


## 本書の構成

主な国公立大学・共通テスト・私立大学で過去五年に出題された漢字問題・語彙問題を中心にまとめました。第1章〜第8章までで、漢字約三〇〇〇語、語彙六〇〇語を学習することができます。

冒頭の章には、最も多く出題された漢字二〇〇語を頻度順に並べ、最も重要な語彙四〇語とあわせ掲載しました。これらの語は、第1章〜第8章でも再び出題されますので、繰り返し学習して定着を図りましょう。

第1章〜第5章の漢字は、前半が一つの文に一語の出題、後半は一つの文に二語の出題となり、後半は難易度が上がります。第6〜8章の漢字は、読み問題も加わります。

第1章〜第8章の語彙は、各テーマに関連した語・例文を出題しています。

長文問題は、大学入試で出題された本文を取り上げ、その章で学習した漢字・語彙から出題しています。

……最頻出漢字200語

……最頻出語彙40語

東京大……国公立大学で出題された語

早稲田大……私立大学で出題された語

※記載大学以外でも出題されている場合があります。

主な国公立大学、共通テスト（センター試験）、難関私立大学で過去五年に出題された漢字・語彙の中から、最も多く出題された漢字２００語と最重要語彙の４０語を、頻度順に並べました。

この２００語・４０語は、後の第１章～第８章でも再び出題されます。繰り返し練習して、確実に覚えていきましょう。

# 最頻出漢字２００

# 最重要語彙４０

# 最頻出漢字 ①



1 □ この実験結果が**シサ**する事柄。
それとなくほのめかすこと
示唆 東北大

2 □ 事例が**ヒンパン**に発生する。
しばしば行われること
頻繁 神戸大

3 □ 経営が**ハタン**する。
行き詰まり成り立たなくなること
破綻 大阪大

4 □ 考えが世の中に**シントウ**する。
思想などが広く行きわたること
浸透 お茶女大

5 □ 検査を**テッテイ**する。
のこる所なく十分に行き届くこと
徹底 信州大

6 □ 権利を**ホウキ**する。
すててかえりみないこと
放棄 静岡大

7 □ 山は新緑に**オオ**われている。
一面に広がって全体を包む
覆 千葉大

8 □ 新しい概念を**テイショウ**する。
意見・主張などを唱え人々に説くこと
提唱 奈良女大

9 □ **カジョウ**に反応する。
必要以上に多いこと
過剰 共通テ

10 □ 複雑な事情が**カラ**む。
物が巻きつく。物事が結びつく
絡 宇都宮大

11 □ **リンカク**が浮かび上がる。
物の周りを形づくる線。物事の大筋
輪郭 都立大

12 □ **ボウダイ**な時間をかけて完成した。
ふくれあがり大きくなること
膨大 山梨大

13 □ 野山には危険が**ヒソ**んでいる。
人目につかぬよう隠れている
潜 長崎大

14 □ 最大限に能力を**ハッキ**する。
持っている能力などを働かせること
発揮 奈良女大

15 □ 文明の**コンセキ**をとどめる。
以前に何かあったことを示すあと
痕跡 鹿児島大

16 □ 死の表現は**キヒ**の対象となる。
嫌がって避けること
忌避 北海道大

17 □ **トクメイ**で通報する。
本名を隠して別名をつけること
匿名 愛教大

18 □ 就職を**ケイキ**として引っ越す。
物事が始まるきっかけ
契機 島根大

19 □ 彼の発言を**ヨウゴ**する。
かばって守ること
擁護 大阪大

20 □ **ヤッカイ**なもめ事に巻き込まれる。
面倒で煩わしいこと
厄介 岐阜大

21 □ **チミツ**に織り上げられた布。
細かいところまで行き届いているさま
緻密 一橋大

22 □ **アイマイ**な返事をする。
はっきりしないさま。あやふや
曖昧 金沢大

23 □ 繁栄を**キョウジュ**する。
味わって楽しむこと
享受 愛媛大

24 □ 運命に**ホンロウ**される。
手玉にとってもてあそぶこと
翻弄 熊本大

| No. | 問題 | 意味 | 解答 | 出題 |
| --- | --- | --- | --- | --- |
| 25 | □ 地域社会の発展に**コウケン**する。 | 物事や社会によい結果をもたらすこと | 貢献 | 東京大 |
| 26 | □ 航路の安全が**ホショウ**される。 | 邪魔されたり損をしたりしないように守ること | 保障 | 佐賀大 |
| 27 | □ めざましい**ヘンボウ**を遂げる。 | 様子がすっかり変わること | 変貌 | 神戸大 |
| 28 | □ 二十年の時を**ヘダ**てて復活する。 | 間にものや空間を置いてさえぎる | 隔 | 共通テ |
| 29 | □ **ボンヨウ**な作品と評価される。 | 取り柄がなく平凡なこと | 凡庸 | 弘前大 |
| 30 | □ 航海中に嵐に**ソウグウ**する。 | 偶然に出会うこと | 遭遇 | 三重大 |
| 31 | □ 健康な心身を**ツチカ**う。 | 時間をかけ大切に育てる | 培 | 東京大 |
| 32 | □ 社会的な**キハン**を守る。 | 行動や判断の手本 | 規範 | 岡山大 |
| 33 | □ 地震で建物が**ホウカイ**する。 | 崩れたり壊れたりすること | 崩壊 | 広島大 |
| 34 | □ 席を立つように**ウナガ**す。 | 速やかにさせる。急き立てる | 促 | 名古屋大 |
| 35 | □ 生鮮品を**ジンソク**に配達する。 | 行動などがとても速いこと | 迅速 | 静岡大 |
| 36 | □ 事故防止に向けての**フダン**の努力。 | とだえずに続くこと | 不断 | 千葉大 |
| 37 | □ **バクゼン**とした不安を抱く。 | ぼんやりとしたさま | 漠然 | 神戸大 |
| 38 | □ 静座して**シサク**にふける。 | 論理的に深く考えること | 思索 | 大阪大 |
| 39 | □ **ガンチク**のある言葉。 | 言葉などに含まれた深い意味 | 含蓄 | 滋賀大 |
| 40 | □ 会長の地位を**ケイショウ**する。 | うけつぐこと | 継承 | 佐賀大 |
| 41 | □ 不祥事により大臣が**コウテツ**される。 | ある地位の者をほかの者に変えること | 更迭 | 信州大 |
| 42 | □ 周囲の人と信頼関係を**キズ**く。 | 土台からしっかりと作る。土や石を突き固めて作る | 築 | 熊本大 |
| 43 | □ 本をひもで**シバ**る。 | ひもなどで一つにまとめて結ぶ。束縛する | 縛 | 千葉大 |
| 44 | □ **ダトウ**な結論に達した。 | よく当てはまる性質やその度合い | 妥当 | 京都府大 |
| 45 | □ 学校の**チツジョ**を保つ。 | 物事を行うときの正しい順序。筋道 | 秩序 | 大阪大 |
| 46 | □ 教育学の**ケンイ**といわれる学者。 | ある分野で抜きんでて優れている専門家 | 権威 | 名古屋大 |
| 47 | □ 町並みの**ヘンセン**をたどる。 | 時間の経過とともに移り変わること | 変遷 | 埼玉大 |
| 48 | □ **ダイタイ**の交通手段を考える。 | 他の見合ったものにかえること | 代替 | 学芸大 |
| 49 | □ 地位を**ギセイ**にする。 | 目的のために大切なものをなげうつこと | 犠牲 | 広島大 |
| 50 | □ **カクウ**の人物を設定する。 | 想像によって作り上げること | 架空 | 岐阜大 |

## 最頻出漢字②

100/200

51 □ 負のイメージを**ガンイ**している。
表面に表さない意味
含意　山梨大

52 □ 八十年の**ショウガイ**を閉じた。
この世に生きている間。一生
生涯　滋賀大

53 □ 権威を**ソウシツ**する。
なくすこと
喪失　一橋大

54 □ これまでの人生を**カエリ**みる。
ふり向く
顧　長崎大

55 □ この時代の建築の**テンケイ**。
同類の中で特徴をよく表しているもの
典型　北教大

56 □ 在庫が**イゼン**として残る。
前の状態のままであるさま
依然　京教大

57 □ 次代を**ニナ**う若者。
身に引き受けて支える
担　宮崎大

58 □ 一人では**トウテイ**終わらない。
どうしても
到底　都留文大

59 □ 記録を**コクメイ**に調べる。
小さなことまでもらさず丁寧にするさま
克明　名古屋大

60 □ 事件の**カチュウ**に巻き込まれた。
もめごとの中心
渦中　東北大

61 □ 前例を**トウシュウ**する。
先人のやり方を受け継ぐこと
踏襲　学芸大

62 □ 過去と未来が**コウサク**する。
複数のものが入り混じること
交錯　神戸大

63 □ 失敗の責任を**テンカ**する。
自分の責任や罪などを他人のせいにすること
転嫁　福岡教大

64 □ 優勝旗を**カカ**げて行進した。
主義や方針などを示す。人目につくよう高く上げる
掲　高崎経大

65 □ **ショセン**は他人事だ。
つまるところ。結局
所詮　愛媛大

66 □ 医療体制を**コウチク**する。
組み立てて築くこと
構築　宇都宮大

67 □ 英語を**クシ**して伝える。
使いこなすこと
駆使　千葉大

68 □ 好奇心が**オウセイ**な様子だ。
活動力が非常に盛んなこと
旺盛　富山大

69 □ 一瞬**サッカク**をおこす。
事実と異なる思い違いや勘違い
錯覚　東京大

70 □ 図書館で資料を**エツラン**する。
内容を調べながら書物などを読むこと
閲覧　高知大

71 □ 備品を**テイネイ**に扱う。
細かい部分まで注意の行き届いていること
丁寧　一橋大

72 □ 繭から糸を**ツム**ぐ。
綿や繭から繊維を引き出し糸にする
紡　九州大

73 □ 留学に至った**ケイイ**を話す。
物事のいきさつ
経緯　広島大

74 □ 不要になった資料を**ハキ**する。
一方的に取り消すこと
破棄　神戸大

75 □ 大河が流域一帯を**ウルオ**す。
程よく水分を与え湿らせる
潤 小樽商大

76 □ 神の存在に**イフ**の念を抱く。
おそれて畏まること
畏怖 早稲田大

77 □ 法令を**ジュンシュ**する。
法律などを守って従うこと
遵守 福井県大

78 □ 自ら苦境に**オチイ**る。
望まない状態になる
陥 学芸大

79 □ 新たな勢力が**タイトウ**する。
勢力を増してくること
台頭 群県女大

80 □ 財布をなくして**トホウ**に暮れる。
方法・手段。「途方もない」で並々でない
途方 鹿児島大

81 □ 借金の返済が**トドコオ**る。
物事がはかどらなくなる
滞 愛媛大

82 □ 本分を**イツダツ**した行為。
本筋からそれること
逸脱 新潟大

83 □ 円滑に意思の**ソツウ**ができる。
自分の考えが他の人に通ずること
疎通 富山大

84 □ 永遠の平和を**カツボウ**する。
心から欲しいと思うこと
渇望 学芸大

85 □ 製造業の実態を**ハアク**する。
しっかり理解すること
把握 北海道大

86 □ 的を**ネラ**って球を投げる。
命中させようと照準を定める
狙 岡山大

87 □ 環境破壊に**ケイショウ**を鳴らす。
警戒を促すもの
警鐘 お茶女大

88 □ 説明文に図を**ソウニュウ**する。
間に差し入れること。はさみこむこと
挿入 広島大

89 □ 初対面の人に**アイサツ**する。
人と会った時や別れ際に交わす儀礼的な動作や言葉
挨拶 大阪大

90 □ 川を上流へと**サカノボ**る。
過去に立ち返る。上流に進む
遡 滋賀大

91 □ **コッケイ**なしぐさで笑わせる。
ばかばかしくおかしいこと
滑稽 千葉大

92 □ 図書の返却を**トクソク**する。
早くするようせかす
督促 富山大

93 □ 作品を**モホウ**する。
他の物をまねたり似せたりすること
模倣 高知大

94 □ 事態の**シュウシュウ**をはかる。
とりまとめて秩序ある状態にすること
収拾 京都府大

95 □ 主君と対立し、**ウト**まれた。
きらって遠ざける
疎 福岡教大

96 □ 旅への**ショウドウ**にかられる。
抑えがたい心の欲求
衝動 信州大

97 □ 功績は**マイキョ**にいとまがない。
一つ一つ数え上げること
枚挙 京都大

98 □ 研究に身を**ユダ**ねる。
他人にすべてをまかせる
委 大阪公大

99 □ **アワ**てて玄関から飛び出した。
普段の落ち着きを失う
慌 千葉大

100 □ 脂肪細胞が**ヒダイ**する。
太りおおきくなること
肥大 愛媛大

## 最頻出漢字③

150/200

101 □ 違法な行為を**キュウダン**する。
問いただして責めること
糾弾　和歌山大

102 □ **コウガンムチ**な振る舞い。
恥知らずでずうずうしいこと
厚顔無恥　立教大

103 □ 図書館の貸し出し**リレキ**。
現在までに経てきた学業・職業など
履歴　大分大

104 □ 有害物質の排出を**ヨクセイ**する。
感情や行動をおさえとどめること
抑制　秋田大

105 □ 事業の**キバン**を固める。
物事の基礎や土台
基盤　静岡大

106 □ **センザイ**的に不満が広がる。
表面に現れず中に隠れて存在すること
潜在　学芸大

107 □ **カンヨウ**な精神を身につける。
心が広く、人の言動をよく受け入れること
寛容　九州大

108 □ 身柄を**コウソク**される。
思想や行動において自由を制限されること
拘束　新潟大

109 □ **ショウソウ**感を募らせる。
あせっていらいらすること
焦燥　静岡大

110 □ 計画を**カンペキ**に実行した。
欠点のまったくないさま
完璧　愛教大

111 □ **ジョウキ**を逸した行動。
通常のやり方や考え方
常軌　上智大

112 □ 敵の軍勢を**クチク**する。
追い払うこと
駆逐　埼玉大

113 □ 新種のウイルスの**キョウイ**。
脅かすこと、脅かされて感じる恐ろしさ
脅威　名古屋大

114 □ バスが市内を**ジュンカン**する。
ひとめぐりを繰り返すこと
循環　東北大

115 □ **ゴウマン**で無礼な態度。
思い上がって礼を欠くこと
傲慢　大阪大

116 □ この辺りでは温泉が**ワ**く。
水や温泉などが噴き出る
湧　立命館大

117 □ **ユイショ**のある古い寺。
現在に至るまでの立派な歴史
由緒　岩手大

118 □ 歓迎会を**モヨオ**す。
物事を企画して行う。ある状態を起こし始める
催　岐阜大

119 □ **ミゾウ**の出来事に遭遇する。
過去に一度もなかったこと
未曽有　愛媛大

120 □ 必要な費用を寄付で**マカナ**う。
費用や人手を調える。処理する
賄　一橋大

121 □ 病人に治療を**ホドコ**す。
効果・影響を期待して事を行う
施　埼玉大

122 □ 損害を**バイショウ**する。
他者に与えた損害をつぐなうこと
賠償　明治大

123 □ 医師として**リンショウ**経験を積む。
実際に患者に接して診療にあたること
臨床　神戸大

124 □ 実力の差で相手を**アットウ**する。
すぐれた力で相手を押さえつけること
圧倒　センター

125 □ 条約に**ヒジュン**する。
署名した条約を国家として正式に同意すること
批准　長崎大

126 □ 試合の前に選手たちを**コブ**した。
励まして気持ちを奮い立たせること
鼓舞　早稲田大

127 □ 無駄な情報を**ハイジョ**する。
おしのけて取り除くこと
排除　一橋大

128 □ 支払の**ユウヨ**を求める。
実行の期日を延ばすこと
猶予　広島大

129 □ 任務を**スイコウ**する。
物事をやり遂げること
遂行　滋賀大

130 □ 産業発展の**イシズエ**を築いた。
物事の土台となるもの
礎　大分大

131 □ 日本中に**ショウゲキ**が走る。
瞬間的に物体に加わる大きな力
衝撃　お茶女大

132 □ **タイセキ**によって作られた地層。
積み重なること
堆積　鹿児島大

133 □ 手土産を**タズサ**える。
手に下げる。手を取り合う
携　大阪大

134 □ 西欧文明を**セッシュ**する。
とりいれて自分のものとすること
摂取　京都府大

135 □ 安定した物価を**イジ**する。
物事の状態を保つこと
維持　東京大

136 □ 大会の優勝**コウホ**を挙げる。
ある選択の対象またはふさわしいと認められる人
候補　神戸大

137 □ **シッペイ**の予防に力を入れる。
病気
疾病　山梨大

138 □ 店を出た**トタン**に雨が降り出した。
まさにそのとき
途端　名古屋大

139 □ 窓から外を**ナガ**める。
見渡す。風景を見る
眺　九州大

140 □ レースの美しさが**キワダ**つドレス。
他との違いや区別が明瞭でひときわ目立つ
際立　岐阜大

141 □ 体制の弱点を**シテキ**する。
注意点などを具体的に示すこと
指摘　千葉大

142 □ 旅行先で**ショウソク**を絶った。
人や物事の、その時の状況
消息　神戸大

143 □ 落ち込む友人を**ナグサ**める。
言葉をかけるなどして悲しみや苦しみをまぎらせる
慰　宮崎大

144 □ テレビが勉強の**ジャマ**となる。
妨げること
邪魔　一橋大

145 □ **ヒマ**な時間に散歩に出る。
仕事・用事のない時
暇　弘前大

146 □ 取引先に**ベンギ**を図る。
都合がよいこと
便宜　大阪教大

147 □ 民族音楽に**ゾウケイ**の深い人。
深い知識や優れた技量
造詣　福岡教大

148 □ 不要になった資料を**ハイキ**する。
いらないものとして捨てる
廃棄　広島大

149 □ **フキュウ**の名作といわれる絵画。
すたれず価値を失わないこと
不朽　関西大

150 □ 感情を**ヨクアツ**する。
押さえつけること
抑圧　埼玉大

# 最頻出漢字④

200/200

151 □ 研究者を多数**ハイシュツ**している。
人材が続いて世に出ること。また送り出すこと
輩出 愛教大

152 □ 温泉で湯に**ヒタ**る。
水の中などに入る。ある状態に入りきる
浸 京都府大

153 □ 常識を**クツガエ**すデザイン。
ひっくり返す
覆 九州大

154 □ **キョドウ**に不審なところがある。
立ち居振る舞い。動作
挙動 滋賀大

155 □ 判断が**カタヨ**らないよう意見を聞く。
ずれて一方に寄る
偏 名古屋大

156 □ **センサイ**な心の持ち主。
感情や感覚が細やかなこと
繊細 広島大

157 □ まだ**アキラ**めるつもりはない。
見込みがなく実現不可能であると認め断念する
諦 東京大

158 □ 海外での生活に**アコガ**れる。
理想とする物事に心が引かれる
憧 香川大

159 □ 色の**ビミョウ**な違いを見分ける。
一言では言い表せないほど細かく複雑なさま
微妙 岐阜大

160 □ バイパスの完成で渋滞が**カンワ**された。
厳しい状態を和らげること
緩和 大分大

161 □ **キョクタン**な言い方をする。
一方に大きく偏ること
極端 静岡大

162 □ 作品群に**ツウテイ**するテーマ。
事柄や思想が根底で共通性を持っていること
通底 北教大

163 □ 五年間日本に**タイザイ**した。
ある期間とどまること
滞在 東北大

164 □ 仕事の**ホウシュウ**を受け取る。
労働の対価として支払われる金銭などのこと
報酬 島根大

165 □ 世界に**ヒヤク**する企業。
飛び上がること。急激に発展すること
飛躍 東京大

166 □ 時間の**ユウズウ**が利く。
必要に応じて臨機応変に処理すること
融通 愛教大

167 □ 悪質な手口に**フンガイ**する。
ひどく腹を立てること
憤慨 早稲田大

168 □ 何事にも**シンシ**に取り組む態度。
まじめで熱心なさま
真摯 一橋大

169 □ **ジュンスイ**な心を持つ。
物や気持ちに混じりけのないこと
純粋 北海道大

170 □ **ダラク**した生活を見直す。
生活やあるべき姿が崩れること
堕落 新潟大

171 □ 自然界の食物**レンサ**。
物事がくさりのようにつながっていること
連鎖 秋田大

172 □ 産業の**シンコウ**を図る。
盛んにすること
振興 早稲田大

173 □ 和洋**セッチュウ**の料理。
異なるものの都合のよいところを合わせること
折衷 京都府大

174 □ **ザセツ**を乗り越えた経験を話す。
途中でくじけること
挫折 名古屋大

175 □ 旅行の行き先を**ケントウ**する。
よいかどうかを詳しく調べ考えること
検討　岡山大

176 □ その日暮らしで**カテ**を得る。
活力の源となるもの
糧　大阪大

177 □ 日常の**ショサ**に気を配る。
身のこなしや振る舞い
所作　福井大

178 □ 車の騒音を**シャダン**する。
間を遮って物の流れを止めること
遮断　大阪大

179 □ 顔の特徴を**コチョウ**して描く。
大げさに表すこと
誇張　都留文大

180 □ 師の教えを**ネントウ**に置く。
心の中や胸のうち
念頭　九州大

181 □ 優勝するのは**シナン**の業だ。
非常にむずかしいこと
至難　学芸大

182 □ 一代の**ケッサク**を書き上げる。
非常に優れた作品
傑作　大阪大

183 □ 試行**サクゴ**を重ねて完成した。
認識と客観的事実がずれること
錯誤　宮城教大

184 □ 舞台の**ミリョク**を語る。
人を引き付ける力
魅力　広島大

185 □ 文章の主旨が**ハンゼン**としない。
明らかではっきりとよくわかるさま
判然　宇都宮大

186 □ 真相は**インペイ**されたままだ。
人目に触れないようにおおいかくすこと
隠蔽　早稲田大

187 □ 効率のよい方法を**モサク**する。
手探りであれこれと探すこと
模索　信州大

188 □ **ケンキョ**な態度で話す。
慎ましくへりくだること
謙虚　大阪大

189 □ 祝典が**エンカツ**に行われる。
物事が滞りなく進むこと
円滑　北海道大

190 □ 家庭的な**フンイキ**の職場。
場や人が自然に作り出す気分
雰囲気　都留文大

191 □ 人前で**バトウ**される経験をした。
激しくののしること
罵倒　香川大

192 □ 周囲になじめずに**ソガイ**感を抱く。
のけものにすること
疎外　新潟大

193 □ 知人とすれ違い**エシャク**した。
軽く頭を下げて一礼すること
会釈　福岡教大

194 □ 援助の**ヨウセイ**に応える。
ひつようなこととして願い求める
要請　東京大

195 □ 自然の**オンケイ**にあずかる。
恵みや慈しみ
恩恵　秋田大

196 □ 立派な寺院を**コンリュウ**する。
築き上げること
建立　東北大

197 □ 多様な民族を**ホウガン**する国。
中につつみふくむこと
包含　上智大

198 □ 読書によって**ゴイ**を増やす。
一つの言語体系で用いられる単語の総体
語彙　小樽商大

199 □ **ロコツ**に感情を表す。
感情などをあからさまに示すこと
露骨　北海道大

200 □ この地域を**カンカツ**する消防署。
権限を持ち支配すること。またその支配の及ぶ範囲
管轄　神戸大

# 最重要語彙①

20/40

▼太字の語の意味を後から選べ。

**1** □**端的**に分かりやすく説明することを心がける。

①わかりやすく丁寧なさま
②誤りなく正確なさま
③はっきりしているさま

③ 弘前大

**2** □**既成**の制度を根本から見直す。

①これからも存在し続けること
②すでにできあがっていること
③状況が定まらないこと

② 千葉大

**3** □この数年で**市民権を得た**言葉といえる。

①広く一般的に知られるものとなった
②誰もが使ってよいものとなった
③必要なものと思われるようになった

① 國學院大

**4** □努力の成果が**顕著**に現れたことに驚いた。

①特に深刻なこと
②際立って目立つこと
③非常に重要なこと

② 一橋大

**5** □他に手がなく、**苦肉の策**を講じた。

①考えあぐねてひねりだした策
②苦い経験から創出された策
③一般的にはとるべきでない策

① 明学大

**6** □古い機械で、操作が**一筋縄ではいかない**。

①普通の手段では思うとおりにならない
②時間をかけても正解できない
③一つの手段では解決できない

① 佐賀大

**7** □全ての人を**包摂**する社会であらねばならない。

①ひっくるめて一つにまとめること
②見た目ではわからない形で持っていること
③一定の範囲の中につつみ入れること

③ 尾道市大

**8** □**的を射た**批評に感嘆した。

①巧妙な意図を含んだ
②要点を正しく捉えた
③欠点を突いた

② 小樽商大

9 □質問一つで、この分野に関する無知を**露呈**した。
①確信すること　②あらわになること　③強調すること
② 法政大

10 □ポケットから**おもむろに**手帳を取り出した。
①静かにゆっくりと　②わざとらしく　③急に思い出して
① 鹿児島大

11 □不正行為は**看過**するわけにはいかない。
①見くびること　②見逃すこと　③見誤ること
② 滋賀大

12 □心の中で二つの感情が**せめぎあう**。
①複雑に入り組む　②同時に混じり合う　③対立して互いに争う
③ 千葉大

13 □評価に**バイアス**がかかっている。
①偏見　②虚構　③誇張
① 一橋大

---

**▼語の意味を参考に、空欄に当てはまる語句を選べ。**

14 □「急がば回れ」というのは見事な（　）《真理に反するようで一種の真理を表している説》だ。
①逆説　②臆説　③仮説
① 関西大

15 □通行止めで、遠回りを（　）《ほかに取るべき方法がない》**なく**された。
①覚束　②余儀　③呆気《あっけ》
② 青学大

16 □（　）《わずかな違い》のところで助かった。
①月と鼈《すっぽん》　②雀《すずめ》の涙　③紙一重
③ 熊本県大

17 □事件として報告されたのは（　）《表面に現れたことはほんの一部分であること》だろう。
①氷山の一角　②他山の石　③邯鄲《かんたん》の夢
① 関西大

18 □人間の心に恐怖を（　）《呼び起こすこと》する映像。
①創出　②復元　③喚起
③ 島根大

19 □（　）《修辞法》を駆使した見事な文章。
①レトリック　②アナロジー　③ニュアンス
① 北教大

20 □今日の情報社会では、情報の受け手にも（　）《情報の質や意味を判断する能力》が要求される。
①シンパシー　②リテラシー　③ポリシー
② 成蹊大

# 最重要語彙②

40／40

▼**太字の語の意味を後から選べ。**

**21** □人間の心理を**洞察**する。
①真相を感覚で言い当てること
②隠れている本質を見抜くこと
③未来の出来事を予見すること

② 國學院大

**22** □注意を受けたが、**なおざり**にしたため失敗した。
①ごまかして欺くさま
②その場逃れでいい加減に対応するさま
③軽視して放っておくさま

③ 岡山大

**23** □老舗としての**矜持《きょうじ》**を貫いた。
①自分に誇りを持つこと
②自己に忠実であること
③まじめでひたむきなこと

① 山梨大

**24** □**汎用**性が高い技術として評価されている。
①広く多くの方面に使うこと
②一定の用途に適すること
③ある方面において優れること

① 早稲田大

**25** □彼の演技力にはだれも**太刀《たち》打ち**できない。
①先制攻撃をしかけること
②張り合い争うこと
③互いに威嚇し合うこと

② 学習院大

**26** □長い歴史による文化的な**所産**。
①それがもととなって起こり始まること
②何かの結果として生み出されたもの
③過去の人々によって作り出されたもの

② 一橋大

**27** □賛成だと**言わんばかり**に微笑んだ。
①とても言いそうにない
②控えめに言おうとしている
③あたかも言っているかのようである

③ 岡山大

**28** □この計画はあくまでも**暫定的**なものだ。
①今後変わることのない状態
②確定するまでの仮の状態
③多少役に立っている状態

② 慶應大

**29** □心情が**凝縮**された一言。
①内容が一つにまとまること ②疑いの目で見ること ③簡単で要領を得ていること
① 千葉大

**30** □彼女の一言は真実を**いみじくも**言い表していた。
①誇張するように ②もったいぶって ③非常にうまく
③ 津田塾大

**31** □無理な要求を**一蹴**する。
①はねつけること ②せめたてること ③たしなめること
① 法政大

**32** □蚊が感染症を**媒介**することは広く知られている。
①手段として用いること ②なかだちとすること ③一方的に適用すること
② 北州市大

▼**語の意味を参考に、空欄に当てはまる語句を選べ。**

**33** □過去の例に（　　）《基づくこと》して考える。
①割拠 ②典拠 ③依拠
③ 防衛大

**34** □迷っているうちに辺りは暗くなり、（　　）《その上さらに》雪まで降ってきた。
①いたずらに ②あまつさえ ③やにわに
② 津田塾大

**35** □人に何かをお願いする場合の（　　）《決まり文句》。
①常套《じょうとう》句 ②引用句 ③慣用句
① 福岡女大

**36** □長い間のデータを（　　）《たまること》する。
①蓄積 ②喚起 ③駆使
① 大阪公大

**37** □説明を聞いても（　　）《疑いが解けてさっぱりした様子》としない。
①燦然 ②釈然 ③昂然
② 國學院大

**38** □国の統一を（　　）《抽象的な物事を形に表すこと》する像が建てられている。
①意表 ②表象 ③徴表
② 一橋大

**39** □映画には（　　）《隠喩》としてのひまわりが効果的に用いられていた。
①メタファー ②ダイアログ ③ファクター
① 立教大

**40** □深く知ることで、（　　）《型にはまりありふれていること》なものの見方から脱却する。
①バイアス ②プロトタイプ ③ステレオタイプ
③ 静岡大

# 第１章―第８章

第１章から第５章は、漢字３３６語、語彙６３～６９語の演習で構成されています。第６章から第８章は、読み取りに出題されている常用外漢字を含めた漢字と同音異義語３３６語、語彙６４～７０語の演習で構成されています。

また各章の最後には、長文の確認問題を置きました。各章で出題された漢字・語彙が出題されていますので、すべてを確認し、書けるようにしておきましょう。

| | | | | |
|---|---|---|---|---|
| 1 □ | **カクウ**のストーリー。 | 想像によって作り上げること | 架空 | 北海道大 |
| 2 □ | 水分を**カジョウ**に摂取する。 | 必要以上に多いこと | 過剰 | 共通テ |
| 3 □ | 両者の関係を**シサ**する。 | それとなくほのめかすこと | 示唆 | 熊本大 |
| 4 □ | 本を読んで**ゴイ**を増やす。 | 一つのげんご体系で用いられるたんごの総体 | 語彙 | 小樽商大 |
| 5 □ | 科学の進歩に**コウケン**する。 | 物事や社会によい結果をもたらすこと | 貢献 | 福岡教大 |
| 6 □ | 弁論の**ガンイ**を読み取る。 | 表面に表さないいみ | 含意 | 奈良女大 |
| 7 □ | 決定権を委員長に**ユダ**ねる。 | 他人にすべてをまかせる | 委 | 大阪公大 |
| 8 □ | **ミゾウ**の大事件。 | 過去に一度もなかったこと | 未曽有 | 愛県大 |
| 9 □ | 街が著しい**ヘンボウ**を遂げる。 | 様子がすっかりかわること | 変貌 | 神戸大 |
| 10 □ | 汚いやり口を**キュウダン**する。 | 問いただして責めること | 糾弾 | 立命館大 |
| 11 □ | 事故による**ジンダイ**な被害。 | 非常におおきいさま | 甚大 | 岐阜大 |
| 12 □ | 恐竜がいた**コンセキ**が残る。 | 以前に何かあったことを示すあと | 痕跡 | 一橋大 |
| 13 □ | ボールが**ダセイ**で進む。 | これまで続いてきた習慣や勢い | 惰性 | 奈良教大 |
| 14 □ | 気を抜いた**トタン**に風邪を引く。 | まさにそのとき | 途端 | 名古屋大 |
| 15 □ | 過去と未来が**コウサク**する。 | 複数のものが入り混じること | 交錯 | 京都府大 |
| 16 □ | 彼は**ゴウマン**でひとりよがりだ。 | 思い上がって礼を欠くこと | 傲慢 | 一橋大 |
| 17 □ | **トドコオ**った仕事を片づける。 | 物事がはかどらなくなる | 滞 | 埼玉大 |
| 18 □ | **コッケイ**な顔をして笑わせる。 | ばかばかしくおかしいこと | 滑稽 | 東京大 |
| 19 □ | 周囲の人と信頼関係を**キズ**く。 | 土台からしっかりと作る。土や石を突き固めて作る | 築 | 北教大 |
| 20 □ | **ヒマ**を持て余す。 | 仕事・用事のない時 | 暇 | 弘前大 |
| 21 □ | 来た道を**カエリ**みる。 | ふり向く | 顧 | 岐阜大 |
| 22 □ | きれいな泉が**ワ**く。 | 水や温泉などが噴き出る | 湧 | 立命館大 |
| 23 □ | 役員への就任を**コジ**する。 | すすめられたことを強く断ること | 固辞 | 学芸大 |
| 24 □ | **ジュウトク**の患者を担当する。 | 病状が著しくおもいこと | 重篤 | 早稲田大 |

| | | | | |
|---|---|---|---|---|
| 25 □ | 防水加工を**ホドコ**す。 | 効果・影響を期待して事を行う | 施 | 埼玉大 |
| 26 □ | **ジュンゼン**たる黄金。 | まじりけのない | 純然 | 一橋大 |
| 27 □ | 説明に**キョギ**があった。 | 真実でないのに真実のように見せかけること | 虚偽 | 青森公大 |
| 28 □ | 偉大な神が**チンザ**する社。 | 神霊が一定の場所にしずまりとどまっていること | 鎮座 | 上智大 |
| 29 □ | 泥棒の**ケンギ**をかけられた。 | 罪を犯したのではないかというクたがい | 嫌疑 | 三重大 |
| 30 □ | 健康を**イジ**する。 | 物事の状態を保つこと | 維持 | 東北大 |
| 31 □ | 森林浴は心身の**イ**やしの一時だ。 | 疲れや苦しみを和らげること | 癒 | 千葉大 |
| 32 □ | 春の**トウライ**が待ち遠しい。 | ある時期が訪れること | 到来 | 高崎経大 |
| 33 □ | 本番前で舞台が**アワ**ただしい。 | せわしないさま | 慌 | 早稲田大 |
| 34 □ | **ハクガイ**を逃れて亡命する。 | 弱い立場にある者を押さえつけて苦しめること | 迫害 | 北教大 |
| 35 □ | 危険を**オカ**して漁に出る。 | 困難や危険を乗り越えて行動する | 冒 | 長崎大 |
| 36 □ | 感覚**キカン**とその作用。 | 生物の生理機能を持つ部分 | 器官 | 広島大 |
| 37 □ | 新作の映画が好評を**ハク**す。 | 獲得する | 博 | 日本大 |
| 38 □ | **フカカイ**な事件が起こる。 | りかいできないこと | 不可解 | 釧路公大 |
| 39 □ | コロナ**カ**以降の社会の変化。 | よくないこと。わざわい | 禍 | 岐阜大 |
| 40 □ | 作品の創造には**モホウ**も不可欠だ。 | 他の物をまねたり似せたりすること | 模倣 | 静岡大 |
| 41 □ | 医療制度を**カイカク**する。 | あらためてよりよく変化させること | 改革 | 関西大 |
| 42 □ | 田舎で**アンノン**に暮らす。 | おだやかで気楽なさま | 安穏 | 都立大 |
| 43 □ | ひどい光景に目を**オオ**う。 | 一面に広がって全体を包む | 覆 | 千葉大 |
| 44 □ | 新記録を**ジュリツ**する。 | 物事を新たにしっかりと作りたてること | 樹立 | 岐阜大 |
| 45 □ | 家族の救出を**アイガン**する。 | 心からねがい頼むこと | 哀願 | 早稲田大 |
| 46 □ | ルール違反は**ゲンバツ**に処する。 | きびしくばつを与えること | 厳罰 | 信州大 |
| 47 □ | 哲学の**ガイネン**を論じる。 | 物事の大まかな意味内容 | 概念 | 岡山大 |
| 48 □ | 株主を**ユウグウ**する。 | ゆうせん的に扱うこと。手厚くもてなすこと | 優遇 | 大阪大 |
| 49 □ | 知的な**エイイ**を大事にする。 | 人間の日々のいとなみ | 営為 | 日本大 |
| 50 □ | 意味**シンチョウ**な笑みを漏らす。 | ふくみがあること | 深長 | 東京大 |
| 51 □ | **ユウドウ**にしたがって避難する。 | 人や物をさそってみちびくこと | 誘導 | 金沢大 |
| 52 □ | 前向きな**シセイ**で面接に臨む。 | 物事に対する態度 | 姿勢 | 早稲田大 |

| | | | | |
|---|---|---|---|---|
| 53 □ | 要求を**カンテツ**する。 | 考え方などを最後まで貫くこと | 貫徹 | 早稲田大 |
| 54 □ | 息子に財産を**ジョウト**する。 | 権利などを譲り渡すこと | 譲渡 | 熊本大 |
| 55 □ | 事業の**ワクグ**みを作る。 | 物事の大まかなしくみ | 枠組 | 新潟大 |
| 56 □ | 人気作家に**シシュク**する。 | 直接教えを受けていないが師と仰ぐこと | 私淑 | 立命館大 |
| 57 □ | 経済活動の**ジッタイ**を明らかにする。 | じっさいのありさま | 実態 | 大阪大 |
| 58 □ | **シンコク**な水不足となる。 | 事態が重大であるさま | 深刻 | 岩手大 |
| 59 □ | **メイカイ**な説明を聞く。 | 筋が通っていてすっきりしていること | 明快 | 山梨大 |
| 60 □ | 本店に**フニン**する。 | 任地へおもむくこと | 赴任 | 関西大 |
| 61 □ | 美容師としてはまだ**シロウト**だ。 | ある事に経験が少ないひと | 素人 | 信州大 |
| 62 □ | トウモロコシを**シュウカク**する。 | 農作物を取り入れること | 収穫 | 日本大 |
| 63 □ | 紙をきれいに**サイダン**する。 | 布・紙・革などを切ること | 裁断 | 三重大 |
| 64 □ | 組織の**チュウスウ**を担う幹部。 | ちゅうしんとなる重要な部分 | 中枢 | 青学大 |

104／336

| | | | | |
|---|---|---|---|---|
| 65 □ | **ケンジツ**な生活を送る。 | 手がたくあぶなげのないこと | 堅実 | 釧路公大 |
| 66 □ | 世界一周旅行を**ダンネン**する。 | きっぱりとあきらめること | 断念 | 新潟大 |
| 67 □ | 許されざる**ボウキョ**。 | らんぼうで無法な振る舞い | 暴挙 | 立命館大 |
| 68 □ | **ハタガシラ**としてチームを引っ張る。 | その集団を率いる者 | 旗頭 | 滋賀県大 |
| 69 □ | **キュウケイ**時間を確保する。 | 仕事や運動などを短時間中断してやすみをとること | 休憩 | 三重大 |
| 70 □ | **ジョウダン**を交えて話す。 | たわむれに言う言葉 | 冗談 | 早稲田大 |
| 71 □ | 政治家の**インボウ**が明らかになった。 | 密かにたくらむ悪事 | 陰謀 | 高知大 |
| 72 □ | 地震を**ソウテイ**した避難訓練。 | 状況などを仮に決めること | 想定 | 鹿児島大 |
| 73 □ | **ヨクヨウ**をつけて話す。 | 声などの調子を上げ下げすること | 抑揚 | 熊本大 |
| 74 □ | 海を**タダヨ**うクラゲ。 | 水面などに浮かんで揺れ動く。気配が満ちる | 漂 | 日本大 |
| 75 □ | ご注文を**ウケタマワ**りました。 | つつしんで聞く。お受けする | 承 | 秋田大 |
| 76 □ | 分野の**リョウイキ**を超えて進歩した。 | ある力や作用・規定などが及ぶ範囲 | 領域 | 愛県大 |

| | | | | |
|---|---|---|---|---|
| 77 □ | 集中力が**ケツジョ**する。 | 物事がかけてしまっていること | 欠如 | 甲南大 |
| 78 □ | 各社の競合は**ヒッシ**の状況だ。 | 逃れられないこと | 必至 | 香川大 |
| 79 □ | 鉄道を**フセツ**する。 | 鉄道やしせつなどをせっちすること | 敷設 | 弘前大 |
| 80 □ | 新しい市場を**カイタク**する。 | 原野などを切りひらいて農地や住まいを作る。新しい分野を切りひらく | 開拓 | 埼玉大 |
| 81 □ | 業界を立て直そうと**フシン**する。 | ある事を成し遂げようとこころを悩ますこと | 腐心 | 滋賀大 |
| 82 □ | 弁護士資格が**ハクダツ**される。 | 力ずくで取り上げること | 剝奪 | 日本大 |
| 83 □ | **トウトツ**に話し出す。 | 急で思いがけないさま | 唐突 | センター |
| 84 □ | 食品の産地を**ギソウ**する。 | 事実をいつわり、もっともらしくよそおうこと | 偽装 | 関西大 |
| 85 □ | 軽妙な**ヒッチ**が特徴の作品。 | 書画や文章の書きぶり | 筆致 | 北教大 |
| 86 □ | 栄養を十分に**セッシュ**する。 | とりいれて自分のものとすること | 摂取 | 鹿児島大 |
| 87 □ | **カンケツ**な回答を求める。 | かんたんではっきりしているさま | 簡潔 | 弘前大 |
| 88 □ | 国際情勢を**ガイカン**する。 | 大まかな全体の状況 | 概観 | 鹿児島大 |
| 89 □ | **カンショウ**的なヒューマニズム。 | 物事をかんじて心をいためること | 感傷 | 福岡教大 |
| 90 □ | 会からの脱退を**キョウヨウ**する。 | 無理にさせようとすること | 強要 | 新潟大 |
| 91 □ | 専門用語を**カンゲン**する。 | いいかえること | 換言 | 日本大 |
| 92 □ | 久しぶりに車のハンドルを**ニギ**る。 | 手の指全部を内側へ曲げて物をつかむ | 握 | 岡山大 |
| 93 □ | 友人と**アイショウ**で呼び合う。 | 親しみをこめて呼ぶための名前 | 愛称 | 信州大 |
| 94 □ | **コウカク**類に共通の特徴。 | エビやカニなどからに覆われた節足動物 | 甲殻 | 甲南大 |
| 95 □ | 情勢をすばやく**カンシュ**する。 | みて知ること | 看（観）取 | 高知工大 |
| 96 □ | 故人を**ツイトウ**する。 | 生前をしのび死をいたむこと | 追悼 | 愛教大 |
| 97 □ | 住所に**ガイトウ**する地図を示す。 | 条件に適合すること | 該当 | 日本大 |
| 98 □ | **ハイカイ**は連歌から発展した。 | 発句と連句の総称 | 俳諧 | 奈良教大 |
| 99 □ | 彼の**ユクエ**は誰も知らない。 | 向かった先 | 行方 | 関学大 |
| 100 □ | その**ツド**結果を報告する。 | そのたびごと。毎回 | 都度 | 滋賀大 |
| 101 □ | **カオク**の修理を依頼する。 | 人が住む建物 | 家屋 | 学習院大 |
| 102 □ | 郷土の**イジン**について調べる。 | すぐれた業績を成し遂げたひと | 偉人 | 東北大 |
| 103 □ | 中高年の**ヒアイ**を感じる。 | かなしくあわれなさま | 悲哀 | 奈良教大 |
| 104 □ | 機械を**チョウセイ**する。 | つりあいの取れた状態にすること | 調整 | 三重看大 |

105 □ 卒業式の後、皆で別れを**オ**しんだ。
心残りに思う。残念がる
惜 熊本大

106 □ **ショウサン**の拍手を送る。
褒めたたえること
称(賞)賛 岩手大

107 □ **オリフシ**の思いを日記につづる。
そのときどき
折節 長崎大

108 □ 事件に**フズイ**した出来事。
他のものにつき従って起こること
付(附)随 早稲田大

109 □ 町並みに**キシ**感を覚えた。
すでに以前見たように感じること
既視 熊本県大

110 □ やる気を**ソ**ぐ行為。
けずり取る
削 弘前大

111 □ 社長は**オンコウ**な人柄だ。
穏やかであたたかみのあること
温厚 秋田大

112 □ **ソボク**な味わいの料理。
飾り気がなく自然なこと
素朴 北海道大

113 □ 彼はとても**キンベン**だ。
仕事や勉強に一生懸命なさま
勤勉 学習院大

114 □ 過去の**ソショウ**の記録を調べる。
裁判機関が第三者として裁判をなす手続き
訴訟 関西大

115 □ 貼られているシールを**ハ**がす。
くっついているものをめくり取る
剥 立命館大

116 □ **キズ**をすぐに流水で洗う。
外からの力によって体表面を損なった状態
傷 共通テ

117 □ 巧みな技術を**ホ**められる。
物事を評価してたたえる
褒 明治大

118 □ 物語の壮大さに**タンソク**する。
なげいたり感心したりしてためいきをつくこと
嘆息 学芸大

119 □ 全国の**モハン**となる医療体制。
見習うべき手本
模範 岐阜大

120 □ その**セツナ**前方で何かが輝いた。
きわめて短い時間
刹那 法政大

121 □ 資料が**サンイツ**する。
ばらばらになって行方がわからないこと
散逸 東京大

122 □ 電話の着信履歴を**サクジョ**する。
一部をけずってのぞくこと
削除 山形大

123 □ 近代政治の**センク**をなす思想。
他にさきがけて物事をすること
先駆 名古屋大

124 □ **セツジツ**な願いに応える。
わが身にさし迫ってくるさま
切実 鹿児島大

125 □ 会話に入れず**ソガイ**感を味わう。
のけものにすること
疎外 新潟大

126 □ ようやく電話が**ツナ**がる。
離れているものがひと続きになる
繋 学芸大

127 □ 筋肉が**シカン**する。
ゆるむこと
弛緩 名古屋大

128 □ 成績が**トッシュツ**しているクラス。
他のものより抜きんでていること
突出 鹿児島大

129 □ チームをよく**ショウアク**している。
自分の意のままにできるように支配下に置くこと
掌握　青森公大

130 □ 誉められて**ケンソン**する。
へりくだって控えめに振る舞うさま
謙遜　関学大

131 □ **チュウショウ**画の解説。
事物からある要素を引き出して把握すること
抽象　岩手大

132 □ 時代の**フウチョウ**に流される。
時の流れとともに変わる世間一般の傾向
風潮　和歌山大

133 □ 命題を**ソテイ**する。
ある物事を存在するものとし、内容を明瞭に示すこと
措定　立命館大

134 □ **チッソ**を発生させる実験。
空気中に含まれるげんその一種
窒素　金沢大

135 □ **ホソウ**された道路。
耐久力を増すため道路の表面を敷き固めること
舗装　高崎経大

136 □ **キミョウ**な巡り合わせに驚く。
珍しく不思議なさま
奇妙　香川大

137 □ あと少しの**シンボウ**だ。
じっと耐え我慢すること
辛抱　日本大

138 □ **チセツ**な絵を描く。
ようちで未熟なこと
稚拙　学芸大

139 □ 欠席する**ムネ**を伝える。
物事のしゅし
旨　長崎大

140 □ **キンユウ**会社に就職する。
かねのゆうずうやかねの流れ
金融　関西大

141 □ 自説に**コシツ**する。
自分の意見を主張して曲げないこと
固執　静岡大

142 □ 会うことができず**シゴク**残念だ。
この上ないこと
至極　早稲田大

143 □ 地雷の**ジョキョ**を促す。
取りのぞいてなくすこと
除去　奈良女大

144 □ **レイラク**したかつての大スター。
おちぶれること
零落　日本大

145 □ **イッセイ**に帰宅する。
同時にそろって物事をすること
一斉　関西大

146 □ 日々の**ショウジン**が成果につながる。
仏道修行につとめること。集中して励むこと
精進　山梨大

147 □ 海外に**チュウザイ**する役人。
任務のために派遣された地にとどまること
駐在　島根大

148 □ 財布を**フトコロ**にしまう。
衣服に覆われた胸のあたり
懐　東洋大

149 □ 病を**ユウハツ**する可能性がある。
ある事柄が原因で、他の事柄を起こすこと
誘発　香川大

150 □ ひとりひとりの**イデンシ**は異なる。
生物のいでん形質を規定するもの
遺伝子　岩手大

151 □ 物資を**キョウキュウ**する。
必要に応じて物資を与えること
供給　日本大

152 □ **コウマン**な態度の役人。
優越感から他者を侮ること
高慢　学芸大

153 □ 上司から**ジレイ**を受け取る。
役職などの任免を書いた文書
辞令　奈良教大

154 □ **フカツ**剤を投与する。
かつりょくを与えること
賦活　法政大

155 □ 明白な**ショウサ**を示す。
事実のよりどころになるもの
証左　滋賀大

156 □ 昆虫が餌を**セッショク**する。
たべものをとること
摂食　早稲田大

157 □□ **カンペキ**な織物の仕上がりを見て**オドロ**いた。
欠点のまったくないさま
思いがけないことで、心に衝撃を受ける
完璧 神戸大 / 驚 高知工大

158 □□ 自然保護計画の**サンドウ**者が**ボウダイ**な数になる。
他人の意見などをよしとすること
ふくれあがりおおきくなること
賛同 早稲田大 / 膨大 神戸大

159 □□ **ハンザツ**な業務に**ボウサツ**される。
こみいってわずらわしいこと
仕事などに追われること
煩雑 岩手大 / 忙殺 名古屋大

160 □□ さまざまな工夫が**コ**らしてある**ハクライ**の時計。
意思・注意力などをある事に集中させる
外国から船に積んで運ばれてくるもの
凝 山梨大 / 舶来 明治大

161 □□ 見知らぬ人に**カイギ**心を持ち、**レイタン**に振る舞った。
うたがいをいだくこと
不親切で思いやりがないこと
懐疑 福井県大 / 冷淡 都立大

162 □□ 出来栄えの**コウセツ**は気にせず自由に**ネンド**遊びを楽しむ。
上手なことと下手なこと
細かい粒が集まってできたねばりけのあるつち
巧拙 香川大 / 粘土 東北大

163 □□ **セイミョウ**に作られた灯籠が庭に**フチ**される。
細かい点まで優れて巧みなこと
物を適当ないちにおきならべること
精妙 上智大 / 布置 関西大

164 □□ **オショク**問題にまつわるうわさの**シンギ**を確かめる。
職権や地位を悪用して不正な行為をすること
本当かうそか、ということ
汚職 都留文大 / 真偽 東北大

165 □□ 映画は予想を**クツガエ**し**アクム**のような展開だった。
ひっくり返す
いやな恐ろしい夢。縁起の悪い夢
覆 愛媛大 / 悪夢 立命館大

166 □□ **ロコツ**な嘘をついたため周りから**ウト**まれる。
感情などをあからさまに示すこと
きらって遠ざける
露骨 北海道大 / 疎 立命館大

167 □□ **ユウレイ**が出るという噂がある山で、熊に**ソウグウ**する。
死者のれい。亡魂
偶然に出会うこと
幽霊 香川大 / 遭遇 三重大

168 □□ クラスの**トウセイ**をとるために意思の**ソツウ**をはかる。
多くの物事を一つにまとめおさめること
自分の考えが他の人につうじること
統制 岡山大 / 疎通 富山大

169 □□ 田畑や**サラチ**を買い**アサ**る。
手入れのされていない空きち
動物が餌などをさがし求める
更地 大分大 / 漁 釧路公大

170 □□ 言葉の使い方のわずかな**ソウイ**も**ケイシ**してはならない。
二つのものにちがいのあること
重要ではないと考えること。かるく見ること
相違 東北学大 / 軽視 高知大

171 ☐☐ 町は**コウハイ**し、**イッコウ**に復興の兆しは見えない。

あれ果てること
少しも

荒廃 静岡大
一向 関学大

172 ☐☐ 街の**ザットウ**をただ映しただけの**ヘイバン**なシーン。

人々が大勢で込み合うこと。人ごみ
変化に乏しくおもしろみがないこと

雑踏 山形大
平板 香川大

173 ☐☐ 多岐にわたる**コキャク**の要望を**チクイチ**部長に報告する。

得意きゃく。ひいきにしてくれるきゃく
順を追ってひとつひとつ全部

顧客 弘前大
逐一 金沢大

174 ☐☐ 試合のため**ゲンリョウ**して会場に**オモム**く。

目方や量が減ること。量を減らすこと
ある場所や方向へ行く

減量 センター
赴 千葉大

175 ☐☐ 巨大で複雑な機械を**ジザイ**に**アヤツ**る。

思うとおりにできること
うまく使う。そうさする

自在 岩手大
操 お茶女大

176 ☐☐ 自分勝手で**ジャアク**な考えを皆に**バクロ**する。

心がねじ曲がってあくいに満ちていること
他人の秘密やあくじをあばいて明るみに出すこと

邪悪 熊本大
暴露 福岡女大

177 ☐☐ 事あるごとに自分を**ヒゲ**してしまう**シュウセイ**を改める。

自分を劣ったものとしてへりくだること
しゅうかんによってつくられた後天的なせいしつ

卑下 関学大
習性 名古屋大

178 ☐☐ **ジンリン**の**ケイハツ**を目的とした本。

ひととして守るべき道
知識を得て理解を深めること

人倫 愛教大
啓発 北海道大

179 ☐☐ 新興企業が市場で**トウカク**を現し他社と**ショウトツ**した。

あたまの先。「トウカクを現す」で才能が抜き出る
ぶつかること

頭角 関学大
衝突 福岡女大

180 ☐☐ 二人はこれまでの実績を**タガ**いに**ライサン**した。

相対する関係にある二者
称えること

互 三重大
礼賛 高知大

181 ☐☐ **キンリン**国との利害が**ガッチ**する。

となりきんじょ
ぴったりとあうこと

近隣 愛教大
合致 関西大

182 ☐☐ 楽しみにしていた**シバイ**の初日の**マク**が上がる。

演劇、演技
隠したり遮ったりするために覆う布

芝居 神戸大
幕 日本大

183 ☐☐ 東西の文化が**ユウゴウ**する**カテイ**。

二つ以上のものが溶けあうこと
物事の進行・変化・発展していくみちすじ

融合 立教大
過程 東北大

184 ☐☐ 英雄が**タンジョウ**するまでの**キセキ**をたどる。

うまれること
うつり変わってきたあと

誕生 東京大
軌跡 早稲田大

185 ☐☐ 哲学の**セイズイ**に迫ることができたと**ジフ**する。

物事のもっとも重要なところ
みずからの力などにじしんを持つこと

精髄 岩手大
自負 信州大

186 ☐☐ **ヨウボウ**で人を判断しないのが私の**シンジョウ**だ。

顔かたち。顔だち
普段から堅くしんじて守っている事柄

容貌 早稲田大
信条 甲南大

**187** □□ さまざまな物が**サンラン**していて**チツジョ**のない部屋。
サンラン：あたり一面ばらばらにちらばること
チツジョ：物事を行うときの正しい順番。筋道
散乱 宇都宮大　秩序 高知大

**188** □□ **ジョウキ**を逸した**キョドウ**。
ジョウキ：ふつうのやり方や考え方
キョドウ：立ち居振る舞い。どうさ
常軌 立教大　挙動 滋賀大

**189** □□ 彼の**リュウギ**が**ユ**らぐことはない。
リュウギ：物事の仕方
ユらぐ：ゆらゆらとゆれ動く。不安定になる
流儀 奈良女大　揺 山形大

**190** □□ ピアノが**カナ**でる美しい音色が**ヒビ**く。
カナでる：楽器などをえんそうする
ヒビく：音が広がって伝わる
奏 大阪大　響 センター

**191** □□ 仕事の**アイボウ**でも意見が異なれば**マッコウ**から反論する。
アイボウ：共にことをする者。仲間
マッコウ：ま正面
相棒 都留文大　真っ向 立命館大

**192** □□ **シュウゾク**の違いは**ヒョウソウ**の部分だけではない。
シュウゾク：その土地のふうしゅうやならわし
ヒョウソウ：物事のうわべの部分
習俗 広島大　表層 高知大

**193** □□ 見事な**メイジンゲイ**を見て深く**カンメイ**を受ける。
メイジンゲイ：優れた技術を持つひとのみが成しうる高度なわざ
カンメイ：忘れられないほど強い印象を受けること
名人芸 上智大　感銘 一橋大

**194** □□ 訪れるかもしれない**トウサン**の危機に**ソナ**える。
トウサン：会社などがつぶれること
ソナえる：あらかじめしておくじゅんび
倒産 三重大　備 高崎経大

**195** □□ 長年**テキタイ**してきた相手とついに**シユウ**を決する。
テキタイ：相手をてきとみなしてたいこうすること
シユウ：めすとおす。勝ち負け
敵対 北海道大　雌雄 富山大

**196** □□ **セキヒン**の生活の中から学費を**クメン**する。
セキヒン：非常にまずしくて何も持っていないこと
クメン：努力して都合をつけること
赤貧 愛媛大　工面 秋田大

**197** □□ **タナゴコロ**をかえしたように、契約の**テイケツ**が解消された。
タナゴコロ：てのひら
テイケツ：条約・協定・契約などを取りむすぶこと
掌 香川大　締結 高崎経大

**198** □□ **キオク**の**ダンペン**をつなぎ合わせる。
キオク：物事を忘れずに覚えていること
ダンペン：一部分。きれはし
記憶 千葉大　断片 埼玉大

**199** □□ **タイシュウ**が**アンモク**のうちに政策を支持する。
タイシュウ：多くの人。特に労働者・農民などの勤労階級
アンモク：口に出さずだまっていること
大衆 早稲田大　暗黙 奈良女大

**200** □□ 理論を学ぶだけでなく**ク**り返しの**ジッセン**が大事だ。
クり返し：同じ事を何度もすること
ジッセン：じっさいに行うこと
繰 埼玉大　実践 岩手大

**201** □□
流れの速い**ケイリュウ**に**ウズ**ができる。
ケイリュウ：谷川のながれ
ウズ：輪状に回る水の流れ
渓流 香川大
渦 名古屋大

**202** □□
どのチームに**カセイ**するかは各人の**ニンイ**とされている。
カセイ：力を貸して助けること
ニンイ：その者のいしにまかせること
加勢 千葉大
任意 宮城教大

**203** □□
**アクトウ**を捕らえた上で地下室に**ユウヘイ**する。
アクトウ：あくじを働く者。あく人
ユウヘイ：牢などにとじ込めること
悪党 鹿児島大
幽閉 立教大

**204** □□
ひじの部分に穴の開いた服を**ス**てずに**ツクロ**う。
ス：不用だとして手元から離す
ツクロ：衣服などを補修する。その場をとりなす
捨 宮崎大
繕 岐阜大

**205** □□
イーストが**ハッコウ**してパン生地が**ボウチョウ**する。
ハッコウ：糖質がこう素の働きで分解すること
ボウチョウ：ふくれあがること
発酵 立教大
膨張 熊本県大

**206** □□
**ホウシ**の精神が社会にあまねく**シントウ**する。
ホウシ：国家や社会のために利害を考えずに尽くすこと
シントウ：思想などが広く行きわたること
奉仕 静岡大
浸透 名古屋大

**207** □□
**ハンソク**技に**イヒョウ**を突かれる。
ハンソク：決まりにはんすること
イヒョウ：考えや予想に入れていないこと
反則 関学大
意表 お茶女大

**208** □□
ショパンの楽曲の**ゲンソウ**的な**センリツ**に心を奪われる。
ゲンソウ：非現実的なことをとりとめもなくそうぞうすること
センリツ：音楽の基本的要素の一つ。メロディー
幻想 上智大
旋律 関西大

---

**209** □□
中小企業を**ヨウゴ**するための金融**キカン**。
ヨウゴ：かばって守ること
キカン：個人や団体が目的達成の手段として設ける組織
擁護 北海道大
機関 明治大

**210** □□
**バクゼン**とした**キョム**感を抱く。
バクゼン：ぼんやりとしたさま
キョム：何もなくむなしいこと
漠然 神戸大
虚無 宇都宮大

**211** □□
異国**ジョウチョ**あふれる街を**サンサク**する。
ジョウチョ：折にふれて起きる様々の思いを誘い出す雰囲気
サンサク：外をぶらぶらと歩くこと
情緒 滋賀県大
散策 大阪公大

**212** □□
人工**エイセイ**が夜空に**コ**を描く。
エイセイ：わくせいの周囲を回る天体
コ：弓。弓なりの形
衛星 埼玉大
弧 北海道大

**213** □□
**カモク**で物腰の**ニュウワ**な人。
カモク：口数が少なく無口なこと
ニュウワ：性質や態度がやさしくおだやかなさま
寡黙 九州大
柔和 立命館大

**214** □□
**タクセン**を受けたのでさっそく**グウゾウ**に供物を捧げる。
タクセン：神が人にのりうつり意思を告げ知らせること
グウゾウ：信仰の対象となるぞう
託宣 都立大
偶像 京産大

**215** □□
無理なことを**コンガン**されどうしたものかと**シアン**する。
コンガン：誠意を込め、頼みねがうこと
シアン：あれこれと考えをめぐらすこと。またその考え
懇願 龍谷大
思案 岐阜大

**216** □□
会社の**フッコウ**を目指して資金を**サンダン**する。
フッコウ：いったん衰えたものが再び盛んになること
サンダン：金銭などをやりくりすること
復興 小樽商大
算段 早稲田大

217 □□ **ヤッカイ**な課題に**ガマン**して取り組む。
面倒で煩わしいこと／耐え忍んでこらえること
厄介 千葉大 我慢 釧路公大

218 □□ 当初から**ショキ**していた目標を**オオム**ね達成した。
きたいすること。きたいしている事柄／およその趣旨。あらまし
所期 法政大 概 弘前大

219 □□ 権力やメディアとの**ユチャク**を**サ**ける。
好ましくない状態で結びついていること／関わらないように離れる
癒着 滋賀県大 避 九州大

220 □□ 重要な取引先との**コウショウ**が**ナンジュウ**する。
相手にかけあうこと／なかなか事が進まないこと
交渉 関西大 難渋 法政大

221 □□ **タイグウ**改善を求めて組合を**ホッソク**する。
職場などでの扱い／組織などが設立され活動を始めること
待遇 小樽商大 発足 名古屋大

222 □□ **ヨジン**を交えることなく二人だけで**シンケン**に話し合う。
ほかのひと。当事者以外のひと／まじめに物事をするさま
余人 早稲田大 真剣 滋賀大

223 □□ 新しく導入された機械を**タク**みに**ソウジュウ**する。
手際よくじょうずに物事を成し遂げるさま／思いのままにあやつること。航空機などの運転
巧 金沢大 操縦 南山大

---

224 □□ 川で**オボ**れかけ水遊びにはすっかり**コ**りた。
泳げずに死ぬ。夢中／失敗して痛手をうけ、二度とするまいと思う
溺 愛教大 懲 滋賀県大

225 □□ **シャテイ**範囲を一気に**カ**け抜ける。
弾丸や何らかの力が届く範囲／はやく走る
射程 関西大 駆 尾道市大

226 □□ **タイコ**より存在してきた遺跡が**ホウカイ**する。
おおむかし／くずれたりこわれたりすること
太古 岩手大 崩壊 岩手大

227 □□ 久し振りの総会には**シンセン**で**タサイ**な顔ぶれが集合した。
あたらしくて生き生きしていること／種類がおおく華やかなさま
新鮮 琉球大 多彩 南山大

228 □□ 現状から**ダッキャク**するための**ホウサク**を考える。
良くない状態から抜け出すこと／手段や計略
脱却 西南大 方策 東洋大

229 □□ 半島を東西に**オウダン**する道路が**ジュウタイ**する。
東西によこぎること／混雑で進まないこと
横断 愛媛大 渋滞 信州大

230 □□ 広々と見晴らしがよく**シカイ**を**サエギ**るものがない海岸。
目で見通すことのできる範囲。視野／間に隔てになるものを置き向こうを見えなくする
視界 早稲田大 遮 福岡教大

**231** □□
ストレスによって**キツエン**の**ヒンド**が上がる。
キツエン：たばこを吸うこと
ヒンド：ある事の繰り返されるどあい
喫煙 名古屋大 / 頻度 福岡女大

**232** □□
山頂から**ムゲン**に広がる**コウケイ**を眺める。
ムゲン：かぎりないこと。どこまでも果てがないこと
コウケイ：目に映る景色やもののありさま
無限 明治大 / 光景 東北大

**233** □□
**センサイ**により**ソンショウ**を受けた建物。
センサイ：せんそうによってもたらされた被害
ソンショウ：傷つけること
戦災 小樽商大 / 損傷 日本大

**234** □□
商人に売買された**ドレイ**から**サクシュ**した歴史を振り返る。
ドレイ：所有物として扱われ売買された人。下僕
サクシュ：しぼりとること。資本家が労働者の利益を独占すること
奴隷 広島大 / 搾取 早稲田大

**235** □□
広がった暴動を**チンアツ**する**スベ**はなかった。
チンアツ：暴力などを力でおさえつけしずめること
スベ：方法・てだて
鎮圧 北教大 / 術 奈良女大

**236** □□
海外製品の**ハイセキ**に対し、これを禁止する**ソチ**を講ずる。
ハイセキ：押しのけて退けること
ソチ：事態に応じて適切に対処すること
排斥 明治大 / 措置 関西大

**237** □□
業務に**シショウ**をきたし損失を**コウム**る。
シショウ：さしつかえ。さしさわり
コウムる：いただく。たまわる。身にふりかかる
支障 東北大 / 被 鹿児島大

**238** □□
観劇をきっかけに**ブタイ**の仕組みに**キョウミ**を持つ。
ブタイ：演劇・踊り・音楽などを見せる場所。ステージ
キョウミ：物事にひかれおもしろいと感じること
舞台 金沢大 / 興味 東洋大

**239** □□
全編にわたり**トウサク**的な自己**トウスイ**を描いた小説。
トウサク：本能や感情が本来とは逆になって現われること
トウスイ：我を忘れてうっとりした気分になること
倒錯 岩手大 / 陶酔 大阪大

**240** □□
推理小説の**ルイセキ**発行部数が**スイテイ**五万部に達する。
ルイセキ：次々に重なりつもること
スイテイ：ある事実を手がかりにして、おしはかって決めること
累積 島根大 / 推定 日本大

**241** □□
不平等な講和条約への**ヒジュン**を**キョウセイ**される。
ヒジュン：署名した条約を国家として正式に同意すること
キョウセイ：威力や権力で人に無理じいすること
批准 長崎大 / 強制 信州大

**242** □□
濃い**ケショウ**が彼女の個性を**マイボツ**させている。
ケショウ：紅やおしろいを使って顔を美しく見せること
マイボツ：うもれて見えなくなってしまうこと
化粧 名古屋大 / 埋没 中央大

**243** □□
チーム内で**ジュウナン**に情報を**キョウユウ**する。
ジュウナン：やわらかいさま。その場に応じた考えができるさま
キョウユウ：二人以上で一つのものをともに自分の物として持つこと
柔軟 愛媛大 / 共有 奈良女大

**244** □□
二年分**ソキュウ**して支払った保険料を**カケイボ**につける。
ソキュウ：過去にさかのぼること
カケイボ：いえの収入や支出を記入するちょうぼ
遡及 立教大 / 家計簿 センター

**245** □□
新たに人を**ヤト**う**ヨチ**が生まれる。
ヤトう：賃金を払って人を使う
ヨチ：あまっている土地。ある事を行うゆとり
雇 滋賀県大 / 余地 福井県大

**246** □□
諸国を従えた**ハシャ**として**リュウセイ**を極める。
ハシャ：武力や権謀によって天下を治める者
リュウセイ：勢いがさかんなこと。栄えること
覇者 大阪大 / 隆盛 山形大

▼**太字の語の意味を後から選べ。**

1 □龍とは、文学的な**逸話**から想起される怪獣を絵師が腕をふるって描いたものではない。
①あまり知られていない興味ある話
②教訓の意味を込めたたとえ話
③人々の間に語り継がれた話
①
福岡教大

2 □文章は微量の**諧謔**《かいぎゃく》をおびついたって平明で、アクもなければひっかかるところもない。
①ニュアンス ②ノスタルジー ③ユーモア
③
茨城大

3 □客観的に採点することが難しいという**懸念**がある。
①困難 ②不安 ③欠点
②
熊本大

4 □相手を言い負かし、自分の陣営に抱き込むことを目的とする**姑息**《こそく》な「弁論術」によってではない。
①言葉巧み ②計算高い ③その場しのぎ
③
成城大

5 □アナウンサーが散漫な情景に色づけを施していく**修辞**の魔術に気づくことができる。
①気の利いた言葉をよどみなく話すこと
②言葉を巧みに用いて効果的に表現すること
③その場に応じてとっさに才知を働かせること
②
青学大

6 □三島由紀夫は自衛隊市ヶ谷駐屯地での自決の際に「**檄文**《げきぶん》」を隊員にばらまいた。
①異端者を排除する文章
②感傷に訴える文章
③自説を主張し同志を募る文章
③
成蹊大

7 □伝説の化け物どもを**随意**に眼前におどらせた。
①思いどおり ②大量 ③次々
①
成城大

8 □初めは、とりあえず「的なもの」として見ていくのでよかろうし、体系化も**拙速**でなくてよい。
①仕上がりが下手だが仕事は速いこと
②とにかく素早く迅速に行うこと
③速さよりも丁寧さを重視して進めること
①
名市大

9 □**絶妙**の間合いで語られる名講義が頭に染みこむ。
①何とも言えない趣 ②非常に細かく複雑
③非常に巧み
③
関学大

10 □名辞をたよりに本源へ**遡行**し、名辞以前の言葉に辿《たど》り着こうとした。
①流れと反対の方向に行くこと
②並んで行くこと ③物事に逆らうこと
①
愛県大

11 □〈老い〉の異様さの経験が老いゆくひと自身によって語られることは**存外**少ない。
①言うまでもなく　②思いのほか
③結局のところ
② 大阪公大

12 □人々の声を直接くみとり、それを明確な言葉で**端的**に表現する。
①誤りなく正確なさま　②はっきりしているさま
③わかりやすく丁寧なさま
② 弘前大

13 □このモチーフを**媒介**として「狭筵《さむしろ》」に「涙」とか「待つ」とかの語が結び付くであろう。
①一方的に適用すること
②手段として用いること
③なかだちとすること
③ 北九市大

14 □声に出して一語一語を**分節**しながら読み進める。
①意味を判断すること
②意味が通る程度に切り離すこと
③一続きのものに区切りをつけること
③ 防衛医大

15 □現実は、夢を**包摂**し自らの一部とする。
①一定の範囲の中につつみ入れること
②ひっくるめて一つにまとめること
③見た目ではわからない形で持っていること
① 尾道市大

16 □日本語は論理的でないという隠れた**命題**があった。
①課せられた問題　②議論のテーマ
③中心となる問題
① 奈良教大

17 □受け手の意識と周りの空間との境界線の曖昧性を**露呈**している。
①あらわになること　②確信すること
③強調すること
① 法政大

18 □目的と手段が乖離するという**アイロニー**を、避けて通ることのできない宿命と認識していた。
①警告　②皮肉　③予言
② 中央大

19 □聞き書きがときに、深々とした精神の**カタルシス**やささやかな癒やしをもたらすことがある。
①高揚　②浄化　③発露
② 千葉大

20 □私たちのコミュニケーションは、常に新たな**コンテクスト**を生み出し続ける。
①概念　②対話　③文脈
③ 埼玉大

21 □**デフォルメ**された過去から無批判に学ぶ。
①拡大　②統合　③変形
③ 一橋大

## 「言語」追加キーワード

22 □ **記号**
約束に基づいて一定の意味を表すもの。
センター

23 □ **詭弁《きべん》**
道理に合わないことをこじつける弁論。[例]詭弁を弄する。
福井県大

▼語の意味を参考に、空欄に当てはまる語句を選べ。

24 □苗字が同じであることも、母の言葉が（　　）《生まれ育つうちに身につけた言葉》になったことも、何も私の血統を自然にはしない。
①母語　②私語　③人語
① 東京大

25 □ある課題について、内外の文献を（　　）《多くの本を読みあさること》した。
①渉猟　②転読　③必読
① 高知工大

26 □いじめの問題構造を、学校教育だけでなく社会全体に（　　）《意味を押し広げて展開すること》して議論する。
①介在　②敷衍《ふえん》　③流布
② 高知工大

27 □過去の人々の記憶の世界に入り込む（　　）《むこうみずの勇気》が必要だ。
①知勇　②蛮勇　③武勇
② 名古屋大

28 □民族固有の故郷を絵画や文学で（　　）《抽象的な物事を形に表すこと》した。
①意表　②徴表　③表象
③ 一橋大

29 □「語る」と「話す」とはどちらも言語活動を表す言葉だが、その（　　）《表には出ない深い意味や味わい》は微妙な差異を見せている。
①含蓄　②含有　③包含
① 上智大

30 □皮肉や（　　）《真理などを鋭く巧みに表した言葉》の中に、何か軽蔑出来ないものを感じない訳には行かなかった。
①禁句　②警句　③絶句
② 防衛医大

31 □（　　）《自分だけが正しいと思い込むこと》的で自己中心的なあり方を否定し、乗り越えようとするところに対話が出現する。
①合理　②主体　③独善
③ 國學院大

32 □幼い子どもが（　　）《素直で悪気がないこと》な残酷さを発揮する。
①無気力　②無邪気　③無尽蔵
② 立命館大

33 □表現を長く（　　）《長くてしまりのないこと》なものにしてしまう。
①緩慢　②冗漫　③怠慢
② 滋賀県大

34 □能動態と受動態はいかなる言語にも見いだされる（　　）《すべてに共通すること》的な区別ではない。
①極限　②恣意　③普遍
③ 関学大

35 □死者に、ふらふらと（　　）《でたらめ》に出てこられたのではたまったものではありません。
①無差別　②無慈悲　③無秩序
③ 日本女大

36 □西欧でも、外交官は言語的に洗練され、明晰なことばを避けて（　　）《遠回し》な表現を発達させている。
①婉曲　②曲解　③歪曲
① 奈良教大

37 □「敬意表現」についてではなく、（　　）《一つの言葉の意味のうち、限定した意味》の「敬語」に絞って扱う。
①狭義　②原義　③広義
① 名市大

38 □鳩を平和のシンボル、ないし（　　）《「ような」などを用いずにたとえる方法》として支えているのは、私たちの身体性である。
①隠喩　②直喩　③明喩
① 埼玉大

39 □「安らぎを失った安楽」という前古未曽有の（　　）《真理に反するようで一種の真理を表している説》。
①臆説　②仮説　③逆説
③ 関西大

40 □福永武彦、中村真一郎、遠藤周作の（　　）《三人で会談すること》では、つぎのように語られている。
①講談　②対談　③鼎《てい》談
③ 立命館大

41 □メッセージの意味解釈は、少なからず社会的な（　　）《規則》の制約を受けている。
①アイテム　②カオス　③コード
③ 同志社大

42 □このような潔いほどの取捨選択と誇張とが、「見立て」という（　　）《修辞法》の命である。
①アナロジー　②ニュアンス
③レトリック
③ 北教大

43 □プラトンやソクラテスが現れ、（　　）《言葉》、つまり言葉で論理が組み立てられた。
①パロディ　②パトス
③ロゴス
③ 法政大

## 「言語」追加キーワード

44 □ **起承転結** 京教大
文章や物事の秩序ある組み立て。

45 □ **テクスト（テキスト）**〈仏〉 成城大
解釈や鑑賞の対象となる本文。原文。原典。［例］作者の原稿どおりのテクスト。

46 □ **エクリチュール**〈仏〉 県広島大
書くこと。書かれたもの。文字言葉。「話し言葉」と区別する際に使用される。

▼**太字の語の意味を後から選べ。**

47 □街を歩くと**否が応でも**目に入る宣伝や案内の文句。
①有無を言わせず ②ひっきりなしに
③良くも悪しくも
① 青学大

48 □あまりにも素早く相手と繋《つな》がれる言葉と言うのは、たいてい**胡散臭い**ものだ。
①何となく疑わしい ②何となく気がとがめる
③何となく満足できない
① 宮崎大

49 □危うく、不可思議かつ不可解で、それゆえ**えもいわれぬ**生動性にあふれた心。
①絵には描けない ②言い表せない
③正体のわからない
② 國學院大

50 □日本人は**おしなべて**外交上の討論が下手である。
①全体的に ②想像するに ③時として
① 青学大

51 □漢字は、王朝によって正統なる文字との**お墨付き**を得るや、大手を振って使われるようになる。
①権力のある立場で世に知らしめること
②権威のある人が保証すること
③社会的な権利を作り上げること
② 大阪大

52 □私たちが「対話」に**尻込み**する理由のひとつに、認識不足があるように思う。
①反発して拒絶すること
②気後れしてためらうこと
③恥じらい頓着すること
② 國學院大

53 □演説の実践に**なみなみならぬ**熱意をかたむける。
①一貫した ②純粋な ③たいへんな
③ 防衛医大

54 □コンプレックスでこり固まっている人間がそう速断するのは**是非もない**ことであった。
①誤っていない ②仕方がない
③とんでもない
② 奈良教大

55 □中年の**なまじ**の好き心をからかわれているようでもあり、老年の懺悔を聞かされたようでもあった。
①中途半端な ②生々しい ③本来の
① 三重大

56 □相手に対する心の**わだかまり**がなくなる。
①言えない思い ②緊張感の自覚
③何らかの不信や不満
③ 國學院大

57 □なぜ古典が登場するのかを**一口で**表現する。
①一斉に ②手短に ③一つだけ
② 立教大

58 □単に書き取りテスト**よろしく**読み書きできることだけが識字なのではない。
①に敬意を表して ②を支持して ③のような状態で
③ 関西大

59 □日常の会議は**出来合い**の言葉のオンパレードだ。
①あらかじめ示し合わせていること ②型にはまっていること ③すでにできあがっていること
③ 名市大

60 □これまで隠喩や暗喩とも呼ばれていたものが、ようやく**市民権を得た**のでしょうか。
①誰もが使ってよいものとなった ②必要なものと思われるようになった ③広く一般的に知られるものとなった
③ 國學院大

61 □留学生の問いかけに日本語教師は**眉をひそめる。**
①怒りを感じる ②不快感を表す ③用心する
② 東京女大

62 □悪意がなくてもウソは日常たえずつかれていますし、**うそも方便**とか口実という言葉もある。
①うそをつくことは悪いことだが、時と場合によっては必要な場合がある
②人間関係をスムーズにするためのうそは、社会的価値が認められている
③本来的に悪いことを意味するうそを、その場しのぎで言うこともある
① 國學院大

▼**語の意味を参考に、空欄に当てはまる語句を選べ。**

63 □ギリシャ語やラテン語の文学作品なら多くを原語で(　)《暗唱する》ことのできる学者。
①そばだてる ②そよめく ③そらんじる
③ 成城大

64 □一種の(　)《言い表すことができないほどの》**しがたい**嘔吐感、眩暈感にともなう有機体としての存在の不安。
①名実 ②名状 ③名分
② 上智大

65 □せめて梶井基次郎の(　)《考えもなく人のまねして》**になって**レモンをおいてみてはどうか。
①そねみ ②たくみ ③ひそみ
③ 立命館大

66 □液晶画面が映らなくなるだけで、中身が健全なパソコンをまえに、私は(　)《非常に悔しがるさま》**を踏んだ。**
①地団駄 ②虎の尾 ③薄氷
① 学習院大

**「表現」追加キーワード**

67 □ **言わずもがな** 新潟大
わかりきっていて言うまでもない。言わない方がよい。
[例]言わずもがなの一言。

68 □ **言葉の綾《あや》** 上智大
取り繕った巧みな言い回し。幾通りにも解釈できるような複雑な言い回し。

# 長文問題① 言語

25/75

**赤傍線部の語の意味を後から選び、傍線部のカタカナを漢字にせよ。**

▼縁語のネットワークは[1]**ムゲン**に広がり、重なり合っている。一つの語を一つの鏡に喩《たと》えてもよい。無数の鏡が一見[2]**無秩序に**置かれているように見えながら、一筋の光が射《さ》しこむ時、たちまち鏡は[3]**タガ**いに光を反射して、数えきれぬ光の糸が空間の中に光芒《こうぼう》の伽藍《がらん》を[4]**フセツ**する。銀河のようなこの光の[5]**リョウイキ**が一首の和歌の世界なのである。

〈尼ケ崎彬『日本のレトリック―演技する言葉』〉 北九市大

**①入り交じって　②うかつに　③気がつかないように　④でたらめに**

▼演説の[6]**ジッセン**に[7]**なみなみならぬ**熱意をかたむけた福沢は、もともと旧幕時代から平談俗語の[8]**ジザイ**な表現力に注目し、独得な達意平明の文体をつくりあげていた。「福沢全集緒言」によれば、福沢が俗語の表現力に開眼したきっかけは二つあって、第一には蘭学の先師緒方洪庵の[9]**シサ**、第二には蓮如上人の『御文章』からの[10]**ケイハツ**があげられている。

〈前田愛『幻景の明治』〉 防衛医大

**①一貫した　②嫌というほど　③純粋な　④たいへんな**

▼この文はかつてアメリカ記述（構造）言語学の[11]**ハタガシラ**であったL・ブルームフィールドが一九三三年に出版し、一時期は言語学の「聖書」とまで[12]**ショウサン**され広く読まれたLanguageの中で、文字と言語の関係を簡潔[13]**メイカイ**に述べている部分の抄訳である。この〈文字は言語ではない〉という認識は、二十世紀前半のアメリカ言語学界を支配していた、「言語とは何か」と言う[14]**命題**に対する基本的な[15]**シセイ**をよく示している。

〈鈴木孝夫「テレビ型言語としての日本語」『言語』第33巻第8号〉 滋賀県大

**①課せられた問題　②議論のテーマ　③優れた議論　④中心となる問題**

| 1 | 2 | 3 | 4 | 5 | 6 | 7 | 8 | 9 | 10 | 11 | 12 |
|---|---|---|---|---|---|---|---|---|---|---|---|
| 無限 | ④ | 互 | 敷設 | 領域 | 実践 | ④ | 自在 | 示唆 | 啓発 | 旗頭 | 称(賞)賛 |

▼古文ならば「なり」「たり」あるいは「候」という定型表現で解決していたはずのこの問題は、近代になって[16]**なまじ**「言（話し言葉）」と「文（書き言葉）」とを一致させようという[17]**カイカク**が始まってしまったために、あたかもパンドラの箱を開けたように、一気に表に吹き出してきてしまった観がある。「〜である」を段落の最後の文章だけに使ってみたり、動詞の終止形を織り交ぜてみたり、体言止めを取り入れてみたり、おそらくわれわれは「偉そうに」見えてしまう[18]**トッシュツ**——「私」の判断の[19]**ロコツ**な表出——を[20]**サ**けるために、今後もさまざまな試行錯誤を繰り返していくにちがいない。

〈安藤宏『「私」をつくる　近代小説の試み』〉　琉球大

**16** **①周囲の心配を顧みず成果が生まれるさま　②そうしないほうがよいほど中途半端なさま**
**③期待されているのに悪い結果を招くさま　④できそうもないのに無理に実行するさま**

▼言語の芸術性は、その自己表出性が指示[21]**表象**と[22]**コウサク**するところにもとがあるのだし、言語は「知的」なものではなく、[23]**普遍**性を鶴首《かくしゅ》しているという、その度合におうじて[24]**チュウショウ**的なだけだといえる。わたしのかんがえでは、言語が[25]**ジョウチョ**を表現しているようにみえるばあい、その理由を、こころの態度のなかのジョウチョをにおわせるのは誤解だとおもえる。

〈吉本隆明『定本 言語にとって美とはなにか II』〉　京都府大

**21** **①心に描く像　②はっきりと現れる像　③見ることのできる事柄　④物事のありさま**
**23** **①通じやすいこと　②広く行き渡ること　③変化しないこと　④結びつくこと**

| 13 | 14 | 15 | 16 | 17 | 18 | 19 | 20 | 21 | 22 | 23 | 24 | 25 |
|---|---|---|---|---|---|---|---|---|---|---|---|---|
| 明快 | ① | 姿勢 | ② | 改革 | 突出 | 露骨 | 避 | ① | 交錯 | ② | 抽象 | 情緒 |

**赤傍線部の語の意味を後から選び、傍線部のカタカナを漢字にせよ。**

▼まずは**ソボク**[26]に、一方にことばがあり、他方に物事があると考える。ことばの方が（ことばではない）物事の方を指示し表現する。両者は、そういう仕方でお互いに結びついているように見える。しかし少し考えると、このソボクな発想は**イジ**[27]できなくなる。なぜならば、ことばではない方に位置づけられた物事にもまた、すでにことばが**シントウ**[28]しているからである。物事を相互に区別し**チツジョ**[29]化しているのは、ことば（**ガイネン**[30]）の持つ**分節**[31]化の力である。

〈入不二基義『足の裏に影はあるか？ ないか？ 哲学随想』〉

東北大

**①意味が広がっていること　②意味が不自然でない程度に区切ること**
**③一続きのものを区切りをつけて分けること　④世の中の道理をわきまえること**

▼アメリカ出国前に、ペリーは日本との**コウショウ**[32]言語に関し、日本語を用いることを第一と考え、英語を使うことは**ダンネン**[33]していた。それは、英語を使うと日本側がコウショウを拒否するのではないかという**懸念**[34]からであった。そこで日本語の知識のある宣教師ウィリアムズを**ヤト**[35]うも、彼は、漂流民から日本語を習い、聖書を訳した経験はあるが、日本語で外交コウショウをするほどの力はないとこれを**コジ**[36]した。そのため、ペリーはウィリアムズを中国語通訳兼顧問の形で同行させた。

〈小川誉子美『蚕と戦争と日本語』〉

長崎大

**①相手に気を遣うこと　②気の毒に思うこと**
**③気にかかって不安に思うこと　④心配して悩むこと**

▼こうした音や声の世界は、歴史学の課題のなかでも一番**ヤッカイ**[37]な部類に属する。史料といえば羊皮紙や紙に文字で書かれており、昨今流行の図像史料や考古学的遺物にしても、視覚と触覚に訴え

| 26 | 27 | 28 | 29 | 30 | 31 | 32 | 33 | 34 | 35 | 36 | 37 |
|---|---|---|---|---|---|---|---|---|---|---|---|
| 素朴 | 維持 | 浸透 | 秩序 | 概念 | ③ | 交渉 | 断念 | ③ | 雇 | 固辞 | 厄介 |

ることはあっても、そこから聴覚に**ヒビ**[38]く音や声は聞こえてこない。だから私たちとしては、文字に記された音・声関連の情報をもとに、音キョウの想像空間を作り上げるしかないのだろうし、政治・経済・社会・文化・宗教など、領域**オウダン**[39]的に音・声の**ユクエ**[40]を追いかけ、過去の人びとの音のコミュニティーあるいは集合的な**キオク**[41]の世界に入り込んでみる**蛮勇**[42]が必要だろう。

〈池上俊一「音と声から立ち現れる新たな歴史像」〉　名古屋大

**①思慮分別のない勇気　②猛猛しい勇気　③知恵と勇気　④向こう見ずの勇気**

▼手話言語の場合にも、視覚の範囲内にある**キカン**[43]、すなわち手や腕、身体（とくに上半身）、顔の表情などを用いる。これらは、もともとが**随意に**[44]動かせるキカンだが、言語表現のために使うのはやはり二次利用だといえる。つまり、どのような種類の言語であっても、ヒトは生物として生きるために**ソナ**[45]わった身体キカンを転用して、言語を**アヤツ**[46]っている。言い換えれば、言語をもたずとも生物としてのヒトは成り立つが、呼吸や**セッショク**[47]をせずに言語だけ話すヒトはあり得ない。

〈菊澤律子「声の言葉と手の言葉――手話の言語学（十五）言語の起源」〉　富山大

**①いつでも　②思うままに　③たやすく　④むやみに**

▼まず言葉を書く**スベ**[48]がないところに漢字が伝来し、やがて漢字の形の一部を利用して〈カタカナ〉が、全体を**デフォルメ**[49]した草書体を利用して〈ひらがな〉が、新しい我が国独自の文字となっていったのである。漢字の意味や発音を**ス**[50]て去った「見せかけ」の部分を使うからこそ、我が国独自の文字は「仮名」という名称で呼ばれることになったのである。

〈山口謠司『日本語の奇跡――〈アイウエオ〉と〈いろは〉の発明』〉　青学大

**①解体　②拡大　③統合　④変形**

| 38 | 39 | 40 | 41 | 42 | 43 | 44 | 45 | 46 | 47 | 48 | 49 | 50 |
|---|---|---|---|---|---|---|---|---|---|---|---|---|
| 響 | 横断 | 行方 | 記憶 | ④ | 器官 | ② | 備 | 操 | 摂食 | 術 | ④ | 捨 |

# 長文問題③ 言語

75/75

**赤傍線部の語の意味と、(　)にあてはまる語を後ろから選べ。また、傍線部のカタカナを漢字にせよ。**

▼二人の人が論理空間を**カンペキ**[51]に共有していることなどありはしない。そしてそのギャップはしばしば日常の会話において**露呈**[52]し、コミュニケーションをよどませる。しかし、これまでにもしばしば**ソウグウ**[53]してきたそのような場面を、われわれは新たな概念を習得することによって、そうして自分の論理空間を変化させることによって、乗り越えてきたのではなかったか。

〈野矢茂樹『語りえぬものを語る』〉

奈良教大

**①生まれること　②大きくなること　③表に出ること　④出たり隠れたりすること**

▼まず言語は一方で、「コミュニケーション・ツール」という言い方が代表するように、意思**ソツウ**[54]の手段ないし情報デン達のための道具と広く考えられている。街を歩くと**否が応でも**[55]目に入るさまざまな**センデン**[56]や案内の文句、あるいは家でテレビを点《つ》ければ次々と目と耳に飛び込んでくる言葉、これら私たちの日常生活を**オオ**[57]っている言葉のほとんどは、情報をデン達するための道具として発せられているのではないだろうか。

〈柿木伸之『共生を哲学する 他者と共に生きるために』〉

青学大

**①有無を言わせず　②その上ますます　③のべつ幕なしに　④よくもあしくも**

▼あまりにも素早く相手と**ツナ**[58]がれる言葉と言うのは、たいてい**胡散《うさん》臭い**[59]ものだ。それはあらかじめ相手にもその内容が**ソウテイ**[60]されていて、それをなぞる言葉だからである。思考の**ワクグ**[61]み自体がすでに共有されているという安心感の上で、単なる架橋としての言葉だからであり、こちらに**シンセン**[62]な**オドロ**[63]きと喜びをもたらすことは少ない。

〈永田和宏『知の体力』〉

名市大

**①何となく疑わしい　②何となく恐ろしい**
**③何となく気がとがめる　④何となく満足できない**

51 (完璧)
52 (③)
53 (遭遇)
54 (疎通)
55 (①)
56 (宣伝)
57 (覆)
58 (繋)
59 (①)
60 (想定)
61 (枠組)
62 (新鮮)

▼〈語り〉は、すでに見たように、（ 64 ）を整えられた〈話〉である。苦しみに[65]**マイボツ**し、あっぷあっぷしているじぶんをじぶんから引き[66]**ハ**がし、疎隔化して、だれか別の人のことのように語りだすことである。とどのつまりは、体験を[67]**キョウユウ**していない他者にも理解可能なものとして、[68]**サンイツ**しそうなじぶんを〈語り〉のなかでまとめること、まとめなおすことである。

〈鷲田清一『濃霧の中の方向感覚』〉 京教大

**①換骨奪胎　②起承転結　③曲学阿世　④同工異曲**

▼[69]**センサイ**でその本も焼いたので今詳しくその本についてここに書くことができないのは残念[70]**シゴク**だが、私の「目の上の鱗《うろこ》」がとれたことは事実であった。（『本』一九八八年一月号）

ここでは引用符がついて出てくるから、書き手はそう（ 71 ）にではなく、「近頃世間で言う例の言いぐさにしたがえば」という、ちょっと茶化した気分も、もしかして入っているかもしれないが、それにしても「目の上の鱗」とはめずらしい言い方で、「目からウロコ」よりも一歩進んでいる。

〈田中克彦『ことばの自由をもとめて』〉 福岡女大

**①無気力　②無邪気　③無信心　④無尽蔵**

▼現象としての作品は、反応を生じる受容者によって無限に[72]**ヘンボウ**する。しかし、それほど心配する必要はないのである。反応はさまざまであっても収斂《しゅうれん》すべきところへおのずから収斂する。単語の意味などもそうで、語形は刺戟《しげき》である。それを無数の人間が無限に多様な[73]**コンテクスト**において使用する。物件として考えればとっくに[74]**ホウカイ**してしまうところだが、語の意味もまた現象であって、この[75]**カテイ**において、おのずから落着《おち》くべきところへ落着く。語義は自然に固まって、ついには辞書の収録するまでになるのである。

〈外山滋比古『異本論』〉 福島大

**①概念　②課程　③対話　④文脈**

| 63 | 64 | 65 | 66 | 67 | 68 | 69 | 70 | 71 | 72 | 73 | 74 | 75 |
|---|---|---|---|---|---|---|---|---|---|---|---|---|
| 鷲 | ② | 埋没 | 剝 | 共有 | 散逸 | 戦災 | 至極 | ② | 変貌 | ④ | 崩壊 | 過程 |

| No. | 問題 | 意味 | 解答 | 大学 |
|---|---|---|---|---|
| 1 □ | **アイマイ**な表現にとどめる。 | はっきりしないさま。あやふや | 曖昧 | 大阪大 |
| 2 □ | メディアに**ケイショウ**を鳴らす。 | けいかいを促すもの | 警鐘 | お茶女大 |
| 3 □ | 交通ルールを**ジュンシュ**する。 | 法律などをまもって従うこと | 遵守 | 青学大 |
| 4 □ | 資料の**エツラン**を許可する。 | 内容を調べながら書物などを読むこと | 閲覧 | 大分大 |
| 5 □ | 落石が行く手を**ハバ**む。 | 進行を妨げる | 阻 | 立教大 |
| 6 □ | **トウガイ**事項を洗い出す。 | 前に述べたことに関係のあること | 当該 | 北海道大 |
| 7 □ | 話題の**カチュウ**にある人物。 | もめごとのちゅうしん | 渦中 | 東北大 |
| 8 □ | 引き出しの中を整理**セイトン**する。 | 散らかったものを片づけること | 整頓 | 学習院大 |
| 9 □ | **コウリツ**よく仕事をこなす。 | 労力に対する成果の割合 | 効率 | 新潟大 |
| 10 □ | 会議が**エンカツ**に進行する。 | 物事が滞りなく進むこと | 円滑 | 滋賀県大 |
| 11 □ | 話は五年前に**サカノボ**る。 | 過去に立ち返る。上流に進む | 遡 | 名古屋大 |
| 12 □ | **カッキ**的な発見をする。 | 時代に一つの区切りをつけること | 画期 | 弘前大 |
| 13 □ | 目が**サッカク**を起こす。 | 事実と異なる思い違いや勘違い | 錯覚 | 中央大 |
| 14 □ | 今日の繁栄の**イシズエ**を築く。 | 物事の土台となるもの | 礎 | 大分大 |
| 15 □ | **ジョウセキ**を用いて勝負する。 | 一般に最善と考えられている手順 | 定石 | 山形大 |
| 16 □ | 常人には**トウテイ**理解できない。 | どうしても | 到底 | 愛媛大 |
| 17 □ | 服装の**ヘンセン**について調べる。 | 時間の経過とともに移りかわること | 変遷 | 福岡教大 |
| 18 □ | 成長の様子を**ジョジュツ**する。 | 順を追ってのべたもの | 叙述 | 関学大 |
| 19 □ | 光や音に**カビン**に反応する。 | 感じ方が激しいこと | 過敏 | 千葉大 |
| 20 □ | 道を**ヘダ**てて手を振りあった。 | 間にものや空間を置いてさえぎる | 隔 | 共通テ |
| 21 □ | 二通りに**カイシャク**できる文。 | 物事の意味・内容をときほぐして明らかにすること | 解釈 | 早稲田大 |
| 22 □ | オリンピックの**ハッショウ**の地。 | ものごとの起こり | 発祥 | 一橋大 |
| 23 □ | 観客を**ミリョウ**する歌手。 | 人の心をひきつけ夢中にさせること | 魅了 | 釧路公大 |
| 24 □ | **ビサイ**な点まで記録する。 | とてもこまかなこと | 微細 | 学芸大 |

| | | | | |
|---|---|---|---|---|
| 25 | □ **ボウトウ**に大事なことを述べる。 | 物事のはじまり | 冒頭 | 東北大 |
| 26 | □ チャンスが無に**キ**す。 | 最終的にそうなる | 帰 | 名古屋大 |
| 27 | □ **コンキョ**を明確にして説明する。 | 物事の存在理由となるもの | 根拠 | 上智大 |
| 28 | □ **フオン**な空気を察し緊張する。 | 状況が安定せずおだやかでないこと | 不穏 | 静岡大 |
| 29 | □ 川べりで**イコ**う人々。 | ゆったりとくつろぐ。休息する | 憩 | 奈良女大 |
| 30 | □ 賃貸契約が**ハキ**される。 | 一方的に取り消すこと | 破棄 | 神戸大 |
| 31 | □ 古い慣習を**フッショク**する。 | ぬぐい去って取り除くこと | 払拭 | 大阪公大 |
| 32 | □ 復習のために時間を**サ**く。 | 一つのものを二つ以上に離す | 割 | 信州大 |
| 33 | □ 故郷が**ナツ**かしい。 | 過去のことが思い出されて心がひかれる | 懐 | 立命館大 |
| 34 | □ 失敗に**イシュク**する必要はない。 | しぼんでちぢむ。元気がなくなる | 萎縮 | 滋賀大 |
| 35 | □ **マタタ**きもせずに見つめていた。 | 目をすばやく閉じて開くこと | 瞬 | 北海道大 |
| 36 | □ 作業が終わり次第**テキギ**休憩する。 | 状況に応じてふさわしく行うこと | 適宜 | 大分大 |
| 37 | □ 神社の**ケイダイ**を散策する。 | 神社や寺の敷地の中 | 境内 | 愛媛大 |
| 38 | □ **シリョ**深い人。 | 慎重に考えること | 思慮 | 立教大 |

| | | | | |
|---|---|---|---|---|
| 39 | □ 生態系の**ハカイ**を防ぐ。 | 物などをこわすこと | 破壊 | 防衛医大 |
| 40 | □ 事件に**カンヨ**していると思われる。 | 物事にかかわること | 関与 | 信州大 |
| 41 | □ 失敗を**キョウクン**とする。 | おしえさとすこと。いましめ | 教訓 | 学芸大 |
| 42 | □ センサーで熱を**ケンシュツ**する。 | 微量の成分や物質をけんさして見つけること | 検出 | 青森公大 |
| 43 | □ 環境に**ハイリョ**した製品。 | 心くばりをすること | 配慮 | 名古屋大 |
| 44 | □ **タクエツ**した技能を持つ職人。 | 抜きんでて優れていること | 卓越 | 新潟大 |
| 45 | □ 文章の意味を**トラ**える。 | つかまえる。理解して自分のものとする | 捉 | 青森公大 |
| 46 | □ 相手を尊重して**ダキョウ**する。 | 譲り合って穏やかに解決すること | 妥協 | 日本大 |
| 47 | □ 恋を**ワズラ**う少女。 | 思い悩む | 煩 | 尾道市大 |
| 48 | □ 合格は努力の**タマモノ**だ。 | 恩恵として与えられたものや成果 | 賜物 | 高崎経大 |
| 49 | □ 菌が**ハンショク**する。 | 動物や植物が生まれ増えること | 繁殖 | 福井大 |
| 50 | □ 動物を**ギジンカ**する。 | にんげん以外のものをにんげんのように見立てること | 擬人化 | 山梨大 |
| 51 | □ 噴火で山の姿が**ヘンヨウ**する。 | 見た目がかわること | 変容 | 奈良女大 |
| 52 | □ **キュウキョク**の選択。 | 最後まできわめること | 究極 | 上智大 |

53 □ 主役の**コウホ**に名乗りを上げる。
選択の対象またはふさわしいと認められる人
候補 神戸大

54 □ **クウソ**な内容の報告書。
実質がないさま
空疎 岐阜大

55 □ 中流**カイキュウ**の人々。
地位・身分などの上下のだんかい
階級 岩手大

56 □ 時間に**ソクバク**される。
行動を制限し自由を奪うこと
束縛 三重大

57 □ **ミャクハク**を計測する。
心臓の動きによって生じるどうみゃく壁の振動
脈拍 日本大

58 □ アルバイトをして学費を**カセ**ぐ。
働いて収入を得る
稼 新潟大

59 □ 動物**ギャクタイ**の防止に取り組む。
繰り返し暴力をふるったりひどい扱いをする
虐待 埼玉大

60 □ 早くも薬の効果が**ケンゲン**する。
はっきりした形であらわれること
顕現 龍谷大

61 □ 再会を**キ**して別れた。
約束する。前もってきげんや時刻を決める
期 滋賀大

62 □ **イク**つかの駅を通り過ぎる。
少しばかりの数
幾 山口大

63 □ 目標を**イシキ**して取り組む。
物事や状態に気づき、はっきり知ること
意識 明治大

64 □ 卒業文集の**ゲンコウ**を考える。
印刷したり発表したりするもとになる文章
原稿 千葉大

65 □ 多くの株を**センユウ**する。
自分のものにすること
占有 富山大

66 □ 地元の**ミンゾク**資料を研究する。
古くから人々の間に伝承してきた習慣
民俗 共通テ

67 □ 新技術の**トッキョ**を申請する。
とくていの権利。とくに発明の利用権を与えること
特許 日本大

68 □ 自分より若輩とみて**ケイブ**する。
ばかにしてあなどること
軽侮 埼玉大

69 □ 彼女を部長に**スイセン**する。
よいと思うものを、人にすすめること
推薦 新潟大

70 □ 村に伝わる**キンキ**を犯す。
慣習的にきんじたりいみ嫌ったりすること
禁忌 神戸大

71 □ 著作権が**ショウメツ**する。
きえてなくなること
消滅 山形大

72 □ 学者の新説を**シンポウ**する。
ある考えをしんじて尊ぶこと
信奉 静文芸大

73 □ ドルと円を**トウカ**で交換する。
値打ちなどがひとしいこと
等価 京都府大

74 □ 要点を**テキシュツ**する。
つまみだすこと
摘出 高崎経大

75 □ 見るも**ムザン**な光景。
ざんこくなこと。いたましいさま
無残(惨) 弘前大

76 □ **セイフク**した国を統治する。
力の強い者が人や自然を従わせること
征服 滋賀大

77 □ 貯金するのが**ケンメイ**だ。
かしこく、物事の判断が道理にかなっているさま
賢明　宮城教大

78 □ 限りある**シゲン**を大切にする。
生産に役立ち、産業に利用できるもの
資源　上智大

79 □ すばらしい景色に**エイタン**する。
深く感動することやそれを声に出すこと
詠嘆　中央大

80 □ **ラシン**盤に従い、航路を北へ取った。
航海などで、方位を知るための道具
羅針　東京大

81 □ **ザンシン**なデザインのドレス。
発想などがきわだってあたらしいこと
斬新　高知大

82 □ **シュクシュク**と行進する。
静まって厳かなさま
粛粛　小樽商大

83 □ 美しい**ツバサ**の鳥。
鳥が飛ぶための器官
翼　都立大

84 □ 失敗した原因を**ブンセキ**する。
複雑な事柄を細かな性質や要素にわけること
分析　関学大

85 □ 人前で**チョウショウ**される。
あざわらうこと
嘲笑　滋賀大

86 □ **シャヘイ**するものがない広場。
覆いをして見えないようにすること
遮蔽　学芸大

87 □ テクノロジーは**ヒヤク**的に進歩した。
とび上がること。急激に発展すること
飛躍　都立大

88 □ 美の**ゴンゲ**と噂される美女。
ある観念をそのまま表したような人
権化　大阪大

89 □ **ヒクツ**になってはいけない。
いじけて自分をいやしめること
卑屈　関学大

90 □ 彼の理論には**ムジュン**がある。
つじつまが合わないこと
矛盾　岩手大

91 □ ひどい対応に**イキドオリ**を覚えた。
強い怒りをいだくこと
憤　香川大

92 □ **ジョウリ**にかなった話。
社会における物事のどうり
条理　福井県大

93 □ 服装に**ムトンチャク**な人。
少しも気にかけなくて平気な様子
無頓着　埼玉大

94 □ **ケイハク**な口調で声を掛ける。
かるがるしく誠実さが見えないこと
軽薄　三重大

95 □ 過度な運動を**シ**いる。
相手の気持ちを無視してさせる
強　甲南大

96 □ 生体を**カイボウ**する。
生物の体を切り開き観察すること
解剖　防衛医大

97 □ **ドクビン**に入れておいた昆虫。
昆虫採集に用いる、薬品を中におさめた容器
毒瓶　青森公大

98 □ 不動産に**トウシ**する。
利益を得る目的で金をとうじること
投資　東洋大

99 □ **キョダク**を得て文章を掲載する。
要求や希望を聞き入れてゆるすこと
許諾　千葉大

100 □ 即座に**エイキョウ**するものではない。
物事の力や作用が他の物に及び変化を起こすこと
影響　宇都宮大

101 □ **ジシャク**を使って砂鉄を集める。
じきの力を持つ物体
磁石　信州大

102 □ 水源の**コカツ**を防ぐ。
水がかれたり物が尽きたりすること
枯渇　立教大

103 □ 国体優勝者を**ヨウ**するチーム。
勢力下に従える
擁　長崎大

104 □ 旅行の**シタク**で忙しい。
準備をすること
支度　北海道大

# 第2章 漢字③

| No. | 問題 | 意味 | 解答 | 出題校 |
| --- | --- | --- | --- | --- |
| 105 | □ 数々の**コンナン**を乗り越える。 | 実現がむずかしいこと | 困難 | 釧路公大 |
| 106 | □ 献立を**コクメイ**に記録する。 | 小さなことまでもらさず丁寧にするさま | 克明 | 千葉大 |
| 107 | □ 勉強が思うように進まず**アセ**る。 | 気がはやって落ち着きを失う | 焦 | 早稲田大 |
| 108 | □ これからの社会に**ユウヨウ**な人材。 | 役に立つこと | 有用 | 防衛医大 |
| 109 | □ 破けた部分を**シュウゼン**する。 | 壊れた箇所を直すこと | 修繕 | 学芸大 |
| 110 | □ 取引によって**カワセ**差益が発生する。 | 現金の代わりに、振込や送金などで決済を行う方法 | 為替 | 信州大 |
| 111 | □ **スウコウ**な思想とは無縁の生活。 | けだかくて尊いさま | 崇高 | 上智大 |
| 112 | □ 仮説を**ケンショウ**する。 | 物事に当たって調べ事実を確認すること | 検証 | 三重大 |
| 113 | □ **セイジャク**の中に一人で佇む。 | ひっそりとしてしずかなこと | 静寂 | 日本大 |
| 114 | □ 研究を志した**ドウキ**。 | 人が意志や行いを決める原因 | 動機 | 鹿児島大 |
| 115 | □ 砥石で包丁を**ト**ぐ。 | 刃物を砥石でこすって鋭くする | 研 | 高崎経大 |
| 116 | □ 歴史的な見地から**コウサツ**する。 | 物事を明らかにするためによくかんがえて調べること | 考察 | 埼玉大 |
| 117 | □ **テンケイ**的な罠にかかる。 | 同類の中で特徴をよく表しているもの | 典型 | 島根大 |
| 118 | □ 話に**ミャクラク**がない。 | 物事のつながりや筋道 | 脈絡 | 早稲田大 |
| 119 | □ **ボンヨウ**な発言。 | 取り柄がなくへいぼんなこと | 凡庸 | 新潟大 |
| 120 | □ ペットボトルを**ツブ**す。 | 力を加えて形を崩す。だめにする | 潰 | 金沢大 |
| 121 | □ 我が国の**ケンエキ**を維持する。 | けんりとりえき | 権益 | 関学大 |
| 122 | □ この小説は史実に**ジュンキョ**している。 | よりどころにすること | 準拠 | 三重看大 |
| 123 | □ 無料の**トクテン**で入場する。 | とくべつな恩恵 | 特典 | 長崎大 |
| 124 | □ 郷里の母は**ケンザイ**です。 | 丈夫に暮らしていること。変わりなく能力を発揮していること | 健在 | 関西大 |
| 125 | □ **カンヨウ**的な表現として定着した。 | 使いなれること | 慣用 | 北海道大 |
| 126 | □ 怒りを**ゲンガイ**ににじませた。 | 直接ことばには出さない部分 | 言外 | 青森公大 |
| 127 | □ 日常**サハンジ**の光景。 | 日常のごくありふれたこと | 茶飯事 | 岩手大 |
| 128 | □ 会議の**シュシ**を参加者に伝える。 | ものごとのねらい。要点 | 趣旨 | お茶女大 |

129 □ 壊した商品の**ダイショウ**を払う。
金品や労力でつぐなうこと
代償 関学大

130 □ 会長を**ホサ**する役割。
人の仕事を助けること
補佐 関西大

131 □ **キュウカク**を研ぎ澄ます。
臭いを感じるかんかく
嗅覚 高崎経大

132 □ 毎日の**タンレン**を欠かさない。
能力をきたえて強くすること
鍛錬 防衛医大

133 □ いろいろな職業を**ヘンレキ**する。
さまざまな経験を重ねること
遍歴 南山大

134 □ 両親の健康を**コリョ**する。
ある事を考えに入れて心を配ること
顧慮 岐阜大

135 □ **ヒンジャク**な体つきをした男。
みすぼらしいこと
貧弱 センター

136 □ 選挙により国民の**シンパン**を仰ぐ。
検討し、結論を出すこと。規則に従いはんていすること
審判 小樽商大

137 □ 空気中に含まれるごく小さい**リュウシ**。
物質を構成する非常に小さなつぶ
粒子 関西大

138 □ 生物のもつ遺伝的**ケイシツ**。
生物のもつ体のかたちや特徴
形質 琉球大

139 □ 海底を**タンサク**する。
さがし求め調べること
探索 高崎経大

140 □ 自宅**キンシン**の処分が言い渡された。
罰として身をつつしむこと
謹慎 釧路公大

141 □ 二つの仕事を**ヘイレツ**してこなす。
複数のものがならぶこと
並列 広島大

142 □ 身元**フショウ**の作家。
はっきりわからないこと
不詳 立教大

143 □ 猫が牙をむいて**イカク**する。
おどしつけること
威嚇 愛県大

144 □ 木の**ミキ**に的を立てる。
木や草が枝や葉を出す部分。物事の大切な部分
幹 センター

145 □ 人間の**ソンゲン**を守る。
とうとくおごそかなこと
尊厳 日本大

146 □ 体の**ヘイコウ**を保つ仕組み。
つりあいがとれていること
平衡 宇都宮大

147 □ **リフジン**な命令に耐える。
どうりに合わないこと
理不尽 弘前大

148 □ 子が親の**マネ**をする。
行動・様子などを他の人や物ににせること
真似 青森公大

149 □ **ヘンクツ**な考えを捨てる。
素直でなく、ねじけている性質
偏屈 滋賀大

150 □ 事件が起きた**ヨウイン**を探る。
物事をひき起こすもととなった主なもの
要因 センター

151 □ 工事が交通を**サマタ**げる。
物事の進行の邪魔をする
妨 立教大

152 □ 少しのミスで**バトウ**される。
激しくののしること
罵倒 香川大

153 □ **ソウチョウ**な口調で訓示する。
おごそかで重々しいさま
荘重 日本大

154 □ 給与について**キテイ**する。
物事をいっていの形にさだめること。そのさだめ
規定 山梨大

155 □ 時間を**ロウヒ**する。
金銭などを無駄遣いすること
浪費 一橋大

156 □ 歴史が**トウエイ**された作品群。
ある物事を他に反映させてうつし出すこと
投影 共通テ

157 □□
環境問題をテーマに**ヒンパン**に**コウエン**を行う。
しばしば行われること
聴衆の前で、ある題目の話をすること
頻繁 神戸大
講演 弘前大

158 □□
彼の人並みを**チョウエツ**した能力が**シンカ**を発揮する。
普通の程度をこえずばぬけていること
本当の値打ち。ものや人の持つかちや能力
超越 愛媛大
真価 奈良女大

159 □□
**ショサイ**にある本の間にマンガを**ソウニュウ**する。
個人の家で本を読んだり執筆をするための部屋
間に差しいれること。はさみこむこと
書斎 九州大
挿入 広島大

160 □□
部活動によって**ニンタイ**力を**ツチカ**う。
辛さや苦しさをがまんすること
時間をかけ大切に育てる
忍耐 富山大
培 東北大

161 □□
夏になって**ゾウショク**した害虫を**クチク**する。
ふえること。ふやすこと
追い払うこと
増殖 愛県大
駆逐 大阪大

162 □□
**ミリョク**的な景色が**ノウリ**に焼きつく。
人を引き付けるちから
心の中。頭の中
魅力 東北大
脳裏 岡山大

163 □□
事業再建計画の指揮を**ジンソク**に**ト**る。
行動などがとてもはやいこと
おこなう
迅速 静岡大
執 千葉大

164 □□
血液の**ジュンカン**は生命維持のために**ヒッス**だ。
ひとめぐりを繰り返すこと
欠かせないもの
循環 早稲田大
必須 新潟大

165 □□
いわれのない**チュウショウ**に対し**ハナハ**だしい憤りを感じる。
根拠のない事を言い他人の名誉をきずつけること
普通の度合いをはるかに超えている
中傷 山梨大
甚 学芸大

166 □□
気まずい**フンイキ**を**イッソウ**する。
場や人が自然に作り出すきぶん
すっきり払いのけること
雰囲気 愛媛大
一掃 埼玉大

167 □□
**キョエイ**心から自分の実績をことさらに**コチョウ**して語る。
実質以上に見せかけ誇ること。みえ
大げさに表すこと
虚栄 千葉大
誇張 甲南大

168 □□
**バク**とした返事を聞いて不安が**ツノ**る。
とりとめがないさま。広々としてはてしないさま
ますます激しくなる。ぼしゅうする
漠 関学大
募 埼玉大

169 □□
新しく開発された**スベ**りやすく**ダンリョク**のある素材。
物の表面をなめらかに移動すること
外からのちからで変形した物が元の形に戻ろうとするちから
滑 静岡大
弾力 立命館大

170 □□
特定の栄養素の**ケツボウ**により、かかる**シッペイ**がある。
かけていること。不足すること
びょうき
欠乏 学習院大
疾病 山梨大

171 □□ 軍の**チュウリュウ**なき安全保障を**テイショウ**する。
（チュウリュウ：軍隊が一時ある地に滞在すること／テイショウ：意見・主張などを唱え人々に説くこと）
駐留 早稲田大　提唱 奈良女大

172 □□ 地球**カンキョウ**のさらなる悪化を**キグ**する。
（カンキョウ：生物をとりまく外界／キグ：あやぶみ恐れること）
環境 高知工大　危惧 名古屋大

173 □□ 展示された蝶の**ヒョウホン**の**アザ**やかな色。
（ヒョウホン：動植物などの実物を採集しみほんとしたもの／アザやか：色彩や輪郭がはっきりしているさま）
標本 学習院大　鮮 学芸大

174 □□ **シュウトウ**に計画を練って難関を**トッパ**する。
（シュウトウ：ぬかりなくよく行き届いていること／トッパ：困難や障害などをつきやぶること）
周到 愛教大　突破 東北大

175 □□ **カンセンショウ**の**コンゼツ**を目指す取り組み。
（カンセンショウ：病原体が体内に侵入し増殖すること／コンゼツ：徹底的になくすこと）
感染症 明治大　根絶 中央大

176 □□ 大会出場にあたり**ゲキレイ**会を**カイサイ**する。
（ゲキレイ：はげましてふるい立たせること／カイサイ：集会や行事をひらくこと）
激励 東京大　開催 奈良教大

177 □□ **イド**の違いによって異なる**ゲンショウ**があらわれる。
（イド：地球上の位置を示す赤道に平行な座標／ゲンショウ：知覚のできる物事）
緯度 早稲田大　現象 愛教大

178 □□ **ドウケツ**から海水が**フンシュツ**する。
（ドウケツ：ほらあな／フンシュツ：強い勢いでふきでること）
洞穴 九州大　噴出 岐阜大

---

179 □□ **ソウゴン**な式典で**ボヒメイ**が読み上げられる。
（ソウゴン：重々しくおごそかで気高いこと／ボヒメイ：はかに刻んだ死者の経歴などの文句）
荘厳 都立大　墓碑銘 センター

180 □□ **モウマク**の**シッカン**がないか検査する。
（モウマク：眼球を覆う最内層のまく。視覚器の主要部／シッカン：病気）
網膜 学習院大　疾患 神戸大

181 □□ 経営幹部で売上**ソクシン**のための**キカク**会議を開く。
（ソクシン：物事がはかどるよううながすこと／キカク：ある事を行うためけいかく・立案すること）
促進 名古屋大　企画 愛媛大

182 □□ **トツジョ**起こった出来事に住民は**ソウゼン**となる。
（トツジョ：前触れもなく不意に物事が起こるさま／ソウゼン：がやがやとしてさわがしいさま）
突如 千葉大　騒然 金沢大

183 □□ 一人暮らしを**ケイキ**に**ジスイ**を始める。
（ケイキ：物事が始まるきっかけ／ジスイ：じぶんでじぶんの食事を作ること）
契機 早稲田大　自炊 立教大

184 □□ **ボウギャク**な君主の存在は**マイキョ**にいとまがない。
（ボウギャク：むごいことをして人を苦しめること／マイキョ：一つ一つ数え上げること）
暴虐 都留文大　枚挙 北海道大

185 □□ 複雑な**ヨウソウ**を呈した事件の解決に**テッ**する。
（ヨウソウ：物事のありさま／テッする：その事にひたすらに打ち込む）
様相 新潟大　徹 日本大

186 □□ 社長の御**ソクジョ**は特に優れた**シシツ**を持っている。
（ソクジョ：身分のある人の娘。他人の娘を敬う語／シシツ：生まれながらにして持っているせいしつや才能）
息女 中京大　資質 愛教大

**187** □□ **カンソウ**した大地に**キレツ**が走る。
湿気や水分がなくなってかわくこと　ひびが入ってさけること
乾燥　金沢大　亀裂　上智大

**188** □□ 手紙に**ジコウ**の挨拶を**ソ**える。
四季のきこう。暑さ寒さ　そばにおく。補助として付け加える
時候　大阪教大　添　北教大

**189** □□ **コジ**を保護するために建てられた**シセツ**。
両親を失って身寄りのない子ども　ある目的のためにつくったせつびや建物
孤児　弘前大　施設　関西大

**190** □□ **シンチョウ**に**ギンミ**して骨董品を集める。
注意深くて軽々しく行動しないさま　よく調べて選ぶこと
慎重　千葉大　吟味　学芸大

**191** □□ **ゲンシュク**な思いで**ガンタン**を迎える。
おごそかで心が引き締まるさま　一月一日の朝
厳粛　学習院大　元旦　関学大

**192** □□ **リンジュウ**の知らせに**キョソ**を失う。
人の死に際　立ち居ふるまい。身のこなし
臨終　北海道大　挙措　愛県大

**193** □□ **ケンゾク**として師の**トウソツ**下に置かれる。
血縁のある者。親族。一族　多くの人をまとめて率いること
眷属(族)　明治大　統率　山形大

**194** □□ **シラカベ**造りの町並みを写真に**ト**る。
白いしっくいで上塗りしたかべ　カメラなどで音・映像・動きを記録する
白壁　都留文大　撮　学芸大

**195** □□ **ムダ**に思えることこそが**カンジン**だ。
役に立たないこと　もっとも大切なこと
無駄　愛媛大　肝心　釧路公大

**196** □□ 命令によって**ヘンキョウ**の地に**シバ**りつけられる。
中央から遠く離れたこっきょう　ひもなどで一つにまとめて結ぶ。そくばくする
辺境　立命館大　縛　山口大

**197** □□ 挙げられた中から交通**シベン**な土地を**センタク**する。
非常にべんりなこと　二つ以上のものから適当なものをえらび取ること
至便　大阪大　選択　宮崎大

**198** □□ 台風が**モウイ**を振るう中では**アンカン**としていられない。
激しい勢い。すさまじいいりょく　のんびりとして静かなさま。やすらかに暮らすさま
猛威　弘前大　安閑　福岡女大

**199** □□ **コンボウ**糸を用いた**センイ**製品。
素材の違う繊維をより合わせてつむぐこと　極めて細い糸状の物質
混紡　センター　繊維　釧路公大

**200** □□ **コウミョウ**に証拠を**インペイ**する。
非常にたくみなさま　人目に触れないようにおおいかくすこと
巧妙　千葉大　隠蔽　早稲田大

201 □□
**オウヘイ**な態度について厳しく**ヒハン**された。
いばった態度
誤り・欠点を指摘し正すように言うこと
横柄 尾道市大
批判 福井大

202 □□
**エキショウ**画面にくっきりと映る**センメイ**な画像。
えき体と固体の中間的な状態にある物質
はっきりしていてあざやかなさま
液晶 静岡大
鮮明 上智大

203 □□
卒業後欧米に数年間**ヨウコウ**して**チケン**を広めた。
欧米へ旅・留学すること
みてしること。それによって得たちしき
洋行 関学大
知見 早稲田大

204 □□
栄養があまりに**カタヨ**るのは**キケン**だ。
ずれて一方に寄る
あぶないこと
偏 名古屋大
危険 岩手大

205 □□
以前と**ヒカク**して**カクダン**に上達している。
他とくらべあわせること
物事の程度の差が大きく違うこと
比較 明治大
格段 西南大

206 □□
考古学に**ゾウケイ**が深い**スグ**れた学者。
深い知識やすぐれた技量
能力などが他に比べて抜きんでている
造詣 福岡教大
優 滋賀県大

207 □□
**ジャッカン**の**ジサ**が生じる。
少し。いくらか
地球上の各所によって違う標準じこくのさ
若干 北海道大
時差 宮崎大

208 □□
**キュウゲキ**にシェアを伸ばして**セイチョウ**した企業。
行動や変化がきゅうではげしいさま
育って大きくなること。物事が発展すること
急激 岩手大
成長 法政大

209 □□
健康を**ソコ**なわないよう神仏に**キガン**する。
物を壊してだめにする。傷つける
ある事が成就するよう神仏にいのりねがうこと
損 立命館大
祈願 関西大

210 □□
地盤が**カンボツ**して道路の下が**クウドウ**化する。
落ち込んで表面にくぼみができること
ほらあな
陥没 東北大
空洞 東北大

211 □□
本物に**ヒッテキ**する出来栄えの**フクセイ**画。
能力などが同じくらいであること
書籍や書画などを原型のまままねて作ること
匹敵 長崎大
複製 学芸大

212 □□
あまりに**キョクタン**な意見に全員が**コンワク**する。
一方に大きく偏ること
どうしてよいかわからず迷うこと
極端 都立大
困惑 上智大

213 □□
物事がおおよそ**ケントウ**通りに**キケツ**する。
だいたいの予想
物事がさまざまなことを経て落ち着くこと
見当 法政大
帰結 奈良女大

214 □□
**カイキョウ**を挟んで**タイジ**する岬。
陸と陸にはさまれたせまい海
向き合って立つこと
海峡 日本大
対峙 尾道市大

215 □□
日照の**ゲンショウ**が生長を**ソガイ**する。
へってすくなくなること
じゃまをしてさまたげること
減少 香川大
阻害 名古屋大

216 □□
草木の**ホウガ**に春の**イブキ**を感じる。
草木のめが出ること
活動的な雰囲気
萌芽 鹿児島大
息吹 大分大

**217** □□
先輩の素晴らしい**ギョウセキ**に**ショクハツ**される。
じぎょうや研究などの成果
何かに刺激され意欲を起こすこと
業績 関学大　触発 日本大

**218** □□
わが社の就業**キソク**はまったく**ネントウ**になかった。
行為・手続き・操作が行われるように定めた事柄
心の中や胸のうち
規則 岡山大　念頭 岩手大

**219** □□
**エイチ**にあふれた人材を続々と**ハイシュツ**している学校。
物事の道理に通じるすぐれたちえ
人材が続いて世にでること。また送りだすこと
英知 立命館大　輩出 愛教大

**220** □□
**シュコウ**を凝らしたパーティーを**ヒソ**かに準備する。
おもしろみを出すための工夫
人目をさけてこっそり行うさま
趣向 福岡教大　密 琉球大

**221** □□
**ズウタイ**のでかい男を**ショウカイ**された。
からだ
物事を世間に広く知らせること
図体 香川大　紹介 関西大

**222** □□
くじらは人間や犬と**ドウヨウ**に**ホニュウルイ**だ。
ほとんどおなじであること
母が子にちちを飲ませる脊椎動物の総称
同様 法政大　哺乳類 山形大

**223** □□
だらしない**カッコウ**をするのを極端に**キラ**う。
外から見た形。外見
好ましいと思わずしりぞけたい思いを抱く
格好 北海道大　嫌 愛媛大

**224** □□
**キチョウ**な不動産を**タンポ**にして融資を受ける。
価値があり大切なさま
債務のほしょうとしてあらかじめ提供する物や事柄
貴重 関学大　担保 奈良教大

**225** □□
静かな山あいの**キョウコク**に鉄道の**ケイテキ**が鳴り響く。
幅が狭くて深いたに
注意をうながすために鳴らすふえ
峡谷 早稲田大　警笛 東北大

**226** □□
水中の機雷を確実に**シキベツ**する**ソウカイ**艇。
物事の種類や性質などを見分けること
うみの中の水雷などを除去して安全にする作業
識別 滋賀大　掃海 上智大

**227** □□
**カチク**と人間の**フカブン**な関係。
人間に飼われている鳥や動物
密接な関係がありわけられないこと
家畜 静岡大　不可分 都立大

**228** □□
**キョウダイ**な権力に**フクジュウ**しない。
つよくておおきいこと
命令や意志にしたがうこと
強大 早稲田大　服従 富山大

**229** □□
台風による**トウボク**の処理を業者に**タク**す。
たおれたき
自分がするべきことを人に頼む
倒木 北海道大　託 三重大

**230** □□
世界経済の**コンカン**を揺るがす大**キョウコウ**。
物事を成り立たせる重要な部分
おそれあわてること
根幹 法政大　恐慌 京都大

231 □□
先祖からの**ユライ**を大切にするあまり新しい変化に**アラガ**う。
物事がそれを起源とするところ
従わず争う
由来 大分大
抗 愛教大

232 □□
害虫を**ボクメツ**するため一時的に道路を**フウサ**する。
根こそぎほろぼすこと
ふうじ込めて出入りさせないこと
撲滅 立命館大
封鎖 早稲田大

233 □□
**イヤオウ**なしに部屋での**タイキ**を強いられる。
承知と不承知
準備を整えてきかいをまつこと
否応 滋賀大
待機 香川大

234 □□
豊かな**カンセイ**に加えて優れた**シンビ**眼の持ち主。
刺激に応じて何かのかんかくを生ずる心のはたらき
自然や芸術などのうつくしさの本質を見極めること
感性 中央大
審美 甲南大

235 □□
祖母の死を**イタ**み**アイセキ**の念に堪えない心情を吐露する。
人の死を嘆き悲しむ
人の死などをかなしみ惜しむこと
悼 福岡教大
哀惜 佐賀大

236 □□
議論が**フンキュウ**して長引き、**ケンアク**な空気が流れる。
意見や主張がもつれること。ごたごたすること
表情や性質がけわしいこと
紛糾 法政大
険悪 長崎大

237 □□
**トクシュ**な建造物に関する条例が**シコウ**される。
性質・内容が他と異なっていること
政策・計画などをじっこうすること
特殊 大分大
施行 関西大

238 □□
力を**コジ**しない**ケンキョ**な姿勢が評価される。
ほこらしげに見せること
慎ましくへりくだること
誇示 神戸大
謙虚 お茶女大

---

239 □□
その時代の事件として**ムホン**を**ヒットウ**に挙げる。
臣下が君主に背き兵を挙げること
名前を連ねたうちの第一位
謀反 関西大
筆頭 法政大

240 □□
**ダラク**した生活がたたって病を**ワズラ**う。
生活やあるべき姿が崩れること
あれこれと心をいためる。病気にかかる
堕落 香川大
患 大阪教大

241 □□
**ワズ**かずつでも家族の将来のために**タクワ**える。
程度・時間などがごく少ないさま
物や金銭をためる。知識・力などを身につける
僅 東洋大
蓄 奈良教大

242 □□
責任感の**キハク**な部下が**シッセキ**される。
密度や濃度のうすいこと
大声をあげてしかること
希薄 小樽商大
叱責 宮崎大

243 □□
懸賞の**オウボ**要項を**キサイ**する。
ぼしゅうにおうじること
書物や書類などに書いてのせること
応募 明治大
記載 長崎大

244 □□
**キサク**を講じ勝利に**キヨ**する。
普通の人が考えつかないような優れたさく略
他のものの役に立つこと
奇策 立命館大
寄与 甲南大

245 □□
組織間での**リゴウ**を重ねて新しい組織が**ボッコウ**する。
はなれたりあわさったりすること
急に勢力が盛んになること
離合 富山大
勃興 愛教大

246 □□
**ガチ**を凝らした**ユイショ**正しい庭園。
上品でみやびやかな風情
現在に至るまでの立派な歴史
雅致 防衛大
由緒 岩手大

▼太字の語の意味を後から選べ。

1 □脳の**可塑性**は、萎縮後でも機能改善が可能なことを示唆している。
①外部からの刺激に応じて変化できる性質
②周辺の状況に応じて柔軟に働く性質
③力が加わり変形しても元に戻る性質
① 慶應大

2 □輝きを、極度に**希釈**化された形で漲《みなぎ》らせている。
①薄めること ②美化すること ③ゆがめること
① 國學院大

3 □現代生物学の努力が**十全**に成功したなら、説明すべき生命現象というものそのものが消えてしまう。
①完全 ②円滑 ③全部
① 成蹊大

4 □環境破壊の問題で**顕著**にみられるリスク。
①際立って目立つこと ②特に深刻なこと
③非常に重要なこと
① 一橋大

5 □呪術は**所与**の存在や信じるべき対象であるというよりも、人びとのなかで生みだされるものなのだ。
①あたえられていること
②あたりまえであること
③ありのままであること
① 京都府大

6 □我々は、タンポポという名で呼ばれる花を見るのであって、**虚心**にその植物自体を見るのではない。
①いろいろと余計な考えを持つこと
②何のわだかまりも持たないこと
③ぼうっとして何も考えないこと
② 國學院大

7 □土壌では分解作用によって**有機**物は無機物になる。
①人工的に作られること
②生命力を持つこと
③養分を待つこと
② 早稲田大

8 □前者が病理学的関心を誘うのと比べ、後者は治療学的関心を**惹起**《じゃっき》するものと言えよう。
①たき付ける ②引き付ける ③呼び起こす
③ 國學院大

9 □愛玩へといたる動物への愛の**帰趨**《きすう》は、あくまで自己矛盾的であり、逆説を抱え込まざるをえない。
①行き着くところ ②移り変わり
③巡って元に返ること
① 立教大

10 □リスク言説が**先鋭化**したり日常生活の不安が煽《あお》られたりする傾向がある。
①明らかになること ②急に進むこと
③過激になること
② 慶應大

11 □ 病状は**漸次**良くなった。
①しだいに　②しばらく　③ようやく
① 津田塾大

12 □ 生きものがその環境との**齟齬**《そご》に直面したとき、それが取りうる方向は二つある。
①関わり方　②食い違い　③対立
② 都立大

13 □ スコアのために行動を**忖度**《そんたく》するようになる。
①遠慮して判断を曲げること
②おしはかって判断すること
③考慮すべき要素に加えること
② 大分大

14 □ 人は**脈々**と受け継がれてゆく「いのちの連鎖」の中に生まれてくる。
①血筋でつながってきたさま
②途絶えずに続いているさま
③細々とつながっているさま
② 東京理大

15 □ 老いることは醜いことになり、若さを保つことが**執拗**《しつよう》に求められる。
①しつこいさま　②激しいさま　③むりやり
① 國學院大

16 □ 分類学は**連綿**と生物を記載し、輪廻の築いた体系にその名前を組み込み続けてきた。
①生き生きして勢いのあるさま
②詳しく丁寧なさま
③長く続いて絶えないさま
③ 日本女大

17 □ 生物の持つ**ジレンマ**に「変わること」と「変わらないこと」の両立がある。
①相反するものの板挟み　②課せられた任務
③特徴的な性質
① 静文芸大

18 □ 史料を残した者の意図など、何らかの**バイアス**がかかっている。
①虚構　②誇張　③偏見
③ 一橋大

19 □ 巨大な**パラダイム**の破壊と創造を成し遂げた学者。
①ある時代を支配しているものの考え方
②通説に反するようだが真理を突いた説
③悩みや苦しみのない楽しい世界
① 高崎経大

20 □ 性差は存在するが、それが不平等をもたらすことは**ミニマム**にしかない、というのが狩猟採集生活だ。
①単一　②最小　③細大
② 富山大

21 □ 一秒に一つのペースで**ランダム**な数字を提示する。
①複合的　②無作為　③連続的
② 慶應大

## 「科学」追加キーワード

22 □ **DNA**《ディーエヌエー》〈略〉
デオキシリボ核酸の略称。糖、リン酸、塩基で構成され、細胞核内にあり遺伝情報を担う。

東医歯大

23 □ **ゲノム**〈独〉
ある生物の遺伝情報の全体。DNAの塩基配列によって伝達される。
神戸大

▼語の意味を参考に、空欄に当てはまる語句を選べ。

24 □数学的形式に（　）《基づくこと》しうる自然科学の卓越性。
①依拠　②割拠　③典拠
①　防衛大

25 □抗生物質の短期的な副作用については、ある程度の知見と対策が（　）《たまること》してきた。
①喚起　②駆使　③蓄積
③　大阪公大

26 □人体が飽食の現代に不適応を起こして、世に肥満が（　）《広がること》する。
①拡張　②蔓延《まんえん》　③流布
②　大阪大

27 □生物多様性に支えられた環境は、気候変動などの破壊的な変化を（　）《和らげること》することができる。
①緩衝　②醸成　③止揚
①　青学大

28 □水平荷重への（　）《厳しい環境などにたえる力》がある鉄筋コンクリート。
①耐性　②弾性　③特性
①　大阪公大

29 □死は誰もが経験する自然の（　）《万物を支配している法則》である。
①審理　②節理　③摂理
③　早稲田大

30 □頻繁に見つかり、研究が進んでいる種ほど、その（　）《進みはかどること》に合わせて種名が変わっていくだろう。
①進捗　②漸進　③促進
①　日本女大

31 □鳥瞰《ちょうかん》図とは、上空のある特定の一点から見た（　）《限られた部分》的空間の像にすぎない。
①可視　②仰角　③局所
③　学習院大

32 □外来種とは、（　）《昔から生息する種》ではない、すなわち本来その地域に生息しない種のことである。
①固有種　②在来種　③絶滅種
②　青学大

33 □ウイルスが（　）《伝わり広まること》していく経路をたどる。
①伝承　②伝導　③伝播《でんぱ》
③　静岡大

34 □いかに真実に（　）《すぐ近くまで迫ること》した重要な発見でも、全ての人にわからなければ科学とは呼べない。
①緊迫　②切迫　③肉迫
③　日本女大

35 □聞き書きは（　）《実体に合わせて考えるさま》リアリズムとは似て非なるものとならざるをえない。
①可及的　②巨視的　③即物的
③　千葉大

36 □（　）《新たな地質年代を指す語》とは、地球の生態系の基本的な性格を規定するほど、人類の活動の影響力が大きくなった時代を指す用語である。
①完新世　②更新世　③人新世
③ 佐賀大

37 □制度は、どのような人も他者から（　）《意のままにすること》的に扱われることのない立場を保障する。
①恣意　②自我　③付随
① 青学大

38 □科学・技術の展開は、（　）《技術革新》の速度の高度化というだけではなく、新たな段階に突入する。
①イノベーション　②コンペティション
③シチュエーション
① 山梨大

39 □自然を蹂躙する反（　）《環境保全》思想や人間の悪意。
①エコロジー　②トポロジー
③ノスタルジー
① お茶女大

40 □動物という（　）《同類のものが属する部門》が、更に小さく哺乳類に分けられ、ヒトに分けられ、人種に分けられる。
①カテゴリー　②ジャンル
③セグメント
① 岩手大

41 □意思決定に重要なデータは（　）《証拠》と呼ばれることが多い。
①エビデンス　②スキーマ
③トリアージ
① 国際教養大

42 □（　）《感染症の世界的大流行》は一九一八年のいわゆる「スペイン風邪」が最初だといわれている。
①サルコペニア　②トリアージ
③パンデミック
③ 立命館大

## 「科学」追加キーワード

43 □ **クラスター〈英〉** 静岡大
同種のものの集まり。
[例]クラスター発生エリア。

44 □ **リスクヘッジ〈英〉** 東医歯大
危険を回避したり軽減したりする工夫をすること。ヘッジ。

45 □ **混(揮)然一体** 高崎経大
別々のものが混じって一つになっているさま。

46 □ **本末転倒** 岡山大
大事なことと些細なことを取り違えること。

47 □ **玉石混交(淆)** 立命館大
優れたものと劣るものが交ざっていること。

**▼太字の語の意味を後から選べ。**

48 □一七、一八世紀においてなら**いざ知らず**、現代においては無意味な議論。
①意味を持つのは確かであるが　②そのように推測できるが　③どうだかわからないが
③ 成蹊大

49 □自らのテリトリーを睥睨《へいげい》する原生の森の主のようなその姿の勇壮さに**釘付け**になった。
①動けなくなること　②目を奪われること　③胸に刻むこと
① 早稲田大

50 □**お膳立て**のでき過ぎた与え方は効果が薄れ、時には逆の効果の現われるおそれもある。
①隠された真実　②気を回した注意　③整えられた準備
③ 東京大

51 □モノはその物理的な**たたずまい**の中に、モノ自身の扱い方の情報を含んでいる。
①性質　②構造　③ありさま
③ センター

52 □博士の声は**すこぶる**激した。
①なおさら　②はなはだ　③わりあい
② 宮崎大

53 □世界は、**おびただしい**異種が呻吟しながらも混淆する世界を構想することに疲弊してしまったらしい。
①非常に多い　②絶えずに続く　③さまざまな
① お茶女大

54 □物理や化学の視点からすれば、「合目的性」という現象を設定する**いわれはない**のである。
①そう主張されてはいない　②しかるべき理由がない　③そうする義務がない
② 成蹊大

55 □森林を壊して薬漬けの芝を敷くのは、環境破壊の**最たるもの**でしょう。
①一番甚だしいもの　②根本的に見当違いなもの　③この上なく間違っているもの
① 島根県大

56 □樫の並樹は、その鋼鉄のような弾性で**撓**《しな》**い**踊りながら、風を揺りおろして来た。
①外圧に反発する　②折れずに曲がる　③てんでの方向へ向かう
② 防衛医大

57 □ひとたびその**枷**《かせ》**が外れる**と、幾度繰り返し見ても足りなかった。
①苦しみが消える　②困難を乗り越える　③制約がなくなる
③ センター

**58** □独歩の「武蔵野」とともに、散策好きが**にわかに**流行した。

①急に　②非常に　予想外に

① 立命館大

**59** □ＤＮＡ鑑定が「真実」の証拠として**まかり通る。**

①社会一般に堂々と広く受け入れられる
②社会的にも道徳的にも最も重視される
③理解を越えて正しいと信じられる

① 國學院大

**60** □私は辞退する**術**《すべ》**もなかった。**

①気持ちもなかった　②手立てもなかった
③理由もなかった

② センター

**61** □**よしんば**、タンポポという名前は知らなくても、それを「花」の一種として見てしまうのである。

①かりに　②それだけでなく
③よくもわるくも

① 國學院大

**62** □ただ、自分の次の言葉への**呼び水**として発したに過ぎなかった。

①きっかけ　②橋渡し　③前触れ

① 東北大

**63** □そこに**満を持して**主役として登場したのが「公」のチャンピオン丹下健三であった。

①至高に至って知識を振りかざして
②周到に画策して得しようとして
③十分な準備をして機会を待って

③ 國學院大

---

**▼語の意味を参考に、空欄に当てはまる語句を選べ。**

**64** □記憶している事柄をすべて思い出すわけではなく、思い出されるのは（　　）《表面に現れたことはほんの一部分であること》にすぎない。

①邯鄲《かんたん》の夢　②他山の石
③氷山の一角

③ 関西大

**65** □如何なる人が何と云っても自分の（　　）《納得できる》**に落ちる**迄は決して鵜呑にしないという事である。

①鱗《うろこ》　②掌　③腑

③ 東京女大

**66** □ものごとを一元的に考え、個人の側にか社会の側にか（　　）《判定して勝ちと認める》**をあげよう**とこころみてきた。

①軍配　②祝杯　③幕

① 慶應大

**67** □集合知とは、「（　　）《集まって相談すればいい知恵が出る》**寄れば文殊の知恵**」のように、集団のレベルで新たに生まれる集合現象だ。

①三人　②七人　③十人

① 大阪公大

**「表現」追加キーワード**

**68** □ **裏をかく**
相手の予想外のことをして出し抜く。
成城大

**69** □ **出藍の誉れ**
弟子が先生よりも優れていること。
法政大

# 長文問題① 科学

25
/75

**赤傍線部の語の意味を後から選び、傍線部のカタカナを漢字にせよ。**

▼ヒトの性差は、[1]**ホニュウルイ**の中では小さい方である。それは、ヒトが男女両性による社会集団を形成して協力して生計を立てているからであり、血縁・非血縁を含めて親以外の個体がみなで子育てにかかわる共同[2]**ハンショク**の動物だからである。このような社会においては、雄（男性）が配偶相手の獲得をめぐって雄どうしで競争し、勝った雄が雌を[3]**センユウ**するという事態が[4]**先鋭化する**ことはない。雄は子育てに[5]**カンヨ**し、その子育て能力も含めて、雌（女性）側が配偶者選択を行い、さらに、配偶関係にない男女間でも互いに協力しなければならないのであるから、[6]**キョクタン**な性差は生まれにくくなる。

〈長谷川眞理子「性差とジェンダー」〉 富山大

**①明らかになる　②悪化する　③急に進む　④差し迫る**

▼竹林の場合、上方でひとまとまりとなった雨音は「サー」という音として聴こえる。聴取者から近い竹の葉や[7]**ミキ**から発せられた雨滴衝突音は相対的に大きく聴こえ、遠くからの音は小さく聴こえる。遠くの竹に当たった雨滴衝突音が近くの竹に[8]**シャヘイ**されたり音波が回折されたりすることもあろう。その結果、竹林が生成する降雨[9]**ユライ**の事象音により、竹林の広さ、竹の密度、竹の葉の量、竹の太さなど竹林の[10]**所与の**属性を反映した独特な「音の眺望（サウンド・パースペクティヴ）」が生まれる。

〈伊藤精英『音が描く日常風景――振動知覚的自己がもたらすもの』〉 上智大

**①あたえられている　②ありのままの　③そのものだけにある　④全体的な**

▼身体構造についての説明や理解においては、その生物自身の視点を[11]**コリヨ**しなくてもよさそうに思える。それで実際、身体構造についての進化論的説明では、どのような構造を説明するべきものとして取り上げるかという点について、その生物自身の視点を[12]**忖度《そんたく》せずに**、外在的な視点から見て目を引く構造を説明することになっている。たとえば人間の眼の構造や、鳥の羽根や[13]**ツバサ**、オスのク

| 12 | 11 | 10 | 9 | 8 | 7 | 6 | 5 | 4 | 3 | 2 | 1 |
|---|---|---|---|---|---|---|---|---|---|---|---|
| ④ | 顧慮 | ① | 由来 | 遮蔽 | 幹 | 極端 | 関与 | ③ | 占有 | 繁殖 | 哺乳類 |

ジャクの派手な尾羽などが、**カッコウ**[14]の説明対象として取り上げられてきたのだが、それはそれらが進化論学者の目を引く構造だからだ、というのが実情だと思われる。

〈山口裕之『ひとは生命をどのように理解してきたか』〉 成蹊大

**①考慮すべき要素にそれを加えることをしないで**
**②その重要性に気づいて尊重することをしないで**
**③それに遠慮して判断を曲げることをしないで**
**④それをおしはかって判断することをしないで**

▼**ミリョク**[15]的でないオスとは、エネルギーを十分に**タクワ**[16]えることのできない個体です。そのようなオスは、派手な**ムダ**[17]な**ケイシツ**[18]に大きな投資をできません。もし見栄をはって派手にしようものなら、自分の生存を引き換えにするしかありません。それは**本末転倒**[19]というものです。生きることさえままなりません。ですから、ミリョクのないオスは無理のない範囲で身の丈に合ったシグナルを作り出すことになります。

〈鈴木紀之『すごい進化』〉 岡山大

**①少し間違えれば大変な状況になること**
**②大事なこととささいなことを取り違えること**
**③どっちつかずの状態になること**
**④二つの言動が理論的に食い違うこと**

▼人新世とは、自然が人間と相関的であるということが、認知的な意味だけではなく、**即物的**[20]な意味をもつようになった、ということである。つまり人間は、十分に強力になり、自らの生の基本的な条件となるような自然にまで**エイキョウ**[21]を与えるようになったのだ。いまや、人間や社会にとって完全に外的な**カンキョウ**[22]としての自然なるものは終わった（自然の終焉《しゅうえん》）。このとき逆に、人間は、自らが、地球という小さな天体のカンキョウ条件を**キュウキョク**[23]的には受け入れるほかない一つの動物種であることを自覚させられることになる。つまり人間は、自然を**セイフク**[24]したときに、逆に、自然に**キテイ**[25]された弱い動物種であることを自覚した。

〈大澤真幸「もうひとつの別の経済へ」〉 佐賀大

**①実際に合わせて考えるさま**
**②直接感じ取るさま**
**③道理に合わせて考えるさま**
**④物事の本質に関わるさま**

| 13 | 14 | 15 | 16 | 17 | 18 | 19 | 20 | 21 | 22 | 23 | 24 | 25 |
|---|---|---|---|---|---|---|---|---|---|---|---|---|
| 翼 | 格好 | 魅力 | 蓄 | 無駄 | 形質 | ② | ① | 影響 | 環境 | 究極 | 征服 | 規定 |

# 第2章 長文問題② 科学

50/75

**赤傍線部の語の意味を後から選び、傍線部のカタカナを漢字にせよ。**

▼エディターは（複数の）レフェリーの査読結果をまとめ、投稿者に掲載諾否を通知する。この査読において議論されるのは、第一に、新規性、研究の位置づけ、主張の意義、独創性が明記されているか、第二に研究プロセスは十分に記載されているか（研究プロセスは追試可能なように明記されているか、データ入手経路、[26]**ブンセキ**手順は明記されているか、再現性はあるか）、第三に、論理の[27]**ヒヤク**はないか（結果から[28]**コウサツ**に至るときに[29]**恣意的**[30]**カイシャク**をしていないか、一般化は無理なく行われているか、論理の[31]**ムジュン**はないか）、第四に伝達がうまく行われているか（伝わりにくい用語はないか、言葉の定義は共有されているか）、などの点である。

〈藤垣裕子『専門知と公共性―科学技術社会論の構築へ向けて―』〉 法政大

**①事実を曲げて世間や権力者におもねるさま**
**②直感に基づいて強引に物事を押し進めるさま**
**③自らの考えを正しいものだと確信しているさま**
**④論理的な必然性がなく自分勝手に考えるさま**

▼これらは事実というより、人間の[32]**キケン**[33]**ケンシュツ**に関わる認知[34]**バイアス**と考えたほうが正しい。悪い方向への変化は、見慣れない生物に[35]**キ**してしまいがちである。私は、移入の速度が問題のひとつとして[36]**トラ**えられるのではないかと考える。在来種と外来種とは、双方とも、移入時期の違いに過ぎないという主張は共通している。移入に関して自然要因しか働かなかった時代にはそのように考えることができるだろう。確かに、在来種の相互作用で一定の安定を構成した環境に外来種がゆっくりと時間をかけて移入してきた場合、外来種は定着せず[37]**クチク**されるか、在来種と[38]**ヘイコウ**を取りながら同化してゆくであろう。

〈岡ノ谷一夫「外来種論争から考える日本語と英語」『言語接触 英語化する日本語から考える「言語とはなにか」』〉 青学大

| 26 | 27 | 28 | 29 | 30 | 31 | 32 | 33 | 34 | 35 | 36 | 37 |
|---|---|---|---|---|---|---|---|---|---|---|---|
| 分析 | 飛躍 | 考察 | ④ | 解釈 | 矛盾 | 危険 | 検出 | ② | 帰 | 捉 | 駆逐 |

①**過程**　②**偏見**　③**能力**　④**欲望**

▼花粉分析が、農耕のおこりとの関係で注目を集めたのは、イスラエルの研究者、バー・ヨセフたちが、西アジアの麦農耕がこのヤンガードリアスの気候の寒冷化を[39]**ケイキ**にしておきたという説を発表してからのことである。似た説は、国際日本文化研究センターの安田喜憲らによって提出されている。どちらの説も、ヤンガードリアス期の寒冷な気候が、西アジア一帯の植生を[40]**ヒンジャク**にさせ、それによって野生動物の量が減少したと主張している。つまり、気候の悪化（ここでは寒冷化なのか、[41]**カンソウ**化なのか、あるいはその両方なのかはわからない）が、植物性の[42]**シゲン**の[43]**コカツ**を招き、それがもとで人間社会に農耕という[44]**イノベーション**がもたらされた、というわけである。

〈佐藤洋一郎『食の人類史』〉

静文芸大

①**価値体系**　②**技術革新**　③**研究分野**　④**発展進歩**

▼人類史にとっての微生物との出会いは、「病原体」との出会いとイコールではない。そのことは、現代を生きている私たちには、実は[45]**にわかには**理解しがたいことでもある。レーウェンフックについて[46]**ショウカイ**する[47]**コウエン**などの機会をいただくと、しばしば次のような疑問の声が、会場からあがる。「どうしてレーウェンフックの発見が、すぐに伝染病という問題の解決に結びつかなかったのですか？」。確かに、と思う。伝染病＝[48]**カンセンショウ**とは、人類にとって古来ずっと強く[49]**イシキ**されてきた、[50]**執拗《しつよう》で**重大な悩みだったはずだ。

〈田中祐理子『病む、生きる、身体の歴史　近代病理学の哲学』〉

國學院大

**45**　①**即座には**　②**不意には**　③**明瞭には**　④**容易には**

**50**　①**しつこくて**　②**つらくて**　③**はげしくて**　④**ややこしくて**

| 38 | 39 | 40 | 41 | 42 | 43 | 44 | 45 | 46 | 47 | 48 | 49 | 50 |
|---|---|---|---|---|---|---|---|---|---|---|---|---|
| 平衡 | 契機 | 貧弱 | 乾燥 | 資源 | 枯渇 | ② | ① | 紹介 | 講演 | 感染症 | 意識 | ① |

# 長文問題③ 科学

75/75

**（ ）にあてはまる語を後ろから選び、傍線部のカタカナを漢字にせよ。**

▼ノーベル賞を受賞した**ギョウセキ**[51]でも、こんなことが起こるのだから、多くの「普通の発見」であれば、誤りであった事例など、実は**マイキョ**[52]にいとまがない。誤り、つまり現実に合わない、現実を説明していない仮説が提出されることは、科学において日常**サハンジ**[53]であり、2013年の『ネイチャー』誌には、医学生物学論文の70％以上で結果を再現できなかったという衝撃的なレポートも出ている。しかし、そういった（ **54** ）の科学的**チケン**[55]と称されるものの中でも、現実をよく説明する「適応度の高い仮説」は長い時間の中で**ヒハン**[56]に耐え、その**ユウヨウ**[57]性や再現性故に、後世に残っていくことになる。

〈中屋敷均『科学と非科学 その正体を探る』〉 立命館大

**①汗牛充棟　②玉石混交　③虚実皮膜　④百家争鳴**

▼ここでは、自然科学が規定する知能という意味で、自然知能という言葉を使います。自然知能という言い方は、様々ありますが、本書で言う自然知能とは、自然科学的思考一般の事です。昆虫少年の思考様式が、自然知能の対処の**テンケイ**[58]となります。自然知能に従う昆虫少年は、世界を理解するために、博物学的、分類学的興味から虫や魚に対処していきます。学名は無理としても、正式な和名を覚え、捕虫網を持って昆虫採集し、**ドクビン**[59]で虫を殺して**ヒョウホン**[60]を作る。こうして世界に対する知識を（ **61** ）していく。これが自然知能です。

〈郡司ペギオ幸夫『天然知能』〉 青森公大

**①確信　②駆使　③共有　④蓄積**

▼「学」とはサイエンスの、「術」はテクノロジーの訳語と考えてよい。西*は、科学と技術はその**シュシ**[62]が異なると言いながら、すぐに「所謂科学」においては、両者が（ **63** ）となってはっきり区別できない、と続けている。その具体例として「化学」が挙げられているのは、当時**ボッコウ**[64]しつつあった化学工業を**ネントウ**[65]に置いてのことであろう。明らかに西は、「科学」という言葉で、「学」

51 〔業績〕
52 〔枚挙〕
53 〔茶飯事〕
54 〔②〕
55 〔知見〕
56 〔批判〕
57 〔有用〕
58 〔典型〕
59 〔毒瓶〕
60 〔標本〕
61 〔④〕
62 〔趣旨〕

と「術」とが一体になった、今日でいう「科学技術」を意味しているのである。

〈野家啓一『科学哲学への招待』〉 高崎経大

＊明治時代の思想家西周

**①合従連衡　②玉石混淆　③公私混同　④混然一体**

▼驚くべきことに、ミツバチが[66]**タンサク**委員会として集団で下す意思決定では、[67]**コウホ**の中で客観的にもっとも良い（もっとも質の高い）巣を、非常に高い確率で正しく[68]**センタク**できることを、行動生態学者のシーリーらは、一連の[69]**コウミョウ**な実験によって明らかにしています。ミツバチの巣探し行動には、集合知が見られるのです。集合知とは、「（ **70** ）」のように、個体のレベルでは見られない[71]**スグ**れた知性が、群れや集団のレベルで新たに生まれる集合[72]**ゲンショウ**を意味します。

〈亀田達也『モラルの起源――実験社会科学からの問い』〉 看護大

**①三人寄れば文殊の知恵　②船頭多くして船山に上る　③寄らば大樹の陰　④類は友を呼ぶ**

▼西洋タンポポは種子が小さいので、その分だけたくさんの種子を生産することができる。つまり、西洋タンポポの方が、繁殖力が強いのである。しかも西洋タンポポの種子は軽いので、遠くまで飛ばすことができる。こうして分布を広げることができるのだ。さらに日本タンポポは春しか花を咲かせないが、西洋タンポポは一年中、花を咲かせて次々に種子を生産していく。どうやら繁殖能力の[73]**ヒカク**では、西洋タンポポに（ **74** ）ようだ。それだけではない。西洋タンポポは、[75]**トクシュ**な能力を持っている。

〈稲垣栄洋『弱者の戦略』〉 千葉大

**①軍配が上がる　②しのぎを削る　③土が付く　④勝るとも劣らない**

| 63 | 64 | 65 | 66 | 67 | 68 | 69 | 70 | 71 | 72 | 73 | 74 | 75 |
|---|---|---|---|---|---|---|---|---|---|---|---|---|
| ④ | 勃興 | 念頭 | 探索 | 候補 | 選択 | 巧妙 | ① | 優 | 現象 | 比較 | ① | 特殊 |

| | | | | |
|---|---|---|---|---|
| 1 | □ **ダトウ**性のある方法を選ぶ。 | よくあてはまる性質やその度合い | 妥当 | 京都府大 |
| 2 | □ **コウガンムチ**な態度。 | はじ知らずでずうずうしいこと | 厚顔無恥 | 立教大 |
| 3 | □ **ショセン**かなわぬ夢だ。 | つまるところ。結局 | 所詮 | 愛媛大 |
| 4 | □ 視聴率のデータを**カイセキ**する。 | 物事を論理的に調べ、その本質を明らかにすること | 解析 | 広島大 |
| 5 | □ マラソンを途中で**キケン**する。 | けんりを捨て行使しないこと | 棄権 | 早稲田大 |
| 6 | □ 初心者にとっては**シナン**の業だ。 | 非常にむずかしいこと | 至難 | 岩手大 |
| 7 | □ 部下の**サイリョウ**に任せる。 | その人の判断で処理すること | 裁量 | 山形大 |
| 8 | □ **ケッソク**して計画に反対した。 | 同じ目標の者がまとまること | 結束 | 関西大 |
| 9 | □ **フク**らんだり縮んだりする。 | 物が丸く大きくなる。考えが広がる | 膨 | 新潟大 |
| 10 | □ 言葉の**ゲンギ**と派生した意味を示す。 | もともとの意味 | 原義 | 上智大 |
| 11 | □ **ショウガイ**忘れられない思い出。 | この世にいきている間。いっしょう | 生涯 | 三重大 |
| 12 | □ 同窓生の**ショウソク**を尋ねる。 | 人や物事の、その時の状況 | 消息 | 神戸大 |
| 13 | □ 職人の技術に**キョウタン**する。 | すばらしいことなどにおどろいて感心すること | 驚嘆 | 愛媛大 |
| 14 | □ 国際交流によって**シヤ**が広がる。 | 目で見えている範囲。考え方の幅 | 視野 | 早稲田大 |
| 15 | □ 人付き合いのこつを**エトク**する。 | 物事を理解して自分のものとすること | 会得 | 千葉大 |
| 16 | □ 時間に**コウソク**される。 | 思想や行動において自由を制限されること | 拘束 | 岩手大 |
| 17 | □ 収入と支出の**キンコウ**を保つ。 | 力などの釣り合いが取れていること | 均衡 | 関学大 |
| 18 | □ エネルギーの**ダイタイ**を試みる。 | 他の見合ったものにかえること | 代替 | 山形大 |
| 19 | □ 長年の功績を**ケンショウ**する。 | 功績などを広く知らせること | 顕彰 | 関西大 |
| 20 | □ 目の前の仕事に**グチョク**に取り組む | 一途でばかしょうじきなこと | 愚直 | 早稲田大 |
| 21 | □ 努力**シダイ**で上達できる。 | ～によってなりゆきが決まる意 | 次第 | 神戸大 |
| 22 | □ **ケンコウ**を維持するため運動する。 | 肉体的、精神的に良い状態であること | 健康 | 東洋大 |
| 23 | □ **セイジュク**した果実の鮮やかな色。 | 果実が十分に実ること | 成熟 | 北海道大 |
| 24 | □ 任務を完遂する**キガイ**を持つ。 | 困難にくじけない強い意志 | 気概 | 早稲田大 |

25 □ **ボウリョク**を振るうのはよくない。
不当なちから
暴力　山形大

26 □ 窓を開けて室内を**カンキ**する。
汚れたくうきを新鮮なものと入れ替えること
換気　明治大

27 □ 電池を**ショウモウ**する。
使ってなくなること
消耗　名古屋大

28 □ 心の**ナイオウ**をのぞき込む。
うち側のおく深いところ
内奥　岩手大

29 □ 死者の**タマシイ**を弔う。
肉体に宿り、心と生命を司るとされるもの
魂　三重大

30 □ 昆虫標本の作製に**フタイ**する作業。
主なものにつけ添えること
付帯　関西大

31 □ 消費増税に**ビンジョウ**した値上げ。
たくみに機会をとらえ利用すること
便乗　神戸大

32 □ **ゼンプク**十メートルの布。
はばいっぱい
全幅　青森公大

33 □ 二人の意見は**タイキョク**をなす。
正反対にある点
対極　京都府大

34 □ 汚名返上の**キカイ**を得る。
ある行動をするのに最も適したとき
機会　関学大

35 □ 社会の**リンリ**を学ぶ。
人として守るべき道徳
倫理　県広島大

36 □ 他者に**レイゾク**してはならない。
つき従って言いなりになること
隷属　名古屋大

37 □ **ショクバイ**となる物質。
他の物質の反応速度に影響する物質
触媒　関西大

38 □ 二者の**セッチュウ**案を採用する。
異なるものの都合のよいところを合わせること
折衷　山口大

39 □ 戦線から**リダツ**する。
属していたところから抜け出すこと
離脱　岩手大

40 □ 発表は**キチ**の事実ばかりであった。
すでにしっていること
既知　大阪大

41 □ 昨今の社会情勢を**カンガ**みる。
照らし合わせて考えること
鑑　熊本大

42 □ 昔の**カンゴク**を案内してもらう。
受刑者などを拘束する施設
監獄　明治大

43 □ 幼少時代を**ソウキ**する。
以前のことを思いおこすこと
想起　一橋大

44 □ 成功の**キザ**しが見え始める。
物事が起ころうとする気配
兆　福井県大

45 □ **ハイゴ**から忍び寄る人物。
うしろの方。表面に出ない陰の部分
背後　関西大

46 □ **タンジュン**明快な話。
込み入っていないこと
単純　岐阜大

47 □ **キタン**のない意見を求める。
はばかること。遠慮すること
忌憚　関学大

48 □ 子どもだと**アナド**る。
見下す
侮　九州大

49 □ 訳書と原文を**タイショウ**する。
二つの事物をてらし合わせること
対照　大阪大

50 □ 無神経な発言に**フンガイ**する。
ひどく腹を立てること
憤慨　早稲田大

51 □ 大学が**イシン**を保つ。
いげんとそれによる信頼感
威信　関学大

52 □ **ショウヨウ**とした死にざま。
ゆったりと落ち着いているさま
従容　関西大

53 □ 母の**キゲン**をうかがう。
気分や感情の良し悪し
機嫌 日本大

54 □ 病院が都市部に**ヘンザイ**する。
ある場所にだけかたよってあること
偏在 高知大

55 □ 授業の**イッカン**として観劇する。
つながりを持つ多くの事柄の中のひとつのこと
一環 宇都宮大

56 □ 問題発言について**チンシャ**する。
理由を述べてあやまること
陳謝 学習院大

57 □ 落語を聞きに**ヨセ**に出かける。
落語などを観客に見せる演芸場
寄席 奈良女大

58 □ 衛星の**キドウ**を変える。
通るみち筋
軌道 早稲田大

59 □ 天才を生む**ドジョウ**。
物事が発生したり発展したりする基盤
土壌 大阪大

60 □ 剣術の鍛錬に**ヨネン**がない。
「よねんがない」で一つの事に熱中する
余念 関西大

61 □ 基本の仕様を**トウシュウ**する。
先人のやり方を受け継ぐこと
踏襲 大阪大

62 □ **キャクショク**を加えた回想録。
小説などを映画や演劇に適するよう手を加えること
脚色 福井県大

63 □ 補習授業を受け**キュウダイ**する。
一定の基準に達すること
及第 関西大

64 □ 父が**アイセキ**していた本。
大切に思うこと
愛惜 山口大

65 □ 法律に**ウト**いので勉強した。
物事に通じていない
疎 福岡教大

66 □ **カンダイ**な処置に感謝する。
心がひろくて思いやりがあること
寛大 早稲田大

67 □ **リッパ**なひげをたくわえる。
威厳があって美しいさま。非常に優れているさま
立派 一橋大

68 □ 空中**ロウカク**を描いた絵画。
階層を重ねて高く造った建物
楼閣 甲南大

69 □ 子どもの**カンダカ**い声。
声・音の調子がたかく鋭い
甲高 愛媛大

70 □ 健康には運動が**フカケツ**だ。
なくてはならないこと
不可欠 山梨大

71 □ 一種の**テイネン**を与える教え。
あきらめの気持ち。道理を悟る心
諦念 青学大

72 □ 参加者の**ワク**を広げる。
ある制限の範囲
枠 熊本大

73 □ **カンマン**の差が大きい海岸。
かん潮とまん潮。潮のみちひき
干満 早稲田大

74 □ **カッショク**の髪の少女。
赤みがかった茶いろ
褐色 愛媛大

75 □ **ハンザイ**を防ぐ地域の取り組み。
つみをおかす行為
犯罪 神戸大

76 □ 研究者の**ショケン**を求める。
見た事柄やそれについてのいけん
所見 法政大

| | | | | |
|---|---|---|---|---|
| 77 | □ **ソヤ**な言葉づかいを改める。 | 品がなく荒々しいこと | 粗野 | 秋田大 |
| 78 | □ **ヘンキョウ**な考え方を改める。 | せまいこと | 偏狭 | 日本大 |
| 79 | □ 心して苦言を**テイ**する。 | 差し出す | 呈 | お茶女大 |
| 80 | □ **アッカン**のラストシーン。 | 全体の中で一番すぐれたところ | 圧巻 | 明治大 |
| 81 | □ 亡命のために**エッキョウ**する。 | こっきょうなどのきょうかい線をこえること | 越境 | 奈良女大 |
| 82 | □ **チュウヨウ**の精神に基づく。 | 考えや立場が偏っていないこと | 中庸 | 早稲田大 |
| 83 | □ 手品を**ヒロウ**する。 | 広く知らせること | 披露 | 新潟大 |
| 84 | □ 庭の**イチグウ**に咲く花。 | 片すみ | 一隅 | 京産大 |
| 85 | □ **スイタイ**した業界を立て直す。 | 勢いや力がおとろえること | 衰退 | 弘前大 |
| 86 | □ 姉は**オオザッパ**な性格だ。 | 細かいところにまで注意が行き届かないさま | 大雑把 | 北海道大 |
| 87 | □ 嵐の**ゼンチョウ**を察知する。 | 事件などが起こるまえ触れ | 前兆 | 関学大 |
| 88 | □ お祝いをするには時期**ショウソウ**だ。 | 条件が整わずはやすぎること | 尚早 | 広島大 |
| 89 | □ 彼女は華道の**ソヨウ**がある。 | たしなみ | 素養 | 日本大 |
| 90 | □ 書物の内容を**ボウキャク**する。 | すっかりわすれ去ってしまうこと | 忘却 | 鹿児島大 |
| 91 | □ 景気の**テイタイ**が継続する見通し。 | 物事がとどこおって進まないこと | 停滞 | 日本大 |
| 92 | □ 満天の星空を**アオ**ぐ。 | 上を向き、高い所を見る | 仰 | 山口大 |
| 93 | □ 必要なデータを**モウラ**する。 | 残さず集めたり取り入れたりすること | 網羅 | 名市大 |
| 94 | □ 落選の可能性は**カイム**だ。 | まったくないこと | 皆無 | 早稲田大 |
| 95 | □ **カッコ**たる信念を持つ。 | しっかりしてたしかなさま | 確固 | 京都府大 |
| 96 | □ **シンサン**をなめる経験。 | つらく苦しい経験 | 辛酸 | 学習院大 |
| 97 | □ **ムセッソウ**な人は嫌われる。 | なりゆきしだいで一貫した態度をとらないこと | 無節操 | 法政大 |
| 98 | □ なだらかな**キュウリョウ**地帯が続く。 | ゆるやかな起伏の山が続く地形 | 丘陵 | 山梨大 |
| 99 | □ 数学の**ケンイ**といわれる教授。 | ある分野で抜きんでて優れている専門家 | 権威 | 愛教大 |
| 100 | □ 文学研究に**ケイトウ**している。 | 興味を持ち夢中になること | 傾倒 | 宮城教大 |
| 101 | □ さまざまな意見が飛び**カ**う。 | 互いに～しあう | 交 | 富山大 |
| 102 | □ 迫力ある演技に**ギョウテン**する。 | ひどく驚くこと | 仰天 | 山梨大 |
| 103 | □ **ゴカンセイ**の乏しい機器。 | たがいに取りかえること。取りかえができること | 互換性 | 明治大 |
| 104 | □ 金メダルを**カクトク**する。 | 手に入れて自分のものにすること | 獲得 | 新潟大 |

105 □ 大統領の名を**カン**する空港。（名称などを上につける）
冠 早稲田大

106 □ 話題を**テンカン**する。（ほかのものに変えること）
転換 福井県大

107 □ 悲願が**ジョウジュ**する。（願いが叶うこと）
成就 関学大

108 □ 難易度が**ゼンシン**的に上がる。（急がず順を追ってだんだんすすむこと）
漸進 岐阜大

109 □ 貿易の**ショウヘキ**をなくす。（妨げとなるもの）
障壁 滋賀大

110 □ あえて**ボウケン**を試みる。（危ないことを承知であえて行うこと）
冒険 関学大

111 □ 勉強不足を**ク**いる。（失敗などをあとから残念に思う）
悔 埼玉大

112 □ 議員の候補を**ヨウリツ**する。（支持し、高い地位に就かせようとすること）
擁立 東洋大

113 □ 指示に**ジュウジュン**に従う。（素直で逆らわないこと）
従順 鹿児島大

114 □ **ケンゲン**の範囲内で決断を下す。（認められて行うことのできる範囲）
権限 センター

115 □ つれない**ソブ**りを見せる。（表情や態度に現れた様子）
素振 立教大

116 □ 山奥に**セイソク**する昆虫。（ある場所に住むこと）
生(棲)息 岐阜大

117 □ **カヘイ**の価値が高騰する。（商品の交換や価値貯蔵の手段となるもの）
貨幣 鹿児島大

118 □ 彼の**セイキョ**は悲しみをもたらした。（亡くなること）
逝去 山口大

119 □ **キュウチ**を脱する。（逃げようのない苦しい立場）
窮地 明治大

120 □ 女性**ベッシ**の発言を陳謝する。（見下げること）
蔑視 愛教大

121 □ 空港を**ケイユ**した物流ライン。（目的地に行く途中にある地点を通ること）
経由 関西大

122 □ クラスの**シンワ**を図る。（したしんで心を合わせること）
親和 お茶女大

123 □ 深々とお**ジギ**する。（頭を下げて礼をする）
辞儀 山形大

124 □ 自分の理想を**グゲン**化する。（形や物としてぐたい的にあらわすこと）
具現 法政大

125 □ 旧説を**ボクシュ**する研究者。（伝統や自己の主張を変えないこと）
墨守 福岡教大

126 □ 先祖代々の**ケイフ**を調べる。（一族代々や師弟関係のつながり）
系譜 三重大

127 □ **ジセイ**に流された生き方。（じだいの流れ）
時勢 神戸大

128 □ プロに**ヒケン**する実力。（同等であること）
比肩 南山大

129 □ **コワダカ**に主張を述べる。
こえの調子がたかく大きいこと
声高 名古屋大

130 □ **ライヒン**の挨拶を静かに聞く。
式や会などに招かれてきた客
来賓 関西大

131 □ **スイソウ**で亀を飼う。
魚を飼うための容器
水槽 青森公大

132 □ 東海道の**キテン**。
物事の始まるところ
起点 長崎大

133 □ **ジュクレン**の技を引き継ぐ。
高い技能と経験を有すること
熟練 東洋大

134 □ 病気に**カタク**して面会を謝絶した。
他の物事を借りて言い表すこと。かこつけること
仮託 神戸大

135 □ 王の**イゲン**を保つ。
おごそかで堂々としたさま
威厳 関学大

136 □ **オントウ**な処置に感謝する。
無理がなく理にかなっていること
穏当 島根大

137 □ 住宅の**キテイ**部を検査する。
きそとなるそこの部分
基底 日本大

138 □ 先人に**ナラ**って行動する。
手本にしてそのとおりまねる
倣 高知工大

139 □ 自由と放縦を**コンドウ**する。
区別すべきものをおなじものとして扱うこと
混同 近畿大

140 □ **シュリョウ**をして暮らす民族。
鳥獣などをかること
狩猟 奈良教大

141 □ 伝統芸能は**セシュウ**が多い。
身分や職業などを子孫へ受け継ぐこと
世襲 三重看大

142 □ 次のような**シギ**となりました。
思わしくない事のなりゆき
仕儀 早稲田大

143 □ 筆者の幼少時代の**ソウワ**を読む。
本筋と関係ない短いエピソード
挿話 新潟大

144 □ 石油を**ユソウ**する。
乗り物で人や物資を運ぶこと
輸送 関西大

145 □ 蔵で味噌を**ジョウセイ**する。
原料を醗酵させて、酒・味噌・醤油などをつくること
醸成 青森公大

146 □ **シグレ**の季節が到来する。
秋から冬に変わる頃に通りあめのように降るあめ
時雨 北教大

147 □ 仏道に**キエ**する。
神仏や高僧を信じ、すがること
帰依 関学大

148 □ 家族が**ビョウショウ**の彼を見守る。
びょう人の寝るベッド
病床 山口大

149 □ 壁に**ネンチャク**性のある液体を塗る。
ねばりつくこと
粘着 関西大

150 □ 黙秘権を**コウシ**する。
権利などを実際に用いること
行使 新潟大

151 □ 隣家との**キョウカイ**線を決める。
土地や物事のさかい
境界 県広島大

152 □ 赤外線を**ショウシャ**する。
光線やほうしゃ線を当てること
照射 関西大

153 □ 物価の高騰に**タイショ**する。
適当なしょちをとること
対処 山梨大

154 □ 留学生を**カンタイ**する。
心を込めて手厚くもてなすこと
歓待 静岡大

155 □ 先頭集団に**セマ**る勢いで走る。
近い所まで寄る
迫 早稲田大

156 □ **ソセキ**を据えて柱を支える。
建物の土台となるいし。物事のきそ
礎石 奈良教大

**157** □ □ 一点を**ギョウシ**しつつ全体に注意を**ハラ**う。
じっと目をこらして見つめること
心を向ける。金銭を渡す
凝視 長崎大　払 鹿児島大

**158** □ □ 試合前のチームを**ヒキ**いて合宿所に**タイザイ**する。
ひきつれて行く
ある期間とどまること
率 学習院大　滞在 関西大

**159** □ □ 店に残された**チョウボ**について**ゲンミツ**に調査する。
事務上の必要事項を記入するちょうめん
細かくきびしく注意を行きわたらせること
帳簿 お茶女大　厳密 新潟大

**160** □ □ **クジュウ**の選択をした会長が心境を**ジュッカイ**する。
事がはかどらずくるしみ悩むこと
心の内をのべること
苦渋 中央大　述懐 小樽商大

**161** □ □ 静かな**コハン**の広場で犬と**タワム**れる。
みずうみのほとり
遊び興じる。ふざける
湖畔 千葉大　戯 三重大

**162** □ □ **フダン**の努力を怠っていたために**クキョウ**に立たされる。
とだえずに続くこと
くるしい立場・状況
不断 千葉大　苦境 立命館大

**163** □ □ **キョウコ**な意志と**ガンケン**な肉体を持つ。
つよくかたくしっかりしていること
体が丈夫で極めて元気なこと
強固 滋賀大　頑健 近畿大

**164** □ □ 美しい**ソウボウ**に加えしなやかな**シシ**を持つ。
顔かたち
両手両足。動物のよん本の足
相貌 関学大　四肢 奈良女大

**165** □ □ 薬の**コウノウ**により痛みが和らぎ病気が**チユ**する。
よい結果をもたらすはたらき。ききめ
怪我・病気がなおること
効能 法政大　治癒 立命館大

**166** □ □ 社会における**カイソウ**化にますます**ハクシャ**がかかる。
社会を形成している、社会的地位が近い人々のそう
「ハクシャがかかる」で物事の進行に一段と力が加わる
階層 北海道大　拍車 九州大

**167** □ □ **キョウショウ**で**キュウクツ**な部屋。
せまくちいさいこと
ゆとりがなくて不自由なこと
狭小 関西大　窮屈 早稲田大

**168** □ □ **コユウ**名詞から**ハセイ**してできた形容詞。
本来持っていること。もちまえ
もとになるものから分かれてしょうじること
固有 学芸大　派生 東北大

**169** □ □ たまの休日はのんびりと**シュミ**に**ボットウ**する。
専門家としてではなく好きでしている物事
何もかも忘れて一つのことに熱中すること
趣味 小樽商大　没頭 大阪大

**170** □ □ 彼女の**ハクシキ**ぶりにすっかり**シンスイ**した。
広く物事を知っていること
心を奪われ夢中になること
博識 信州大　心酔 関学大

171 □□
**テンテキ**から逃れようと全力で**シッソウ**する野生の馬。
その動物にとって最も怖く危険な特定の動物
非常に速くはしること
天敵 早稲田大
疾走 千葉大

172 □□
国道で**ヒンパツ**する交通事故の**ギセイ**となる。
事件等がたびたび起こること
目的のために大切なものをなげうつこと
頻発 関西大
犠牲 新潟大

173 □□
出席者の**ヘンケン**に満ちた発言に**ケイベツ**の視線を向ける。
かたよったみかたや先入観
劣ったものとみなしてさげすむこと
偏見 一橋大
軽蔑 金沢大

174 □□
**キワ**めて優秀な**セイセキ**で卒業する。
はなはだしいさま
なしとげて得られた結果や評価
極 早稲田大
成績 関学大

175 □□
**バンカン**の思いを胸に死者を**ホウム**る。
さまざまなかん情
死体や遺骨を墓所などに埋そうする
万感 高知大
葬 立命館大

176 □□
**メイキュウ**入りとなった事件を**レッキョ**する。
中に入ると簡単には出られないように造った建物
一つ一つならべあげること
迷宮 明治大
列挙 奈良教大

177 □□
**オウギ**を身に付けるために山中で**カコク**な修行に挑む。
学芸や武術などのおく深い非常に大切な事柄
非常に厳しくむごいこと
奥義 法政大
過酷 愛教大

178 □□
弓道の技を**レンマ**し、矢を的に**メイチュウ**させた。
学芸・心身を鍛えてみがきあげること
目標に当たること
錬磨 関学大
命中 早稲田大

179 □□
**キョウゴウ**他社の**ツイズイ**を許さない。
互いにきそいあう
おいつくこと
競合 新潟大
追随 奈良女大

180 □□
**キヤク**の変更を**ヨウニン**する。
団体内で協議して決めたきそく
よいとしてみとめて、許すこと
規約 日本大
容認 関学大

181 □□
器具に備わった安全**ソウチ**の**キカク**を定める。
ある目的のために器具などを取り付けること
製品や生産物に関する決まり
装置 鹿児島大
規格 名古屋大

182 □□
**ムボウ**と思われることに対しても**カンゼン**と挑戦する。
深い考えもなく行動すること。むちゃ
思い切って事を行うさま
無謀 滋賀大
敢然 関西大

183 □□
就職により被**フヨウ**者の資格を**ソウシツ**する。
助けやしなうこと。面倒をみること
なくすこと
扶養 東洋大
喪失 一橋大

184 □□
広い**ウチュウ**はさまざまな神秘を**ホウガン**している。
存在すべてを包みこむ無限の空間と時間の広がり
中につつみふくむこと
宇宙 早稲田大
包含 上智大

185 □□
どのようにして敵の**ガジョウ**を**クズ**すかが問題だ。
組織や勢力の中心
まとまった形のものをこわす
牙城 弘前大
崩 都立大

186 □□
二人の間の**カクシツ**がすっかり**ヒョウカイ**する。
主張を譲らず、そのため不和になること
こおりがとけるように疑問などがとけること
確執 都立大
氷解 宮城教大

187 □□ **ヨウショク**に就いたことにより**ジュウセキ**を負う。
（かなめの地位／おもいせきにん）
要職 日本大　重責 関学大

188 □□ 高等裁判所に**コウソ**して有罪判決が覆り、**メイヨ**を守った。
（第一審判決の不服を上級裁判所に申し立てること／社会的に認められている人格的な価値）
控訴 早稲田大　名誉 静岡大

189 □□ **ソウシュコク**との関係の歴史を**カイコ**する。
（従属するくにに対して宗主権を持つくに／過去を思い出すこと）
宗主国 佐賀大　回顧 関学大

190 □□ **キバ**戦の実力は両チームともに**ハクチュウ**している。
（うまに乗ること／力が均衡していて優劣のつけがたいこと）
騎馬 関西大　伯仲 明治大

191 □□ **タイダ**な生活を続けてはならないと**ツウカン**した。
（だらしなくなまけること／強く身にしみてかんじること）
怠惰 新潟大　痛感 大阪大

192 □□ 明治**イシン**以降の近代化について**ゲンキュウ**する。
（すべてが改められてあたらしくなること／話がある点にまでおよぶこと）
維新 関学大　言及 福岡女大

193 □□ **スイソウ**楽の新入部員を集めようと**ヤッキ**になる。
（笛や管楽器などをふきかなでること／焦っていらだつこと）
吹奏 早稲田大　躍起 青森公大

194 □□ 二国間に**カイザイ**する問題を解決し**メイヤク**を結ぶ。
（二つのものの間にそんざいすること／かたく誓いやくそくをすること）
介在 埼玉大　盟約 関西大

195 □□ **ジュンタク**な温泉の湯を将軍に**ケンジョウ**する。
（豊富にあること／差しあげること。奉ること）
潤沢 早稲田大　献上 都立大

196 □□ 社会の**フチン**とは全く関係なく**ヘイオン**に暮らす。
（ういたりしずんだりすること／何事も起こらずおだやかなこと）
浮沈 大阪大　平穏 愛教大

197 □□ **キゲン**までまだしばらく余裕がある**フキュウ**の用件。
（事前に決められている一定の時期や期間／急ぎではないこと）
期限 関学大　不急 中央大

198 □□ **ギフン**に駆られて現行の法の**ゼセイ**を訴える。
（道にはずれたことに対するいきどおり／誤っている点をただしく直すこと）
義憤 近畿大　是正 一橋大

199 □□ **キョテン**から**ハナ**れた場所で活動する。
（活動のよりどころとなるちてん／くっついている二つのものが別々になる）
拠点 愛媛大　離 香川大

200 □□ **ダンソウ**の形成と地震の関係について**ケンキュウ**する。
（土地や岩石の割れ目を境に地そうがずれる現象／考察したり詳しく調べたりして明らかにすること）
断層 早稲田大　研究 明治大

**201** □□
絶版になった雑誌の**フッカン**を**キト**する。
中止・廃止していた出版物を再びかん行すること
目的を立てその実現の手段をくわだてること
復刊 関西大
企図 千葉大

**202** □□
日本語から**ホンヤク**された英文の**テンサク**を行う。
ある言語で表現された文章を他の言語になおすこと
他人の文章などを改めること
翻訳 学芸大
添削 法政大

**203** □□
**イキ**された化学兵器を**シュウセ****キ**する。
保護すべきものを捨てておくこと
あつめてつみ重ねること
遺棄 岩手大
集積 熊本大

**204** □□
**キハツ**油の価格の高騰が家計にまで**ハキュウ**する。
常温で気化する
なみが広がるように影響が徐々に広がること
揮発 早稲田大
波及 関西大

**205** □□
食べ物を**ソマツ**にするのにひどく**テイコウ**がある。
おろそかに扱うこと。品質が劣っていること
外部からの力に逆らうこと
粗末 山形大
抵抗 北教大

**206** □□
制限を**イッキョ**に**テッパイ**する。
ひとつの動作
取り除きはい止すること
一挙 千葉大
撤廃 関学大

**207** □□
**ゲキエツ**な調子でこれからの**セイサク**を論争する。
感情が高ぶり言動がはげしいこと
せいふ・党などの基本的なせいじ方針
激越 学習院大
政策 奈良教大

**208** □□
**カンキュウ**をつけた表現豊かな演奏に**ハクシュ**を送る。
ゆるやかなことときゅうなこと
両方のてを合わせて叩いて音を出すこと
緩急 早稲田大
拍手 明治大

---

**209** □□
**ヨクボウ**のままにテーブルの料理を**ドクセン**する。
不足を感じ満たそうとする強い気持ち
自分一人のものとすること
欲望 富山大
独占 センター

**210** □□
**ヒメイ**を聞き**ショウドウ**的に駆け出す。
驚きや恐れなどで出す声
抑えがたい心の欲求
悲鳴 立命館大
衝動 信州大

**211** □□
基準が**ハンゼン**としないので**シュシャ**選択のしようがない。
明らかではっきりとよくわかるさま
必要なものをとり不要なものをすてること
判然 関西大
取捨 大阪大

**212** □□
若い世代に**ショウジュン**を合わせた広告の**ソアン**を作成する。
狙いを定めること
原あんになる前の大まかな考え
照準 佐賀大
素案 早稲田大

**213** □□
**ジュンキョウ**者が**マイソウ**された墓を訪れる。
自らの信仰のために命を捨てること
死者を土の中にうめてほうむること
殉教 神戸大
埋葬 高知大

**214** □□
霊能力者と**ショウ**する男に取材が**サットウ**する。
名乗る
多くの人や物がどっと一気に押し寄せること
称 山口大
殺到 早稲田大

**215** □□
**ショハン**の事情を**リョウカイ**した。
いろいろな事柄
物事の事情や内容をりかいし承認すること
諸般 関西大
了解 滋賀大

**216** □□
部員全員で**イチガン**となって頑張ろうと**ヤクソク**した。
心をひとつにする
ものごとを決め、将来変えないことを誓うこと
一丸 近畿大
約束 関学大

217 □□ いつも**オダ**やかな川が大雨で**ハンラン**する。

静かでへいおん無事なさま。安らか

川の水などが溢れ出すこと

穏 信州大　氾濫 鹿児島大

218 □□ 一見相反する二つの**ヒヒョウ**が、実は**ツウテイ**している。

物事の是非・善悪などについてひょう価し論ずること

事柄や思想が根本のところで共つう性を持っていること

批評 早稲田大　通底 北教大

219 □□ **ザンギャク**な事件が社会に大きな**ハモン**を呼んだ。

人や生き物に対してひどくむごたらしいさま

周囲に動揺をあたえるような影響

残虐 滋賀大　波紋 学習院大

220 □□ データベースの**ハンザツ**な**カンリ**を担当する。

こみいってわずらわしいこと

ある基準などから外れないよう全体を統制すること

煩雑 岩手大　管理 立命館大

221 □□ **サイク**を施したガラスを写した画像を**ヘンカン**する。

手先を使い細かいものを作ること

あるものを別の形のものへとかえること

細工 和歌山大　変換 センター

222 □□ 絵巻物には**シュウアク**な姿の**ヤクビョウガミ**が描かれた。

容姿や心が醜く不快なこと

やまいを流行させるという神。嫌われる者

醜悪 宇都宮大　疫病神 関西大

223 □□ 毎日続けて体を**キタ**えることで**タイシャ**をよくする。

心身を強くする。金属を何度も熱し打って強くする

体内で、物質やエネルギーが入れ替わること

鍛 青森公大　代謝 法政大

224 □□ 難しいと思われた任務を**ヨウイ**に**スイコウ**する。

たやすいさま

物事をやりとげること

容易 九州大　遂行 奈良教大

225 □□ 何の**ヘンテツ**もない**キョウキャク**だが、重要な構造物だ。

普通と違っていること

はしげたを支える柱

変哲 関学大　橋脚 滋賀大

226 □□ **レンサ**的に発生した事件の**ゼンヨウ**を解明する。

物事がくさりのようにつながっていること

ぜん体の姿や形

連鎖 奈良教大　全容 東北大

227 □□ 見通しが立たず事業の**セイヒ**が**カクゼン**としない。

せい功するか失敗するか

たしかで動かしがたいさま

成否 愛媛大　確然 関学大

228 □□ 今月号で**カンケツ**する連載小説が**カントウ**を飾る。

続いていたものがすっかり終わること

書物の最初の部分

完結 早稲田大　巻頭 明治大

229 □□ 二国間の**フンソウ**が**チンセイ**化する。

もつれた争いごと

騒ぎや気持ちをしずめ落ち着かせること

紛争 高知大　鎮静 大阪大

230 □□ ネットワーク産業は**ヒダイ**する**ケイコウ**にある。

太りおおきくなること

物事の状態や性質が特定の方にかたむくこと

肥大 信州大　傾向 早稲田大

231 □□

オリンピックの**ショウチ**を目指し**ホンソウ**する。

まねいて来てもらうこと
物事が上手くいくようかけまわること

招致 関西大
奔走 釧路公大

232 □□

ぼんやりして**カイダン**から足を**フ**み外す。

異なる高さの場所をつなぐ昇降用の通路
ふむ場所を間違えて足がそれる

階段 関学大
踏 千葉大

233 □□

**ホウフク**よりも**コウキュウ**的な平和を望む。

不当な行為に仕返しをすること
長く変わらないこと

報復 大阪大
恒久 関西大

234 □□

**シモン**機関による**セイサイ**な調査が行われる。

有識者や一定機関に意見を尋ね求めること
こまかくくわしいこと

諮問 近畿大
精細 千葉大

235 □□

一人の意見では**ビリョク**だが数千人の**ショメイ**となれば有用だ。

ちからが弱く足りないこと
本人が自分のなまえを書類などに記すこと

微力 早稲田大
署名 日本大

236 □□

訓練によって鋭く研ぎ**ス**まされた**カンカク**。

透き通った状態になる。すっかり〜する
物事をかんじとらえること

澄 信州大
感覚 法政大

237 □□

**リジュン**で損失を**ソウサイ**する。

りえき。もうけ
互いに差し引いて損得がないようにすること

利潤 富山大
相殺 熊本県大

238 □□

**ケンメイ**に勉強し**シュセキ**で合格する。

精一杯頑張ること
第一位のせきじ・地位

懸命 東洋大
首席 関学大

---

239 □□

**フショウジ**をきっかけに業界の**ナイジツ**が明らかになった。

よくないじけん。信頼を失わせるような出来事
うち側の事情

不祥事 広島大
内実 一橋大

240 □□

**チクサン**の基本に関する本を**アラワ**す。

家ちくを飼育し、生活に必要な物資を得るさん業
書物を書いて出版する

畜産 法政大
著 金沢大

241 □□

**ツイラク**事故の責任を**テンカ**する。

高い所から落下すること
自分の責任や罪などを他人のせいにすること

墜落 山口大
転嫁 早稲田大

242 □□

新年にあたって家内**アンタイ**と福徳**ジュミョウ**を願う。

穏やかで無事なこと。心配のないこと
いのちのある間の長さ。物が使用に耐える期間

安泰 関西大
寿命 九州大

243 □□

サイバー**コウゲキ**を**カソウ**して訓練する。

敵をせめること
かりにそう定すること

攻撃 長崎大
仮想 法政大

244 □□

患者の**ヨウダイ**が悪化し、意識が**ハクジャク**になる。

からだの状態。病気の具合
しっかりしていないこと。意思や体力などがよわいこと

容体(態) 日本大
薄弱 防衛医大

245 □□

その国は**シュウダツ**した領土を**ヘイゴウ**して拡大した。

無理やりうばいとること
いくつかのものを一つに合わせること

収奪 早稲田大
併合 熊本県大

246 □□

アメリカでは**バイシン**制度に基づく**サイバン**が行われる。

一般の人々が犯罪の認定に関与する制度
罪や利害の衝突を法によってさばくこと

陪審 明治大
裁判 明治大

▼**太字の語の意味を後から選べ。**

**1** □ 権力の行使が公然となされるか、**隠然**たるものかを確定しようとする彼らの態度。
①表には出ないが勢いや重みがあるさま
②知られていないが、陰で苦労をしているさま
③派手さはないが、簡素で落ち着いているさま

① 青学大

**2** □ 自然と対峙し、生活に適した環境を**営営**と整える。
①いきいきと動くさま
②せっせと励むさま
③のんびりと休むさま

② 國學院大

**3** □ 彼は「大衆は、大衆でないものとの共存を望まない」と**看破**した。
①言い負かすこと　②真相を見抜くこと
③批判すること

② 立命館大

**4** □ これこそコロナ後の時間論の**喫緊**の課題だ。
①緊張を強いること　②避けられないこと
③重要で解決が急がれること

③ 早稲田大

**5** □ それらは**狡猾**《こうかつ》なる政治的意図をもってなされた。
①ずる賢いさま　②理屈っぽいさま
③悪気のないさま

① 新潟大

**6** □ ローカルな**規範**が成立し、通用している。
①行動や判断の規準となる規則
②心の中でわかり合っている規則
③明言されていない独自の規則

① 國學院大

**7** □ 宗主国と植民地の間には**厳然**とした境界がある。
①おごそかで動かしがたいさま
②実体を伴うさま
③あらかじめ存在するさま

① 神戸大

**8** □ 独占的な立場を守ることに**拘泥**するのはあまり賢明ではない。
①たどり着くこと　②こだわること
③全力を注ぐこと

② 東京理大

**9** □ 戦争はいくら強調してもしたりないほど**酸鼻**なものである。
①すさまじく醜いさま　②憎らしく許せないさま
③むごたらしく痛ましいさま

③ 中央大

**10** □ 民衆から**斟酌**《しんしゃく》に値する意見が出てくる保証はない。
①考え合わせ取捨すること
②ともに話し合うこと
③理解を深めること

① 関西大

11 □ 豊富な事実例と深い**洞察**力をもって記した名著。
①隠れている本質を見抜くこと
②真相を感覚で言い当てること
③未来の出来事を予見すること
① 國學院大

12 □ 次代の経済的**覇権**を握る。
①力で他を制圧して得た権力
②他を寄せつけないほど強大な権力
③卑劣な手段を用いて獲得した権力
① 学習院大

13 □ 大幅な躍進への**端境期**ともいうべき選挙。
①物事の入れ替わりの時期
②物事の始まりの時期
③物事をするのに一番良い時期
① 島根大

14 □ 人間は資源に働きかけるだけでなく、その帰結からの**反作用**を受けて、行動を制約される。
①攻撃する相手をこちらから責めること
②他の物に力を及ぼすとき逆の力を受けること
③反抗して受けつけないこと
② 静文芸大

15 □ **無償**で贈与される富は太陽の熱と大地の恵みぐらいである。
①永遠に尽きないこと
②代価を払わないこと
③前もって許しを得ないこと
② 静岡大

16 □ 文学がはからずも、国家の**イデオロギー**を教化・啓蒙していく役割をも担ってしまった。
①政治的・社会的な思想 ②独裁的な体制
③物事を成し遂げる活力
① 金沢大

17 □ 一般成員とは明確に**ステータス**・役割の異なるリーダーが、全員に対して責任をもって事に当たる。
①求心力 ②個人的能力 ③社会的地位
③ 成城大

18 □ 何か新たな**ソリューション**が見えないかを考える。
①解決方法 ②技術革新 ③検討課題
① 静文芸大

19 □ **ヒエラルキー**の厳しい集団内部における憎悪のあり方。
①階層秩序 ②衆人環視 ③制限規定
① 立教大

20 □「第一の近代」と呼ばれる**フェーズ**。
①段階 ②時勢 ③社会
① 東京大

## 「社会」追加キーワード

21 □ **拘禁** 高知大
受刑者を刑事施設に拘束すること。２０２２年成立の改正刑法により「懲役刑」と「禁錮刑」が廃止され、「拘禁刑」となる。

22 □ **相対的貧困** 津田塾大
その国の文化水準、生活水準と比較して困窮した状態。具体的には所得の中央値の半分を下回っている状態。

▼語の意味を参考に、空欄に当てはまる語句を選べ。

23 □遺骨をガンジス河に撒く風習の背景には、それを支える死に関する独自の（　　）《根本的な考え》が存在する。
①懸念　②想念　③理念
③　筑波大

24 □彼らの国家観は、来たるべきナショナリズムの時代における世界観の（　　）《モデル》となった。
①矩形《くけい》　②花形　③雛形《ひながた》
③　成蹊大

25 □西欧と肩を並べあるいは（　　）《ほかのものより上に出ること》すると自負していたシステムが機能不全に陥る。
①蒙昧《もうまい》　②凌駕《りょうが》　③吝嗇《りんしょく》
②　大阪大

26 □説話が土着しつつ一般に（　　）《広く知れ渡ること》する。
①流転　②流布　③流浪
②　早稲田大

27 □財政基盤の弱い学校は（　　）《生存競争の結果、滅びること》されていく。
①還元　②駆逐　③淘汰《とうた》
③　法政大

28 □市民権を剝奪され、福祉国家の対象の（　　）《範囲の外》に置かれる。
①外延　②外郭　③埒外《らちがい》
③　東京大

29 □（　　）《あざむきだますこと》とは嘘をつくだけでなく、相手に偽の信念を生み出すことで不利益を生じさせることだ。
①欺瞞《ぎまん》　②狼藉《ろうぜき》　③籠絡
①　三重大

30 □多くの問題は単純化して勝敗にいかに寄与するかという一点に（　　）《まとまること》してゆく。
①収斂《しゅうれん》　②抵触　③包括
①　中央大

31 □自由と（　　）《わがまま》の境界線。
①慰藉《いしゃ》　②充溢《じゅういつ》　③放縦
③　東京理大

32 □日常性が芸術そのものに（　　）《一段上の状態に高められること》する可能性。
①結晶　②顕現　③昇華
③　早稲田大

33 □近代に確立する人間中心主義としての（　　）《人間的なことを尊重する思想》が果たした偉大な役割。
①ヒューマニズム
②ファシズム
③ポピュリズム
①　早稲田大

34 □福祉国家再建のためには（　　）《国家的》・アイデンティティの再構築が不可欠である。
①コーポレート　②ナショナル
③パーソナル
②　中央大

**35** □日本は成長から脱成長の段階になり、（　　）《持続可能性》の達成が課題となっている。
①サスティナビリティ
②パブリシティ
③ユーテリティ
① 立命館大

**36** □日本という後発近代化社会固有の（　　）《要因》が働いている。
①メトロポリス　②メメントモリ
③モメント
③ 大阪大

**37** □（　　）《～以後》モダンとは、近代が終わったということである。
①プレ　②ポスト　③メタ
② 高知工大

**38** □難病者はもちろん、高齢者、女性、（　　）《民族性》などが、なにかしらの不利に直面する。
①エスニシティ
②シンクロニシティ
③ダイバーシティ
① 津田塾大

**39** □（　　）《社会的・文化的に作られる性差》や人種、障害の有無などの観点から公正さを重視する立場。
①ジェンダー　②トレーダー
③ヤングケアラー
① お茶女大

**40** □反撥や反抗で社会が動く（　　）《活力》。
①センチメンタリズム
②ダイナミズム
③マンネリズム
② 横市大

**41** □譲渡不可能なものの譲渡という（　　）《逆説》。
①コモンセンス　②パトス
③パラドックス
③ 小樽商大

## 「社会」追加キーワード

**42** □ **ポピュリズム**〈英〉 信州大
大衆の人気を得ることを第一とする政治思想や体制。大衆迎合主義。

**43** □ **ポスト・トゥルース**〈英〉 神戸大
世論を形成する際、客観的事実より個人の感情に訴える方が、より影響力を持つ状況。

▼太字の語の意味を後から選べ。

44 □なにかある共通のものに**与《あずか》る**ことによって可能になる共同性。
①あたえる ②かかわる ③くわえる
② 立教大

45 □なぜ門限一時間前なのに電話がかかってくるのだろう、と**訝《いぶか》しがる**。
①不安そうにする ②不審そうにする
③不服そうにする
② 成城大

46 □それらは**すべからく**英語に通訳されるべきである。
①否応なく ②当然のこととして
③残らずすべて
② 立命館大

47 □**とどのつまり**、本人が椅子から立とうとすると行動を制止し、施錠するなどの手を打つことになる。
①結局のところは ②そういうわけで
③ひどい場合には
① 成城大

48 □権力によって「事実」が**ないがしろ**にされ、虚偽が真実としてまかり通る全体主義的状況。
①侮り軽んじること ②激しく攻撃すること
③厳しく批判すること
① 神戸大

49 □**なかんずく**民俗学には独特な発展の歴史がある。
①その上さらに ②その中でも特に
③当然ではあるが
② 立命館大

50 □職を失った労働者に批判を向けるのは**お門違い**だ。
①見当違いであること
②腹が立ち悔しいこと
③不本意であること
① 島根大

51 □公衆の存在が**完膚なきまで**に否定される。
①余すところなく
②いとも簡単に
③当然であるかのように
① 静岡大

52 □新政府の**苦肉の策**から出た有料道路の考え。
①一般的にはとるべきでない策
②考えあぐねてひねりだした策
③苦い経験から創出された策
② 明学大

53 □たくさんの人たちが、これは真実だと訴えながら、ウソつきの**烙印《らくいん》を押されて**死んでいった。
①価値などないとはじめから決めつけられて
②ぬぐい去ることのできない汚名を受けて
③面と向かって口汚く罵られ、嘲られて
② 國學院大

▼**語の意味を参考に、空欄に当てはまる語句を選べ。**

**54** □敗戦した途端に自分たちのしたことを棚上げし、（　）《その上さらに》「戦争には反対だった」と言う。
①あまつさえ　②いたずらに　③やにわに
①　津田塾大

**55** □市場開拓をしながら（　）《うまくゆくならば》いい人材を発掘しようという思惑。
①あわよくば　②なまじっか　③ゆめゆめ
①　東京理大

**56** □有利な立場を占める者によって、不平等を是正すべき制度それ自体が（　）《思うままに支配する》られてしまう。
①牛耳　②牛皮　③牛尾
①　青学大

**57** □輸出で経営を伸ばしていけるなどというのは、現場の実態を無視した「（　）《実際には役に立たない考え》」である。
①邯鄲《かんたん》の夢　②机上の空論　③他山の石
②　水産大

**58** □法則があるため同じものがずっと続いていくことはできず、（　）《まずまずの方法》をとらざるを得ない。
①善後策　②次善の策　③最善の策
②　同志社大

**59** □山の手は田園化、下町は三厘道という場当たりな政策は、明治四年七月、**終止符を**（　）《終わる》。
①打たれる　②置かれる　③刻まれる
①　明学大

---

**60** □国際情勢は（　）《不安定で危険な状態》**卵の危うき**にある。
①割　②落　③累
③　法政大

**61** □複数の原因を（　）《議論の対象とする》**に載せて**検討する。
①机上　②頭上　③俎上《そじょう》
③　同志社大

**62** □貧乏人たちが飢えて死にかけており、金持ちがそれを無視して平然と（　）《立場を利用して自分の財産を殖やす》**を肥やす。**
①眼福　②私腹　③箪笥《たんす》
②　鹿児島大

**63** □認知科学が明らかにしてきた知識と思考の性質を踏まえて（　）《核心を突く》**を得た**理念。
①正鵠《せいこく》　②御意　③我が意
①　熊本大

## 「表現」追加キーワード

**64** □ **諸刃《もろは》の剣**
非常に役立つ一方で、大きな害を及ぼす可能性のあること。　京都府大

**65** □ **蟷螂《とうろう》の斧《おの》**
力のない者が力量を顧みず強敵に立ち向かうこと。　中央大

**66** □ **旗幟《きし》鮮明**
立場や主張を明確にすること。　立命館大
「旗幟を鮮明にする」の形でも用いる。

## 第3章

# 長文問題① 社会

25/75

**赤傍線部の語の意味を後から選び、傍線部のカタカナを漢字にせよ。**

▼現代民主主義においては、有権者の意見と、議会の意見が乖離《かいり》しているといわれる。民意が反映されず、政治家という特権的な階級が民主主義を蔑《ないがし》ろにして私的な利害の争いに**ボットウ**[1]している、というのが一般的な批判の流れである。だが、もし政治家の争いが「私的」と批判される理由が、単に市民各々の意志とかけ**ハナ**[2]れているということだけにあるのならば、その批判は**ダトウ**[3]ではない。曖昧で不定型な民意を、あらためて考え直し議論して**セイサク**[4]体系に**昇華させる**[5]ことが代表制の意義である。

〈早川誠『代表制という思想』〉 大阪大

**①組み込む　②高める　③反映させる　④導く**

▼＊ジョーンズがここでテーマとした「チャブ（Chav）」とは、主として労働者階級出身の、**ソヤ**[6]な若者層に対する**アナド**[7]りを込めて指す言葉として2000年代に広まったとされる。公営住宅に住む、白人労働者層をイメージして語られることが多い。**タイダ**[8]や**放縦**[9]、泥酔や**ボウリョク**[10]性といった非文明的な態度を**ソウキ**[11]させる表現でもあり、中産階級の持つ品のよさと**タイキョク**[12]に位置するという。

＊ジャーナリストのオーエン・ジョーンズ

〈水島治郎『ポピュリズムとは何か』〉 島根大

**①大胆で小さなことにこだわらずに物事を進めること**
**②道徳心を欠き無思慮なこと**
**③何の規律もなく勝手にしたいことをすること**
**④人の迷惑をはばからないこと**

▼一般に中学校は数学についての好き嫌いや**セイセキ**[13]の個人差が強まり、男女の間のセイセキ差も目立ってくる難しい時期です。そういう時期に「数学には生まれつきの才能が必要」という巷《ちまた》に**流布**[14]している言説を聞いてしまうと、ちょっとした失敗でも自信をウシナい、そのあと努力しなくなりやすいのです。しかしこの実験では、教員が「生まれつきの才能では数学のセイセキは決まらない」とのメッセージを流し続ければ、自信の**ソウシツ**[15]を防げることが示されました。

1 没頭
2 離
3 妥当
4 政策
5 ②
6 粗野
7 侮
8 怠惰
9 ①
10 暴力
11 想起
12 対極

①**埋もれている** ②**うわさされている** ③**公表されている** ④**知れ渡っている**

〈隠岐さや香『文系と理系はなぜ分かれたのか』〉 神市外大

▼私の認識では、教育改革の[16]**イッカン**として、入試も断片的な知識を吐き出すだけのテストではなく、様々な知識を統合して思考し、言語で表現することができる総合的な能力を測るべきだという[17]**理念**が記述式テスト導入の[18]**ハイゴ**にあったはずである。この理念は認知科学が明らかにしてきた知識と思考の性質に[19]**カンガ**み、[20]**正鵠**《せいこく》**を得た**ものである。

〈今井むつみ「ことばのセンスを育てる国語教育」〉 熊本大

17 ①**一般的な考え** ②**根本的な考え** ③**理想的な考え** ④**論理的な考え**

20 ①**裏づけられた** ②**核心を突いた** ③**正当な地位を得た** ④**堂々と掲げられた**

▼デュピュイが経済学に[21]**欺瞞**《ぎまん》を感じるのは、この点である。上位の行為がそれ自身に[22]**ゲンキュウ**する時、人はもはや商品を売り買いするように見えて、そうではないことをしている。人はもはや財を[23]**ヨクボウ**するのではなく、他者に反応し、他者に[24]**ツイズイ**し、[25]**あわよくば**他者を出し抜こうとするだけだ。実際、人が自由市場に参入する時、選択肢には二つの方向しかない。

〈澤野雅樹『絶滅の地球誌』〉 奈良女大

21 ①**曖昧にしてごまかすこと** ②**あざむきだますこと** ③**無理にこじつけること** ④**もろくて弱いこと**

25 ①**うまくいけば** ②**思いもよらず** ③**それに満足せず** ④**やすやすと**

| 13 | 14 | 15 | 16 | 17 | 18 | 19 | 20 | 21 | 22 | 23 | 24 | 25 |
|---|---|---|---|---|---|---|---|---|---|---|---|---|
| 成績 | ④ | 喪失 | 一環 | ② | 背後 | 鑑 | ② | ② | 言及 | 欲望 | 追随 | ① |

# 第3章 長文問題② 社会

50/75

赤傍線部の語の意味を後から選び、傍線部のカタカナを漢字にせよ。

▼ウェーバーが『プロテスタンティズムの[26]**リンリ**と資本主義の精神』で論じたことは、プロテスタンティズムのリンリは価値合理的行為であったのだが、その行為の[27]**レンサ**が結果的にきわめて目的合理的なシステムである資本主義を生み出し、やがてその価値合理性が失われた後も自己転回を続けたという[28]**洞察**です。そこで強調されたのは、目的合理性が自己[29]**カンケツ**したシステムは、いつか価値の[30]**ナイジツ**を失って化石化していくのだが、目的合理的な行為自体がその状態を内側から変えていくことはできない、という暗澹《あんたん》たる予言でした。

〈吉見俊哉『「文系学部廃止」の衝撃』〉

岐阜大

**①真相を推し量ること　②全体を見渡すこと**
**③物事の本質を見抜くこと　④論理的に考察すること**

▼多様性が尊重される社会の実現には、各人が自らの先入観や[31]**ヘンケン**を自覚し、相対化する力を持つことが[32]**フカケツ**であろう。「歴史的に考える」ことは、この力にかかわっている。ならば、初等（小学校）・中等（中学・高校）教育における歴史教育でこそ、「歴史的に考える」ことは教えられてよいはずだ。しかし、当の初等・中等教育を受け、[33]**あまつさえ**自らも歴史教育に携わろうとしている大学生が、「歴史的に考える」ことを大学生になって初めて知った、あるいは「大学生になって特定の授業を受けるチャンスに恵まれた者以外は、現在の日本では学べない状態になっている」と[34]**カイコ**することを、どう考えればいいだろうか。

〈日高智彦『「歴史的に考える」ことの学び方・教え方』〉

一橋大

**①少なくとも　②その上さらに　③それに逆らうように　④ただひたすら**

▼私の周囲の大衆のなかにも、日本軍の[35]**ザンギャク**行為に対して、「ヒロシマ」「ナガサキ」をもち出す人もいくらかはいた。しかし、そのもち出し方は、たんに、おまえだってやっているんだぞ、といったふうのもち出し方である場合が多かったのではないか。あるいは、より[36]**ナショナル**な視点に

26 〔倫理〕
27 〔連鎖〕
28 〔①〕
29 〔完結〕
30 〔内実〕
31 〔偏見〕
32 〔不可欠〕
33 〔②〕
34 〔回顧〕
35 〔残虐〕
36 〔③〕
37 〔裁判〕

立って、その**サイバン**[37]を復讐《ふくしゅう》サイバンだとみなして怒る人も、私の周囲にいた。しかし、被害者体験と普遍原理を強く結びつけることによって、連合国の戦争責任、戦争**ハンザイ**[38]をいわば自分の問題としてサバこうとした人は残念なことに**カイム**[39]だった。

〈小田実『「難死」の思想』〉 茨城大

**①懐古的　②局所的　③国家的　④大衆的**

▼昭和が終わりそして二十世紀が終わる。時間のなかに人工的にひかれた**キョウカイ**[40]に本質的な意味はないにせよ、「昭和の終焉《しゅうえん》」や「二十世紀の終焉」に**カタク**[41]して、我々がひとつの**テンカン**[42]点を感じ取っているのは事実である。それにしても「脱近代」というのはおもしろい言葉だ。ギリシア人やローマ人は「脱古代」とはいわなかったし、鎌倉時代の「**ポスト**[43]中世」論者というのもきいたことがない。もちろん、彼らは自分たちの時代を「古」とか「中」とか**カン**[44]して呼びはしなかったが、たとえどんな言い方をしていたとしても、「脱〇〇」という言葉をつくることはなかったろう。

〈佐藤俊樹『近代・組織・資本主義 日本と西欧における近代の地平』〉 大阪大

**①〜以後　②〜以前　③没〜　④超〜**

▼このことから、戦争と国家と社会生活をめぐる**パラドックス**[45]が生まれます。常識的には、国家が武力を**コウシ**[46]するのは、国民の暮らしを守るため、国民の生命と財産を守るためだと思われるでしょう。自分たちの暮らしを守ってくれると思うからこそ、国民は国家という約束ごとをこしらえて、税金を**ハラ**[47]ったり、ときには兵士として従軍したりします。ところが、戦争の**コウゲキ**[48]対象が敵国の憲法原理で、しかも、戦争**スイコウ**[49]のために、国民の暮らしが大きな**ギセイ**[50]をハラうことになるとすれば、むしろ、戦争をやめて、相手の言う通りに憲法原理を変更する方がました、という計算が成り立つこともあり得ます。

〈長谷部恭男「憲法学から見た国家」長谷部恭男編『「この国のかたち」を考える』〉 大阪公大

**①逆説　②寓話　③構想　④神話**

| 38 | 39 | 40 | 41 | 42 | 43 | 44 | 45 | 46 | 47 | 48 | 49 | 50 |
|---|---|---|---|---|---|---|---|---|---|---|---|---|
| 犯罪 | 皆無 | 境界 | 仮託 | 転換 | ① | 冠 | ① | 行使 | 払 | 攻撃 | 遂行 | 犠牲 |

# 長文問題③ 社会

75／75

**赤傍線部の語の意味と、（　）にあてはまる語を後ろから選べ。また、傍線部のカタカナを漢字にせよ。**

▼重要なのは、不確実性という問題構成自体を[51]**俎上《そじょう》に載せる**ことである。新型コロナウイルスのようなパンデミック、自然災害や気候変動、戦争、国際関係や国際経済の急速な変化といった、日本だけでは[52]**タイショ**できない突発的で外在的な出来事に比べれば、技術の発達や国内の社会・経済の変化は[53]**ゼンシン**的である。[54]**ダンソウ**的な変化が起こりうるとしても、何の[55]**ゼンチョウ**もなく生じるわけではない。

〈苅谷剛彦『コロナ後の教育へ』〉 岐阜大

**①議論の対象とする　②研究して解明する　③深く掘り下げる　④論じて結論を出す**

▼すぐに[56]**リョウカイ**されるように、この[57]**キテン**の「正義感」は、その「正しさ」を実行すれば、よいのかといえば、それだけではすみません。なぜなら、彼らの一部が、暴走して生麦事件のようなテロ事件を起こす。すると、しっぺ返しが起こり、たとえば商人（民間人）を殺害されたイギリスは[58]**ホウフク**として薩摩を攻め、薩英戦争となり、薩摩はこてんぱんに負けてしまう。まあ、気持でいうなら、一が百で返されるからです。その結果、薩摩の尊皇攘夷派は、「正しさ」は「正しさ」として自分の側にあることを確信しつつ、このままでは植民地になるほかないというので、いわば「[59]**次善の策**」として、尊皇開国派に変わってしまう。

〈加藤典洋『どんなことが起こってもこれだけは本当だ、ということ。幕末・戦後・現在』〉 上智大

**①最善ではないがその次に考えられる策　②本来なら手の内を見せたくない代わりの策**
**③最も善いと言いつくろえる策　④前もって準備していた本命の策**

▼日本近代における官学アカデミズムの導入と知識生産の場の[60]**ドクセン**は、明治維新後に欧米列強との[61]**ヒケン**を目指す国家にとっては必然であった。正統である官学アカデミズムは国家の[62]**ケンイ**と権力に支えられ、またそのケンイと権力を支える学問として協働的、共犯的に存在してきた。そして、

| 51 | 52 | 53 | 54 | 55 | 56 | 57 | 58 | 59 | 60 | 61 | 62 |
|---|---|---|---|---|---|---|---|---|---|---|---|
| ① | 対処 | 漸進 | 断層 | 前兆 | 了解 | 起点 | 報復 | ① | 独占 | 比肩 | 権威 |

それは地方や地域の文化的な力のなかから生まれ、経験を重視する近世的な在来の知識生産の仕組みを排除し、**ベッシ**[63]する価値を**ジョウセイ**[64]したのである。ところがそのような上からの学問の動きとは別の動き、あるいはそのような官学の流れに**テイコウ**[65]するような学問の動きも、一方で同時代的に（　**66**　）として生まれてくる。鹿野は、そのような学問を「民間学」と名付けた。

〈菅豊『「新しい野の学問」の時代へ―知識生産と社会実践をつなぐために』〉　立命館大

**①決定論　②対抗策　③多様性　④反作用**

▼資本主義とは、人々があらゆるものを自由に市場で売買できる社会である。土地を追われた人々は生きるための手段を失い、自分の労働力を売ることで**カヘイ**[67]を**カクトク**[68]し、市場で生活手段を購買しなければならなくなった。そうなれば、商品経済は一気に発展を遂げることになる。こうして資本主義が離陸するための条件が整ったのである。土地だけではない。資本主義の離陸には、河川というコモンズ*から人々を引きはがすことも重要であった。河川は飲み水や魚を提供するだけのものではない。その水は、**ジュンタク**[69]で持続可能で、しかも、（　**70**　）エネルギー源だったのだ。

〈斎藤幸平『人新世の「資本論」』〉　中央大

＊入会地のような共有地

**①希少な　②伝統的な　③排他的な　④無償の**

▼「世論の支配」の**スイタイ**[71]には危険な要素が含まれている。それは「世論」を活性化させる最も安易な方法は、極論に火をつけるということになりかねないからだ。最近の雑誌の中には、（　**72**　）という大義名分のもとで、単純なイデオロギー論に毒されはじめたものはないだろうか。これは、政治的バランス感覚のよくないわれわれ日本人は、**チュウヨウ**[73]の議論を嫌う**ケイコウ**[74]があるということも関係している。チュウヨウの議論は**セッチュウ**[75]的で純粋でないと信じているからである。

〈猪木武徳『自由と秩序 競争社会の二つの顔』〉　立命館大

**①快刀乱麻を断つ　②旗幟《きし》を鮮明にする　③綱紀を粛正する　④理非曲直を正す**

| 63 | 64 | 65 | 66 | 67 | 68 | 69 | 70 | 71 | 72 | 73 | 74 | 75 |
|---|---|---|---|---|---|---|---|---|---|---|---|---|
| 蔑視 | 醸成 | 抵抗 | ④ | 貨幣 | 獲得 | 潤沢 | ④ | 衰退 | ② | 中庸 | 傾向 | 折衷 |

## 第4章 漢字①



1 □ 論理が**ハタン**する。
行き詰まり成り立たなくなること

2 □ つたが垣根に**カラ**む。
物が巻きつく。物事が結びつく

3 □ 次世代を**ニナ**う子ども。
身に引き受けて支える

4 □ 水でのどを**ウルオ**す。
程よく水分を与え湿らせる

5 □ **チミツ**な作業が必要な工程。
細かいところまで行き届いているさま

6 □ 東大寺**コンリュウ**の立役者。
築き上げること

7 □ 友人に**ベンギ**を図る。
都合がよいこと

8 □ 大空に**アコガ**れてパイロットになる。
理想とする物事に心が引かれる

9 □ 法律で権利を**ホショウ**する。
邪魔されたり損をしたりしないように守ること

10 □ 機密文書が**オウシュウ**された。
捜査機関が証拠物などを差しおさえること

11 □ 急に眠気を**モヨオ**す。
物事を企画して行う。ある状態を起こし始める

12 □ 社会に**ヘイソク**感が広がる。
見通しが立たないこと。ふさがること

破綻 大阪大
絡 熊本大
担 岐阜大
潤 千葉大
緻密 一橋大
建立 東北大
便宜 富山大
憧 香川大
保障 鹿児島大
押収 三重大
催 宇都宮大
閉塞 熊本大

13 □ 責任を**ホウキ**する。
捨ててかえりみないこと

14 □ 株価が**ゲキテキ**に変化する。
目を見張るような変化に富んでいるさま

15 □ 交通を**シャダン**する。
間をさえぎって物の流れを止めること

16 □ サービス精神が**オウセイ**な店。
活動力が非常にさかんなこと

17 □ 資金難で生活が**キュウ**する。
動きがとれない。どうにもならない

18 □ 手を**タズサ**えて歩く。
手に下げる。手を取り合う

19 □ **ヒツゼツ**に尽くしがたい味わい。
書かれた文章と口に出された言葉

20 □ 数々の**ケッサク**を残した芸術家。
非常に優れたさく品

21 □ 生涯学習の**シンコウ**策。
物事を盛んにすること

22 □ 契約の**リコウ**期限を確認する。
実際におこなうこと

23 □ 王位を**ケイショウ**する。
受け継ぐこと

24 □ 江戸の文化が**タイハイ**する。
気風がくずれて不健全になること

放棄 静岡大
劇的 学芸大
遮断 関西大
旺盛 富山大
窮 奈良女大
携 千葉大
筆舌 静岡大
傑作 新潟大
振興 明治大
履行 愛媛大
継承 佐賀大
退廃 一橋大

25 □ 時代の**チョウリュウ**に逆らう。
時勢の動き。海水の流れ
潮流　新潟大

26 □ 議論が本題から**イツダツ**する。
本筋からそれること
逸脱　埼玉大

27 □ 約束の支払いについて**トクソク**する。
早くするようせかす
督促　富山大

28 □ **ケイトウ**立てて話をする。
一定の順序を追って続いているまとまりのあること
系統　早稲田大

29 □ 人気が**カネツ**して品薄が続く。
必要以上にあつくなること
過熱　高知大

30 □ ごまから油を**チュウシュツ**する。
特定のものを取りだすこと
抽出　宇都宮大

31 □ 利益を株主に**カンゲン**する。
物事をもとの状態に戻すこと
還元　上智大

32 □ **エイリ**な刃物の跡がある。
するどく切れ味がよい
鋭利　愛媛大

33 □ 深刻なスランプに**オチイ**る。
望まない状態になる
陥　名古屋大

34 □ 演奏は**エンジュク**の域に達していた。
十分発達して豊かな内容を持つこと
円熟　三重大

35 □ 連続優勝の**カイキョ**を成し遂げた。
胸のすくような立派な行為
快挙　関学大

36 □ 物語が安易な展開に**ダ**する。
良くない状態におちる
堕　釧路公大

37 □ **ギャッキョウ**を乗り越えて成功する。
思うようにならないきょうぐう
逆境　センター

38 □ 車の騒音に**ケンオ**を覚える。
ひどくきらってにくむこと
嫌悪　防衛医大

39 □ **シンコウ**住宅地に家を建てる。
勢力などが新しく起こること
新興　明治大

40 □ 道に**ガイトウ**が設置されている。
道路などを照らすため設けられている明かり
街灯　愛媛大

41 □ **アミメ**の荒いざる。
あみのように編んである糸と糸のすきま
網目　東北大

42 □ 葉っぱに**ギタイ**するカマキリ。
別のものの様子や姿に似せること
擬態　中央大

43 □ **カタズ**を飲んで見守る。
緊張などで出るつば
固唾　福岡教大

44 □ 責任を**ツイキュウ**する。
原因や責任をくいさがって問いただすこと
追及　奈良教大

45 □ 病気の母を手厚く**カイホウ**する。
けが人や病人の世話をすること
介抱　関学大

46 □ **サイキン**による食中毒を起こす。
原核さいぼうを持つ単さいぼうの微生物
細菌　東京大

47 □ **ツウギョウ**の勤行。
一晩中
通暁　立命館大

48 □ **イクドウオン**に賛成した。
多くの人が同じことを言う
異口同音　大阪公大

49 □ **ナットク**がいくまで議論する。
他人の考えを理解してもっともだと認めること
納得　関西大

50 □ 部下の提案を**ショウダク**する。
要求などを引き受けること
承諾　山形大

51 □ その会は交流に**シュガン**を置く。
おもな目的
主眼　関西大

52 □ **ドリョウ**の大きな人物。
他人の意見や行動を受け入れる心の広さ
度量　愛媛大

# 第4章 漢字②

104/336

53 □ **ヨウシャ**なく雨風が吹きつける。
手加減すること

54 □ 遠くても行く**カチ**がある。
どのくらい役に立つかの度合い。ねうち

55 □ 森林浴で**ヒヘイ**した心身を癒す。
つかれて弱ること

56 □ どんな**ユウワク**にも屈しない。
心を迷わせて悪い道にさそい込むこと

57 □ 駅の方角が**カイモク**わからない。
まったく

58 □ 植木の**ハチ**を飾る。
草木を植える容器

59 □ **ザユウ**の銘を答える。
戒めや励ましのために心にとめておく言葉

60 □ 前後の車との**カンカク**をとる。
物と物のあいだの距離

61 □ 汚職で閣僚が**コウテツ**される。
ある地位の者をほかの者に変えること

62 □ 茶道の**ショサ**を参考にする。
身のこなしや振る舞い

63 □ 庭園が**イッパン**に公開された。
特別なものでなく共通して全体にわたっているさま

64 □ 過去に**シュウチャク**する。
ある事に強く心がひかれて離れないこと

容赦 京都府大
価値 早稲田大
疲弊 三重大
誘惑 静岡大
皆目 関学大
鉢 宮崎大
座右 宇都宮大
間隔 神戸大
更迭 学習院大
所作 岩手大
一般 鹿児島大
執着 法政大

65 □ 足でボールを**ケ**る。
足の先で勢いよく突く

66 □ 示された発言の**イト**をくみとる。
何かをしようと考えていること

67 □ 売り上げの**ルイケイ**を出す。
小けいを順次に加えて出した合けい

68 □ 低下した視力を**キョウセイ**する。
欠点をただしく改めさせること

69 □ 長年に渡って**クンリン**した国王。
国家をくんしゅとして統治すること

70 □ コラムの原稿を**サイソク**する。
早く実行するようにうながすこと

71 □ ゴミのポイ捨てが**オウコウ**する。
悪いことがしきりにおこなわれること

72 □ 知っている**ハンイ**で答える。
特定の限られた広さ

73 □ 荷物を車で**ウンパン**する。
人や物資をはこび移すこと

74 □ 収賄事件で**ダンガイ**する。
不正などを暴き、責任を追及すること

75 □ **スイボク**画の特徴的な技法。
すみ一色の濃淡で描いた絵画

76 □ **オウネン**の名監督。
過ぎ去った過去

蹴 大阪大
意図 京都府大
累計 関学大
矯正 大阪大
君臨 名古屋大
催促 早稲田大
横行 高知工大
範囲 関西大
運搬 防衛大
弾劾 金沢大
水墨 愛媛大
往年 法政大

77 □ この概念を**テイギ**するのは難しい。
他と区別できるように、意味・内容を言葉で明確に説明すること
定義 岩手大

78 □ 本人の立場を**コウリョ**した発言。
いろいろな要素を含めてよくかんがえること
考慮 学芸大

79 □ ボンドで木片を**セッチャク**する。
物同士をくっつけること
接着 早稲田大

80 □ 身勝手な**リクツ**をこねる。
物事の筋道。こじつけのりろん
理屈 小樽商大

81 □ 彼は金銭に**ケッペキ**だ。
少しのふけつも許さないさま
潔癖 釧路公大

82 □ 地元の人の**シンコウ**が厚い神社。
神仏などをしんじて崇めること
信仰 法政大

83 □ 動作が**カンマン**になる。
動きがゆっくりしていること
緩慢 信州大

84 □ 意を決して**キョウキン**を開く。
心の中
胸襟 関学大

85 □ **サゲス**むような笑みを浮かべる。
あなどって見下す
蔑 信州大

86 □ 母の心配を**イッショウ**に付した。
わらって問題にしないこと
一笑 岡山大

87 □ 安全な所へ**ヒナン**する。
災いをさけ他の安全な場所へ立ち退くこと
避難 関西大

88 □ **ヤバン**な風習はすたれつつある。
文化が開けていないこと
野蛮 新潟大

89 □ 人生の**キロ**に立って悩む。
道が分かれるところ
岐路 立教大

90 □ 優勝の喜びに**ヒタ**る。
ある状態に入りきる。水の中などに入る
浸 お茶女大

91 □ 救援隊を**ハケン**する。
任務を負わせて出むかせること
派遣 愛教大

92 □ **ヨウシ**の美しい人。
顔立ちとからだつき
容姿 長崎大

93 □ 古文を**チクゴ**訳する。
原文のごに忠実な訳し方
逐語 法政大

94 □ 錯綜する情報に**ホンロウ**される。
手玉にとってもてあそぶこと
翻弄 東北大

95 □ 事業は**ケタチガ**いの成功を収めた。
規模などが他と比較にならないこと
桁違 学芸大

96 □ 登山家のヒマラヤ**エンセイ**。
試合・探検などでとおくに出かけること
遠征 関学大

97 □ 少年の**キョウグウ**に同情する。
その人の置かれたかんきょうや身辺の状況。身の上
境遇 三重大

98 □ **ナメ**らかな曲線を描く。
すべすべして角がないさま
滑 信州大

99 □ そのスピーチは聴衆を**コブ**した。
励まして気持ちを奮い立たせること
鼓舞 早稲田大

100 □ **ツタナ**い文章を書く。
へたである
拙 福岡教大

101 □ **キリツ**正しい毎日を送る。
行為の基準として定めたもの
規律 関西大

102 □ **セッパク**した救助要請。
事態や期日などが間近にせまること
切迫 岐阜大

103 □ 学園祭を生徒**シュドウ**で行う。
中心となって他のものをみちびくこと
主導 龍谷大

104 □ **ゼッタイ**に負けられない戦い。
何が何でも
絶対 愛教大

105 □ 怠けている生徒を**クンカイ**する。
善悪や是非を教えること
訓戒 宇都宮大

106 □ モネの絵に**コクジ**している作品。
よくにていてそっくりなこと
酷似 中央大

107 □ **バイショウ**の責任を負う。
他者に与えた損害をつぐなうこと
賠償 埼玉大

108 □ 師を**シタ**って生徒が集まる。
恋しく思う。懐かしく思う
慕 名古屋大

109 □ 火山活動が**ショウコウ**を保つ。
病気などの悪化が止まり、落ち着いていること
小康 学習院大

110 □ スーツを着てネクタイを**シ**める。
長い布を巻きつけて、ゆるまないように結ぶ
締 香川大

111 □ **カンリョウ**を目指して勉強する。
国政に影響力を持つ中・上級の公務員。役人
官僚 山梨大

112 □ 絶滅危惧種の**ホカク**を禁止する。
とらえて生けどりにすること
捕獲 関西大

113 □ 思い当たる**フシ**がある。
物事のある所。箇所
節 愛県大

114 □ 失敗をきっかけに自暴**ジキ**になる。
思うようにならず、投げやりになること
自棄 宇都宮大

115 □ 結婚式の**シュウギ**を用意する。
祝うために贈る金品。祝いの儀式
祝儀 法政大

116 □ 試行**サクゴ**を重ねる。
認識と客観的事実がずれること
錯誤 千葉大

117 □ 会議の司会を**ツト**める。
役目にあたる
務 学習院大

118 □ 知らないうちに悪事に**カタン**する。
力添えをすること
加担 佐賀大

119 □ **シュウチ**の通り婚約する。
広くしれ渡ること
周知 福岡教大

120 □ **フキュウ**の名作といわれる映画。
いつまでも価値を失わないこと
不朽 立命館大

121 □ **ジュッコウ**の末に結論を出した。
十分によくかんがえること
熟考 奈良女大

122 □ 外国に行った**ケイケン**がある。
実際に見たり行ったりすることで知識や技能を得ること
経験 関西大

123 □ **バンノウ**な人間などいない。
何でもできること
万能 お茶女大

124 □ **フクショク**のデザイナー。
衣ふくとそのかざり
服飾 早稲田大

125 □ 大自然に**イケイ**の念を払う。
心からおそれうやまうこと
畏敬 富山大

126 □ 経営者の**シュワン**の見せ所。
物事を行う優れた能力
手腕 釧路公大

127 □ 財布を**フンシツ**する。
物が他にまぎれてなくなること
紛失 明治大

128 □ **リンショウ**心理士の資格を得る。
実際に患者に接して診療にあたること
臨床 神戸大

129 □ 友人に**ホンネ**を打ち明ける。
ほんとうの気持ちから出た言葉
本音 信州大

130 □ **キンミツ**な連絡を心掛ける。
物事同士の関係がみっ接なこと
緊密 島根大

131 □ 企業の業績は重要な**シヒョウ**だ。
物事を判断する目印
指標 学芸大

132 □ 運営を**ホカン**する資金。
欠けているところをおぎなってかん全なものにすること
補完 関西大

133 □ 風で国旗が**ヒルガエ**る。
裏返しになる
翻 琉球大

134 □ **キカガク**模様を描く。
図形や空間の性質を研究するがく問
幾何学 関学大

135 □ 資料を**サンショウ**する。
他のものとてらし合わせてさん考とすること
参照 宮城教大

136 □ **サイジキ**を手に俳句を考える。
一年中の行事や風物などを記したもの
歳時記 明治大

137 □ **ボンサイ**は鉢の中に情景を表現する。
鉢植えの植物を観賞用に手を加えて育てること
盆栽 宇都宮大

138 □ **イヨウ**な雰囲気の部屋。
普通とは変わったようすであること
異様 法政大

139 □ **モハヤ**説明の必要がない。
今となっては。もう
最早 大阪大

140 □ **インショウ**に残る試合。
人や物事に対して心に感じたこと
印象 関学大

141 □ よき**ハイグウシャ**を得る。
結婚している相手。夫婦の一方
配偶者 千葉大

142 □ 守りの**カナメ**となるポジション。
最も大切な点
要 防衛大

143 □ **コウショウ**な趣味を持つ。
上品で立派なこと
高尚 立教大

144 □ 川底に**タイセキ**した土砂。
つみ重なること
堆積 鹿児島大

145 □ 壮大な**キボ**の建設計画。
構造や仕組みの大きさ
規模 関西大

146 □ **コウケツ**な人柄の僧侶。
心がけがだかく清らかなこと
高潔 福岡女大

147 □ 不安材料を**ハイジョ**する。
おしのけて取りのぞくこと
排除 東北大

148 □ **テッキン**で塀を補強する。
コンクリートに入れるてつの棒
鉄筋 関西大

149 □ 過酷な指令を**カ**す。
負わせる。言いつけてさせる
課 お茶女大

150 □ **カッコ**でくくって強調する。
文字を囲み、他と区別するために用いる記号
括弧 尾道市大

151 □ **シュウセイ**独身で過ごす。
いきている間中
終生 法政大

152 □ 商品開発の**イチヨク**を担う。
ひとつの役割
一翼 岐阜大

153 □ **ガンキョウ**な意志で困難に立ち向かう。
容易に屈しないさま
頑強 関西大

154 □ 赤ちゃんの**カガヤ**く笑顔。
まぶしい光をはなつ
輝 岡山大

155 □ 妹は**キチョウメン**な性格だ。
きちんとして規則正しいさま
几帳面 福岡教大

156 □ 当時と比べると**カクセイ**の感がある。
時代をへだてること
隔世 関学大

157 新しい勢力の**タイトウ**が業界に**キョウイ**をもたらす。
勢力を増してくること
おびやかすこと。おびやかされて感じる恐ろしさ
台頭 早稲田大　脅威 岐阜大

158 王の**キトク**の事実は周辺諸国に**カク**された。
病気が非常に重く今にも死にそうなこと
人目に触れないようにする
危篤 防衛医大　隠 岡山大

159 音を**キョウメイ**させるための胴体が**ナイゾウ**されている。
音がほかのものと同期して発すること。他者の行動や考えに同感すること
うちがわに持っていること
共鳴 高知大　内蔵 鳥取大

160 関連**ブショ**に新規プロジェクトの**ヒトク**文書を配布する。
割当てられた受け持ちの場所。役目
めったに他人に知らせないよい方法
部署 金沢大　秘匿 名市大

161 **ゴウカ**な部屋に一歩入ると**アットウ**される。
はなやかでぜいたくなさま
すぐれた力で相手を押さえつけること
豪華 埼玉大　圧倒 福井県大

162 問題の解決には**テキカク**な判断が**カンヨウ**だ。
まとを外れず間違いのないこと
きわめて大切であること
的確 防衛大　肝要 福岡教大

163 土偶が縄文時代**ソウソウキ**には**ボケイ**社会だったことを示す。
物事を新しくはじめたじき
はは方の血筋をたどったけいとう
草創期 高知工大　母系 佐賀大

164 **ケンゴ**な扉でさえも破壊する**イリョク**に驚く。
かたくしっかりしていて動かないさま
他を押さえつけて服従させる強いちから
堅固 東北大　威力 東北大

165 古くから交通の**ヨウショウ**として知られる**カンコウ**地。
交通や商業などで大切な地点
他の国や地方を訪ねて、風景や史跡を見物すること
要衝 中央大　観光 明治大

166 リーダーの交代が**キイン**となり**コウソウ**が始まる。
物事のおこるげんいんとなること
互いに張り合いあらそうこと
起因 神戸大　抗争 東京大

167 祖父は**カンレキ**を過ぎてから東京**キンコウ**に引っ越した。
数え年六十一歳のこと
都市や町にちかい場所。町外れ。こうがい
還暦 法政大　近郊 関学大

168 目の前で**ダイタン**に財布を盗まれ**ドウヨウ**する。
度胸がすわりものを恐れないこと
心などがゆれうごくこと
大胆 宮崎大　動揺 奈良女大

169 **リベンセイ**をさらに高める機能を**トウサイ**した新製品。
べんりであること
機器などに装備や機能を組み込むこと
利便性 学芸大　搭載 学習院大

170 **セキニン**感のない人間は**オウオウ**にして言い訳をする。
立場上なすべき義務
そうなる物事がよくあるさま
責任 早稲田大　往往 北海道大

**171** □□
**キソン**の壁一面に大きく花の**モヨウ**を描く。
すでにそんざいすること
装飾としてほどこす形や絵
既存 小樽商大　模様 京教大

**172** □□
**シンドウ**を**ゾウフク**させない装置を開発する。
揺れうごくこと
物事の程度を拡大すること
振動 北海道大　増幅 東北大

**173** □□
**キョウリョウ**なところがまるでない**ゴウタン**な気性。
人を受け入れる心がせまいこと
おそれず物事に動じないさま
狭量 関学大　豪胆 立命館大

**174** □□
盛大なパレードを**トモナ**う**シュクサイ**。
ある物事に応じて別の物事が起こる
いわいのまつり
伴 山梨大　祝祭 都留文大

**175** □□
最近の**レイギ**を軽んじる風潮に**ガイタン**する。
社会の秩序を維持するために人が守る行動様式
うれいなげきいきどおること
礼儀 防衛医大　慨嘆 早稲田大

**176** □□
荷を軽くして両方の**カタ**にかかる**フタン**を減らす。
腕が胴体に接続する部分から首の付け根部分
義務や仕事を引き受けること。その義務・仕事
肩 明治大　負担 大阪大

**177** □□
上空を**センカイ**していた鳥が群れに**マギ**れる。
円を描きながらまわること
入りまじってわからなくなる
旋回 秋田大　紛 熊本大

**178** □□
企業の**エンカク**の**クワ**しい資料を集めた。
物事の移り変わり
こと細かである
沿革 関西大　詳 秋田大

---

**179** □□
祖国への**アイボ**の情が平和活動に励む活力の**ゲンセン**である。
深くあいしたうこと
水がわき出るみなもと
愛慕 宇都宮大　源泉 お茶女大

**180** □□
長年の努力が**トロウ**に終わり**ショウソウ**感に苛まれる。
むだな骨折り
あせっていらいらすること
徒労 関学大　焦燥 防衛大

**181** □□
危険を**サッチ**していち早く**カイヒ**する。
推測してしること
物事を避けること
察知 佐賀大　回避 関西大

**182** □□
**ジョウキ**機関の力で**フジョウ**して進む。
物質がきたい状態になったもの
水中から水面上にうかびあがること
蒸気 山形大　浮上 高知大

**183** □□
**コヨウ**の拡大や**ソウシュツ**が経済成長の要となる。
仕事をさせる目的で人をやとい入れること
新しくつくりだすこと
雇用 早稲田大　創出 学芸大

**184** □□
山間部を中心とする**カソ**化が**イチジル**しい地域。
ある地域の人口が異常に減ること
目立ってはっきりしている。明らかだ
過疎 名古屋大　著 岐阜大

**185** □□
**フソク**の事態を**キセキ**的に乗り切る。
思いがけないこと
常識では考えられない不思議な出来事
不測 明治大　奇跡 熊本県大

**186** □□
故人の**クヨウ**のために、遺族に**チョウイキン**を贈る。
死者の霊にそなえ物などをし冥福を祈ること
死者をとむらい遺族をなぐさめるために贈るおかね
供養 千葉大　弔慰金 関西大

187 □□ おとりを使った**ヨウドウ**作戦が**シュビ**よくすすむ。
他に注意をそらすためこれみよがしにこうどうすること
物事の経過・結果
陽動 関学大
首尾 東京大

188 □□ 彼は**ベンカイ**こそしなかったが**ジンジョウ**でない顔色だった。
言い訳をすること
特別なこともなく普通であること
弁解 広島大
尋常 三重大

189 □□ **イゼン**勤めた経験のある職場に**フッキ**する。
ある時よりまえのこと
元の状態・地位などに戻ること
以前 明治大
復帰 立命館大

190 □□ **モウレツ**な攻撃を受け、必死に**ボウセン**する。
勢いや作用が強くはげしいさま
相手の攻撃をふせぐためたたかうこと
猛烈 釧路公大
防戦 センター

191 □□ 地域の企業と**レンケイ**し、新たな投資を**ユウチ**する。
互いに協力して物事を行う
その場所へ招きよせること
連携 中央大
誘致 山梨大

192 □□ この状況で何が最も**トクサク**か**シサク**する。
利益のあるうまいやり方
論理的に深く考えること
得策 秋田大
思索 岐阜大

193 □□ **フシン**な人間の侵入を未然に**フセ**ぐ。
疑わしいこと
外部からの進入をさえぎりとめる
不審 関西大
防 立教大

194 □□ 危機に際してもはや**イッコク**の**ユウヨ**もない。
わずかな時間。頑固で人の意見を聞き入れないこと
実行の期日を延ばすこと
一刻 千葉大
猶予 広島大

195 □□ 大使に**ズイハン**して渡米したことが**テンキ**となった。
連れ立ってともなうこと
別の状態になるきっかけ
随伴 名市大
転機 法政大

196 □□ 複数の**コトガラ**を**ジケイレツ**で整理する。
ものごとの内容。ありさま
ある現象をじかん的な変化とともにまとめたもの
事柄 愛教大
時系列 奈良教大

197 □□ 二つの仕事を**ケンコウ**しながら**キビン**に働く。
急ぎで仕事をこなすこと。複数の事をかねおこなうこと
状況に応じてすばやく動作すること
兼行 センター
機敏 関西大

198 □□ 目上の人に対して**エリ**を正して**エシャク**する。
衣服の首を囲む部分
軽く頭をさげて一礼すること
襟 北海道大
会釈 長崎大

199 □□ 領土**シンパン**が戦争の**ホッタン**となる。
他国の領土や権利を不法におかすこと
物事のはじまり
侵犯 早稲田大
発端 香川大

200 □□ **シャソウ**からの風景は、まるで違う**ワクセイ**のようだった。
鉄道・くるまなどのまど
太陽の周囲を公転する比較的大きな天体
車窓 福井大
惑星 高知工大

**201** □ □
主将が選手**センセイ**を務めるのが我が部の**デントウ**だ。
多くの人の前でちかいの言葉を述べること
社会や集団で受け継がれてきた風習や傾向
宣誓 関学大
伝統 岐阜大

**202** □ □
**ヒヨク**な大地は**ナイフン**によって荒れ果てた。
土地がこえて農作物がよくできるさま　集団の中でのもめごと
肥沃 一橋大
内紛 明治大

**203** □ □
**シンシュ**の精神で**ホウト**を見出す。
自分からすすんで事をなすこと　すすむべき道
進取 早稲田大
方途 千葉大

**204** □ □
友人の成功を聞いて**スナオ**に**ウラヤ**む。
考え・性格がひねくれておらず、まっすぐなこと
恵まれた他者を見て、そうなりたいと願う
素直 大分大
羨 信州大

**205** □ □
子の**シンケン**をめぐって司法が**カイニュウ**する。
おやが未成年の子を教育し守るための義務とけんり
当事者以外が問題や事件などに強引に関わること
親権 立命館大
介入 京都府大

**206** □ □
相互**フジョ**の精神で**キフ**活動を行う。
力添えしてたすけること　公のことや事業のために金銭や品物を贈ること
扶助 千葉大
寄付 早稲田大

**207** □ □
**ヒソウ**な**ケンカイ**を述べるにとどまる。
うわべ。うわっつら　物事に対する考え方や評価
皮相 関西大
見解 宇都宮大

**208** □ □
趣味に**ボツニュウ**することで現実**トウヒ**をする。
沈みおちいること
困窮した状態からにげること
没入 福井県大
逃避 関学大

---

**209** □ □
二十年来の**チキ**と**グウゼン**再会する。
自分をよくしっている人　何の因果関係もなく、予期しない事が起こること
知己 中央大
偶然 岡山大

**210** □ □
反対派の**カクリ**政策に**イギ**を唱える。
へだてはなすこと　他人と違った意見やぎろん
隔離 一橋大
異議 学芸大

**211** □ □
新技術の研究を**スイシン**する方針を**カカ**げる。
物事をはかどるようおしすすめること
主義や方針などを示す
推進 大分大
掲 滋賀県大

**212** □ □
**センモンカ**の定めた**キジュン**によって判断する。
特定の学問や事柄を集中的に研究・担当している人　根拠にする物や数値
専門家 滋賀県大
基準 早稲田大

**213** □ □
稲穂が頭を**タ**れた**ボッカ**的な風景に心が和む。
重みで先端がだらりと下がる　素朴で抒情的なさま
垂 名古屋大
牧歌 宮崎大

**214** □ □
自分の背中に貼ってある**シップ**を**ランボウ**に剝がす。
布を湯や薬液に浸して患部に当て炎症を治す方法
荒々しい振る舞いをすること。
湿布 関学大
乱暴 埼玉大

**215** □ □
法に**テイショク**する**サギ**行為に騙されない。
法律や規則に違反すること　他人をだまして損害を与えること
抵触 関西大
詐欺 青学大

**216** □ □
**ハンカガイ**には空き**テンポ**が目立った。
商業施設が並び、人が集まる地域　営業を行うための建物
繁華街 大阪大
店舗 小樽商大

336/336

217 □□ **チョウボウ**のよい山頂に**トウタツ**する。
遠く見わたしたながめ
行き着くこと
眺望 信州大　到達 秋田大

218 □□ 原因を探り**ジンイ**的な環境汚染を**ソシ**する。
自然のままではなくひとの手が加わっていること
おさえてくいとめること
人為 東北大　阻止 明治大

219 □□ 度重なる**チョウハツ**に対しても**チンモク**を貫く。
相手を刺激して事を起こさせるようにすること
おしだまってしゃべらないこと
挑発 関学大　沈黙 弘前大

220 □□ 製品に**ケッカン**があり、使用中に**イジョウ**が発生した。
かけて足りないこと。不備な点
いつもと違っていること
欠陥 東京大　異常 関学大

221 □□ クルミの**カラ**を小さく**クダ**く。
内部がなくなり残った外側
固い物を打ち壊して細かくする
殻 奈良教大　砕 岩手大

222 □□ 各地の優れた**ケイカン**を紹介した本を**カイテイ**する。
目に映るけしき
本の内容を部分的にあらためること
景観 明治大　改訂 関西大

223 □□ **シテキ**された故障を**ビンソク**に修理する。
注意点などを具体的に示すこと
すばやいさま
指摘 宮城教大　敏速 釧路公大

224 □□ **ジゾク**性も備えた**ソッコウヤク**が重宝する。
ある状態がそのまま続くこと
ききめのすぐ現れるくすり
持続 愛県大　即効薬 関学大

225 □□ **ツウカイ**な勝利はまさに王者の面目**ヤクジョ**だといえる。
胸がすくほど気持ちがいいこと
いきいきとしたさま
痛快 信州大　躍如 岐阜大

226 □□ 道路の**ブンキ**点にぽつんとある**キッサテン**。
行く先がわかれること
コーヒーなどの飲み物や軽食を出すみせ
分岐 学習院大　喫茶店 長崎大

227 □□ **エンカン**構造をした**トウメイ**なプラスチック板。
まるい輪
すきとおって向こうが見えるさま
円環 名市大　透明 青学大

228 □□ 歌舞伎の**テイサイ**を真似て舞台上で**コウジョウ**を述べる。
それらしく見える形式
言葉で言う一定の形式に従ったあいさつ
体裁 法政大　口上 福岡女大

229 □□ 会社統合に至った**ケイイ**について**ショウサイ**に説明する。
物事のいきさつ
くわしくてこまかなこと
経緯 明治大　詳細 秋田大

230 □□ **エイビン**な頭脳を持つ**ガッキュウハダ**の人。
感覚が非常にするどいこと
がく問を専門に研きゅうする人が持つ気性
鋭敏 防衛医大　学究肌 上智大

**231** □ □
**コンタン**のない**ジュンスイ**な善意に感謝する。
何かしてやろうというたくらみ　物や心に混じりけのないこと
魂胆 佐賀大　純粋 岡山大

**232** □ □
本日**シンサツ**が可能かどうか**イリョウ**機関に問い合わせる。
患者の病状を判断するため身体を調べること　病気やけがを治すこと
診察 関西大　医療 愛県大

**233** □ □
何ものにも**セイヤク**されることのない**ホンポウ**な人生を送る。
条件をつけて自由に活動させないこと　常識や慣習にとらわれず思うままにふるまうこと
制約 一橋大　奔放 埼玉大

**234** □ □
本島から**カクゼツ**した島の旅館に**トウシュク**する。
へだたりかけ離れていること　旅館に泊まること
隔絶 立教大　投宿 早稲田大

**235** □ □
人の**ショギョウ**とはとても思えない**ザンコク**な仕打ち。
ふるまい　まともに見ていられないような無慈悲なこと
所業 京都府大　残酷 愛媛大

**236** □ □
**ガンメイ**な態度が**クチョウ**にも表れる。
かたくなで道理がわからないさま　言葉を話すちょうし。くちぶり
頑迷 関学大　口調 岐阜大

**237** □ □
**カクチョウ**高い詩の朗読を**ケイチョウ**する。
全体の品格　耳をかたむけて熱心にきくこと
格調 関学大　傾聴 明治大

**238** □ □
赤ん坊の**ムク**な笑顔を見て**ヒロウ**も吹き飛んだ。
けがれないこと　つかれること
無垢 釧路公大　疲労 埼玉大

---

**239** □ □
今月から雑誌に**ノ**せるイラストを**イッシン**する。
物の上に上がる。出版物などに記される　すっかりあたらしくすること
載 香川大　一新 近畿大

**240** □ □
**チョチク**の一部を寄付するという**シュショウ**なおこない。
金銭をためること　けなげなさま
貯蓄 法政大　殊勝 宇都宮大

**241** □ □
DVDに**シュウロク**された**エイゾウ**について確認する。
作品や記事を書物などにおさめること。ろく画やろく音をすること　画面にうつし出されるすがた
収録 北教大　映像 岩手大

**242** □ □
突然の状況で強い**イシ**を持って**ヘイセイ**を装う。
物事をなしとげようとする積極的な気持ち　態度・気持ちが落ち着き穏やかなさま
意志 立命館大　平静 関学大

**243** □ □
常に努力を**オコタ**らず最後まで**アキラ**めない。
すべきことをせずなまける。油断する　見込みがなく実現不可能であると認め断念する
怠 金沢大　諦 東京大

**244** □ □
自作のロボットがうまく**カドウ**せず**ラクタン**する。
機械を動かすこと　期待通りにならず失望してがっかりすること
稼働 関学大　落胆 福井大

**245** □ □
一生懸命**タガヤ**した畑がイノシシの**ヒガイ**にあう。
農作物を植えるために田畑を掘り返すこと　損がいや危がいを受けること
耕 学芸大　被害 関西大

**246** □ □
群衆の**サッキ**立った雰囲気を瞬時に**シズ**める。
人をころそうとするけはい　物事の勢いを弱くさせる。落ち着いた状態にする
殺気 早稲田大　鎮 名古屋大

▼**太字の語の意味を後から選べ。**

1□対象が何らかの契機で私たちの心の**琴線**に触れる。
①美しい物事を感じ取る部分
②激しい感情が沸き起こる部分
③物事に共鳴し感動する部分
③ 福島大

2□一つの面の上に、あらゆる表情を**具備**させることに成功した。
①いつも備えておくこと
②完全に備わっていること
③十分に備わっていること
③ 法政大

3□技の世界では「形、形。」と口うるさく言われる故に、しばしばその「形」そのものが**形骸**化される。
①実質のない外形だけのもの
②破壊しつくされた廃墟《はいきょ》
③物事を支えている重要な構造
① 國學院大

4□上司の発言が新しいプロジェクトの**嚆矢**《こうし》となった。
①物事の始まり　②典型　③橋渡し
① 高知工大

5□**新天地**を求めて移住する。
①新たに生活を始める場所
②新しく開拓された土地
③俗世間から離れた場所
① 早稲田大

6□**索漠**たる荒野に描かれた巨大な正円群は、高空からしかその全体像をつかむことができない。
①当てどもないさま　②うすら寒いさま
③もの寂しいさま
③ 國學院大

7□可能性をすべて断念し、**捨象**した表現が「大きな樹」という便宜的な表現になったのである。
①ある要素を抽象する際に、本質的でない要素を考察の対象から外すこと
②概念を規定する際に、事物の共通する性質に着目して抽出すること
③観念として存在するものを、何らかの手段で形にして表すこと
① 名市大

8□木口木版の彫り師が彫った**瀟洒**《しょうしゃ》な西洋風の、一見銅版画と見まがう風景画。
①古風で堂々とした風格のあるさま
②すっきりとあか抜けているさま
③装飾が多く豪華できらびやかなさま
② 成蹊大

9□悲劇に終わったり**大団円**に終わったりする結末。
①唐突に結末を迎えること
②中途半端に終わること
③最後にめでたく収まること
③ 國學院大

10 □ 悲しい問いの起動する一つの文明の**衝迫**は、未来へとその意味を求めて自然を征服し繁栄を実現した。
①体を揺さぶる激しい衝撃
②心を突き動かす強い欲求
③激しい動揺を与える刺激
②　成蹊大

11 □「文化」を精神の、「文明」を物質の**所産**として、どちらも人類・人間活動の成果として用いる日本人。
①過去の人々によって作り出されたもの
②それがもととなって起こり始まること
③何かの結果として生み出されたもの
③　一橋大

12 □ 儀礼や祭礼の機会を設けて、超越的な存在と**折衝**しようなどとはしない。
①事を有利に運ぶための接待
②取り分を得るための勝負
③問題を解決するための駆け引き
③　國學院大

13 □ 学生が得意げに自文化を語る権利を**吹聴**する。
①言いふらすこと　②聞いて回ること
③はっきり意見を言うこと
①　福島大

14 □ 民族や人種以外の**紐帯**《ちゅうたい》を照らし出す存在として意義をもつ人びと。
①全体を結びつける役割を果たすもの
②複雑に絡みつき硬直しているもの
③歴史的に長く絡み合っているもの
①　青学大

15 □ 現代では、教養主義や**サブカルチャー**文化、オタク的嗜好《しこう》は世代論的に語られるのが普通だ。
①特定の集団がもつ独特の文化
②古くから伝わる伝統的な文化
③情報空間に関わりを持つ文化
①　同志社大

16 □ これらの問いすべてにイエスと答えることは、あまりに**シニカル**で悲観的に過ぎるだろう。
①頭の中だけで考えを作り出す態度
②個人の権利と自由を尊重する態度
③冷笑・無視する態度
③　中央大

17 □ **ナショナリズム**やグローバリゼーションが旋風を巻き起こす近代。
①国家主義　②全体主義　③民主主義
①　立命館大

18 □ 人間のつくり出す物は**プリミティブ**から複雑へと向かう。
①素朴　②単純　③無骨
①　福岡教大

19 □ スタイルや**モード**を見いだして洗練させていく。
①主題　②特徴　③流行
③　立命館大

## 「文化」追加キーワード

20 □ **亜流**
一流の人をまねているだけで独創性がなく劣っていること。
立教大

21 □ **因習(襲)**
昔から伝えられてきた、現代では弊害のあるしきたり。
神戸大

▼語の意味を参考に、空欄に当てはまる語句を選べ。

22 □古代インドの僧の所説を（　　）《ちらりと見ること》してみよう。
①謁見　②臆見　③瞥見《べっけん》
③ 成城大

23 □漫画の文体は変わり、文字が吹き出しなどで（　　）《はっきり区別できるさま》と囲い込まれることが多くなった。
①画然　②純然　③愕然《がくぜん》
① 中央大

24 □日本人にとって虹は明るい希望の（　　）《シンボル》だ。
①規範　②象徴　③轍《わだち》
② 茨城大

25 □一人が大きく記録を更新すると、その近辺の記録を出す者が（　　）《ひっきりなしに》と現れることがある。
①海容　②脈脈　③陸続
③ 高知大

26 □この一枚に（　　）《同等の力で張り合うこと》し得る程力強い画は、どこにも見出す事が出来なかったのである。
①拮抗《きっこう》　②均衡　③抵抗
① 國學院大

27 □木も草も水もそれらしい外見を失い、その画面は、光と色彩の（　　）《区別がはっきりしないこと》とした渦と化する。
①暗澹《あんたん》　②傲然　③混沌《こんとん》
③ 上智大

---

28 □「街自体が博物館」という（　　）《キャッチフレーズ》をよく聞く。
①惹句《じゃっく》　②冗句　③甚句
① 日本女大

29 □国際的に日本料理なるものを（　　）《盛んに言い広めること》する。
①教唆　②喧伝《けんでん》　③鼓舞
② 関西大

30 □民俗学自体が不遇を託《かこ》つのを尻目に、その研究は未だ健在、いやむしろ（　　）《勢いづいた状態》を呈している。
①活況　②好況　③概況
① 立命館大

31 □日本絵画の近代化は、結果的に西洋社会から（　　）《軽く見ていい加減に扱うこと》されたのである。
①疑問視　②同一視　③等閑視
③ 香川大

32 □「この作品はフィクションであり、実在する人物、地名、団体等とはいっさい関係ありません」という（　　）《決まり文句》。
①引用句　②慣用句　③常套句《じょうとう》
③ 福岡女大

33 □教会中の頑迷な人々から（　　）《冷たい目で見ること》される。
①異端視　②白眼視　③不安視
② 大分大

**34** □明治期に欧州型の新聞と（　）《風刺画》形式が入ってきて、近代漫画が形成されていく。

①カリカチュア　②キッチュ
③サンクチュアリ

① 中央大

**35** □（　）《異国的》な風習や文化を持った異民族。

①アコースチック　②エキゾチック
③ペダンチック

② 名市大

**36** □東アジアには近代先進国家として対し、欧米に対しては（　）《西洋側から見た幻想的な東洋像》を強調する二重性。

①オプティミズム
②オリエンタリズム
③モダニズム

② 中央大

**37** □異種混交によって母体に対して変化体のようなものができる場合に、（　）《混成のプロセスから生まれた言語や文化》化と呼ぶ。

①ガラパゴス　②クオリア
③クレオール

③ 香川大

**38** □プロスポーツがポスト冷戦時代のアメリカの対外戦略とも（　）《重なり合うこと》するという新たな時代。

①シュリンク　②シンクロ
③ユニゾン

② 東京理大

**39** □彼が「皿をクリックすると天ぷらが出てくる」という不思議な（　）《隠喩》を口にした。

①ダイアログ　②ファクター
③メタファー

③ 立教大

**40** □第三幕は両者が対決をする場面で、そこでBに敗れたAは次の第四幕で下降線をたどり、第五幕はいわゆる（　）《悲劇的な結末》終結の場面である。

①カタストロフィ
②コンピレーション
③ファスティング

① 早稲田大

## 「文化」追加キーワード

**41** □ **カウンターカルチャー**〈英〉 横市大

既成の支配的な文化や体制を否定し、対立するような文化。

**42** □ **ジャポニスム**〈仏〉 東京女大

一九世紀後半に日本の影響を受けてヨーロッパなどで盛んになった芸術の傾向。

▼**太字の語の意味を後から選べ。**

43 □セミの翅《はね》をただ**いたずらに**厚く彫れば厚ぼったくて、愚鈍で、どてらを着たセミになってしまう。
①力まかせに　②ふざけ半分に　③無駄に
③　関学大

44 □まるで外国人にも日本語で歌ってほしいと**言わんばかり**だ。
①あたかも言っているかのようである
②とても言いそうにない
③控えめに言おうとしている
①　岡山大

45 □**大詰め**で、幽霊の祟《たた》りに苦しめられるうえ、旧悪が露見し、もうどうにもならない状況となる。
①物事が急展開する局面
②物事の最後の局面
③物事の最も重要な局面
②　國學院大

46 □**しかるに**コロナ禍はビッグイベント向き音楽の下部構造を直撃し、人々が集まることを不可能にした。
①そのうえ　②それなのに　③それゆえ
②　早稲田大

47 □カメラはできるだけ多くの住人を撮影すればよく、風景などという審級は**はなから**斟酌《しんしゃく》されていない。
①そもそも　②ほとんど　③まったく
①　國學院大

48 □重ね合わせの技法の**醸し出す**ある特有の物質的感触。
①おのずと雰囲気を作り出す
②偶然新たな効果を生み出す
③予想外の化学変化を起こす
①　國學院大

49 □タッチは清潔で粒が揃《そろ》い、リズム感もシャープで、**小股が切れ上がって**お洒落《しゃれ》そのものだ。
①すっきりと粋にまとまっていて
②さりげなく潤色されていて
③派手に脚色されていて
①　関学大

50 □これまでの罪の隠蔽工作のために、**場当たり的**な殺人を続けていく。
①目的のため計画的に行うこと
②自分の利益だけを考えること
③その場の思いつきで対応すること
③　國學院大

51 □伝播主義のフランツ・ボアズはドイツからアメリカに帰化して六〇〇点もの論文を**ものした**。
①売った　②書いた　③広めた
②　一橋大

52 □**肩肘張らず**、ふと出た言葉の素直さと初々しさが感じられる。
①気負わず　②気取らず　③もったいぶらず
①　愛県大

53 □見物は無視されているような、しかし決して**一人よがり**でも、無視するのでもない。
①自分だけで良いと思って他人の言うことを顧みないこと
②自分だけわかったつもりになって得意になること
③他人を気にせずに自分の思うように振る舞うこと
① 法政大

54 □「うまいヘタ」と「へたなヘタ」とのあいだには**雲泥の差**がある。
①極めて珍しい違い　②ごくわずかな違い
③たいへんな違い
③ 群県女大

55 □資本主義の全面化に抗《あらが》い、そこに**一石を投じ**たり、速度を緩めたりする試み。
①意気込んで力を出す　②激しく非難する
③問題を投げかける
③ 新潟大

56 □見物の一時的な**歓心を買う**性質のものではない美しさ。
①他人に関心をもたれるように行動する
②他人に気に入られるように努める
③物事の価値を認め評価をする
② 法政大

57 □「鏡は女の魂」などという表現が**人口に膾炙《かいしゃ》する。**
①人びとの話題に上り広く知れ渡る
②人びとが話し合って合意する
③人びとを意図的に操作する
① 國學院大

**▼語の意味を参考に、空欄に当てはまる語句を選べ。**

58 □怪我のため、（　）《しかたなく》途中で棄権した。
①いかんなく　②やむなく　③ゆくりなく
② 明学大

59 □経験をするたびに進んでその中にのめりこむのは、私の気質が（　）《そうさせる》ところであろう。
①しからざる　②しからしむる
③しかつめらしい
② 上智大

60 □旅の後での内発的で（　）《そうせずにはいられない》執筆意欲から生まれた産物。
①やむにやまれぬ　②やむをえない
③やもしれぬ
① 関学大

61 □その小舟の上に画架を立てて画をかいている人物は、どこの（　）《安物の絵を描く人》絵かきでもさし支えがない。
①三丁　②三昧　③三文
③ 上智大

### 「表現」追加キーワード

62 □ **鼎《かなえ》の軽重を問う** 法政大

権威ある人の能力がその地位や立場に見合っているかを疑い問いただす。またその地位権力を奪おうとする。

63 □ **馬脚を露《あらわ》(現)す** 学習院大

隠していた正体や悪事が発覚する。芝居で馬の脚を務める役者が、うっかり姿を見せてしまうことからいう。

# 第4章 長文問題① 文化

25/75

**赤傍線部の語の意味を後から選び、傍線部のカタカナを漢字にせよ。**

▼「人類」がおのれを主体的に表現しない、つまり芸術を[1]**ものしなかった**のは、かれらがまだ人間ではなかったからです。そんなことよりはるか前に、かれらは種として生き抜かなければなりませんでした。自然に[2]**ホンロウ**され、[3]**シンコウ**にすがって生きるしかなかったのです。けれども考えてみれば、そのように生きなければならなかったこと自体は、ルネサンスが開花し、人間が世界の主役になったように見える世界でも、本質的にはなにも変わっていません。

〈椹木野衣『芸術人類学講義』〉 弘前大

**①重視しなかった　②作り出さなかった　③身につけなかった　④理解しなかった**

▼西欧の主要美術館で近代の日本画を見ることはきわめて稀《まれ》なことであり、ましてやある程度[4]**ケイトウ**立てて蒐集《しゅうしゅう》している美術館は皆無と言ってよい。西洋社会に認められたいという目的を持って生まれた日本絵画の近代化は、結果的に西洋社会から[5]**等閑視された**のである。近代日本画とは何かを問おうとする時、こうした西洋からの視点も十分に[6]**コウリョ**すべきであろう。

〈古田亮『日本画とは何だったのか 近代日本画史論』〉 香川大

**①疑いの目で見られた　②軽蔑された　③ほうっておかれた　④無視された**

▼エラスムス*は、中世伝来のキリスト教会の制度および指導法が、人間を[7]**イチジル**しく歪《ゆが》めていることを感じ、キリスト教本来の面目への[8]**フッキ**を熱望していたのでした。エラスムスは、それまでの聖書解釈の誤謬《ごびゅう》を[9]**シテキ**したり、[10]**ヨウシャ**なくキリスト教会の制度の[11]**ケッカン**や聖職者たちの行動を批判しましたので、カトリック教会中の[12]**ガンメイ**な人々からは[13]**白眼視される**ようになりました。

*オランダ生まれの神学者

〈渡辺一夫「ある神学者の話」〉 大分大

**①恨まれる　②恐れられる　③冷たくされる　④ばかにされる**

| 1 | 2 | 3 | 4 | 5 | 6 | 7 | 8 | 9 | 10 | 11 | 12 |
|---|---|---|---|---|---|---|---|---|---|---|---|
| ② | 翻弄 | 信仰 | 系統 | ③ | 考慮 | 著 | 復帰 | 指摘 | 容赦 | 欠陥 | 頑迷 |

▼彼らがシュドウ[14]して、地震後の火災によって焼失した隅田川以東の木造家屋が広がる下町は区画整理され、テッキン[15]コンクリート造建築の都市ケイカン[16]へとイッシン[17]する。佐野*は、役所、病院、学校（復興小学校）といった公共建築から、集合住宅（同潤会アパート）や商店建築に至るまでコンクリート化をスイシン[18]した。いっぽう同時期には、日本における自覚的な建築運動の嚆矢[19]《こうし》とされる分離派建築会（一九二〇）が活動しはじめる。

＊耐震構造理論専門家・東京帝国大学の佐野利器

〈高木彬「日本近代建築小史」日高佳紀／西川貴子編『建築の近代文学誌 外地と内地の西洋表象』〉

熊本県大

①始源　②終焉　③代表　④典型

▼その小舟の上に画架を立てて画をかいている人物は、モネだと画題によって判定するだけのことで、実はモネでも何でもなく、どこの三文絵かき[20]でも一向にさし支えがない。というよりも、それは三文絵かきでさえもない。本来人物でさえもない色のかたまりにすぎない。舟の上に人物がいるのは、その黄色い帽子のためだが、イッパン[21]に人物とは、帽子をかぶるもので、帽子のためにやむなく[22]その下にいるものではないのだ。印象派は、グウゼン[23]にではなく、その建前のしからしむる[24]ところによって、人物を人物でなくしている。そしてその建前とは、要するに画面から時間を追いだそうというイト[25]である。

〈加藤周一「北フランスの旅」『ある旅行者の思想』〉

上智大

20 ①趣味で絵を描く人　②文章も書く画家　③価値のない絵を描く画家　④独学の画家

22 ①元気なあいだは　②中断することなく　③人に止められなければ　④しかたなく

24 ①そのような結果にさせる　②広く知らせる　③反対する　④装飾する

13 ③
14 主導
15 鉄筋
16 景観
17 一新
18 推進
19 ①
20 ③
21 一般
22 ④
23 偶然
24 ①
25 意図

# 長文問題② 文化

50／75

**赤傍線部の語の意味を後から選び、傍線部のカタカナを漢字にせよ。**

▼ここで[26]**フジョウ**するのが先住民「文化」の宝庫、アメリカ（の人類学）です。「精神的なものの記憶、[27]**シサク**、その芸術的表現の総体」を意味する「文化」という概念は、ドイツ出身のフランツ・ボアズを介して合衆国に持ち込まれたといえます。ボアズはユダヤ系で、故郷喪失の「ディアスポラ」の文化を感性的に[28]**タズサ**え[29]**新天地**アメリカに移住し、先住民の文化芸術に関する[30]**チミツ**で情熱的な民族調査をしました。

〈鶴岡真弓『芸術人類』の誕生――『根源からの思考』〉

一橋大

**①新しく開かれた土地　②新しく発見された土地**
**③新たに活動を始める場所　④俗世間を離れた場所**

▼自分はああいう巨石[31]**ウンパン**についての[32]**クワ**しい事情は知らないが、[33]**センモンカ**の研究を[34]**瞥見**《べっけん》**したところ**によると、結局は多衆の力によるらしい。しかしその多衆の力というものが個々の力を[35]**ルイケイ**したものでなく一つの全体的な力に統一されなくては巨石は動かないのである。

〈和辻哲郎「城」〉

立教大

**①あれこれ見たところ　②かいつまんで見たところ**
**③詳しく見たところ　④ざっと見たところ**

▼彼にとって図鑑とは彼が理想的と考えた写真――「当の対象を明快に指示」し、あらゆる「情緒」を[36]**ハイジョ**した写真――の[37]**メタファー**である。だが、何かのメタファーではない写真を指すのに図鑑というメタファーを用いたところに、中平の主張のややこしさがあった。図鑑の比喩が『なぜ、植物図鑑か』ですでに[38]**ハタン**の徴候を示していることは、「カタログ写真」に対する両義的な評価にも見て取れる。

〈甲斐義明「隠喩としての図鑑―中平卓馬『なぜ、植物図鑑か』について」『ユリイカ　第七二九号』〉

滋賀県大

**①隠喩　②擬人法　③直喩　④明喩**

| 26 | 27 | 28 | 29 | 30 | 31 | 32 | 33 | 34 | 35 | 36 | 37 |
|---|---|---|---|---|---|---|---|---|---|---|---|
| 浮上 | 思索 | 携 | ③ | 緻密 | 運搬 | 詳 | 専門家 | ④ | 累計 | 排除 | ① |

▼「パノラマ」という名は、広い[39]**ハンイ**に及ぶ[40]**チョウボウ**を与える大衆的なアトラクションという意味合いで用いられたものと思われる。一八八〇年代のドイツ帝国による植民地獲得に随伴して、世界各地に[41]**ハケン**された写真家たちにより、[42]**エキゾティック**な場所のイメージが続々と収集され、皇《カイ》帝《ザー》パノラマ館で上映されていった。そこで使われたのは彩色された[43]**トウメイ**のガラス・スライドであり、ダゲールの考案したジオラマ（それは錯覚に基づいた三次元の眺めを[44]**カク**された照明や半トウメイの絵画によって、現実効果を強調して提供するアトラクションだった）を縮小したような特徴を備えていた。

〈田中純『都市の詩学』〉 都留文大

**①外国のような趣のある　②廃れた感じのする**
**③東洋のような情緒のある　④不思議な雰囲気のある**

▼ランボーは彼の文学を棄《す》て去った後に、生活を求めてアフリカやアラビヤへ出掛けて行った。旅への誘《いざな》ひを実現することは、彼の文学とは関りのない、彼の内部の[45]**ジュンスイ**な[46]**衝迫**だった。[47]**しかるに**ゴーギャンは、彼自身の芸術のために、旅への誘ひに身を任せるのだ。彼の中の[48]**やむにやまれないもの**は、常にこの芸術的衝動から出てゐる。彼は気質的には、ランボーと同じやうな、生活を愛する、直情的な、[49]**シニック**な、一個の[50]**ヤバン**人だつたのだらう。

〈福永武彦『ゴーギャンの世界』〉 上智大

**46　①体を揺さぶる激しい衝撃　②心を突き動かす強い欲求**
**③差し迫った重大な責任　④激しい動揺を与える刺激**

**47　①思うに　②したがって　③そして　④ところが**

**48　①希望どおりにならないもの　②そうしたくてもできないもの**
**③そうしないではいられないもの　④病的なもの**

**49　①芸術に人生を捧げる誠実な態度　②世の常識に逆らう反世間的な態度**
**③世の出来事を笑い飛ばす豪胆な態度　④社会のために身を捧げる献身的な態度**

38 破綻
39 範囲
40 眺望
41 派遣
42 ①
43 透明
44 隠
45 純粋
46 ②
47 ④
48 ③
49 ②
50 野蛮

# 長文問題③ 文化

75/75

**赤傍線部の語の意味と、（　）にあてはまる語を後ろから選べ。また、傍線部のカタカナを漢字にせよ。**

▼「それは古いよ」というファッションの**常套句**[51]《じょうとうく》は、新しいものが登場した、新しい時代へ変わったというそれだけの理由で、**イゼン**[52]のものを軽々と否定する。ファッションは、新しさという**カチ**[53]だけによって、すでに存在しているもの全体に「古いもの」という烙印《らくいん》を押し、突然の死をもたらす。ファッションは、時間そのものであるかのように**キゾン**[54]のものを乗り越え、外部に出ようとする。意味も目的もなく外へ出ようとする。ファッションとは本質的に**イツダツ**[55]である。外部へとイツダツすることで、ファッションは、じつに無邪気に世界全体を否定する。

〈河野哲也『境界の現象学』〉 奈良教大

**①いつも決まって使われる文句　②うまく言い表した有名な文句**
**③間に合わせの文句　④昔から言い習わされている文句**

▼一つの例をあげよう。『今昔物語集』などに**シュウロク**[56]されて**人口に膾炙《かいしゃ》した**[57]ストーリーである。俗名を大江定基《おおえのさだもと》といった平安時代の僧・寂照《じゃくしょう》は、入宋巡礼の修行を思い立ち、**シュビ**[58]よく渡海を果たして、中国の清涼山の僧団の末席に連なることができた。ところが、ここで問題が起こる。この寺では斎会《さいえ》の時に、自分で席を立ってわざわざ食事を受け取りに行く人は誰もいなかった。代わりに、自分の**ハチ**[59]を飛ばして**クヨウ**[60]を受け取っているのである。

〈佐藤弘夫「文庫版刊行にあたって」『「神国」日本 記紀から中世、そしてナショナリズムへ』〉 京都府大

**①大げさな宣伝で広まった　②子孫に言い伝えられた**
**③人々のうわさになった　④評判になって知れ渡った**

▼ただの「野原」ではなく「湖っぽい野原」であること。**インショウ**[61]派の**テイギ**[62]と言っていいほど、これは本質を突いています。教科書には、**ゼッタイ**[63]にそうは書いてありません。「この絵には野原が描かれています」という「情報」の説明があるだけ。それに対して、「湖っぽい野原」というのは、

51（①）
52（以前）
53（価値）
54（既存）
55（逸脱）
56（収録）
57（④）
58（首尾）
59（鉢）
60（供養）
61（印象）
62（定義）

見た人の**ケイケン**[64]に根ざした「意味」です。物理的には同じだったものが、その人にとっての意味としては湖から野原に変化した。情報としては（ **65** ）されてしまうこの遠回りこそ、実はインショウ派の本質を明かすものであったのです。

〈伊藤亜紗『目の見えない人は世界をどう見ているのか』〉 佐賀大

**①還元　②具象　③捨象　④抽象**

▼東京オリンピックで男子一〇〇メートルなどのスターターを**ツト**[66]めた佐々木吉蔵の著書には、日本語の「位置について、用意」という合図で外国人選手に良いスタートを切ってもらうために、各国選手の練習しているグラウンドに何度も通い、交流を深めながらピストルのタイミングを**シコウサクゴ**[67]した話が出てくる。ここには、一方で日本語をベースにして自らの文化を積み重ねつつ、それを何とか世界に開いてゆこうとする強い**イシ**[68]が感じられる。そこにある「もうひとつの国際化」の姿は、「国際化」というと「英語帝国主義」的なあり方しか思い浮かばなくなってしまった今のわれわれに対して、（ **69** ）を投じているようにすら思える。

〈渡辺裕『感性文化論 〈終わり〉と〈はじまり〉の戦後昭和史』〉 岡山大

**①一石　②一票　③光明　④反対票**

▼この便利さにより、画家は手近なものとして詩を書いた**フシ**[70]もある。生活で感じたことを何の気なしに直截《ちょくせつ》に表現するには、絵よりも手順を経ない詩の方がふさわしい。また、自分の方針を確認し、**コブ**[71]するためにも詩を綴《つづ》っている。言葉に出して確認するのである。そのような詩には絵にはなりきれなかった、また絵にすることが憚《はばか》られた画家の**ホンネ**[72]が吐露されたものもある。（ **73** ）、ふと出た言葉の**スナオ**[74]さと初々しさが感じられるが、なかには**セッパク**[75]したモチベーションのもと詩作に向かった画家もいる。

〈江尻潔『画家の詩、詩人の絵 絵は詩のごとく、詩は絵のごとく』〉 愛県大

**①固唾をのまず　②肩肘張らず　③尻馬に乗らず　④肘鉄を食らわず**

| 63 | 64 | 65 | 66 | 67 | 68 | 69 | 70 | 71 | 72 | 73 | 74 | 75 |
|---|---|---|---|---|---|---|---|---|---|---|---|---|
| 絶対 | 経験 | ③ | 務 | 試行錯誤 | 意志 | ① | 節 | 鼓舞 | 本音 | ② | 素直 | 切迫 |

| No. | 問題 | 意味 | 解答 | 出題校 |
|---|---|---|---|---|
| 1 | □ 物語の**リンカク**が明らかになる。 | 物の周りを形づくる線。物事の大筋 | 輪郭 | 東北大 |
| 2 | □ 突然鋭い痛みに**オソ**われる。 | 不意に攻めかかる。不意にやってくる | 襲 | 都立大 |
| 3 | □ 失恋した友人を**ナグサ**める。 | 言葉をかけるなどして悲しみや苦しみをまぎらせる | 慰 | 奈良女大 |
| 4 | □ **カンカツ**官庁の了解を得る。 | 権限を持ち支配すること。またその支配の及ぶ範囲 | 管轄 | 神戸大 |
| 5 | □ 赤い風船が**コクウ**に消える。 | 何も存在しない空間 | 虚空 | 関学大 |
| 6 | □ 死者の魂を**トムラ**う。 | 人の死を悲しんでいたむ | 弔 | 高崎経大 |
| 7 | □ **メイガラ**を指定して米を買う。 | 商品名。取引する株式などの名称 | 銘柄 | 三重大 |
| 8 | □ 時代に**ソク**したやり方に変える。 | その時々の状況に合った | 即 | 千葉大 |
| 9 | □ **セットウ**の罪で現行犯逮捕する。 | 他人の物をぬすんだり無断で使用すること | 窃盗 | 学習院大 |
| 10 | □ この時計は**カンデンチ**で動く。 | でん解液を金属容器に入れ、携帯を簡便にしたでんち | 乾電池 | 大阪大 |
| 11 | □ 窓の**スキマ**から虫が入る。 | 物同士のあいだのあいている所 | 隙間 | 千葉大 |
| 12 | □ 新しい製品の性能を**シンサ**する。 | くわしく調べて、その適否・等級などを決めること | 審査 | 信州大 |
| 13 | □ 欲望を**ヨクセイ**する。 | 感情や行動をおさえとどめること | 抑制 | 熊本大 |
| 14 | □ あきらめず無実を**ショウメイ**する。 | 事実や真実であることをあきらかにすること | 証明 | 明治大 |
| 15 | □ 株価が**キュウトウ**し市場が混乱した。 | 物価や相場などがきゅうに上がること | 急騰 | センター |
| 16 | □ **サッソク**会議の本題に入る。 | すぐに行うこと | 早速 | 宇都宮大 |
| 17 | □ 的の中心を**ネラ**って矢を放つ。 | 命中させようと照準を定める | 狙 | 岡山大 |
| 18 | □ **シュウシュウ**がつかない事態。 | とりまとめて秩序ある状態にすること | 収拾 | 京都府大 |
| 19 | □ 向上心を持つよう**サト**す。 | 目下の者に理解できるように言いきかせる | 諭 | 三重大 |
| 20 | □ **トホウ**もない大きさに言葉を失う。 | 方法・手段。「トホウもない」で並々でない | 途方 | 福岡教大 |
| 21 | □ 友との絆が**ハグク**まれる。 | 養ってそだてる | 育 | 学習院大 |
| 22 | □ バケツで水を**ク**む。 | 容器や手で液体をすくい上げる | 汲 | 広島大 |
| 23 | □ 教育の**ヨ**って立つ理念。 | よりどころとする | 拠 | 福井県大 |
| 24 | □ 正社員に**ショウカク**する。 | 階級や地位が上がること | 昇格 | 関学大 |

25 □ 油を**ギョウコ**させる。
かたまること
凝固 早稲田大

26 □ 唾液の**ブンピツ**量が減る。
細胞から代謝産物を外に出すこと
分泌 宇都宮大

27 □ **カンヨウ**な性格の人。
心が広く、人の言動をよく受け入れること
寛容 奈良女大

28 □ コンサートの**ヨイン**を楽しむ。
かすかに残る響き。事が終わった後に残る風情
余韻 法政大

29 □ **ヘイガイ**が伴う改革。
悪い影響を及ぼすもの
弊害 熊本県大

30 □ 被災者救済の**シサク**を講じる。
実行するべき政さく・対さく
施策 福岡教大

31 □ 様々な問題が**ケンザイ**化する。
はっきりと目に見えるように表れること
顕在 早稲田大

32 □ **リンセツ**した街まで行く。
となり合っていること
隣接 東京大

33 □ 政府の**シシン**と対極をなす法案。
物事を進めるときにたよるべき方しん
指針 大阪公大

34 □ 雨天が続いて**ユウウツ**になる。
気がふさいで晴れないさま
憂鬱 関西大

35 □ 店舗を**カクチョウ**する。
範囲や規模などを広げて大きくすること
拡張 岩手大

36 □ 美辞麗句を**ラレツ**する。
連ねて並べること
羅列 埼玉大

37 □ いかなる**ショウガイ**も排する。
行動などの妨げとなるもの
障害 明治大

38 □ 団員の士気を**コウヨウ**させる。
気持ちがたかまること
高揚 千葉大

39 □ 近頃事件が**グウハツ**している。
思いがけずに発生すること
偶発 山形大

40 □ 絶滅の危機に**ヒン**する野鳥。
悪い事態がすぐ間近にせまっている
瀕 青学大

41 □ 遠吠えに**コオウ**する番犬。
互いによび交わすこと
呼応 奈良教大

42 □ 彼の純真なところが**クセモノ**だ。
ひとくせある人
曲者 福岡女大

43 □ 絶好の秋**ビヨリ**となる。
秋の、よく晴れた爽やかな天気
日和 信州大

44 □ 試合に向かう選手の**ユウシ**。
いさましいすがた
勇姿 関西大

45 □ **コクイッコク**と提出期限が迫る。
ある局面に向かい、時がしだいに過ぎていくさま
刻一刻 千葉大

46 □ 相手の**クチグセ**がうつる。
いつも言う言葉
口癖 三重大

47 □ スポーツ界に**センプウ**を巻き起こす。
うずまき状に吹く激しいかぜ。社会の反響を呼ぶこと
旋風 青学大

48 □ よき人生の**ハンリョ**を得る。
一緒に連れ立って行く者。配偶者
伴侶 新潟大

49 □ 苦手な英語を**コクフク**する。
努力によって困難を乗り越えること
克服 高知工大

50 □ 事件の捜査が**コンメイ**を極める。
複雑に入り組んで筋道がわからなくなること
混迷 早稲田大

51 □ 次の試合こそ**セツジョク**を果たす。
恥をすすぐこと
雪辱 センター

52 □ 呼吸を**ツカサド**る神経。
役目として担当する
司 高崎経大

53 □ 庭に野草が**ハンモ**する。
草木が生いしげること

54 □ パンが**コ**げる。
火で焼けて、黒くなる

55 □ **サバク**を森へと変える。
雨量が少なく岩石やすなでできた土地

56 □ 差別を**ゾウオ**する。
ひどくにくみ嫌うこと

57 □ 橋の**ランカン**に装飾を施す。
橋や階段などに設ける転落防止の柵

58 □ **ホウキュウ**は職務に応じて定める。
国家公務員の職務に対して支払う報酬

59 □ **ハイユウ**として舞台に立つ。
劇の人物を演じることを職業とする人

60 □ **シンシ**な態度で謝罪する。
まじめで熱心なさま

61 □ 立派な**ゴテン**を建てる。
身分の高い人が住む豪華な邸宅

62 □ **ハクジョウ**な仕打ちに胸が痛む。
思いやりがないこと

63 □ 城の**シュウフク**を試みる。
壊れた箇所を作り直すこと

64 □ 時計の**セイド**が上がる。
測定する際の器械や仕事などの正確さのていど

繁茂 関西大
焦 金沢大
砂漠 早稲田大
憎悪 三重大
欄干 富山大
俸給 宇都宮大
俳優 関西大
真摯 一橋大
御殿 小樽商大
薄情 奈良教大
修復 早稲田大
精度 宮城教大

65 □ ピアノの**バンソウ**に聴き惚れる。
主旋律を引き立てるための演そう

66 □ **ゾンブン**に趣味に打ち込む。
思い切り。心ゆくまで

67 □ 手紙に**イチズ**な思いを綴る。
ひとつの事に打ち込むさま。ひたむき

68 □ 実験により明らかになった**ジショウ**。
一定の条件のもと表面に現れたことがら

69 □ 現場から**ショウコ**が見つかる。
真実を明らかにするよりどころとなる事や物

70 □ **トテイ**制度の歴史を考える。
でし。親方の下で労務に従事する少年

71 □ 学力**ヘンチョウ**の傾向を批判する。
物事の一方をおもんじること

72 □ 一瞬が両チームの**メイウン**を分けた。
めぐりあわせ

73 □ 原子力発電所の**トウヒ**を論じる。
よしあし

74 □ 予算不足で**キンシュク**運営に陥る。
支出をきりつめること

75 □ 妖怪の**タグ**いかと疑う。
性質が似ているもの。仲間

76 □ 行方は知る**ヨシ**もない。
物事の内容。わけ

伴奏 関学大
存分 滋賀大
一途 小樽商大
事象 山形大
証拠 早稲田大
徒弟 釧路公大
偏重 弘前大
命運 早稲田大
当否 防衛医大
緊縮 弘前大
類 宮城教大
由 早稲田大

77 □ **ソウジ**した構造の部屋。（形などが写したようによくにていること）　相似　県広島大

78 □ 雪の結晶を**カタド**ったデザイン。（形をまねしてそのような形に作る）　象　信州大

79 □ 子どものお**ユウギ**会を見に行く。（幼稚園などで行われる集団的なあそびや踊り）　遊戯　関学大

80 □ 少数の意見が**マッサツ**される。（事実・存在を否定し消し去ること）　抹殺　岐阜大

81 □ 食事の**コウオ**が激しい。（すき嫌い）　好悪　関西大

82 □ 友人と話が**ハズ**む。（調子づく。だん力のある物が物に当たってはね返る）　弾　滋賀大

83 □ **グドン**なまでに実直な男。（間が抜けて知力が足りないこと）　愚鈍　立教大

84 □ 商品を素早く**チンレツ**する。（見せるために並べること）　陳列　千葉大

85 □ 大事な書類を**ムゾウサ**に扱う。（慎重でなく気軽に行うこと）　無造作　琉球大

86 □ **セイコウ**で読みづらい文章。（未熟でかたい感じがすること）　生硬　早稲田大

87 □ 製品の性能に**サイ**はない。（違い）　差異　信州大

88 □ **イキ**な計らいに恐縮する。（垢抜けていて自然な色気の感じられること）　粋　高知工大

89 □ 彼が好かれる**ユエン**は笑顔だ。（理由）　所以　立命館大

90 □ 贈り物を丁寧に**ホウソウ**する。（物をつつむこと）　包装　福岡女大

91 □ **ケンエツ**の対象は手紙にも及んだ。（公権力が言論や出版などの内容を調べ、発表を禁止すること）　検閲　和歌山大

92 □ 集団の中で**コリツ**する。（他の助けがなく一人の状態にあること）　孤立　関学大

93 □ **シバラ**く様子をみる。（少しの間）　暫　尾道市大

94 □ 科学の**コウザイ**を列挙する。（手柄とあやまち）　功罪　滋賀県大

95 □ **ボウハテイ**の上から釣りをする。（外洋からのなみを防ぎ港の水域を守るために設置する構造物）　防波堤　関西大

96 □ 運動の**コウヨウ**を説く。（ききめ。よう途）　効用　宮城教大

97 □ マラソンのタイムを**ソクテイ**する。（量や速さを計器などではかること）　測定　明治大

98 □ 天才の**ホマ**れ高い少年。（評判のよいこと）　誉　福岡教大

99 □ 体温の**コウジョウ**性を持つ生物。（決まっていて変わらないこと）　恒常　都立大

100 □ **セイコウ**な腕時計。（細かな点まで行き届いて、よくできているさま）　精巧　早稲田大

101 □ 姉に勝って**ユウエツ**感に浸る。（他のものよりすぐれていること）　優越　関西大

102 □ 都市の交通は**ホウワ**状態だ。（最大限まで満たすこと）　飽和　名市大

103 □ 増産して需要を**マカナ**う。（費用や人手を調える。処理する）　賄　一橋大

104 □ **キンセイ**の取れた体型。（全体の釣り合いがよくととのっていること）　均整　関西大

105 □ **ブヨウ**の稽古に明け暮れる。
おどりをまいおどること
舞踊 福岡教大

106 □ 偉大な科学者を**スウハイ**する。
あがめ敬うこと
崇拝 防衛医大

107 □ **チョウシュウ**から歓声が湧く。
演説や音楽を聞きに集まった人々
聴衆 明治大

108 □ **アイシュウ**の漂う歌声。
さみしい気持ちやもの悲しさ
哀愁 福岡教大

109 □ 鳥獣**ギガ**を鑑賞する。
こっけいを主として描かれた絵
戯画 千葉大

110 □ **セッショク**事故が起こる。
近づいてふれること
接触 小樽商大

111 □ 迷った**アゲク**何も買わない。
結局のところ
挙句 明治大

112 □ **カクシン**的な技術を開発する。
新しく変えようとすること
革新 秋田大

113 □ 友人との仲が**ソエン**になる。
交際が絶えがちになること
疎遠 関西大

114 □ 蚕の繭から糸を**ツム**ぐ。
綿や繭から繊維を引き出し糸にする
紡 名古屋大

115 □ 演奏を終え喝采を**ア**びる。
非難・称賛の言葉を続けざまに受ける
浴 信州大

116 □ 反論の機会を**ウバ**う。
無理に取り上げる
奪 上智大

117 □ 激しいパンチの**オウシュウ**。
やられたことをやり返すこと
応酬 佐賀大

118 □ **ゴウケン**な精神力で挑戦を続ける。
強くたくましいこと
剛健 早稲田大

119 □ 海外の文化に**シゲキ**を受ける。
外からの働きかけで知覚や感覚に作用するもの
刺激 関西大

120 □ ルネサンスの**エンゲン**を探る。
物事の起こり
淵源 名市大

121 □ 兄弟の**ルイジ**点を見つける。
互いに似かよっていること
類似 広島大

122 □ **シセイ**の人として隠れ住む。
人が集まって住んでいる所。ちまた
市井 関学大

123 □ 論理に**イッカン**性がない。
始めから終わりまでひとつの態度などを通すこと
一貫 宮城教大

124 □ **オンケン**な人柄。
行き過ぎが無くおだやかで落ち着いているさま
穏健 早稲田大

125 □ **クウキョ**な毎日を過ごす。
物事の内容がなくからっぽでむなしいこと
空虚 防衛医大

126 □ **キガ**で苦しむ子どもを救う。
食物がなくうえること
飢餓 関西大

127 □ 強引なやり方に疑問を**イダ**く。
ある考え・気持ちを持つ
抱 滋賀大

128 □ 世界王者に**イド**む。
ある対象に立ち向かう
挑 名古屋大

129 □ 輸入**キセイ**を緩和する。
決まりを設けてせい限すること
規制 関西大

130 □ **オモワク**通りに事を運ぶ。
考えや意図。または見込み
思惑 大阪大

131 □ **エタイ**の知れない生物。
本来の姿。しょうたい
得体 埼玉大

132 □ **ルイシン**課税制度が導入される。
数量の増加に従って、対する割合も増すこと
累進 早稲田大

133 □ **エラ**い思想家の教え。
人物や行動などが普通よりも優れているさま
偉 高崎経大

134 □ **オセン**された河川を再生する。
よごれにそまること
汚染 関西大

135 □ 公園に公衆電話を**モウ**ける。
建物・機関などを作り備える。前もって用意する
設 岡山大

136 □ **ロウニャク**男女楽しめるお祭り。
年齢性別にかかわらずすべての人
老若 立教大

137 □ **ヨウリョウ**を得ないやりとり。
物事の肝心な点
要領 学習院大

138 □ 大金を**カ**ける。
勝てば獲得する約束で金品を出し争う
賭 香川大

139 □ キーワードを**ケンサク**する。
必要な事項を探し出すこと
検索 滋賀県大

140 □ 駅前に**ブンジョウ**マンションが建つ。
土地や建物をぶん割して販売すること
分譲 法政大

141 □ 宇宙の神秘に**イフ**の念を抱く。
おそれてかしこまること
畏怖 千葉大

142 □ 高温でガラスを**ヨウユウ**する。
加熱されて固体が液体に変化すること
溶融 学習院大

143 □ バラの**カス**かな香りを楽しむ。
かろうじて感じ取れる程度であるさま
微 尾道市大

144 □ **イゴ**を趣味とする人は多い。
盤上に交互に白黒の石を置き、かこんだ陣の広さを競うゲーム
囲碁 早稲田大

145 □ 天才的な**ズノウ**を持つ科学者。
あたまの働き。判断力。思考力
頭脳 新潟大

146 □ 幼児が**ユウカイ**される。
だまして連れ去ること
誘拐 関西大

147 □ **ヤジュウ**のような叫び声を上げる。
人に飼われていないけだもの
野獣 宇都宮大

148 □ 交渉の場で**ユウイ**に立つ。
い置・地いが他よりまさっているさま
優位 青学大

149 □ カキを**ヨウショク**する。
魚などを人工飼育下で繁しょくさせること
養殖 一橋大

150 □ ドラマに**カンカ**される。
考え方や行動に影響を与えて変えること
感化 防衛医大

151 □ 本堂を建て替えのため**カンジン**する。
寺や仏像の建立のために広く寄付を募ること
勧進 明治大

152 □ 寮からの脱走を**クワダ**てる。
計画を立てもくろむ
企 高知工大

153 □ 家の**ソセン**について調べる。
一族の初代からせん代までの人々
祖先 関西大

154 □ 義務を**マヌカ**れる。
良くないことから逃れる
免 大阪公大

155 □ 取材を**キョヒ**する。
要求などを聞き入れず断ること
拒否 法政大

156 □ **セイミツ**な機械を扱う。
細かい点にまで注意が行き届いているさま
精密 宮城教大

# 第5章 漢字④

216/336

157 □□
困難に負けないよう**フンキ**を**ウナガ**す。
気力をふるい立たせること
速やかにさせる。急き立てる
奮起 滋賀県大
促 大阪大

158 □□
**レイコク**で知られる王が家臣に**ギシン**を抱く。
思いやりがなくむごいこと
うたがう心。うたがい
冷酷 山口大
疑心 早稲田大

159 □□
**シュウロウ**ビザの申請がようやく**ジュダク**される。
仕事にとりかかること。仕事についていること
申し込みなどをうけ入れること
就労 静岡大
受諾 埼玉大

160 □□
**ギジロク**を読んで会議の流れを**ハアク**する。
話し合いの内容などを書き留めたもの
しっかり理解すること
議事録 愛媛大
把握 都立大

161 □□
**チメイ**的な状況を乗り越え、任務を**カンスイ**する。
いのちにかかわること
物事をかん全に成し遂げること
致命 防衛大
完遂 名古屋大

162 □□
昔からの**シュウカン**を知らないとは**キカイ**な話だ。
ならわし。しきたり。風しゅう
常識で考えられないほどあやしく不思議なさま
習慣 広島大
奇怪 京都府大

163 □□
**ニゴ**った水に浮いている**イブツ**を丹念に取り除く。
他のものが混じりこんで不純になる
本来のものとはことなるもの
濁 福井県大
異物 岩手大

164 □□
長期にわたる**シュザイ**により事件の**カクシン**に迫る。
記事や作品のもとを、物事・人などからとること
物事のちゅうしんである大切なところ
取材 法政大
核心 明治大

165 □□
人通りの多い**オウライ**に目立つよう**コッキ**を掲げる。
行ったりきたりすること
くにを象徴するはた
往来 奈良教大
国旗 センター

166 □□
**アンイ**な方法に頼ることなく**テイネイ**に物事を進める。
苦労せずにできること
細かい部分まで注意の行き届いていること
安易 信州大
丁寧 信州大

167 □□
**ショミン**の苦しみを**イッコ**だにしない国王。
世間一般の人々
ちょっと振り返って見ること
庶民 都立大
一顧 法政大

168 □□
個性が**キワダ**つ**カソウ**でパレードを行う。
違いや区別が明瞭でひときわ目だつ
他のものの姿をすること
際立 大阪公大
仮装 岐阜大

169 □□
**バンサン**会で**カンパイ**の挨拶をする。
あらたまった夕食
祝いの意味で、さかずきを上げて飲み干すこと
晩餐 関学大
乾杯 立教大

170 □□
**ホウマン**経営が原因の一つとなり事業は**トンザ**した。
やりっぱなしでいい加減なこと
勢いが途中で弱まりくじけること
放漫 信州大
頓挫 北海道大

**171**
真っすぐに伸びた道を**ハサ**んで**リンリツ**する建物。
- ハサ：物と物の中間の位置に置く
- リンリツ：はやしのように多くのものが並びたつこと

挟（早稲田大）　林立（愛媛大）

**172**
生活**ヒツジュ**品として**フキュウ**する。
- ヒツジュ：ある事をするのに欠かせない
- フキュウ：広い範囲に行きわたること

必需（富山大）　普及（神戸大）

**173**
荷物の再配達の**イライ**をした**リレキ**が残る。
- イライ：他人に用事をたのむこと
- リレキ：現在までに経てきた学業・職業など。これまでの記録

依頼（法政大）　履歴（大分大）

**174**
箱の**フタ**にはニューヨークの**マテンロウ**が描かれていた。
- フタ：物の口を覆ってふさぐもの
- マテンロウ：高層の建築物

蓋（東京大）　摩天楼（関学大）

**175**
波が打ち寄せる**ガンペキ**に**マバ**らに止まった海鳥。
- ガンペキ：かべのようにけわしく切り立ったきし
- マバ：物が少なくて、すきまのあいている様子

岸壁（金沢大）　疎（大阪大）

**176**
**ハチク**の勢いで広がるブームは、時間が経つと**スタ**れる。
- ハチク：たけを割ること。勢いが激しく、押さえきれないこと
- スタ：使われなくなる。通用しなくなる

破竹（センター）　廃（奈良教大）

**177**
**バクハツ**事故のあった現場の**サンジョウ**。
- バクハツ：物質の急激な変化により体積が瞬時に増大して、音や破壊を伴う現象
- サンジョウ：目をそむけたくなるような、むごたらしい様子

爆発（早稲田大）　惨状（奈良女大）

**178**
**オクビョウ**な性格を隠そうと陽気に**フ**る舞う。
- オクビョウ：小さなことにでも恐れおののくこと
- フ：ある印象を与えるよう態度をとる

臆病（三重大）　振（大阪大）

**179**
道具に様々な**ヨウト**があることに**カンシン**した。
- ヨウト：使い道
- カンシン：優れたものとして深くかんじること

用途（関西大）　感心（明治大）

**180**
映画の**ハンキョウ**を告げる声は**コウフン**していた。
- ハンキョウ：さまざまなはんのう。音のこだま
- コウフン：気持ちが高ぶること

反響（神戸大）　興奮（長崎大）

**181**
困難なことにも**カカン**に挑み**イギョウ**を成し遂げる。
- カカン：決断力に富み思い切って物事を行うさま
- イギョウ：いだいな功績。すぐれた仕事

果敢（法政大）　偉業（山梨大）

**182**
**ゲシ**の太陽の動きを模型を作って**カシ**化する。
- ゲシ：二十四節気の一つで北半球では昼が最も長い日
- カシ：肉眼で見えること

夏至（愛教大）　可視（お茶女大）

**183**
**バクガ**がビール製造に用いられる際の**ヨウタイ**の変化を見る。
- バクガ：大むぎをはつがさせたもの
- ヨウタイ：物の存在や行為のありさま

麦芽（早稲田大）　様態（弘前大）

**184**
**ハンエイ**を誇った王国も**ブンレツ**して衰えた。
- ハンエイ：豊かにさかえ発展すること
- ブンレツ：いくつかにわかれること

繁栄（大分大）　分裂（静岡大）

**185**
夏の制服には**カイキン**シャツが**サイヨウ**された。
- カイキン：えりをひらくこと
- サイヨウ：とりあげてもちいること。人を雇うこと

開襟（関西大）　採用（明治大）

**186**
電子**バイタイ**の月刊の雑誌を**コウドク**する。
- バイタイ：何かを伝えるための仲立ち
- コウドク：新聞や雑誌を定期的に買って読むこと

媒体（佐賀大）　購読（広島大）

187 □ □
大学の**コウギ**で近年研究の進む**トクイ**な体質について学ぶ。
研究の成果や学説などを人々に説明すること
他のものと大きくことなること
講義 小樽商大
特異 早稲田大

188 □ □
政府に温暖化対策の強化を**ヨウセイ**すると**チカ**う。
ひつようなこととして願い求めること
神仏や他人に対してあることを堅く約束する
要請 お茶女大
誓 お茶女大

189 □ □
聞こえてきた**キテキ**の音で**カクセイ**した。
鉄道・船などで、警報音などを鳴らす装置
目がさめること。意識がはっきりすること
汽笛 関学大
覚醒 関西大

190 □ □
**コウハン**にわたる**クカク**整理が行われる。
はんいがひろく行きわたるさま
一定の土地や場所をくぎること
広範 奈良女大
区画 岐阜大

191 □ □
物価高による景気の**テイメイ**を**ケイカイ**する。
ひくく漂うこと。よくない状態から抜け出せないこと
危険に備えて用心すること
低迷 早稲田大
警戒 お茶女大

192 □ □
専門家に**テンプ**の才を持つと**ゼッサン**される。
生まれながらにして持つ資質
この上なくほめること
天賦 山梨大
絶賛 立命館大

193 □ □
**リュウレイ**な音楽と踊りに思わず**カンタン**の声を上げた。
音楽などがよどみなくうるわしいさま
かんしんし褒めたたえること
流麗 西南大
感嘆 三重大

194 □ □
煩わしい**ギシキ**の進行にも少しは**ナ**れてきた。
一定の作法で行われる行事
経験を重ねてうまくできるようになる
儀式 千葉大
慣 明治大

195 □ □
相手を**ソソノカ**して**ジメツ**を誘う。
その気になるように誘いすすめる
じぶんの行為が原因でほろびること
唆 早稲田大
自滅 九州大

196 □ □
両者に**センザイ**するのは世代の違いによる**ケンカク**だ。
表面に現れず中に隠れてそんざいすること
遠くかけ離れていること
潜在 学芸大
懸隔 弘前大

197 □ □
**カンタン**相照らす仲と呼べる**ユイイツ**の存在。
心の奥底。「カンタン相照らす」で互いに打ち解ける
他にないただひとつのこと
肝胆 関学大
唯一 上智大

198 □ □
地域社会に**ケイキ**する諸問題を**ホウカツ**する。
続けざまにおこること
全体をひっくるめてひとつにまとめること
継起 東北大
包括 高知工大

199 □ □
エネルギー価格の**コウトウ**に関する**ホウドウ**。
物価などがたかくあがること
出来事を広く告げ知らせること
高騰 北海道大
報道 早稲田大

200 □ □
入会の**カンユウ**をきっぱりと**キョゼツ**した。
すすめさそうこと
頼みや要求を断ること
勧誘 関学大
拒絶 琉球大

**201** □□

**ゴセンフ**とピアノの**ケンバン**の位置は対応している。

主に西洋音楽で用いる、平行に引かれたせんの上に音符や音楽記号を記すもの

ピアノなどで、操作するキーの並んでいる部分

五線譜 青森公大　鍵盤 関学大

**202** □□

**コウイショウ**をリハビリで和らげ、**ゲザイ**を処方してもらった。

病気やけがが治ったあとに残る機能障害

便通をよくするために服用する薬

後遺症 関西大　下剤 早稲田大

**203** □□

**ゼンテイ**を満たすことで初めて**キカン**が可能になる。

ある事が成立するための条件

戦地などの遠方からかえってくること

前提 山梨大　帰還 奈良教大

**204** □□

時事問題についての投書が**トクメイ**で**ケイサイ**される。

本みょうを隠して別めいをつけること

新聞や雑誌などに文章や絵をのせること

匿名 愛教大　掲載 富山大

**205** □□

母親と同じ**ケツエキ**型になる**カクリツ**。

動物の体内をめぐる体えきの一種で赤い色のえき体

ある現象のかく実性の度合い

血液 早稲田大　確率 関学大

**206** □□

**シンセキ**の**テイタク**に一族で集まった。

血縁や婚姻により結びつきのある人

大きく立派な住居

親戚 三重大　邸宅 熊本県大

**207** □□

何事にも大事なのは**キソ**的な**クンレン**だ。

ある物事の大もとの部分

技術を教え、そのれんしゅうを継続的に行わせること

基礎 関西大　訓練 北海道大

**208** □□

**キョウフ**を感じながら、平静を**ヨソオ**っていた。

おそれること

いかにもそうであるかのように見せかける

恐怖 大阪大　装 山形大

---

**209** □□

**ブッソウ**な世の中を離れて一人**ヒョウハク**の旅に出る。

よくない事が起きそうな危険な感じがすること

所を定めずさまよい歩くこと

物騒 学習院大　漂泊 千葉大

**210** □□

森林**バッサイ**を避ける方法を**モサク**する。

山林などから樹木を切り出すこと

手探りであれこれと探すこと

伐採 中央大　模索 奈良女大

**211** □□

**チアン**のよい地域に**キョジュウ**したいと願う。

社会の秩序が保たれていること

すむこと

治安 群県女大　居住 早稲田大

**212** □□

彼は昔から変わらず**ガンコ**で**ユウズウ**のきかない性格だ。

かたくなで考えや態度を変えようとしないこと

必要に応じて臨機応変に処理すること

頑固 明治大　融通 関学大

**213** □□

円安の**ヨハ**を受けて**レンカ**な材料が手に入らなくなった。

事柄が終わった後にも残る影響

値段が安いこと

余波 北海道大　廉価 東洋大

**214** □□

**レイセツ**を欠いた振る舞いに**ヘイコウ**する。

きちんとしたれいぎ作法

手の打ちようがなくすっかり困ること

礼節 学習院大　閉口 岐阜大

**215** □□

将来を**ミス**えて**ウイ**の人材を育成する。

じっとみつめる。本質などを捉えようとみさだめる

能力があって役に立つこと

見据 三重大　有為 中央大

**216** □□

**ハツデンキ**の点検を怠ったため**コショウ**する。

きかい動力をうけてでんりょくをはっ生する回転き

きかいや身体などの機能が正常に働かなくなること

発電機 早稲田大　故障 関西大

217 □□
側近と**キョウボウ**して政敵を倒し**ケンセイ**を強めた。
二人以上で悪事をたくらむこと
力をにぎっていていせいのいいこと
共謀 信州大
権勢 千葉大

218 □□
文中に**ギオン**を多く用いて様子を**ビョウシャ**する。
実際の音に似せて人工的に作り出したおと
物の形や状態をあるがままにえがきだすこと
擬音 早稲田大
描写 東北大

219 □□
彼にデータベースの**サクイン**を編集する権限を**フヨ**する。
書物の中の語句や事柄を探すための表
さずけあたえること
索引 北海道大
付与 山形大

220 □□
**セイチ**な技巧を駆使した作品を**タンノウ**する。
きわめて細かいこと
十分満足すること
精緻 大分大
堪能 早稲田大

221 □□
批判の**ホコサキ**をそらそうとする態度が**フキョウ**を買った。
攻撃の方向
趣をそがれて面白くない気持ち
矛先 一橋大
不興 関学大

222 □□
長時間の交渉の末に**ダケツ**案を**ゼニン**する。
双方が歩み寄って交渉をまとめること
よしとみとめること
妥結 センター
是認 弘前大

223 □□
**セキネン**の努力が実を結び**ユウシュウ**の美を飾った。
つもるねん月。長いねん月
おわりを立派になしとげること
積年 北海道大
有終 関西大

224 □□
新しい**クツ**を履いていつもの高原へ**ヒショ**に出かける。
足を覆うように作った履き物
涼しい土地に移り夏のあつさをさけること
靴 滋賀県大
避暑 信州大

225 □□
かつて**エイガ**を極めた都市は**カサイ**によって失われた。
権力や財力によってさかえること
物が燃えることによるわざわい
栄華 早稲田大
火災 明治大

226 □□
ハイビジョン放送の**リンジョウ**感あふれる**メイリョウ**な映像。
そのばしょにのぞむこと
あきらかではっきりしていること
臨場 釧路公大
明瞭 名市大

227 □□
**ジャッカン**二十一歳の若き天才**シキ**者が注目される。
年が若いこと
集団を率いてまとめること。演奏をとりまとめること
弱冠 富山大
指揮 関学大

228 □□
様々な部分に**イショウ**を凝らした**ソウショク**が施された家具。
作品などを作るときに工夫をめぐらすこと。趣向
美しくよそおう。かざること。またそのよそおい・かざり
意匠 高知大
装飾 佐賀大

229 □□
貴族を**アザム**いて奪った土地を**ブンカツ**して農民に与える。
そうと思わせておいてだます
いくつかにわけること
欺 奈良女大
分割 関西大

230 □□
敵の**ジンチュウ**に招かれ武将に**ヘイフク**する。
戦いを行うために軍隊を配置した場所
額が地面や床につくほど頭を下げる
陣中 関学大
平伏 北海道大

231 □ □
通っている医者の**スス**めで精密**ケンサ**をする。
相手がその事をするように誘いかける
基準に照らして異常がないか調べること
勧 宮崎大
検査 早稲田大

232 □ □
**リシュウ**の単位が不足して大学から**ジョセキ**されそうになる。
規定の学科・課程を学びおさめること
学せき・戸せきなどから名前をのぞくこと
履修 明治大
除籍 上智大

233 □ □
話題**フットウ**のミュージカルの**ジョウエン**が決定した。
一定の温度に達した液体がわきあがり煮えたつこと。激しく盛んになること
舞台で劇などを見せること
沸騰 都立大
上演 東北大

234 □ □
鉄棒で**ケンスイ**をしていて学校の**ビヒン**を壊してしまった。
まっすぐにたれ下がること
そなえ付けてあるしな物
懸垂 富山大
備品 早稲田大

235 □ □
経験豊富で日本酒の**ジョウゾウ**技術に**セイツウ**した人物。
発酵作用を応用し酒類・味噌などをつくること
ある事についてくわしく知っていること
醸造 法政大
精通 埼玉大

236 □ □
自らの危険を顧みず**セイギ**を貫いた**ユウカン**な行動。
ただしい道理
ゆう気を持って危険や困難に向かうさま
正義 立教大
勇敢 早稲田大

237 □ □
重要な**アンケン**なので**ジョウホ**はできない。
問題になっている事柄
自分の主張を抑え相手の考えに妥協すること
案件 関学大
譲歩 お茶女大

238 □ □
前輪**クドウ**車の**キコウ**を説明する。
どう力を車輪に伝えてうごかすこと
物が組み立てられているしくみ
駆動 奈良女大
機構 法政大

239 □ □
蜃気楼《しんきろう》は**ハンテン**した風景などが**キョゾウ**として現れる現象だ。
ころがること。ひっくりかえること
実際にはないがあるように見えるぞう
反転 関西大
虚像 大阪大

240 □ □
**ヘンゲン**自在に**ミニク**くも美しくもなる。
姿が素早く現れたり消えたりすること
姿かたちがよくない
変幻 センター
醜 千葉大

241 □ □
研究に**チンセン**する彼にとって**ケンビキョウ**は必需品だ。
深く没頭すること
微細な物体を拡大して見る装置
沈潜 新潟大
顕微鏡 早稲田大

242 □ □
祖父と孫の**ネンレイ**には大きな**ヘダ**たりがある。
生まれてから経過したねん数。よわい。とし
間に距離や空間があって離れていること
年齢 立命館大
隔 新潟大

243 □ □
**センレン**された振る舞いは**レキゼン**とした差があった。
優雅で品位の高いものにみがきあげること
非常にはっきりしているさま
洗練 奈良女大
歴然 愛媛大

244 □ □
口内の**エイセイ**に気をつけて**エイキュウシ**を大事にする。
健康を保ち病気を予防すること
乳しの抜けた後にはえ、死ぬまではえ変わらないは
衛生 早稲田大
永久歯 上智大

245 □ □
**ドウゾウ**に製作者の名を**コクイン**する。
青どうでつくったぞう
しるしやそれをきざみつけること
銅像 関学大
刻印 和歌山大

246 □ □
**ビシュウ**や優劣を**ドガイシ**する。
うつくしいこととみにくいこと
問題にしないこと
美醜 福井大
度外視 愛県大

▼太字の語の意味を後から選べ。

1□技術を適切に使うことで技術のもたらす**隘路**《あいろ》からも脱出できるだろう、と楽観主義者はいう。
①物事の妨げとなる困難な問題
②人をおとしいれる策略
③否応なく迫られる選択
① 立教大

2□マスコミからプラットフォーマーへの**位相**転換は、グローバリゼーションと同時並行的に生じた。
①価値 ②局面 ③水準
② 新潟大

3□その場その場での取り決めでしかなく、あくまでも**暫定的**なもの。
①確定するまでの仮の状態
②今後変わることのない状態
③多少役に立っている状態
① 慶應大

4□個人情報の濫用は、そのような発想がいかに**短絡的**であるかを証明しています。
①事柄の本質を考えず性急に結び付けるさま
②時流に乗って目先の利益ばかりを求めるさま
③前例を軽く考え過去との関わりを無視するさま
① 成蹊大

5□人間がものより価値をもつとみなされるのは**自明**だ。
①自然 ②特に説明せずともわかりきったこと
③必然
② 三重大

6□紙媒体のもつ蓄積性と**縦覧**性という特色。
①自由に見ること ②縦方向に読むこと
③その場で見ること
① 青学大

7□深刻な**副作用**を初期の開発者たちは想像しなかった。
①本来期待される作用に伴う有害な作用
②本来の作用より強力な作用を発揮すること
③本来の作用を打ち消すように働く作用
① 山梨大

8□**互酬**性に基づいた人間関係は「匿名性」の高い社会の欠点を補う作用を果たしている。
①貨幣と商品 ②贈与と返礼 ③徴収と分配
② 水産大

9□アメリカ自動車産業を日本の軽自動車が**席巻**する。
①大いに混乱させる ②勢力を拡大する
③様子を一変させる
② 立命館大

10□機械は洗練されるにつれて**汎用**性を減らすのが常である。
①ある方面において優れること
②一定の用途に適すること
③広く多くの方面に使うこと
③ 早稲田大

11 □主流メディアは彼を「憎しみを煽るテロリスト」と**罵倒**した。

①こらしめること ②ののしること ③わめくこと

② 神戸大

12 □情報ソースのはっきりしない情報が**不可逆**的に増殖していく。

①逃れることができないこと ②目には見えないこと ③元通りにできないこと

③ 新潟大

13 □「人工知能は、自分では生活できない数学者の知能を作ろうとしている」などと**揶揄**《やゆ》される。

①からかうこと ②つっこむこと ③見下すこと

① 関学大

14 □文字や紙のような記録媒体を発明して、一人の人間の熟練や機能の**要諦**を書き残す。

①一番大切なところ ②基本的な事柄 ③大まかな内容

① 立教大

15 □マスメディアは、情報のゲートキーパーの役割や**アジェンダ**の設定者の役割を果たしていたのです。

①基本理念 ②検討課題 ③社会規範

② 新潟大

16 □多様な**メディア**を通じたイメージの氾濫。

①インターネットの基本技術 ②情報を発信する媒体 ③目的を果たすための手段

② 早稲田大

---

17 □**アルゴリズム**次第では人間の能力を超えた水準で誤情報を排除することは可能である。

①無作為な抽出 ②数学的な手法 ③問題解決の手順

③ 学習院大

18 □作者性が匿名化され、誰にでも開かれていることが、ネットの**コンテンツ**の強みでもある。

①価値 ②内容 ③出所

② 立命館大

19 □私たちは**デフォルト**になった技術に何の疑問も持たず、服従することになるだろう。

①多様 ②危険 ③標準

③ 成蹊大

20 □一縷の望みというノイズが混入すれば、確率も**ニュートラル**ではいられない。

①中立 ②公平 ③公正

① 学習院大

21 □イメージづくりの**イニシアティヴ**をマスメディアに握られる。

①主導権 ②優位性 ③優先権

① 学習院大

## 「情報」追加キーワード

22 □**アクセシビリティ**〈英〉 慶應大

場所や情報、サービスなどへの到達のしやすさの度合い。どの程度利用しやすいかということを意味する。

23 □**フィルターバブル**〈造〉 中央大

インターネット利用者に合わせた情報が作為的に表示され、関心のある情報にのみ取り囲まれてしまう現象。

▼語の意味を参考に、空欄に当てはまる語句を選べ。

24 □人々の抱く技術イメージを（　）《誤りを正し、真理を解き明かすこと》する。
①一喝　②喝采　③喝破
③ 成蹊大

25 □もやもやと（　）《疑いが解けてさっぱりした様子》としない気持ちを抱く。
①昂然　②燦然　③釈然
③ 國學院大

26 □環境の（　）《少数の供給者が市場を支配すること》によって、資源が枯渇する。
①寡占　②多寡　③追従
① 青学大

27 □「最先端」というタッグをつけられるのは（　）《確か》だ。
①必殺　②必勝　③必定
③ 横市大

28 □コミュニケーション能力の有無を唯一の尺度とするような、いわば（　）《小さく見せること》された人間像。
①卑小化　②微小化
③矮小《わいしょう》化
③ 成城大

29 □情報を（　）《コントロール》するゲートキーパー機能。
①御意　②制御　③統御
② 学習院大

30 □人工知能をめぐって期待と不安が（　）《はびこるのさばること》する。
①跋扈《ばっこ》　②払底
③勃発
① 早稲田大

31 □少し前の知識がたちまち（　）《古くさいさま》化するような超スピードの技術競争。
①偶像　②斜陽
③陳腐
③ 東京理大

32 □一〇〇年前には（　）《新しい物事の始まり》期にすぎなかった映画というメディア。
①過渡　②氷河　③黎明《れいめい》
③ 法政大

33 □人工知能や自然知能には、外部を取り込み、世界を（　）《悪い状態を改めて全く新しくすること》する能力がない。
①改竄《かいざん》　②更改　③刷新
③ 青森公大

34 □人間の、新しい技術に対するイメージは、常に（　）《相反する感情が同時にあるさま》だった。
①アンビバレント
②コンサバティブ
③ペダンティック
① 成蹊大

**35** □常に更新される世界は、構造的なもの——（　）《記録を保管すること》から切り離されてそこにある。
①アーカイブ　②ハイブリッド
③ビジョン
①　法政大

**36** □送受信される情報を、一般情報と個別情報の二つの（　）《分類の枠》に大別することが普通であった。
①カテゴリー　②スタイル　③モデル
①　中央大

**37** □「詩」という言葉さえも、コンピュータ上では単なる記号に過ぎない、という（　）《極端なさま》な認識。
①コミカル　②デジタル　③ラジカル
③　金沢大

**38** □今日のAIは、（　）《大容量かつ多様な情報群》なる膨大なデータを用いて、ディープラーニングと呼ばれる自らの学習機能を持っている。
①バックデータ　②ビッグデータ
③メタデータ
②　山梨大

**39** □（　）《自己愛》とはもっぱら自分に自らの心的エネルギーが注がれてしまう状態を指す。
①シニシズム　②ナルシシズム
③フェティシズム
②　福島大

---

**40** □難病者、高齢者、女性、エスニシティなど社会的（　）《少数派》が、何かしらの不利に直面する。
①アウトロー　②マイノリティ
③マジョリティ
②　津田塾大

**41** □世界中のひとたちの笑いの反応をクラウドを通じて（　）《反応を相手に返すこと》している。
①インタラクション　②フィードバック
③ループ
②　高知工大

**42** □新聞などのメディアは、（　）《型にはまりありふれていること》を補強することには役立つが、それから人間を解放はしない。
①ステレオタイプ
②バイアス　③プロトタイプ
①　静岡大

## 「情報」追加キーワード

**43** □ **シンギュラリティー**〈英〉
人工知能が人類の知能を超える時点やそれによる社会の変化を示す概念。技術的特異点。

早稲田大

**44** □ **IoT**《アイオーティー》〈略〉
Internet of Thingsの略。身の回りのあらゆるモノをインターネットでつなぐこと。
愛県大

65/65

▼太字の語の意味を後から選べ。

45 □コンピュータ工学の発展が軍事技術の発展と**あいまって**いるせいもある。
①うまく補完しあって ②互いが作用しあって
③ちょうどよく調和して
② 神戸大

46 □いちいち可能性を**あげつらう**のではなく、遊びの空間として設定するのが天然知能の地図なのだ。
①物事の是非を論じる
②特例の部分を重視する
③正確に計測する
① 青森公大

47 □私たちの生活を均等に刻み計測するという意味**おこがましい**機械、すなわち時計。
①気が利かず、ずうずうしい
②親切がかえってあだになる
③出過ぎて、さしでがましい
③ 國學院大

48 □マスメディアのすさまじい情報伝達力には、とても**太刀《たち》打ち**できない。
①互いに威嚇し合うこと
②先制攻撃をしかけること
③張り合い争うこと
③ 学習院大

49 □コンピュータの歴史を**ひもとく**。
①今後の教訓とする
②詳細を考察する
③書物などで調べる
③ 関学大

50 □遺伝子を構成するDNAも四種類の塩基の組合せに基づくデータの集まりに**ほかならない**。
①それ以外には何もない
②それとは限らない
③それ以外のものではない
③ 神戸大

51 □「ロボットには言語は扱えないだろう」などという発言が**まことしやかに**なされる。
①核心をつくように ②虚偽を隠すように
③本当であるかのように
③ 関学大

52 □「本当の賢人」と彼らを呼ぶことはできないと批判するのは、**的を射た**ものとはいえない。
①欠点を突いた ②巧妙な意図を含んだ
③要点を正しく捉えた
③ 小樽商大

53 □「情報」不在のうちに不活性化していたそれ以前の社会を**統《す》べ**ていた「時間」を「冷たい時間」と呼ぶ。
①維持する ②規制する ③支配する
③ 関西大

54 □個人の名において社会に抗議するものは、反動か時代錯誤の**レッテルを貼られる**。
①一方的に判断される ②証明を求められる
③悪い評判が立てられる
① 慶應大

**▼語の意味を参考に、空欄に当てはまる語句を選べ。**

55 □AIやコンピュータが(　)《思いのままに勢力を振るう》**を利かせる**時代。
①にらみ ②はったり ③幅
③ 佐賀大

56 □写真集が、刊行と同時に写真家や批評家たちの間で**物議を(　)**《世間の議論を引き起こす》。
①醸し出す ②醸す ③呼ぶ
② 立命館大

57 □AIが人間を凌駕する知能へと成長する歴史的な時点を予測し、(　)《関心》**を集めて**いるのだ。
①耳目 ②肝胆 ③目鼻
① 早稲田大

58 □おもしろおかしく記事にされる前に、自分の方から情報公開してその(　)《相手の意気込みを妨げる》**をくじく**。
①出鼻 ②鼻頭 ③鼻柱
① 学習院大

59 □教養を身につけることを目的としているなら基礎科学が重要であることは(　)《言うまでもない》。
①論陣を張らない ②論ずるに足りない
③論を俟《ま》たない
③ 中央大

60 □(　)《常識を外れた》**もない**意見やピント外れの意見も含め、多様な意見が保証されていなければならない。
①突拍子 ②滅相 ③益体
① 新潟大

61 □科学によって(　)《別の面からの証拠立て》された技術。
①裏編み ②裏打ち ③裏読み
② 一橋大

62 □「(　)」《何度も聞くよりも一度見た方がよくわかる》と言うように、見ることは知ることと直結する場合が多い。
①人の振り見て我が振り直せ
②百聞は一見に如かず
③見ざる聞かざる言わざる
② 青学大

63 □耳触りの良い音楽が増え、癒やしブームがそれに乗っかり、(　)《いろいろあってその結果》には心を癒やすための音波が垂れ流される番組が大量に聴かれる時代。
①挙げ句の果て ②一日の長
③奈落の底
① 同志社大

### 「表現」追加キーワード

64 □ **雨後《うご》の筍《たけのこ》** 北九市大
似たようなことが次々と起こること。

65 □ **天に唾する** 中央大
人に害を与えようとして、かえって自分が被害を受ける。

# 長文問題① 情報

25/75

**赤傍線部の語の意味を後から選び、傍線部のカタカナを漢字にせよ。**

▼今や、そのために用いられるのは[1]**センレン**されたテクノロジーだ。スマートフォンの位置情報や[2]**ケンサク**[3]**リレキ**の統計データを用いたクラスター発生エリアの推定、携帯電話やＩＣカードのデータを用いた感染者の移動経路の特定、スマートフォンのアプリを用いた利用者同士の[4]**セッショク**の記録と感染者との接触の通知。これらのことを可能にしているのは、普段はさほど意識されることもないスマートで便利な情報ネットワークだ。ウイルスという生物学的なサブスタンス＝コードの流通を[5]**ハアク**し、[6]**制御する**ためにインフラ化した情報のネットワークが用いられ、それを補完するために新たな技術が開発されていく。

〈石井美保「センザンコウの警告」〉

奈良女大

**①思いどおりに操る　②妨げ抑える　③正しい方向に導く　④取り締まる**

▼今日、人工知能（ＡＩ）をめぐっては多くの期待と不安が[7]**跋扈《ばっこ》している**だろう。それは、手間をかけ刊行されている文章ですら例外ではない。なかには、ＡＩなるものの[8]**リンカク**が不[9]**メイリョウ**なものも少なくない。

〈北野圭介の文章による〉

早稲田大

**①あふれそうなほど満ちている　②隠れた状態で存在している**
**③はびこりのさばっている　④まとまり集まっている**

▼一言でいえば、グーテンベルクの活版印刷は、書物から「聖性」を剝ぎ取り、「物質性」に置き換えたといえるだろう。その技術は、聖書の各国語訳を大量印刷して国民言語の形成を促し、書かれた聖書を[10]**ユイイツ**の権威とする新教の宗教改革に[11]**ハズ**みをつけた。他方、活版印刷の登場で、聴衆の心を[12]**イフ**せしめた巡回説教師の演説や、圧倒的な言葉の力で兵士たちを[13]**フンキ**させた君主の雄弁術は[14]**スタ**れ、失われた。代わって登場したのは、黙読する新興知識階級と、文字を読めない大衆との分裂だった。教会や王侯による「知の[15]**寡占**」を破った活版は、近代公教育が根づくまで、皮肉にも市民社会のなかに大きな知の断裂を生み出したといえる。

〈外岡秀俊「三度目の情報革命と本」池澤夏樹編『本は、これから』〉

滋賀県大

| 1 | 2 | 3 | 4 | 5 | 6 | 7 | 8 | 9 | 10 | 11 | 12 |
|---|---|---|---|---|---|---|---|---|---|---|---|
| 洗練 | 検索 | 履歴 | 接触 | 把握 | ① | ③ | 輪郭 | 明瞭 | 唯一 | 弾 | 畏怖 |

①少数の供給者が市場を押さえること　②大切にして隠しておくこと
③無駄にしまい込んでおくこと　④領土を占有すること

▼近代技術は、実用的な工業技術とサロン的な純粋芸術へと分化してしまった。デザインが技術のこの**ブンレツ**[16]に対抗し、その両者に総合をもたらすと主張するとき、デザインに課された美の**ヨウセイ**[17]は、自己保存を目的とする工業技術のあり方をあえて根本から危うくするクリティーク*の作業を要求するだろう。より安全で安心な自己保存のためにコンセプトを立て、設計図案を描き、それを実現して、ユーザーのアンケートによってその効果を「実証する」という手続きがたいていの場合退屈なのは、それが何物も**刷新**[18]せず、何の意外性ももたらさないからである。**ゼンテイ**[19]をあえて揺るがし、より強力な生を蘇《よみがえ》らせる哲学的要素を持たないからである。

〈古賀徹「序にかえて」古賀徹編『デザインに哲学は必要か』〉 都立大

*批評、批判

①悪い点を改めて新しくすること　②記録などを新しくすること
③すべてをすっかり新しくすること　④古い習慣などを改めて新しくすること

▼将棋界の藤井聡太四段の快進撃がついにとまった。とはいえ、二十九連勝とはたいへんな**イギョウ**[20]である。もって生まれた**テンプ**[21]の才はあるのだろうが、彼は、AI（人工知能）の将棋ソフトを使って練習を重ねた、という。今後、AIによる**クンレン**[22]が標準化することは**必定**[23]であろう。練習ならよいが、実際に、すでにAIと人間の棋士の対決は、ここ二年間、AIが勝っている。昨年には、**イゴ**[24]で韓国人の世界トップ棋士相手にAIが四勝一敗で勝利した。前世紀末には、チェスでもAIは勝利している。現時点でいえば、この種の能力に関しては、AIは人間よりもはるかに上である。ゲームに限らず、将来、AIは人間の**ズノウ**[25]をはるかにしのぐ仕事をするだろう、とも思えてくる。

〈佐伯啓思「(異論のススメ) 加速するAI技術　迫られる『人間とは何か』」〉 山梨大

①そうなると決まっていること　②道理にかなっていること
③なくてはならないこと　④用を果たすために要ること

| 13 | 14 | 15 | 16 | 17 | 18 | 19 | 20 | 21 | 22 | 23 | 24 | 25 |
| --- | --- | --- | --- | --- | --- | --- | --- | --- | --- | --- | --- | --- |
| 奮起 | 廃 | ① | 分裂 | 要請 | ① | 前提 | 偉業 | 天賦 | 訓練 | ① | 囲碁 | 頭脳 |

# 第5章　長文問題②　情報

50/75

**赤傍線部の語の意味を後から選び、傍線部のカタカナを漢字にせよ。**

▼多くの人は「人間という[26]**カテゴリ**に自分を入れてください」「人間はロボットより[27]**エラ**いことにしておいてください」と[28]**センザイ**的に思っている。そうやって「そもそも人間がロボットより[29]**ユウイ**である」ということにしておかなければ、個別のタスクで比べられると、人間はすでに機械に勝てない。たとえば、どれだけ速く計算できるか、たくさん記憶できるか、正確にものを組み立てられるか、どれだけクイズに強いか、どれだけ早く株をトレードできるか、どれだけチェスが強いか……。やるべき作業が明確に定義できる仕事は、ほぼすべて機械が勝つ。〈石黒浩「アンドロイドは人間になれるか」〉 関学大

**①概念　②共同体　③社会　④範疇《はんちゅう》**

▼「メディアの不信」が語られる場合、メディア・リテラシーの学習の成果、つまり[30]**シュザイ**や[31]**ホウドウ**の不備、[32]**ステレオタイプ**による[33]**アンイ**なホウドウを見出し、それを改善しようとする態度を指すことがある一方で、猜疑《さいぎ》心に覆われた、悲観的かつ感情的でメディアを[34]**キョゼツ**するような「不信」が同時に語られている。後者の特徴は、メディアの批判はするが、その先のビジョンは示されない。また、自らは言論・表現の自由の権利によって気に入らないメディアを批判しているにもかかわらず、非難の[35]**ホコサキ**を向けるメディアの言論・表現の自由の権利には[36]**フカンヨウ**だ。〈林香里『メディア不信』〉 奈良教大

**①大げさな表現　②ありふれたやり方　③ずさんな方法　④独自の解釈**

▼SNS上のフェイクニュースも、メディア流言と同様に、その内容の大半は犯罪・災害・戦争など[37]**キョウフ**や[38]**ゾウオ**の感情を呼び起こす否定的な[39]**ジショウ**であり、特に[40]**マイノリティー**や外敵に関する差別表現が多い。それは人間という生き物の暗部を理解するためには必要なデータである。ヘイト情報として取り締まるべき対象であったとしても、それは私たち自身が[41]**シンシ**に向き合う課題である。しかし、そうしたヘイト情報に向き合うこと、ましてその[42]**キセイ**にたずさわることは、誰に

26 ④
27 偉
28 潜在
29 優位
30 取材
31 報道
32 ②
33 安易
34 拒絶
35 矛先
36 不寛容
37 恐怖

とっても決して気持ちのよい仕事ではない。

〈佐藤卓己『流言のメディア史』〉 徳島大

①厭世《えんせい》主義　②少数派　③大衆主義　④多数派

▼眼鏡をかけた人や**クツ**[43]を履いた人をあえてサイボーグと呼ばないのは、そのことで人の本性に変化が生じているようには感じられないからだろう。だが、**釈然としない**[44]思いも残る。この自然と不自然の感覚は、私たちの本来的な感覚なのだろうか。サイボーグであることがあたりまえの世界で、そのことに**ナ**[45]れてしまえば、眼鏡でみる世界と眼でみる世界のあいだに本質的な**サイ**[46]などないのではないか。

〈山崎吾郎「技術と環境――人はどうやって世界をつくり、みずからをつくりだすのか」〉 岐阜大

①理由がどうであれ理解できない　②理由がわかってもすっきりしない
③理由がわからず納得できない　④理由を知っても受け入れ難い

▼『フランケンシュタイン』に登場するモンスターは、その製作者や家族や友人たちの命を次つぎに**ウバ**[47]っていく。人は、みずからが生み出した技術によって滅ぼされるという恐れを、常にイダいているのではないか――人々の**イダ**[48]く技術イメージを、アシモフは**喝破**[49]した。この**アンビバレンス**[50]は新しい技術が出現するたびに再生産されてきた。しかし、昨今の自律的技術や生命操作技術に関しては、おそらく先に挙げた四つの新しい特性ゆえに、ことにその度合いが強いように思う。

〈佐倉統「科学技術は暴走しているのか？」〉 成蹊大

49 ①当たり前のことを偉そうに言い立てること　②誤りを正すこと
③大声でしかりつけること　④物事を見抜いてはっきり言うこと

50 ①イメージもつきまとっていて、全体的印象が定まらないこと
②格差が大きくなるという不均衡が必ずあること
③疑問を感じ、技術に対する判断ができなくなること
④全く対立する感情が常に同時に存在すること

38 憎悪
39 事象
40 ②
41 真摯
42 規制
43 靴
44 ②
45 慣
46 差異
47 奪
48 抱
49 ④
50 ④

**( )にあてはまる語を後ろから選び、傍線部のカタカナを漢字にせよ。**

▼情報テクノロジーの**フキュウ**[51]拡大は、労働力の一部の部門に、**シゲキ**[52]に満ちた好機を確かに創りだす。たとえば、メディアや、広告、デザインの領域では、情報テクノロジーは、たんにその専門領域の創造性を高めるだけでなく、一人ひとりの労働形態にフレキシビリティを導入する。このように有名建築家の名声を飛躍的に高め、**シセイ**[53]の建築家たちの日々の業務を軽減させた技術**カクシン**[54]であるが、それにともなう「( **55** )」を同時にもたらしていくことになるのである。

〈松村淳『建築家として生きる――職業としての建築家の社会学――』〉

同志社大

**①荒療治　②解毒剤　③処方箋　④副作用**

▼「技術は勝手に進歩してしまう」「あまりに進化のスピードが速くて、何が起こっているのか分からない」などと放置している間に、技術の**セイド**[56]はどんどん上がっていき、私たちを取り込み、支配する仕組みはさらに巧妙になっていくだろう。このままいけば、まるで冷戦時代の軍拡競争のように、AIの**カクチョウ**[57]競争は激しさを増し、やがては**シュウシュウ**[58]がつかなくなる。核兵器と同じで、あらゆるところでAIが使われることになれば、技術そのものが**ホウワ**[59]して( **60** )してしまい、やがて誰もその技術に関心を持たなくなる可能性もある。

〈堀内進之介『人工知能時代を〈善く生きる〉技術』〉

成蹊大

**①一元化　②観念化　③実用化　④陳腐化**

▼神は自らに似せて人を作ったというが、人間は自らに似せたAIを作りたがる。そこにはおのれの鏡像に魅せられる( **61** )と、神の真似事をしてみたい万能感が垣間見《かいまみ》える。しかし繰り返すが、AIの真価は、その**タグ**[62]い希《まれ》な記憶と計算力によって、人知を補完することまでだ。なにもAIが人間と同様の**ホウカツ**[63]的な知性である必要はない。ピアノが弾ける五本指のロボットを作ろうとして苦労するくらいなら、**ケンバン**[64]の数だけ指のあるロボット、すなわち自動ピアノで十分ではないか。

| 51 | 52 | 53 | 54 | 55 | 56 | 57 | 58 | 59 | 60 | 61 | 62 |
|---|---|---|---|---|---|---|---|---|---|---|---|
| 普及 | 刺激 | 市井 | 革新 | ④ | 精度 | 拡張 | 収拾 | 飽和 | ④ | ③ | 類 |

〈斎藤環「AIが決して人間を超えられない理由」〉　埼玉大

**①エゴイズム　②コンプレックス　③ナルシシズム　④ニヒリズム**

▼個人のインターネット上で発表された文章は、著者の個人名を特定しにくいことが多く、しかも無[65]**シンサ**であり、そして知らないうちに変更され消えていく。だから、科学的発見をたとえ個人サイトに[66]**ケイサイ**したとしても、それは科学上の業績としては認められないのである。個人が自由に発信できるというインターネットの利点が、逆にその信頼性を個人の見識に依存した[67]**トクイ**なものにしてしまう。どんなに（ **68** ）ように見える文章でも、発信者が誰であるかを伏せられるために、責任の所在と信頼性がはっきりしない場合が多い。

〈酒井邦嘉『科学者という仕事―独創性はどのように生まれるか』〉　成蹊大

**①板に付いた　②砂をかむ　③不意を突いた　④的を射た**

▼この時期のラジオは[69]**コウハン**な同時伝達性をもって登場した新しいテクノロジーではあったが、一方、録音することはかなわない、はかない[70]**バイタイ**であった。それゆえ[71]**チョウシュウ**は耳を傾ける間、そのライブ性を[72]**タンノウ**しながらも、停止不能で（ **73** ）な時間を生きねばならなかった。これに対比したとき、紙バイタイのもつ蓄積性と（ **74** ）という特色が[75]**キワダ**つ。戦歴や勝率などのデータ、さらには視覚的なイメージが紙面に載せられてファンの手元に届き、長くとどまる。それは貯め置かれ、繰り返し参照される知の貯蔵庫として機能する。

〈日比嘉高「声の複製技術時代」〉　青学大

**73**　**①暫定的　②通時的　③不可逆的　④不可避的**

**74**　**①拡張性　②機能性　③縦覧性　④多産性**

| 63 | 64 | 65 | 66 | 67 | 68 | 69 | 70 | 71 | 72 | 73 | 74 | 75 |
|---|---|---|---|---|---|---|---|---|---|---|---|---|
| 包括 | 鍵盤 | 審査 | 掲載 | 特異 | ④ | 広範 | 媒体 | 聴衆 | 堪能 | ③ | ③ | 際立 |

# 第6章 同音異義語①

50/100

1 □友人に心から**アヤマ**る。
悪かったと思い相手に許しを願う。わびる

2 □機械の操作を**アヤマ**る。
間違える。失敗する

3 □提案に**イギ**を唱える。
他人と違った意見やぎろん

4 □**イギ**を正して式に出席する。
礼式にかなった態度

5 □たいへん**イギ**のある発言。
価値や重要性

6 □親の**イコウ**をかさに着る。
自然に人を従わせるようないげん

7 □相手の**イコウ**を確かめる。
心のむかうところ。思わく

8 □新しい環境に**イコウ**する。
状態がうつりゆくこと

9 □**イショウ**を凝らした庭。
作品などを作るときに工夫をめぐらすこと。趣向

10 □舞台**イショウ**に身を包む。
芸能において出演者が着る服

11 □**イショク**の経歴を持つ人。
他と違う特長があるさま

12 □臓器**イショク**の手術。
うつしうえること

謝　誤　異議　威儀　意義　威光　意向　移行　意匠　衣装　異色　移植

13 □監査役を**イショク**する。
特定の仕事を他の人にまかせること

14 □怪我をした足が**イタ**む。
病気・怪我などで体にいたみを覚える

15 □刺身は**イタ**むのが早い。
腐ったりきずついたりして悪くなる

16 □友人の死を**イタ**む。
人の死を嘆き悲しむ

17 □**イヨウ**を誇る建造物。
他を圧倒するようないげんある姿

18 □**イヨウ**な姿に息を呑む。
普通とは変わったようすであること

19 □敵の本拠地に**ウ**ち入る。
攻撃する。攻め滅ぼす

20 □初めて鉄砲を**ウ**つ。
矢・弾丸などを発射する

21 □住居を市外に**ウツ**す。
位置や地位を変える

22 □スライドを画面に**ウツ**す。
えい像をスクリーンの上などにうつし出す

23 □文章をノートに**ウツ**す。
まねてそのとおりに書き表す

24 □**エイイ**努力を続ける。
集中して励むこと

委(依)嘱　痛　傷　悼　威(偉)容　異様　討　撃　移　映　写　鋭意

25 □ 自然の**エイイ**が作る絶景。
人間の日々のいとなみ

26 □ 食品**エイセイ**の検査をする。
健康を保ち病気を予防すること

27 □ 人工**エイセイ**を打ち上げる。
惑せいの周囲を回る天体

28 □ **エンカク**の地を訪れる。
とおくはなれていること

29 □ 会社の概要と**エンカク**。
物事の移り変わり。変遷

30 □ 激しいパンチの**オウシュウ**。
やられたことをやり返すこと

31 □ 証拠品を**オウシュウ**する。
占有して確保すること

32 □ 命の危険を**オカ**す。
困難や危険を乗り越えて行動する

33 □ 他国の領土を**オカ**す。
他国の土地に不法に立ち入る

34 □ 大きな罪を**オカ**す。
法律・規則・倫理などに背くことをする

35 □ 大学で医学を**オサ**める。
学んで身につける

36 □ 成功を**オサ**める。
きちんとしまう

37 □ 税金を**オサ**める。
受け取り手に渡す

営為　衛生　衛星　遠隔　沿革　応酬　押収　冒　侵　犯　修　収　納

38 □ 国を**オサ**める。
秩序ある状態にする

39 □ 高校の三年間**カイキン**する。
一日も休まず出席したりつとめに出ること

40 □ アユ漁の**カイキン**日。
きんしの命令をとくこと

41 □ **カイキン**シャツを注文する。
えりをひらくこと

42 □ 二十世紀を**カイコ**する。
過去を思い出すこと

43 □ 従業員が突然**カイコ**される。
こよう契約を一方的にとくこと

44 □ 年とともに**カイコ**趣味が強まる。
昔をなつかしむこと

45 □ **ガイトウ**インタビューを受ける。
市がい地の道路。広場

46 □ **ガイトウ**する箇所を示す。
条件に適合すること

47 □ 仕事から**カイホウ**される。
束縛・制限を取り除き自由にすること

48 □ 病人を**カイホウ**する。
けが人や病人の世話をすること

49 □ 病状に**カイホウ**の兆しがある。
病気・怪我などがだんだん治ってくること

50 □ 入り口の扉を**カイホウ**する。
あけはなつこと

治　皆勤　解禁　開襟　回顧　解雇　懐古　街頭　該当　解放　介抱　快方　開放

# 第6章 同音異義語②

100/100

| | | |
|---|---|---|
| 51 □ **カクシン**を突いた質問。 | 物事のちゅうしんである大切なところ | 核心 |
| 52 □ 敗北を**カクシン**した瞬間。 | 固くしんじて疑わないこと | 確信 |
| 53 □ **カクシン**的なアイデア。 | あたらしく変えようとすること | 革新 |
| 54 □ 道路の**カクチョウ**工事。 | 範囲や規模などを広げて大きくすること | 拡張 |
| 55 □ **カクチョウ**の高い名文。 | 全体の品かく | 格調 |
| 56 □ 馬が野原を**カ**ける。 | はやく走る | 駆 |
| 57 □ ハンガーに服を**カ**ける。 | 高い所からぶら下げる | 掛(懸) |
| 58 □ 社会常識に**カ**ける人。 | 足りない。不足する | 欠 |
| 59 □ **カサク**な映画監督。 | せいさく数が少ないこと | 寡作 |
| 60 □ 美術展で**カサク**に入選する。 | 入選さくに次いで優れたさくひん | 佳作 |
| 61 □ **カセツ**トイレを配置する。 | かりにもうけること | 仮設 |
| 62 □ **カセツ**を実証してみせる。 | かりに立てるせつ | 仮説 |

| | | |
|---|---|---|
| 63 □ 橋梁の**カセツ**工事を行う。 | かけ渡すこと | 架設 |
| 64 □ **カセン**状態となった市場。 | 少数の大企業が市場を支配すること | 寡占 |
| 65 □ **カセン**の氾濫を防ぐ。 | 大小さまざまのかわ | 河川 |
| 66 □ 博士**カテイ**を修了する。 | 学習・作業の順序や内容 | 課程 |
| 67 □ 車の製造**カテイ**を見学する。 | 物事の進行・変化・発展していくみちすじ | 過程 |
| 68 □ カラカラに喉が**カワ**く。 | のどに潤いがなくなる | 渇 |
| 69 □ 洗濯物がすぐに**カワ**く。 | 物に含まれる湿気・水分がなくなる | 乾 |
| 70 □ **カンカ**できない問題。 | 見逃すこと | 看過 |
| 71 □ ドラマに**カンカ**される。 | 考え方や行動に影響を与えへんかさせること | 感化 |
| 72 □ 学習意欲を**カンキ**する。 | 呼びおこすこと | 喚起 |
| 73 □ 圧勝に**カンキ**する人々。 | 非常によろこぶこと | 歓喜 |
| 74 □ 窓を開けて**カンキ**する。 | 汚れたくうきを新鮮なくうきと入れ替えること | 換気 |

| | | | |
|---|---|---|---|
| 75 | □顧客に収益を**カンゲン**する。 | 物事をもとの状態に戻すこと | 還元 |
| 76 | □**カンゲン**を弄する政治家。 | 相手の気に入るようなうまいことば | 甘言 |
| 77 | □単純な語句に**カンゲン**する。 | いいかえること | 換言 |
| 78 | □名画を**カンショウ**する。 | 芸術作品などを味わうこと | 鑑賞 |
| 79 | □雪景色を見て**カンショウ**に浸る。 | 物事をかんじて心をいためること | 感傷 |
| 80 | □工業地帯の**カンショウ**緑地。 | しょうとつ・しょうげきを和らげること | 緩衝 |
| 81 | □人の生活に**カンショウ**する。 | 他人のことに立ち入ること | 干渉 |
| 82 | □勤勉な態度に**カンシン**する。 | 優れたものとしてこころに深く感じること | 感心 |
| 83 | □上司の**カンシン**を買う。 | 嬉しく思う気持ち | 歓心 |
| 84 | □戦国武将に**カンシン**がある。 | 興味を持ち注意を払うこと | 関心 |
| 85 | □発表と同時に**カンセイ**が上がる。 | よろこびのあまり出すこえ | 歓声 |
| 86 | □豊かな**カンセイ**の持ち主。 | 刺激に応じて何かのかん覚を生ずる心のはたらき | 感性 |
| 87 | □**カンセイ**な住宅街を歩く。 | しずかで落ちついたさま | 閑静 |
| 88 | □**カンタン**相照らす仲。 | 心の奥底。「カンタン相照らす」で互いに打ち解ける | 肝胆 |
| 89 | □すばらしい演技に**カンタン**する。 | かんしんして褒めたたえること | 感嘆 |
| 90 | □他者に**カンヨウ**な態度で接する。 | 心が広く、人の言動をよく受け入れること | 寛容 |
| 91 | □何事にも我慢が**カンヨウ**だ。 | きわめて大切であること | 肝要 |
| 92 | □外国語の**カンヨウ**句を習う。 | しゅうかん的にもちいること | 慣用 |
| 93 | □戦地から無事**キカン**する。 | 戦地などの遠方からかえってくること | 帰還 |
| 94 | □肺やえらなどの呼吸**キカン**。 | 生物の生理機能を持つ部分 | 器官 |
| 95 | □日本の**キカン**産業。 | 中心となるもの | 基幹 |
| 96 | □薬の**キ**き目がない。 | こうか・作用などが現れる | 効 |
| 97 | □**キ**き腕ではない方で絵を描く。 | 本来の能力が十分発揮される | 利 |
| 98 | □南国の温暖な**キコウ**。 | 一年周期で繰り返されるたいきの総合状態 | 気候 |
| 99 | □産業再生**キコウ**の業務。 | 物が組み立てられているしくみ | 機構 |
| 100 | □土佐日記などの**キコウ**文。 | 旅行中のおこない・見聞などを書き記した文 | 紀行 |

1 □ レースも**シュウバン**に差し掛かった。
おわりに近づいた局面
終盤 愛教大

2 □ 展覧会で名画を**ナガ**める。
見渡す。風景を見る
眺 名古屋大

3 □ 異教徒に**カイシュウ**を迫る。
別のしゅう教に信仰を変えること
改宗 県広島大

4 □ 連休は**ドンテン**のスタートとなった。
くもり空
曇天 関学大

5 □ 資本主義の**オンケイ**を受ける。
めぐみや慈しみ
恩恵 山梨大

6 □ 高級食材として**チンチョウ**される。
めずらしいものとして大切にすること
珍重 京都大

7 □ 物体の**シンプク**を目測する。
止まっている位置からはかったしん動のはば
振幅 立教大

8 □ ステージで**カッサイ**を浴びる。
手をたたいて褒めること
喝采 富山大

9 □ 「君は太陽だ」と**アンユ**で表現する。
そのものの特徴を、直接他のもので表現する方法
暗喩 愛教大

10 □ 面と向かって**ブジョク**する。
相手を見下してはずかしめること
侮辱 都立大

11 □ 実力を**イカン**なく発揮する。
心残りであること
遺憾 高崎経大

12 □ **センジン**を切って挑戦する。
一番乗り。さきがけ
先陣 立命館大

13 □ **コウトウムケイ**な案。
現実離れして馬鹿げていること
荒唐無稽 和歌山大

14 □ 実力を**ハッキ**する。
持っている能力などを働かせること
発揮 名古屋大

15 □ **ガケ**下に並ぶ民家。
山や岸などが険しく切立ったようになっている所
崖 弘前大

16 □ 作品の**ソウゾウ**に力を注ぐ。
新しくつくること
創造 関西大

17 □ 事件の**ゼンボウ**が明らかになる。
すべての部分のありさま
全貌 京都府大

18 □ 地面に鳥の**カゲ**が映る。
物によって光の妨げられた暗い部分
影 琉球大

19 □ **ゴラク**番組を見て屈託なく笑う。
遊びやたのしみ
娯楽 岩手大

20 □ 心にもないお**セジ**を言う。
思ってもいない褒め言葉
世辞 山形大

21 □ 自我を**カクリツ**する。
組織・思想などをしっかり定めること
確立 早稲田大

22 □ 学生を**タイショウ**とした講演。
はたらきかけの目標
対象 愛教大

23 □ 新しい制服に**ソデ**を通す。
衣服で、腕を通す部分
袖 青森公大

24 □ **キキ**迫る演技。
恐ろしいけはい。恐ろしいほどのきはく
鬼気 関学大

25 □ 現金の**ゾウヨ**を禁じる。（他者に物品をおくりあたえること） 贈与 都留文大

26 □ 読書は心の**カテ**だ。（活力の源となるもの） 糧 都立大

27 □ 彼は**カットウ**に苦しんでいた。（心の中に相反するものが存在しその選択を迷う状態） 葛藤 早稲田大

28 □ 我々には**ムエン**の出来事だ。（えんがないこと） 無縁 弘前大

29 □ 映画を**カンショウ**する。（芸術作品などを味わうこと） 鑑賞 早稲田大

30 □ 両者は**コウオツ**がつけがたい。（二つのものの間の優劣） 甲乙 センター

31 □ 科学者の**コウセキ**をたたえる。（すぐれた働きや手柄） 功績 静岡大

32 □ 甘美な時間を**キョウジュ**する。（味わって楽しむこと） 享受 愛媛大

33 □ **ホウケン**制度の確立した時代。（土地を介した主従関係に基づく制度） 封建 日本大

34 □ 洗濯機などの文明の**リキ**。（便利なきぐや機械） 利器 山梨大

35 □ 民間**デンショウ**を本にまとめる。（つたえられてきた言いつたえ） 伝承 岐阜大

36 □ 負けて**イキショウチン**する。（げんきをなくしてがっかりする様子） 意気消沈 関学大

37 □ お決まりの**テンカイ**のドラマ。（物事を繰り広げること） 展開 北教大

38 □ 彼は**センサイ**で感受性が強い。（感情や感覚がこまやかなこと） 繊細 山口大

39 □ 小説の**サシエ**を描く。（文章の間にはさみこむえ） 挿絵 立教大

40 □ 子ども時代を**カイソウ**する。（昔経験したことをいろいろ思い出すこと） 回想 尾道市大

41 □ 歴史から題材をとった**マンガ**。（連続した絵と、多くは台詞を伴って表現された物語） 漫画 愛教大

42 □ 非常に**ユウベン**な脚本家。（説得力をもって力強くよどみなく話すこと） 雄弁 一橋大

43 □ 根拠のない誹謗中傷。（他人を悪く言うこと） ひぼう 名古屋大

44 □ 賑やかな大通りを歩く。（人が多く集まり活気がある） にぎ 中京大

45 □ 理由を滔々と述べた。（よどみないさま） とうとう 釧路公大

46 □ 部屋の様子を窺う。（気づかれないように様子を見る） うかが 大阪大

47 □ 人類の終焉を描いた映画。（死を迎える時） しゅうえん 都留文大

48 □ 思い切って本心を披瀝した。（心中を隠さず話すこと） ひれき 関学大

49 □ 毎日の家事が億劫になる。（面倒で気が進まないこと） おっくう 尾道市大

50 □ 蜃気楼が道路の上に見える。（光の屈折で景色が通常と異なって見える現象） しんきろう 琉球大

51 □ 医学の範疇に属する問題。（性質を同じにするものが属する部類） はんちゅう 立命館大

52 □ 海賊に囚われる。（捕まって身柄を拘束される） とら 大阪大

104/104

53 □ 芝居の**セリフ**を覚える。 俳優が劇で言う言葉 — 台詞（信州大）

54 □ 紙の**ハシ**に印をつける。 物のへりの部分 — 端（早稲田大）

55 □ 十分な**エイヨウ**を摂る。 生物が体外から物質を取り入れること — 栄養（名古屋大）

56 □ 草むらの中に蛇が**ヒソ**む。 人目につかぬよう隠れている — 潜（広島大）

57 □ **ゲンジュウ**に注意する。 いい加減にせずきびしい態度 — 厳重（法政大）

58 □ **スルド**い審美眼を備える。 感覚に突きささるような勢いがある — 鋭（名古屋大）

59 □ 風情ある街並みに**カンガイ**を覚える。 心に深くかんじしみじみと思うこと — 感慨（関西大）

60 □ 誕生の**シュンカン**を見る。 きわめて短いあいだ — 瞬間（千葉大）

61 □ 家の増築を**ケントウ**する。 よいかどうかを詳しく調べ考えること — 検討（岡山大）

62 □ 心温まる拍手に**カンルイ**した。 心に深くかんじて流すなみだ — 感涙（富山大）

63 □ 証拠不十分で**シャクホウ**される。 逮捕などで拘束されていた人が解かれること — 釈放（早稲田大）

64 □ **ビミョウ**に色彩が異なる。 一言では言い表せないほど細かく複雑なさま — 微妙（岐阜大）

65 □ 江戸時代の**ゴウショウ**。 富を蓄え、規模の大きなあきないを営むしょうにん — 豪商（福岡教大）

66 □ 公園の**コショウ**を変更する。 よび名 — 呼称（東京大）

67 □ 暴君を**ダトウ**する。 相手をたおすこと — 打倒（上智大）

68 □ **セイイッパイ**努力する。 力の限り — 精一杯（名古屋大）

69 □ 背後の**ケハイ**を感じ取る。 周囲から何となく感じられるさま — 気配（山梨大）

70 □ 池の**シュウエン**を散歩する。 もののまわり — 周縁（早稲田大）

71 □ 万全の**サク**を講じる。 はかりごと。計画 — 策（岡山大）

72 □ 状況に従って**ズイジ**対応する。 そのときどき。いつでも — 随時（宇都宮大）

73 □ 肝を**ス**えて立ち向かう。 置くべき場所を決めて動かさないようにする — 据（大分大）

74 □ **カンコドリ**が鳴く喫茶店。 人の訪れがなく寂れた様子 — 閑古鳥（関学大）

75 □ 的確な指示で部下を**ミチビ**く。 迷わず目的のところに行けるように教え示す — 導（学芸大）

76 □ 夜の**ヤミ**が迫る。 光がなく暗いこと — 闇（熊本県大）

77 □ **ヨウヨウ**たる前途が広がっている。
限りなく広がるさま。希望に満ちているさま
洋洋 名古屋大

78 □ 選手として**カツヤク**する。
生き生きとめざましくかつ動すること
活躍 中央大

79 □ **ブンケン**の内容を理解する。
何かを知るために役立つ書物
文献 山梨大

80 □ 景気が**コウタイ**する局面。
うしろへしりぞくこと
後退 早稲田大

81 □ 報道は**キョコウ**を含んではならない。
事実でないことを事実のように作り上げること
虚構 山形大

82 □ 彼女はスポーツが**トクイ**だ。
自信があり優れていること
得意 明治大

83 □ 機械を分解して**コウゾウ**を確かめる。
全体を作り上げている部分の組み合わせ
構造 金沢大

84 □ その研究は学界で**イタン**とされた。
正統から外れていること
異端 宮城教大

85 □ **トクチョウ**的な屋根の形。
他と異なってとくに目立つ点
特徴 小樽商大

86 □ その行為は愚の**コッチョウ**だ。
これ以上ないこと
骨頂 関学大

87 □ **ブツリュウ**にかかるコストを抑える。
商品を消費者に届ける過程
物流 岐阜大

88 □ 不思議な**マジュツ**で変身する。
まりょくで人の心をまどわす不思議な力
魔術 お茶女大

89 □ 曲がりくねった**セマ**い道。
面積や間隔に余裕がない
狭 信州大

90 □ 仲間と**ケッタク**して悪事をはたらく。
示し合わせてぐるになること
結託 立教大

91 □ ライオンの**トウソウ**本能。
相手をおしのけようとして戦うこと
闘争 岐阜大

92 □ **ヒンシュツ**問題を演習する。
何度も現れでること
頻出 センター

93 □ 隣国との国交を**ダンゼツ**する。
続いてきたものがたえること
断絶 都立大

94 □ 時間をかけて咀嚼する。
食物をかんで砕くこと
そしゃく 名市大

95 □ ひとりごとを呟く。
小さな声でひとりごとを言う
つぶや 琉球大

96 □ ライバル同士の熾烈な争い。
勢いが盛んで激しいこと
しれつ 関学大

97 □ 名誉を挽回する。
失ったものを取り戻すこと
ばんかい 小樽商大

98 □ 勝利に快哉を叫ぶ。
愉快だと思うこと
かいさい 明治大

99 □ 家庭内で諍いが絶えない。
言い合い。けんか
いさか 静文芸大

100 □ 非常に稀なケース。
とても珍しいさま
まれ 名古屋大

101 □ 長年かけて水滴が岩を穿つ。
穴をあける
うが 関学大

102 □ 菅原道真を祀る神社。
神としてあがめる
まつ 琉球大

103 □ 辞書の編纂に携わる。
様々な材料を集め書物にまとめること
へんさん 上智大

104 □ 論文の推敲を重ねる。
文章などを何度も練り直すこと
すいこう 釧路公大

▼太字の語の意味を後から選べ。

1 □まさに温泉文学の**逸品**である。
①質の高い優れた作品 ②規模の小さい作品
③生きている間に残した作品
① 立命館大

2 □博大な知識が**援用**される。
①助けるためにその人の利益となることを主張すること
②自説の補強のため他の文献などを引用すること
③他の説を否定する形で自説を展開すること
② 茨城大

3 □**既成**の歪《ゆが》んだ近代文学の状況。
①状況が定まらないこと
②これからも存在し続けること
③すでにできあがっていること
③ 千葉大

4 □ぼくはこの物語を骨格だけの**寓話**に書きかえた。
①教訓を込めたたとえ話 ②興味をそそる話
③巧妙な作り話
① 尾道市大

5 □地域や血縁の**軛**《くびき》からの解放と引き換えに彼女を天涯の孤独に置く。
①切り離せないつながり ②心を傷つけるもの
③自由を妨げるもの
③ 北海道大

6 □**凝縮**と簡潔化は日本人は得意であるはずだ。
①疑いの目で見ること ②簡単で要領を得ていること
③内容が一つにまとまること
③ 千葉大

7 □筆者の**愚見**によれば、人称代名詞のこのデタラメぶりと、指示代名詞の整然たるコソアド称格体系は一枚の楯の両面である。
①自身の考えをへりくだっていう意見
②周囲への配慮なしにいう意見
③物事を斜めからの視点で見ていう意見
① 防衛医大

8 □講演などにみられる彼の姿勢は**啓蒙**《けいもう》—指導する側にあった。
①宗教的な救いを与えること
②正しい考え方をたたき込むこと
③知識を与え、教育すること
③ 法政大

9 □『徒然草』には、滑稽な話、**巷間**《こうかん》の噂話、日常生活の豆知識など、さまざまな内容が書かれている。
①内々 ②当時 ③世の中
③ 静文芸大

10 □彼が執筆した**浩瀚**《こうかん》な研究書の記述にしたがう。
①最新 ②大部 ③有名
② 成蹊大

11 □詩人とは決して**恍惚**《こうこつ》のうちに創作するものではなく、微量の劇薬を計る化学者の冷静を必要とする。
①思いがけず感動すること
②心を奪われうっとりすること
③詳細までを鮮明に記憶すること
② 北九市大

12 □**辛辣**な文明批評や痛烈な人間批判を浴びた読者が、苦笑するだけでいられる視点構造。
①的外れ ②手厳しい ③冷ややか
② 学芸大

13 □とりとめもなくうつろいゆく心を書きとめることの、狂気じみた危うさが**吐露**されている。
①心の中の考えを打ち明けること
②一つ残らず全てを吐き出すこと
③一人つぶやくように述べること
① 國學院大

14 □人間の心情の**発露**が詩だというのだ。
①強調 ②表明 ③発揮
② 北教大

15 □さまざまなアクシデントに見舞われながら、それらを自分の中だけで**反芻**《はんすう》していく語り口が笑いを誘う。
①繰り返しよく考えること
②深くかえりみること
③改善するために確かめること
① 熊本県大

16 □多くのシーンが**俯瞰**《ふかん》で眺められる。
①大ざっぱに見ること ②個別に見ること
③高所から見下ろすこと
③ 立命館大

17 □創発が生まれる瞬間、その**片鱗**《へんりん》がもしかしたら墓に残されているのではないか。
①いちばん大切な部分 ②ごくわずかな一部分
③ばらばらなものの一部分
② 高崎経大

18 □いっそう重く、いっそう**幽遠**な静寂な世界、それが芭蕉の目指した世界であろう。
①美しく魅力的なさま
②奥深い感じを与えるさま
③かすかで消え入りそうなさま
② 三重大

19 □「詩の構造とは並行性の連続である」というホプキンスの**テーゼ**は採用しなかったはずである。
①解釈 ②命題 ③妄言
② 成蹊大

20 □短歌がかたちを変えて表現しつづける根源的な**モチーフ**とは生のかけがえのなさである。
①作品の題材 ②思想的な裏付け ③典拠の継承
① 大阪公大

21 □幻想や怪異の物語が、**リアリズム**中心の日本の近代文学では排され、異端とされている。
①自然主義 ②写実主義 ③浪漫主義
② 千葉大

## 「文学・芸術」追加キーワード

22 □**韻文**
詩歌・俳句など、韻律や音数に制限のある文章。[対]散文
都留文大

23 □**叙情(抒情)**
自分の感情を述べ表すこと。
[例]叙情詩 [対]叙事
早稲田大

▼語の意味を参考に、空欄に当てはまる語句を選べ。

24 □漱石にとって《社会》とは自己自身に余計な（　）《自由を制限するもの》を課する意識そのものにほかならない。
①蘊蓄《うんちく》　②嚆矢《こうし》　③桎梏《しっこく》
③ 関学大

25 □文章にすると、拍子抜けするくらいに当たり前のことで（　）《ひどく驚くさま》としてしまう。
①愕《がく》然　②憤然　③猛然
① 滋賀大

26 □青年時代の最も（　）《実り多いこと》な時期をドイツにおいて研究に従事する。
①闊達《かったつ》　②潤沢　③豊饒《ほうじょう》
③ 東医歯大

27 □話は（　）《興味深い部分》に入る。
①大詰め　②佳境　③土壇場
② 立命館大

28 □『論語』にも（　）《あちこちに見えること》されるが、特に『大学』という古典に述べられている。
①隠見　②臆見　③散見
③ 山形大

29 □下人は盗みを働くことには（　）《ためらうこと》していたが、老婆との会話を機に、盗人になる。
①悔恨　②眩惑《げんわく》　③躊躇《ちゅうちょ》
③ 北海道大

30 □シェイクスピアの詩人としての「技巧」に漱石は（　）《感心して目を見張ること》する。
①刮《かつ》目　②瞠《どう》目　③瞑《めい》目
② 都留文大

31 □死後も親族縁者と（　）《互いに打ちとけて楽しむこと》できるという安心感が社会に行き渡り、人は死の恐怖を乗り越えた。
①交易　②交歓　③交誼《ぎ》
② 早稲田大

32 □霊安室と死者の退出口を人目のつかない所に設けて、生と死の空間を（　）《区別がはっきりとしたさま》とする。
①敢然　②毅《き》然　③截《せつ》然
③ 法政大

33 □芭蕉の発句の世界もまた永遠に（　）《極めて堅固なこと》である。
①石盤　②鉄拳　③盤石
③ 防衛医大

34 □その「全体」は、閉じたもの、つまりは（　）《意味がそれ以外考えられないさま》に完結したものではないということである。
①一義的　②多義的　③二義的
① 早稲田大

35 □「ロマン的世界」は日常の世界の否定と、「未来」および「向こう」の世界への「（強く心が引かれること）」を含んでいる。
①幻想　②憧憬　③美化
② 香川大

36 □そこにひらける（観念的なもの）的境地を、荘子は「広莫の野」と呼ぶ。
①可及　②形而《けいじ》上　③刹那《せつな》
② 成城大

37 □平安時代の歌とは違って、歌の内容を（別の言葉で言い換えること）する必要がない。
①クロスオーバー
②パラフレーズ
③パラレル
② 上智大

38 □千五百語の中に、新鮮なアイディア、完全な（筋書き）、意外な結末を完備するSF。
①トリック　②プロット
③ロジック
② 千葉大

39 □その期間の周囲の人々の言動は、背景にある（世界観）と死生観に強く規定された。
①コスモロジー
②サイコロジー
③バイオロジー
① 早稲田大

40 □この小説の（結末部分）に描かれた諸人物の像。
①エピローグ
②プロローグ
③モノローグ
① 岐阜大

41 □社会的連帯には、連帯への（感情）の介在は不要である。
①エートス　②トポス
③パトス
③ 中央大

42 □流言が拡散しやすい災害時において、（情報の質や意味を判断する能力）を身につけることは適切な行動につながる。
①シンパシー
②ポリシー
③リテラシー
③ 成蹊大

## 「文学・芸術」追加キーワード

43 □ **アンソロジー〈英〉** 島根大
同じ主題などによってまとめられた詩歌集や文芸作品集。

44 □ **フィクション〈英〉** センター
想像によって書かれた物語。
[対] ノンフィクション

45 □ **白砂青松** 立命館大
白い砂と青々とした松林。日本の美しい海岸。
[例] 白砂青松の景勝地。

▼太字の語の意味を後から選べ。

46 □見ると思わず**息をのむ**その装飾。
①息もできず動きが止まる ②息を止め緊張する
③はっと驚いて息を止める
③ 福岡教大

47 □人々の関心は魂の行き先の問題に集中し、この世に残された遺骸や骨が**ぞんざい**に扱われる傾向。
①いいかげん ②不用心 ③むやみ
① 筑波大

48 □自分を叱り続けて小説を書いていると、日頃いかに物の見方が**杜撰**《ずさん》であるかがよく分かる。
①安定しないこと ②正確でないこと
③いい加減なこと
③ 法政大

49 □星新一の作品のなかには、こうした秩序のイメージと混沌のイメージが**せめぎあう**ことがある。
①同時に混じり合う ②対立して互いに争う
③複雑に入り組む
② 千葉大

50 □文学と戦争は**抜き差しならない**ほどの共犯関係を結んでいる。
①危機が迫っている ②緊張して気が休まらない
③身動きが取れずどうしようもない
③ 金沢大

51 □温かい、**いわゆる**血の通った情緒がある。
①限定して言う ②世間一般に言う
③たとえて言う
② 尾道市大

52 □毎日、こうして大和の古い村や寺などを見ていたからって、**おいそれと**すぐにそれが天平時代そのままの姿をして僕の中に蘇ってくるわけはない。
①事に簡単に応じるさま
②いろいろな方面にわたるさま
③どちらつかずなさま
① 國學院大

53 □鑑賞とは遅々とした歩みであり、ときに間違ったり、迂回したり、なかなか**一筋縄ではいかない**。
①時間をかけても正解できない
②一つの手段では解決できない
③普通の手段では思うとおりにならない
③ 佐賀大

54 □理由の詮索は**ひとまず措**《お》**く**として、小説の中における夢の場面が安易であることは明瞭な事実だろう。
①一応たしかめる ②いったんやめにする
③きっぱりあきらめる
② 立教大

55 □読者は我執と技術の限界を、**まざまざと**上人から示されて、読書をおえることとなる。

①確かなことと実感して
②まるで本当のことのように
③まるで目の前に見るように

③ 富山大

**▼語の意味を参考に、空欄に当てはまる語句を選べ。**

56□そこから更に光の大洋、キリスト教義の更にもっと奥のことは知る（　）《手立て》もない。

①ゆるぎ　②よすが　③よねん

② 中央大

57□『無名抄』の長明は、一般には貴族文化に、（　）《とりわけ》は「和歌所」の世界に組みこまれていた。

①徒《いたずら》に　②徐《おもむろ》に　③殊に

③ 福井県大

58□彼はそれを誰彼に示しては、関西弁で（　）《こまごまと話すさま》**として**不平を陳《の》べるのである。

①齷齪《あくせく》　②杳《よう》　③縷縷《るる》

③ 奈良女大

59□平安朝の小さな物語ならその背景には（　）《あつらえむき》に見えるが、今度の仕事には使えそうもない。

①打っちゃり　②打って替え　③打ってつけ

③ 國學院大

60□通常「虚構」と呼ばれるのは、作中の出来事がいわゆる（　）《ありそうもないこと》であるかどうかという観点からだ。

①青天井　②絵空事　③破天荒

② 学芸大

---

61□敬う表現を（　）《誰もかれも例外なく》するようになると、ちっとも敬ったことにはならず、かえって相手はばかにされているような感じさえも持つに至る。

①籠の鳥も　②猫も杓子《しゃくし》も　③張り子の虎も

② 防衛医大

62□俗流化した文献学は一字一句の末に拘泥するものであり、（　）《細部にとらわれ全体を見失うという欠点》を生じやすい。

①大山鳴動し鼠《ねずみ》一匹の厄　②木を見て森を見ざる弊　③毛を吹いて疵《きず》を求む害

② 防衛大

63□ヤコブソンが念頭に置いていたのは（　）《詩の修辞法》**を踏む**ような定型詩である。

①跡　②韻　③轍《てつ》

② 成蹊大

64□「**李下に**（　）《疑いを招くようなことは避けよ》**を正さず**」とは、疑いを招くようなことは避けよ、という意味である。

①冠　②曲　③剣

① 法政大

## 「表現」追加キーワード

65□**臍《ほぞ》を噬《か》む**

もはやどうにもならないことを悔やむ。「ほぞ」はへそ。

防衛医大

66□**断腸の思い**

はらわたがちぎれるほどのつらく悲しい思い。

中央大

# 第6章 長文問題① 文学・芸術

25/75

**赤傍線部の語の意味を後ろから選べ。また、傍線部のカタカナを漢字にし、漢字は読みをひらがなで記せ。**

▼美とモラルと自我[1]**カクリツ**の次元において漱石が問題にしようとしていたことを、権力が制限した。漱石は作中にただの一行もこの法律には触れていない。だが〈家〉の[2]**桎梏**《しっこく》を脱して代助が自らの心情に従おうとするときのほとんど大仰すぎる狂乱ぶり、あるいは『門』の宗助夫婦が、親を棄て、親類を棄て、友達を棄て、社会を棄てて日当りの悪い[3]**ガケ**下に住み、御米《およね》のかつての夫、安井が近くまでやって来るときの夫婦の恐れにも、この法律の[4]**カゲ**がさしている。〈高橋和巳「漱石における政治」〉

法政大

①家族のきずなを作るもの　②感情を抑圧するもの
③自由な行動を束縛するもの　④伝統的なしきたりによるもの

▼宮澤賢治の物語には、人間と動物との境界線に生じる歓待や[5]**交歓**、[6]**ゾウヨ**や供犠、差別や暴力、[7]**カットウ**や[8]**トウソウ**をめぐるおかしくまた恐ろしくもある物語が数多くある。それは異類の者との愛と結婚という主題だ。しかし、賢治にはない人間と動物との物語の重要な主題群がある。それは、動物が境界線を超えてこちらの世界へとやってくるところにある。題の[9]**トクチョウ**は、動物が境界線を超えてこちらの世界へとやってくるところにある。〈矢野智司「越境する動物がもたらす贈物（ギフト）」〉

関学大

①互いが対等に渡り合うこと　②互いに打ち解けて楽しむこと
③互いに思いやること　④互いに信頼しあうこと

▼フィクションのなかで[10]**カツヤク**するスパイダーマン（動物人間）やハリー・ポッター（[11]**マジュツシ**）の非合理性が問われることはない。それはフィクションであって現実ではないからだ。だが、その区別自体が近代的思考の産物だとすれば、私たちは何か大きな錯誤に[12]**囚**われているのではないだろうか？　そもそも、「現実／[13]**キョコウ**」という区分は決して[14]**盤石**ではない。〈久保明教『機械カニバリズム――人間なきあとの人類学へ』〉

福岡女大

| 1 | 2 | 3 | 4 | 5 | 6 | 7 | 8 | 9 | 10 | 11 | 12 |
|---|---|---|---|---|---|---|---|---|---|---|---|
| 確立 | ③ | 崖 | 影 | ② | 贈与 | 葛藤 | 闘争 | 特徴 | 活躍 | 魔術師 | とら |

①極めて簡単であること　②しっかりしていてびくともしないこと
③確かではっきりしていること　④もろくて弱いこと

▼英訳では原文にない「列車」を主語に**ス**[15]え、列車がトンネルを抜けて雪国に入ったという解釈を持ち込む。だが、そうなると、その列車を外から**ナガ**[16]めている感じに変わり、日本人の読者は作品世界にしっくりと入り込めない。作中の眼はそんな**ゼンボウ**[17]を**俯瞰《ふかん》する**[18]位置にはない。車中にある島村という人物の感覚でものをとらえているようにも読める。だからこそ、それまで雪ひとつなかった上州からトンネルを抜けて越後に入った**シュンカン**[19]、**ヤミ**[20]の底に一面の銀世界がひろがっているのに驚く。「雪国」という語にそういう感動が映っているのだ。

〈中村明『日本の一文 30選』〉 京都府大

①ある視点から見渡す　②注意深く見る
③ながめて明らかにする　④ながめて推し量る

▼この歌には、音韻と韻律と季節の情感のリアリティが、**稀**[21]な幸運さで結びついていて、記憶の持続をたすけているとおもう。そして深読みすれば「何ゆゑに遠く来つる」というのが、柴舟《さいしゅう》の脚絆《きゃはん》、草鞋《わらじ》ばき姿の旅ばかりでなく、**形而上的な**[22]旅の経験さえ**アンユ**[23]している。そううけとることもできる。高校くらいの年齢と国語力でも、その辺のところは読めていた。柴舟からの**オンケイ**[24]は、それ以上拡がらなかった。だがおなじように、いまでも口の**ハシ**[25]に二、三行くらいとびとびになら浮かんでくる藤村の「千曲川旅情の歌」などは、詩へ深入りしてゆくきっかけになった。

〈吉本隆明『背景の記憶』〉 九州大

①社会的な　②精神的な　③肉体的な　④物理的な

| 13 | 14 | 15 | 16 | 17 | 18 | 19 | 20 | 21 | 22 | 23 | 24 | 25 |
|---|---|---|---|---|---|---|---|---|---|---|---|---|
| 虚構 | ② | 据 | 眺 | 全貌 | ① | 瞬間 | 闇 | まれ | ② | 暗喩 | 恩恵 | 端 |

# 長文問題② 文学・芸術

50/75

**赤傍線部の語の意味を後ろから選べ。また、傍線部のカタカナを漢字にし、漢字は読みをひらがなで記せ。**

▼前田愛は、明治時代の家庭におけるごく一般的な読書風景が、たとえば小説を音読する読み手の声に、家族みなが耳を傾けるという、共同的な**キョウジュ**[26]の仕方によるものであったことを、同時代の人人の日記や**カイソウ**[27]の一節を例に引きながら論じている。小説は個人的に**カンショウ**[28]されるものというより、家族共有の教養の**カテ**[29]、**ゴラク**[30]の**タイショウ**[31]として考えられていたらしい。このことは、一家団欒をおもんじる日本の「家」の生活様式（ラフカディオ・ハーンがいうように、それはプライヴァシーというものを欠いていた）、この時代の**リテラシイ**[32]の水準の低さ、戯作文学の民衆演芸的性格などの諸条件にもとづいていたとされる。

〈鶴ヶ谷真一「黙読」『増補　書を読んで羊を失う』〉

防衛医大

**①コミュニケーション能力**
**②伝達能力**
**③表現能力**
**④読み書き能力**

▼同じく伏見天皇の歌です。前の歌と同じことが言えます。夕暮れの星の光の明度が**ビミョウ**[33]に変化してきた**ケハイ**[34]をとらえて、「月が出るのだろうか。」と**呟**[35]いているところに、**センサイ**[36]で**スルド**[37]い感覚が**イカン**[38]なく**ハッキ**[39]されています。ここで私にとって面白く思われるのは、こういう鎌倉時代後期の歌の場合、平安時代の歌とは違って、歌の内容を**パラフレーズ**[40]する必要がほとんどなくなっているということです。つまり、詩のことばは**一義的**[41]になり、表面の意味の背後に別の隠された意味を探る必要がないのです。

〈大岡信『日本の詩歌』〉

青学大

**40**
**①拡大して解釈すること**
**②現代語に改めること**
**③深く理解すること**

26 〔享受〕
27 〔回想〕
28 〔鑑賞〕
29 〔糧〕
30 〔娯楽〕
31 〔対象〕
32 〔④〕
33 〔微妙〕
34 〔気配〕
35 〔つぶや〕
36 〔繊細〕
37 〔鋭〕

④別の意味に置き換えること

**41** ①意味が一つに限定されること ②単調で深みがないこと ③無意識に表出されること ④理性的で安定していること

▼このような[42]**ケントウ**に際して先生[*1]が引く[43]**ブンケン**はほとんど無数だが、しかしそれらの材料から過度の意味を引き出すことはない。近ごろの学者は[44]**パトス**だの[45]**コスモロジー**だのとカタカナで人をおどかして、ちょっとしたことに大上段の意味をおっかぶせるのが[46]**トクイ**で、また専門外の批評家などがそんなのを[47]**カッサイ**するのだが、前野先生はそういうのとは[48]**ムエン**である。[*2]甚解《じんかい》は野暮の[49]**コッチョウ**である。それどころか、「わからない」の類が[50]**ヒンシュツ**する。

〈高島俊男『本と中国と日本人と』〉 茨城大

＊1中国文学者前野直彬
＊2ここでは、必要以上に文章の細かい解釈などにこだわること

**44** ①感情 ②郷愁 ③性格 ④偏見

**45** ①宇宙論 ②先入観 ③大変動 ④民族性

| 38 | 39 | 40 | 41 | 42 | 43 | 44 | 45 | 46 | 47 | 48 | 49 | 50 |
|---|---|---|---|---|---|---|---|---|---|---|---|---|
| 遺憾 | 発揮 | ④ | ① | 検討 | 文献 | ① | ① | 得意 | 喝采 | 無縁 | 骨頂 | 頻出 |

# 長文問題③ 文学・芸術

75/75

**（　）にあてはまる語を後ろから選べ。また、傍線部のカタカナを漢字にし、漢字は読みをひらがなで記せ。**

▼ところで、そうした旅の**終焉**[51]としての生を語る女の言葉を、「私」は先に触れたとおり、ただふすま越しに寝床でもれ聞くばかりである。『オール讀物』の初出時の、横山隆一による**サシエ**[52]が**ユウベン**[53]だ。丸顔の男が布団をかぶってごろりと横たわり、頬杖をついている。確かにそれがここで「私」のやっているすべてである。「私」の内面の物語は無用であり、もはや彼はほとんどそこにいないも同然なのだ。ところがそのときこそ、作者の胸のうち深くに**ヒソ**[54]んでいた夢、男なき世界という夢がその（ **55** ）を鮮やかにきらめかせた。

＊1940年に掲載された井伏鱒二の短編小説「へんろう宿」

〈野崎歓『水の匂いがするようだ』〉 立命館大

**①一端　②深淵　③断面　④片鱗**

▼これは『ハムレット』五幕一場の、いわゆる「墓掘り」の場面の**セリフ**[56]である。二人の墓掘りが川で溺死したオフィーリアの墓を掘っているところへ、ハムレットが、ホレイショーと一緒に通りかかる。ハムレットは、地面に放りだされた骸骨の（ **57** ）扱われぶりに、その骸骨の生前を思う。生きていた頃の身分や**コウセキ**[58]も、死ねば塵となる。その**カンガイ**[59]が**滔々**[60]とかたられるシーンである。

〈藤本夕衣「「シェイクスピアの俳句」の余韻」『ひらく』第2号〉 都留文大

**①あられもない　②さもしい**
**③そつのない　④ぞんざいな**

▼近世から明治までのあいだ一般的に信じられていた、南朝の忠臣としての兼好像もある。兼好は吉野に**テンカイ**[61]した南朝方に心を寄せる人であり、京都において北朝方をスパイ活動していたという説である。これは『徒然草』そのものというよりは、伊賀地方で**デンショウ**[62]されていた口碑が成文化され、いつしか史実として流布したものであるが、現代から考えれば（ **63** ）に思われるよう

51（しゅうえん）　52（挿絵）　53（雄弁）　54（潜）　55（④）　56（台詞）　57（④）　58（功績）　59（感慨）　60（とうとう）　61（展開）　62（伝承）

なこのような説が、近世から明治の徒然草注釈書などでは、ごく大真面目に論じられていたのである。このように近世までは、『徒然草』は多様な角度から読まれ、論じられてきた。そしてその評価の**シンプク**[64]の大きさも、この作品の大きな魅力であったと言える。〈川平敏文『徒然草―無常観を超えた魅力』〉

静文芸大

**①荒唐無稽　②諸行無常　③深謀遠慮　④有職故実**

▼「落葉林の美」という。これこそが独歩が**ソウゾウ**[65]的に発見したものであった。これまで、日本人はナラなどの落葉広葉樹林の美しさを知らず、文学や美術のうえで**チンチョウ**[66]されてきたのは、もっぱら松林であった、という。（ **67** ）といった言葉が浮かぶ。それにしても、西国から東京へ、その**シュウエン**[68]の渋谷へと生活の場を移すことによって、独歩は偶然に**ミチビ**[69]かれるように、武蔵野の雑木林との邂逅を果たしている。異文化こそが、「落葉林の美」を発見した、ということだ。いや、故郷をもたない、「生れながらにして既に漂遊の児《こ》」（柳田国男）ゆえに、というべきであったか。〈赤坂憲雄『武蔵野をよむ』〉

立命館大

**①山紫水明　②清風明月　③青天白日　④白砂青松**

▼小説*の中軸をつらぬく人物として姿がきわ立つのは朗円上人である。上人とは日蓮宗での**コショウ**[70]で、すでに天台宗に**カイシュウ**[71]した当時の天王寺に、上人がいるはずはない。そんな飛躍をおかしてまで、作者は尊い「上人」の名にこだわったのである。十兵衛は上人に**カンルイ**[72]を流して仕事にはげむ。源太も上人の前で少しずつ自分の立場を**コウタイ**[73]させる。まさに上人を中軸をつらぬく主役とし、十兵衛と源太とを輔翼《ほよく》としてしたがえる**コウゾウ**[74]によって、造塔は完了した。この構造を、息を（ **75** ）ばかりに鮮《あざや》かに示す個所が終末である。

*幸田露伴作『五重塔』

〈中西進『文学の胎盤』〉

富山大

**①殺す　②つく　③のむ　④吐く**

| 63 | 64 | 65 | 66 | 67 | 68 | 69 | 70 | 71 | 72 | 73 | 74 | 75 |
|---|---|---|---|---|---|---|---|---|---|---|---|---|
| ① | 振幅 | 創造 | 珍重 | ④ | 周縁 | 導 | 呼称 | 改宗 | 感涙 | 後退 | 構造 | ③ |

## 第7章

# 同音異義語①

50/100

1 □ **キケン**物を取り扱う。
あぶないこと

2 □ レースの途中で**キケン**する。
けんりをすて行使しないこと

3 □ **キセイ**の価値観にとらわれる。
すでにできあがっていること

4 □ 交通**キセイ**を実施する。
決まりを設けてせい限すること

5 □ 夏休みに実家に**キセイ**する。
故郷に帰ること

6 □ **キセキ**の復活を遂げる。
常識では考えられない不思議な出来事

7 □ 旅人の**キセキ**をたどる。
移り変わってきたあと

8 □ **キチ**の事実をまとめる。
すでにしっていること

9 □ **キチ**に富んだ会話。
その場に応じて働く鋭いさいち

10 □ 今時珍しい**キトク**な人物。
褒めるに値するさま

11 □ **キトク**の地位を奪われる。
すでにえていること

12 □ 発病してすぐ**キトク**に陥る。
病気が非常に重く今にも死にそうなこと

危険 棄権 既成 規制 帰省 奇跡 軌跡 既知 機知 奇特 既得 危篤

13 □ **キハク**のこもった演説。
はげしいいき込み

14 □ 人間関係が**キハク**になる。
密度や濃度のうすいこと

15 □ 核兵器の**キョウイ**を感じる。
おびやかすこと。おびやかされて感じる恐ろしさ

16 □ **キョウイ**的な記録を出す。
普通では考えられないことに対しておどろくこと

17 □ **キョウコウ**に反対する。
つよい態度で従わないさま

18 □ 一九二九年の世界**キョウコウ**。
おそれあわてること

19 □ 人と動物との**キョウセイ**。
異種の生物がともにせいかつすること

20 □ 出席を**キョウセイ**される。
威力や権力で人に無理にしいること

21 □ 猫背を**キョウセイ**する体操。
欠点をただしく改めさせること

22 □ 入学式を**キョコウ**する。
儀式・行事などをとりおこなうこと

23 □ **キョコウ**と現実が交差する。
事実でないことを事実のように作り上げること

24 □ 大都市**キンコウ**にある公園。
都市や町にちかい場所。町外れ。こうがい

気迫 希薄 脅威 驚異 強硬 恐慌 共生 強制 矯正 挙行 虚構 近郊

25 □ 力の**キンコウ**を保つ。
力などの釣り合いが取れていること

26 □ 相手に**ケイイ**を払う。
うやまう気持ち

27 □ これまでの**ケイイ**を説明する。
物事のいきさつ

28 □ **ケイキ**のよい話を聞く。
かっきがあり威勢がよいこと

29 □ 周囲で大事件が**ケイキ**する。
続けざまにおこること

30 □ 問題を**ケイキ**に再考する。
物事が始まるきっかけ

31 □ 紅葉の美しい**ケイコク**。
急な山に挟まれた川のある所

32 □ 避難するよう**ケイコク**する。
前もって注意を促すこと

33 □ 動物の**ケイショウ**で表現する。
表に現れている姿

34 □ 文明社会に**ケイショウ**を鳴らす。
けいかいを促すもの

35 □ 王位**ケイショウ**の儀式。
受けつぐこと

36 □ 話し相手に**ケイショウ**を付ける。
名前や官職名の下につけてうやまう気持ちを表す呼び方

37 □ 就業**ケイタイ**の多様化。
物のかたち。組織などのありさま

均衡
敬意
経緯
景気
継起
契機
渓谷
警告
形象
警鐘
継承
敬称
形態

38 □ 雨期には傘を**ケイタイ**する。
身につけて持ち運ぶこと

39 □ **ケイチョウ**に値する話。
耳をかたむけて熱心にきくこと

40 □ 事の**ケイチョウ**をわきまえる。
価値や程度の小さいことと大きいこと

41 □ 南米文学に**ケイトウ**する。
興味を持ち夢中になること

42 □ **ケイトウ**立てて話をする。
一定の順序を追って続いていること

43 □ 容疑者を**ケンキョ**する。
犯罪行為について被疑者を取り調べること

44 □ **ケンキョ**な姿勢で学ぶ。
慎ましくへりくだること

45 □ 自己**ケンジ**欲が強い人。
はっきりしめすこと

46 □ 理念を**ケンジ**する。
考え・態度をかたく守ること

47 □ 癌**ケンシン**を受ける。
病気があるかないか調べるためのしんさつ・けんさ

48 □ 平和運動に**ケンシン**する。
自分を犠牲にして尽くすこと

49 □ 選手が**ケントウ**をたたえ合う。
立派にたたかいぬくこと

50 □ 会議で**ケントウ**を重ねる。
よいかどうかを詳しく調べ考えること

携帯
傾聴
軽重
傾倒
系統
検挙
謙虚
顕示
堅持
検診
献身
健闘
検討

# 第7章 同音異義語②

100/100

51 □ 活発に意見を**コウカン**する。
とりかえること。やりとりすること

52 □ 地域の子どもが**コウカン**する。
互いに打ち解けて楽しむこと

53 □ 第一印象で**コウカン**を抱く。
このましい印象

54 □ 大学の**コウギ**に出席する。
研究の成果や学説などを人々に説明すること

55 □ 審判に激しく**コウギ**する。
相手の言動などに対して、反対意見を主張すること

56 □ **コウショウ**な目標を掲げる。
上品で立派なこと

57 □ 値引き**コウショウ**をする。
相手にかけあうこと

58 □ **コウショウ**されてきた昔話。
くちづてに伝えること

59 □ 大会記録を**コウシン**する。
あたらしく改めること

60 □ **コウシン**の育成にあたる。
学問・仕事などの道をあとからすすんでくる人

61 □ 無線で**コウシン**する。
つうしんをかわすこと

62 □ 旅の**コウテイ**を記録する。
みちのり

交換　交歓　好感　講義　抗議　高尚　交渉　口承　更新　後進　交信　行程

63 □ 相手の意見を**コウテイ**する。
そのとおりだと認めること

64 □ **コウトウ**で直接注文する。
文書ではなく、くちで述べること

65 □ **コウトウ**的な人生を送る作家。
俗っぽさを捨てていること

66 □ 砂漠化で**コウハイ**した土地。
あれ果てること

67 □ 花粉**コウハイ**用のミツバチ。
受精・受粉させること

68 □ 母校の**コウハイ**を励ます。
年齢・地位・経験などで自分より下の人

69 □ **コウミョウ**を欲する武将。
手柄を立ててなをあげること

70 □ 犯人の**コウミョウ**なトリック。
非常にたくみなさま

71 □ 政党の**コウリョウ**に目を通す。
団体の政策や方針などの基本を示したもの

72 □ **コウリョウ**とした真冬の景色。
あれ果てて寂しいさま

73 □ 選挙期日を**コクジ**する。
広く一般に知らせること

74 □ ヒット曲に**コクジ**した歌。
よくにていてそっくりなこと

肯定　口頭　高踏　荒廃　交配　後輩　功名　巧妙　綱領　荒涼　告示　酷似

75 □ 選挙への出馬要請を**コジ**する。
すすめられたことを強く断ること

76 □ 経済力を**コジ**する。
ほこらしげに見せること

77 □ 昔からの習慣を**コジ**する。
意見や信念をかたく守り変えないこと

78 □ 島の正式な**コショウ**を使う。
よび名

79 □ 旅先で車が**コショウ**する。
機械や身体などの機能が正常に働かなくなること

80 □ 大きな布を切り**サ**く。
強く引っ張って破る

81 □ 人に会うために時間を**サ**く。
一つのものを二つ以上に離す

82 □ 庭に見事な桜が**サ**く。
花のつぼみが開く

83 □ 芸術作品に直接**サワ**る。
手で物にふれる

84 □ 人の気に**サワ**る発言をする。
嫌なものとして受け取られる

85 □ 上昇**シコウ**の強い青年。
考えがあるほうこうへむかうこと

86 □ **シコウ**力を伸ばす訓練。
経験・知識をもとにかんがえること

87 □ 改正法が**シコウ**される。
政策・計画などをじっこうすること

固辞　誇示　固持　呼称　故障　裂　割　咲　触　障　志向　思考　施行

88 □ 酒・たばこなどの**シコウ**品。
特にこのみ、したしむこと

89 □ 政府の改革案を**シジ**する。
他者の考えに賛成して援助すること

90 □ コーチの**シジ**に従う。
さししめすこと。さしずすること

91 □ 偉大な芸術家に**シジ**する。
尊敬し教えを受けること

92 □ 釣った魚をすぐに**シ**める。
動物を調理するために殺す

93 □ 収入の大半を食費が**シ**める。
地位や場所を自分のものにする

94 □ 着物の帯を**シ**める。
長い布を巻きつけて、ゆるまないように結ぶ

95 □ 生徒に校則を**シュウチ**させる。
広くしれ渡ること

96 □ 解決のために**シュウチ**を集める。
多くの人のちえ

97 □ すぐには**シュコウ**しかねる話だ。
同意の意味でうなずくこと

98 □ **シュコウ**を凝らした料理。
おもしろみを出すための工夫

99 □ 演出家が**シュサイ**する劇団。
中心となって全体をまとめること

100 □ 新聞社**シュサイ**の弁論大会。
中心となって行事・会合等を行うこと

嗜好　支持　指示　師事　絞　占　締　周知　衆知　首肯　趣向　主宰　主催

1 □ **コウフク**な日々を送る。
心が満ち足りてしあわせなこと
幸福　福井大

2 □ **テッテイ**的に原因を究明する。
残る所なく十分に行き届くこと
徹底　都立大

3 □ 会社への**キゾク**意識。
物や権利が特定のものの所有となること
帰属　関学大

4 □ **ヨカ**に旅行を楽しむ。
仕事の合間のひま
余暇　青森公大

5 □ **マサツ**カの弱い床は滑りやすい。
物のすれ合い。社会関係の不和
摩擦　岐阜大

6 □ **カンセイ**な町並み。
しずかで落ちついたさま
閑静　明治大

7 □ 生活の**キバン**を固める。
物事のきそや土台
基盤　北海道大

8 □ 経済が急成長を**ト**げる。
目的を果たす
遂　共通テ

9 □ 過去の事例から**ルイスイ**する。
似ている点をもとにして、他の事をおし量ること
類推　学芸大

10 □ 事態が悪化する**ガイゼン**性が高い。
ある事が実際に起こるかどうかの確実性
蓋然　高知大

11 □ **ドウトク**的な善悪の判断。
人が従うべき規範と、それに従うこと
道徳　早稲田大

12 □ 情報の安全が**オビヤ**かされる。
危ない状態にする
脅　都立大

13 □ 生徒たちの**ソンケイ**を集める。
人格や行為をすぐれたものと認めて、その人をうやまうこと
尊敬　一橋大

14 □ 会社の**ドウリョウ**と旅行する。
おなじ職場の人物
同僚　岩手大

15 □ 時間の**カンネン**が異なる。
ある物事に対していだく考え
観念　関西大

16 □ **シンケイ**を張りつめる。
体の機能を統率し刺激や伝達を伝える糸状の器官
神経　岩手大

17 □ 問題について**トウギ**を重ねた。
意見を述べ合うこと
討議　信州大

18 □ 夏の暑さから**カイホウ**される。
束縛・制限を取り除き自由にすること
解放　早稲田大

19 □ 旅程の**ヘンコウ**が混乱を招いた。
さまざまなものが入りまじって、整理がつかなくなること
混乱　三重大

20 □ **シリメツレツ**な発言。
ばらばらで筋道が立たないこと
支離滅裂　小樽商大

21 □ **フクスウ**のプランを用意する。
二つ以上であること
複数　早稲田大

22 □ 昨夜の花火は**スゴ**い迫力だった。
程度がはなはだしい
凄　三重看大

23 □ **キギョウ**するための戦略を練る。
自分で新しい商いを立ち上げること
起業　山梨大

24 □ 喧騒を**キヒ**して都会から引っ越す。
嫌がってさけること
忌避　上智大

| 番号 | 問題 | 意味 | 解答 | 出題校 |
|---|---|---|---|---|
| 25 | □ 運転免許を**コウシン**する。 | あたらしいものに改めること | 更新 | 福岡女大 |
| 26 | □ **サスガ**ベテラン選手だ。 | なるほど。やはり | 流石 | 香川大 |
| 27 | □ **ドウイン**されて戦地に赴く。 | 人や物を集めること | 動員 | 龍谷大 |
| 28 | □ **キドアイラク**の激しい人。 | 人間が持っている様々な感情 | 喜怒哀楽 | 富山大 |
| 29 | □ 他人の家の事に**カンショウ**する。 | 他人のことに立ち入ること | 干渉 | 新潟大 |
| 30 | □ 一瞬の**ユダン**が事故を招く。 | 気を許して注意を怠ること | 油断 | 関西大 |
| 31 | □ **アヤ**うところで助かった。 | あぶない | 危 | 山形大 |
| 32 | □ 均等に**ホウシュウ**を与える。 | 労働の対価として支払われる金銭などのこと | 報酬 | 島根大 |
| 33 | □ 返事を一旦**ホリュウ**する。 | そのままの状態でとどめておくこと | 保留 | 上智大 |
| 34 | □ 倒れた木が行く手を**ジャマ**する。 | 妨げること | 邪魔 | 岡山大 |
| 35 | □ 作業の効率を**ツイキュウ**する。 | 目的を達するまで粘り強く追い求めること | 追求 | 小樽商大 |
| 36 | □ 文化的に**キンシツ**な集団。 | むらがなく一様であるさま | 均質 | 新潟大 |
| 37 | □ 前を走る選手との**キョリ**。 | 二つの場所や物事の間の隔たり | 距離 | 静岡大 |
| 38 | □ **バイシャク**の労をとる。 | 結婚の仲立ちをすること | 媒酌 | 立命館大 |
| 39 | □ 仕事が終わって**キト**についた。 | かえりみち | 帰途 | 尾道市大 |
| 40 | □ 失敗を**ジチョウ**気味に笑った。 | みずからをあざけること | 自嘲 | 長崎大 |
| 41 | □ つらい**シュクメイ**に立ち向かう。 | 避けることのできないうんめい | 宿命 | 滋賀県大 |
| 42 | □ 同じ道を辿る。 | 物事がある方向へと進む | たど | 福岡女大 |
| 43 | □ 晴れ着を身に纏う。 | 着たり身に付けたりする | まと | 立命館大 |
| 44 | □ 豪雪を凌ぐ。 | 困難にたえて乗り越える | しの | 防衛大 |
| 45 | □ テントの杭を地面に打ち込む。 | 支柱や目印にするため地面に打ち込む棒 | くい | 琉球大 |
| 46 | □ 夢と現実との乖離に悩む。 | 結びつきが離れること | かいり | 関学大 |
| 47 | □ 先生の逆鱗に触れる。 | 目上の人の激しい怒り | げきりん | 釧路公大 |
| 48 | □ 高層ビルが屹立する都心。 | 高くそびえ立つこと | きつりつ | 熊本県大 |
| 49 | □ 一日中歩き疲労困憊した。 | 疲れきること | ひろうこんぱい | 福岡教大 |
| 50 | □ 夜明け前の静謐な湖畔。 | 音もなく落ち着いているさま | せいひつ | 千葉大 |
| 51 | □ 瓦礫の下から救出された。 | 破壊された建物の破片 | がれき | 中京大 |
| 52 | □ 地震に強い堅牢な建物。 | しっかりとして壊れにくいこと | けんろう | 釧路公大 |

104/104

| No. | 問題 | 意味 | 解答 | 出題校 |
|---|---|---|---|---|
| 53 | □優良図書として**スイショウ**する。 | 優れている点を挙げ、すすめる | 推奨 | 北海道大 |
| 54 | □経済的**カクサ**のある社会。 | 価かくや資かく・等級・生活水準などのさ | 格差 | 早稲田大 |
| 55 | □交通規制を大幅に**カンワ**する。 | 厳しい状態をやわらげること | 緩和 | 大分大 |
| 56 | □突然抱擁され全身が**コウチョク**する。 | 身体などがこわばってかたくなること | 硬直 | 岩手大 |
| 57 | □行為を**モクニン**する。 | 表立ってはみとめないが許可したり承にんしたりすること | 黙認 | 立教大 |
| 58 | □**レイコン**は不滅であると考える。 | たましい | 霊魂 | 愛媛大 |
| 59 | □**ヒンコン**に苦しむ人々。 | まずしく、こまっているさま | 貧困 | 千葉大 |
| 60 | □巧みな**ソウサ**技術を褒められる。 | 機械などを動かすこと | 操作 | 琉球大 |
| 61 | □**カキュウ**の用件があって来た。 | 差し迫った状態 | 火急 | 早稲田大 |
| 62 | □部屋の**スミ**を掃除する。 | かたすみ。はしっこ | 隅 | 三重大 |
| 63 | □異議を**トナ**える理由はない。 | 人に先んじて主張する。声に出して言う | 唱 | 長崎大 |
| 64 | □最新の技術を**クシ**する。 | つかいこなすこと | 駆使 | 琉球大 |
| 65 | □一方の意見に**クミ**する。 | 同意する | 与 | 関学大 |
| 66 | □会社の古い資料を**ハイキ**する。 | いらないものとして捨てる | 廃棄 | 広島大 |
| 67 | □夢に**ザセツ**して空虚な毎日を過ごす。 | 途中でくじけること | 挫折 | 新潟大 |
| 68 | □出会ったのも何かの**インネン**だ。 | 宿命。以前からの関係 | 因縁 | 関西大 |
| 69 | □**ミッセツ**な関わりを持つ。 | 関係が深いさま | 密接 | 岩手大 |
| 70 | □現実とは**エンドオ**い提案。 | 関係が薄い | 縁遠 | 高知工大 |
| 71 | □**ドンヨク**に金銭を求める。 | よく張りであること | 貪欲 | 三重看大 |
| 72 | □観光客を**ユウイン**する。 | さそい入れること | 誘引 | 早稲田大 |
| 73 | □避難**ケイロ**を確保する。 | 通る道筋 | 経路 | 新潟大 |
| 74 | □**ギレイ**的な挨拶をする。 | 形式にのっとった規律ある行為 | 儀礼 | 愛媛大 |
| 75 | □なりゆきを**ボウカン**する。 | 無関係な立場で見ること | 傍観 | 新潟大 |
| 76 | □**メッタ**なことでは驚かない。 | 後に打ち消しを伴って、そうざらにはない | 滅多 | 山形大 |

| | | | | |
|---|---|---|---|---|
| 77 □ | 茶道の作法を**シナン**する。 | しどうすること | 指南 | 東北学大 |
| 78 □ | 小説の続編を**カツボウ**する。 | 心から欲しいと思うこと | 渇望 | 熊本大 |
| 79 □ | 誰でも**エイユウ**になれる訳ではない。 | 知力や武勇などにすぐれ、特別なことを成し遂げる人 | 英雄 | 関西大 |
| 80 □ | 志**ナカ**ばに力尽きる。 | ある物事の途中 | 半 | 福岡女大 |
| 81 □ | 座席の**ソウダツ**戦が激しい。 | 競ってうばい合うこと | 争奪 | 静岡大 |
| 82 □ | 歴史に残る**イダイ**な音楽家。 | すぐれて立派なこと | 偉大 | 釧路公大 |
| 83 □ | 噴火の**ヨチョウ**が観測された。 | 物事のきざし | 予兆 | 立命館大 |
| 84 □ | 輸出の規制が**ユル**い国。 | 締め具合が弱い。厳しくない | 緩 | 東京大 |
| 85 □ | 外国との交流が**サカ**んな地域。 | 活発で勢いのよいさま | 盛 | 山口大 |
| 86 □ | **コクハク**な態度で嫌われる。 | むごく人情のうすいさま | 酷薄 | 早稲田大 |
| 87 □ | 法を**コウギ**に解釈する。 | ひろい意味 | 広義 | 小樽商大 |
| 88 □ | **タヨウ**な趣味を持つ人。 | さまざまであること | 多様 | 岩手大 |
| 89 □ | 権利が**シンガイ**される。 | 他人の利益や権利をおかすこと | 侵害 | 東京大 |
| 90 □ | **キュウヘイ**を打破する。 | 古い制度による害 | 旧弊 | 龍谷大 |
| 91 □ | 長期**ドクサイ**政権が倒れる。 | 特定の個人・集団が権力を持ち支配する政治形態 | 独裁 | 名古屋大 |
| 92 □ | 栄養素の**ジュウソク**率を調べる。 | たりない分を十分に補い満たすこと | 充足 | 東北大 |
| 93 □ | 試験前の教室に**キンチョウ**感が漂う。 | 心や体がはりつめること | 緊張 | 岡山大 |
| 94 □ | 紙にインクが滲む。 | 液体がしみて広がること | にじ | 大阪大 |
| 95 □ | 聞いたことのある諺。 | 言い伝えられた教訓などを含む短い言葉 | ことわざ | 琉球大 |
| 96 □ | 大きな音に怯える。 | 怖がってびくびくする | おび | 日本大 |
| 97 □ | 華奢な指でピアノを弾く。 | 姿かたちがほっそりとして繊細なさま | きゃしゃ | 尾道市大 |
| 98 □ | 憲法で平和主義を謳う。 | ある事を盛んに言いたてる | うた | 防衛大 |
| 99 □ | 新聞をひもで括る。 | ひもなどで巻いて締める | くく | 静文芸大 |
| 100 □ | 感心して深々と頷く。 | 同意などを示すため首を縦に振る | うなず | 愛教大 |
| 101 □ | すぐに癇癪を起こす。 | 小さな事にも激しく怒り出すこと | かんしゃく | 尾道市大 |
| 102 □ | ルビーが嵌入した指輪。 | はめこむこと | かんにゅう | 釧路公大 |
| 103 □ | 贅沢を控える。 | 必要以上に金銭や物を使うこと | ぜいたく | 静文芸大 |
| 104 □ | 怯まず敵に立ち向かう。 | おじけづいてしりごみする | ひる | 関学大 |

▼**太字の語の意味を後から選べ。**

1 □反論を「あなたの考えは間違いです」と**一蹴**する。
①せめたてること ②たしなめること ③はねつけること
③ 法政大

2 □**該博**《がいはく》な比較宗教学者の研究。
①考え方がしっかりしているさま ②広い知識を持っているさま ③広く世に知られているさま
② 國學院大

3 □問題に答える一つの**端緒**を手にする。
①選択肢から絞りこまれた正答 ②深く考えた末の結論 ③物事を解決する手がかり
③ 國學院大

4 □自分で自分の生き方を選ぶ決断を**称揚**する実存主義。
①促すこと ①奮い起こすこと ③褒めそやすこと
③ 青学大

5 □微細な感覚・知覚の持続に没入している、その注意集中の強度が、何か**稀有**《けう》な状態に人を導く。
①とてつもない ②普通でない ③めったにない
③ 國學院大

---

6 □世間のきまりを遵守する生き方を道徳的、**矜持**《きょうじ》ある生き方を倫理的と呼び分ける。
①自己に忠実であること ②自分に誇りを持つこと ③まじめでひたむきなこと
② 山梨大

7 □リップマンの**薫陶**を受け、自ら独自のスタイルを生み出したハワイ大学のトーマス・ジャクソン。
①後継者として期待する ②懇切丁寧に指導する ③人徳によって感化し教育する
③ 滋賀大

8 □アリストテレスの「人間は共同体的動物である」という**至言**にも通じる見方。
①ある事柄を適切に言い当てている言葉 ②多くの人々に知られている有名な言葉 ③古人が残した教訓を含む言葉
① 慶應大

9 □誰もこの議論の**信憑**《しんぴょう》**性**は認めない。
①思い込みによるかどうかということ ②信用できる度合い ③強迫観念にかられるさま
② 東医歯大

10 □大乗仏教の発展史が、事態を**如実**に反映している。
①ありのまま ②やや大げさ ③より印象的
① 成城大

11 □ 超越者に対する**思弁**の深化の果てに、人間に内在する聖性が発見されていく中世という時代。
①経験によらず論理的に考えること
②先例に照らして考えること
③それだけを徹底的に考えること
① 都立大

12 □ 食べ物を前にして、**衷心**から「有り難い」という気持ちがあるかどうかは別にして、手を合わせる。
①相反する感情に折り合いをつける気持ち
②心の根底にある意志や気持ち
③世間に対して表向き打ち明ける気持ち
② 國學院大

13 □ 友情を愛との**アナロジー**で考える。
①関連　②対比　③類推
③ 津田塾大

14 □ 現代の科学的**演繹**《えんえき》とは全く相いれない法則は当然、批判を含めた論争を巻き起こした。
①一般的な理論により個別の事例を推論すること
②具体的な現象から一般的な法則を見いだすこと
③確かな証拠や事実の存在から証明すること
① 高崎経大

15 □ もとより**韜晦**《とうかい》をも含むのだろうが、それだけにまた、心を表現する可能性の模索に務めた自負を込めているともいえる。
①現実から逃避すること
②本心などを包み隠すこと
③ぼんやりと物思いすること
② 國學院大

---

16 □ 長い歴史を経て、世界の**趨勢**《すうせい》は、奪い合う社会から、互恵的な社会に移行していった。
①大勢からなる勢力　②物事の状態
③物事の流れ
③ 埼玉大

17 □ それは教育という営みの**アポリア**である。
①勘所　②使命　③難問
③ 東京理大

18 □ アメリカの崇高の展開と、アメリカの工業化社会の発展とを**パラレル**なものとして考えようとする。
①均質　②同格　③並行
③ 中央大

19 □「近代人」は時間の**パースペクティブ**の中で未来を見とおす力を身にそなえている。
①展望　②管理　③経過
① 成蹊大

20 □ 常識的な二分法をひとまず**ペンディング**する。
①分類　②閉鎖　③保留
③ 高崎経大

21 □ ビジネス・スピリットを誰かと話した経験がほとんどないのは、正直**フラストレーション**がたまる。
①不本意な感情　②不満足な感情
③憤慨する感情
② 中央大

**「哲学」追加キーワード**

22 □ **因果律**
すべてのことは必ず原因があって生じるという法則。
立命館大

23 □ **不条理**
物事の筋道が通らないこと。
慶應大

▼語の意味を参考に、空欄に当てはまる語句を選べ。

24 □時には（自分だけの狭い考えにとらわれること）を露骨に出したい衝動を感ずる。
①確執 ②我執 ③彼我
② 信州大

25 □多くの感情のなかで、特定の感情／欲求のみが（呼び起こすこと）され、多くは抑制されているような感覚。
①喚起 ②創出 ③復元
① 島根大

26 □（取るに足りない）な事柄のようだが、この点は見過ごされがちになっている。
①細緻 ②些細《ささい》 ③子細
② 國學院大

27 □生と死のあいだに（行き来）不可能な一線を引く。
①因循 ②往還 ③可逆
② 早稲田大

28 □つまりシンプルとは、複雑さや（長くて無駄が多いこと）さ、過剰さとの相対において認識される概念である。
①冗長 ②深長 ③悠長
① 福岡教大

29 □諸学の（先にその分野に熟達した者）の知恵を借用する。
①黒幕 ②元老 ③先達
③ 國學院大

---

30 □人間が作る集団は、その内部に感情的な（不和）や利害の対立を発生させることを宿命としている。
①軋轢《あつれき》 ②蹂躙《じゅうりん》 ③誹謗《ひぼう》
① 津田塾大

31 □近代社会は、この世界から人間以外の神・仏・死者などの超越的存在を他者として（追い払うこと）した。
①等閑 ②崇拝 ③放逐
③ 早稲田大

32 □自らを設定することが自らを（一部の崩れから全体が壊れること）させる。
①瓦解 ②寛解 ③曲解
① 奈良教大

33 □不確実性の罠から逃れるために必要なのは、過去の経験の徹底した（個々の事実から法則を導き出すこと）的検証である。
①帰納 ②再帰 ③縦断
① 岐阜大

34 □同じ行為であっても状況や視点によって自発的とも非自発的とも言われうるという（二つの意味を持つこと）。
①近似性 ②相補性 ③両義性
③ 慶應大

**35** □「私は考える、それゆえに私はある」とはあまりにも有名な（　　）《教訓を含む言葉》だ。
①甘言　②讒《ざん》言　③箴《しん》言
③ 神戸大

**36** □倫理や道徳、極楽と穢《え》土《ど》といった（　　）《対立する原理に分ける議論》。
①一元論　②多元論
③二元論
③ 法政大

**37** □「何に対して」後悔するのかが重要な（　　）《要因》として浮かび上がってくる。
①ファクター
②プライオリティ
③モチベーション
① 島根大

**38** □もとどおりにするという復元力が伝統を支える価値意識であり、他方ではそれを社会的な（　　）《慣習》ともいうことができる。
①エートス　②エスプリ
③コンセプト
① 立命館大

**39** □現代では、真理と臆見（（　　）《思い込み》）との区別が消え、どれが本当かわからないといった事態が生じている。
①アウラ　②ドクサ
③ドグマ
② 神戸大

---

**40** □みずからが行っている行為の価値を問う（　　）《高い次元から捉えること。自己言及》的な視点。
①メタ　②マクロ
③ミクロ
① 福岡女大

**41** □かれらの世界観は知性の科学によって空想的（　　）《理想郷》に堕することをまぬかれている。
①サンクチュアリ
②パラダイス
③ユートピア
③ 慶應大

**42** □プラトンは乱雑な現実に対して（　　）《時空を超えた永遠不滅の実在》という理想的な世界を対比させた。
①アウフヘーベン
②イデア
③フィロソフィー
② 成城大

## 「哲学」追加キーワード

**43** □ **アプリオリ〈羅〉** 法政大
経験によることなく与えられている認識や概念。先天的。先験的。[対]アポステリオリ

**44** □ **ルサンチマン〈仏〉** 中央大
社会的な弱者が強者に対して抱く恨みや憎悪。

▼太字の語の意味を後から選べ。

45 □この問題とはつながらないかもしれないが、**いみじくも**哲学者が対談の中で語った一言が心に沁みる。

①非常にうまく ②もったいぶって ③誇張するように

① 津田塾大

46 □人は認められることで直接その欲求を満たせるだけでなく、**芋づる式**に有形無形の報酬を獲得し、関連するさまざまな欲求も充足できる。

①思いがけなくめぐってくること ②関連した多くの物事が現れること ③非常に早く増えること

② 青学大

47 □その弁解を**ことごとく**説き破ったところで相手の心は反発の力を強めるばかりである。

①一つ一つ ②大げさに ③すべて

③ 信州大

48 □**かいつまんで**話すと、次のような内容である。

①一部分だけを ②思いつくまま ③簡単にまとめて

③ 成城大

49 □この議論には論点先取の**きらい**がないわけではない。

①傾向 ②策略 ③予告

① お茶女大

50 □時間の動きは過去が前で未来が後ろだから以前・以後、十年前・十年後と言うのです。何だか**キツネにつままれた**ような感じでしょう。

①言葉がうまく理解できず不安になった ②説明が巧みすぎて疑いを持った ③訳がわからずだまされた

③ 学習院大

51 □それまで使われていなかったものを、**おもむろに**取り出して使い始める様子を思い浮かべる。

①急に思い出して ②静かにゆっくりと ③わざとらしく

② 鹿児島大

52 □**十把ひとからげ**やマニュアル的な対応ではなく、目の前にいる自分たちを気づかいながら対話をする。

①個性のないものとして同一視すること ②個性を無視してぞんざいに扱うこと ③多数を区別しないでひとまとめに扱うこと

③ 愛媛大

53 □「**長いものには巻かれろ**」という教えは、共同体の中で摩擦なく生きていくための知恵である。

①気を長く持ち成り行きを見たほうがいい ②勢力のある相手には従ったほうがいい ③長所だけを参考に取り入れるといい

② 山梨大

**▼語の意味を参考に、空欄に当てはまる語句を選べ。**

54 □役に立つのか自己満足なのかは、おそらく自己責任ということなのだろうが、（　）《わずかな違い》である。
①紙一重　②雀《すずめ》の涙　③月と鼈《すっぽん》
①　熊本県大

55 □「自然の合法則性」が虚構にすぎないとしたら、その上に基礎をおくいっさいの合理性は（　）《実現不可能なこと》だということになってしまう。
①砂上の楼閣　②猫に小判　③風前の灯火
①　法政大

56 □（　）《無用の心配》は対天恐怖の一症状かもしれない。
①杞憂《きゆう》　②守株　③助長
①　成城大

57 □「原因」と「理由」がどのように関わっているのかを検討する（　）《価値や力量を知るためにためす物事》としてよく知られている「ソプラノ問題」というものがある。
①試金石　②踏み絵　③分水嶺《れい》
①　関学大

58 □『差異と反復』と**踵《きびす》を**（　）《間を置かずに続く》ようにしてまとめられた『意味の論理学』。
①返す　②接する　③めぐらす
②　愛県大

59 □人々は、他者の意を汲《く》んで行動することを（　）**な**《ほかに取るべき方法がない》**く**されるようになる。
①呆気《あっけ》　②覚束
③余儀
③　青学大

60 □ギブソンの著書は、現象学に**引導を**《諦めさせる》（　）。
①与えた　②示した
③渡した
③　同志社大

61 □日本では精神科医が（　）**振り役**《先導的な役目》となって会が組織された。
①塩　②旗
②棒
②　熊本大

62 □シンプルな、ある意味で**身も**（　）**もない**《直接すぎて含みや味わいがない》現実の帰結にすぎないように感じられる。
①心　②蓋
③世
②　成蹊大

## 「表現」追加キーワード

63 □ **前門の虎後門の狼**　中央大
一つの災いが去っても、またもう一つの災いが襲ってくること。

64 □ **人間は考える葦《あし》である**　法政大
人間は自然の中では小さく弱い存在だが、思索する点においては大きな存在でもあるということ。

# 長文問題① 哲学

25/75

**赤傍線部の語の意味を後から選び、傍線部のカタカナを漢字にせよ。**

▼ガリレイより三〇年余り後に生まれたデカルトは、既存の学問を無批判に受け入れるのではなく自分で考えるという方法の重要性を示した点で、科学にとって重要な人です。分析の大切さも示しました。しかし、デカルトの自然観は機械論そのものであり、人間をも機械とみなすものです。この思想は科学の世界を超えて広がり、現代にまで影響を及ぼしています。ついでベーコンは「知は力なり」という言葉で知られており、自然の[1]**ソウサ**的支配を[2]**トナ**えました。彼はそのために実験を[3]**クシ**する[4]**帰納**的方法の必要性を説きました。科学的方法です。〈中村桂子『科学者が人間であること』〉

成蹊大

**①一般的な法則から個々の事柄を推論すること　②個々の事例から法則を導き出すこと**
**③似ている点から他を推し量ること　④物事の過程を本質的に理解すること**

▼自分たちの周囲を振り返ってみればわかるように、人間が作る集団はそれがいかに小さなものであっても、その内部に感情的な[5]**軋轢**《あつれき》や利害の対立を発生させることを[6]**シュクメイ**としている。共同体の人々は、宗教[7]**ギレイ**を通じてカミという他者へのまなざしを共有することによって、構成員同士が直接向き合うことから生じるストレスと[8]**キンチョウ**感を[9]**カンワ**しようとした。〈佐藤弘夫『日本人と神』〉

岡山大

**①争い憎み合うこと　②仲が悪くなること　③ひそかに争うこと　④もつれ合うこと**

▼人はおそらく他の人々について自分自身に当てはめてしか理解することができない。歴史上の[10]**エイユウ**や[11]**ドクサイ**者、絶対権力者を語る時、人々はしばしばそんな立場に立った自分自身について想像しようとする。そして、自分自身との[12]**キョリ**によって「[13]**イダイ**」だとか「天才」だとか「[14]**空前絶後**」だとかいった形容を当てはめる。また、志[15]**ナカ**ばで[16]**ザセツ**した人物については、自分自身が失敗を味わった時からの[17]**ルイスイ**で心中を察しようとする。しかし、それらはどれも人々が自分のこととして理解しようとする過程で考えることである。〈犬飼裕一『歴史にこだわる社会学』〉

名古屋大

| 1 | 2 | 3 | 4 | 5 | 6 | 7 | 8 | 9 | 10 | 11 | 12 |
|---|---|---|---|---|---|---|---|---|---|---|---|
| 操作 | 唱 | 駆使 | ② | ② | 宿命 | 儀礼 | 緊張 | 緩和 | 英雄 | 独裁 | 距離 |

①過去にも将来にも例がないと思われること　②これまで誰も到達していないこと　③人並み外れた才能があること　④ほかに代わりになるものがないこと

▼私は自分の**ユダン**[18]を反省した。日本人がこのような状況でこのように振る舞いうることをうっかり忘れていたのである。日本にいるときはこちらもそれなりに張りつめている**シンケイ**[19]が、外国だからこそ**ユル**[20]んでいたらしい。日本のなかでは日本人同士種々の集団に分かれてたがいに壁を築く。しかし、ひとたび国外に出れば……。だがそれは、菊の紋章付きの旅券を持つ者の、無意識の、甘い想定だったようだ。その「甘さ」において私はまぎれもなく「日本人」だった。「日本人」だったからこそ日本人にパラサイトの現場を押さえられ、追い払われ、そして、逆説的にも、その排除を通じてある種の**キゾク**[21]を確認することを**余儀なく**[22]されたのである。

〈鵜飼哲「ナショナリズム、その〈彼方〉への隘路」〉　東京大

①いとも簡単に　②思いどおりに　③無理矢理に　④やむをえなく

▼わたしはここまで、いわゆる「哲学」について、ある一つの視点から**かいつまんで**[23]紹介をしてきました。まず、「超自然的原理《メタ・フュシス》」（伝統的な用語でなら「形而上学的原理《メタフュジカル》」）を立て、それを媒介にして自然を見、自然と関わるような思考様式（つまり「形而上学《メタフュシカ》」）、これこそが「哲学」と呼ばれてきた知の本質であるということ、その「哲学」の原点になる「超自然的原理」が、**テッテイ**[24]して自然のなかでものを考えるわれわれ日本人にとっては理解不可能なものであること、こういったところから、「哲学」はわれわれ日本人にとって**エンドオ**[25]いものだったのだと思います。

〈木田元『反哲学入門』〉　高知工大

①誤解のないように　②すじみちを立てて　③要約して　④わかりやすく

| 13 | 14 | 15 | 16 | 17 | 18 | 19 | 20 | 21 | 22 | 23 | 24 | 25 |
|---|---|---|---|---|---|---|---|---|---|---|---|---|
| 偉大 | ① | 半 | 挫折 | 類推 | 油断 | 神経 | 緩 | 帰属 | ④ | ③ | 徹底 | 縁遠 |

# 第7章

# 長文問題② 哲学

50/75

**赤傍線部の語の意味を後から選び、傍線部のカタカナを漢字にせよ。**

▼いま、私たちの社会を覆い尽くしているもの――それこそ、まさにこの「前傾への強迫」にほかならない。[26]**ガイゼン**性の高いデータをもとに「あらかじめ」先を見通すことが[27]**スイショウ**され、「やってみなければわからない」といったたぐいの不確かさはとことん[28]**キヒ**される。これは、交通網や通信技術の発達によって「待つ」時間が短くなったこととはまた異なる、より根本的な意識の変化ではないだろうか。こうした[29]**趨勢**《すうせい》を、私たちはいかに「耐える」ことができるだろうか。

〈星野太「待つ・耐える」〉

新潟大

**①兆候　②動向　③様相　④理由**

▼紙に描かれた設計図にはまだ[30]**フクスウ**のアスペクトがあるが、考えられた設計そのものにはアスペクトは一つしかないはずである。もし設計の要求についてフクスウの見方があるとすれば、共同作業は[31]**コンラン**するどころかまったく成立しない。また機械が身体にたいして反作用を与えず、目的の変更を求めないということは、それを使う身体が作業に巻き込まれる程度が低いということと同義語である。残るは第三の[32]**カンネン**が過去の存在だという点であるが、これこそ機械と設計からただちに[33]**演繹**《えんえき》される特性だろう。

〈山崎正和『リズムの哲学ノート』〉

早稲田大

**①いくつかの類似点をもとにして他の事を推しはかること**
**②一般的原理から論理的に個個の事実や命題を引き出すこと**
**③個個の具体的事実から一般的な命題や法則を導き出すこと**
**④種種の事柄の関係を統一的に説明するために仮説を立てること**

▼「〈労働する動物〉の[34]**ヨカ**時間は、消費以外には使用されず、時間があまればあまるほど、その食ヨクは[35]**ドンヨク**となり、[36]**カツボウ**的になる」。したがって、「苦痛と努力の足枷から完全に「[37]**カイホウ**

| 26 | 27 | 28 | 29 | 30 | 31 | 32 | 33 | 34 | 35 | 36 | 37 |
|---|---|---|---|---|---|---|---|---|---|---|---|
| 蓋然 | 推奨 | 忌避 | ② | 複数 | 混乱 | 観念 | ② | 余暇 | 貪欲 | 渇望 | 解放 |

された」人類は、世界全体を自由に「消費」するようになり、人類が消費したいと思うすべての物を日々自由に再生産するようになるだろう」が、その「[38]**ユートピア**」で生まれるのは「[39]**コウフク**」を[40]**ツイキュウ**する「大衆文化」だけで、人間の生になにも意味を与えてくれないだろう。

〈東浩紀『ゲンロン0　観光客の哲学』〉 鹿児島大

**①仮想世界　②精神の浄化　③動機づけ　④理想郷**

▼一見すると無気力で自己中心的な考えだが、そのとき、他者の自由を[41]**シンガイ**するつもりもなく、それはそれとして認めていることに注意すべきである。〈私〉には〈私〉の生き方が、あなたにはあなたの生き方がある。互いに[42]**カンショウ**せず、[43]**ジャマ**をしないように生きていきましょう、というわけだ。私は、無理にコミュニケーションや関係性を押しつけない、こうした風通しのよい態度が個人的には好きだが（正確には、学生と接しているうちに好きになったのだが）、ここで承ニンと[44]**モクニン**は[45]**紙一重**になっているようにも思われる。

〈岩内章太郎『〈普遍性〉をつくる哲学』〉 新潟大

**①欠かすわけにはいかないこと　②とても重要であること**
**③非常に壊れやすいこと　④わずかの違いしかないこと**

▼*1フェリックス・ガタリとの共同作業を経て、*2ドゥルーズの文学=批評としての哲学はより[46]**コウギ**の芸術=批評としての哲学にまで拡張されていく。しかし、その[47]**キバン**となったのは、『差異と反復』と[48]**踵《きびす》を接する**ようにしてまとめられた『意味の論理学』であり、さらにはその二つの大著の生成過程、あるいはガタリとの共同作業と[49]**ミッセツ**に関連しながら複雑な成長を[50]**ト**げていった『プルーストとシーニュ』、そしてガタリとの共著として刊行された『カフカ　マイナー文学のために』などの文学論にして意味論であった。

＊1フランスの哲学者・精神分析家　＊2フランスの哲学者ジル・ドゥルーズ

〈安藤礼二「意味の発生学　ジル・ドゥルーズの文学論をめぐって」〉 愛県大

**①間を置かずに起こる　②同じ程度に達する　③前の状態に戻る　④互いに背き合う**

| 38 | 39 | 40 | 41 | 42 | 43 | 44 | 45 | 46 | 47 | 48 | 49 | 50 |
|---|---|---|---|---|---|---|---|---|---|---|---|---|
| ④ | 幸福 | 追求 | 侵害 | 干渉 | 邪魔 | 黙認 | ④ | 広義 | 基盤 | ① | 密接 | 遂 |

# 長文問題③ 哲学

75／75

**（　）にあてはまる語を後ろから選べ。また、傍線部のカタカナを漢字にし、漢字は読みをひらがなで記せ。**

▼承認欲求は人間にとって「最強」の欲求である。人は認められることで直接その欲求を満たせるだけでなく、（ **51** ）に有形無形の**ホウシュウ**[52]を獲得し、関連するさまざまな欲求も**ジュウソク**[53]できる。また承認欲求があるからこそ、**ソンケイ**[54]や信頼といった好ましい対人関係も構築できる。まさに、いいことずくめのようである。

〈太田肇『「承認欲求」の呪縛』〉

青学大

**①芋づる式　②棚ぼた式　③ねずみ算式　④濡れ手で粟的**

▼私たちは、基本的に自らが生きている日常生活世界を**オビヤ**[55]かすこともない「問題」「事件」として、差別を**ボウカン**[56]しながら、差別を受けた人々の痛みや怒りに同情し共感し、差別をした人を怒り、批判することができるのです。差別を考えるうえで、まず必要な作業があります。それは、〈被差別―差別〉をめぐる硬直した常識的な二分法をひとまず《カッコに入れる》、つまり（ **57** ）し、使わないように気をつけることです。

〈好井裕明『他者を感じる社会学　差別から考える』〉

高崎経大

**①カテゴライズ　②クロージング　③コミット　④ペンディング**

▼私たちの日常の対人関係を緻密に見るならば、この「分けられない」、首尾一貫した「本当の自分」という概念は、あまりに大雑把《おおざっぱ》で、**コウチョク**[58]的で、実感から**乖離**[59]している。信仰の有無は別としても、私たちが、日常生活で向き合っているのは、一なる神ではなく、タ種**タヨウ**[60]な人々である。また、社会と個人との関係を、どれほど頭の中で抽象的に描いてみても、朝起きて寝るまでに現実に接するのは、会社の上司や**ドウリョウ**[61]、恋人やコンビニの店員など、やはり具体的な、タ種タヨウな人々である。とりわけ、ネット時代となり、狭い**キンシツ**[62]な共同体の範囲を超えて、背景を異にする色々な人との交流が**サカ**[63]んになると、彼らを（ **64** ）に「社会」と**括**[65]ってみてもほとんど意味がない。

〈平野啓一郎『私とは何か―「個人」から「分人」へ』〉

岩手大

51（①）
52（報酬）
53（充足）
54（尊敬）
55（脅）
56（傍観）
57（④）
58（硬直）
59（かいり）
60（多様）
61（同僚）
62（均質）

①一気呵成　②一網打尽　③十把一絡《から》げ　④十年一日

▼先に**ドウトク**[66]を世間のきまりと呼んだが、世間という語は共同体を連想させるかもしれない。正確にいえば社会のきまりである。だから、「郷に入れば郷に従え」や「（　**67**　）」という教えは、同質性を好む共同体のなかで**マサツ**[68]なく生きていくための実用的な知恵ではあっても、自分で考えることを放棄しているから上記の意味での倫理ではないし、他人の生き方への抑圧につながる点で上記の意味でのドウトクでもない。

〈品川哲彦『倫理学入門』〉 青学大

①石の上にも三年　②嘘も方便　③長いものには巻かれろ　④情けは人の為ならず

▼この〈否定〉の思考や感情を〈否定〉の現実が追い越してゆく場面を、わたしたちはそれほど時を置かずして見ることになる。**ヒンコン**[69]と**カクサ**[70]という〈否定〉が、それこそ（　**71**　）かたちでわたしたちの社会に浮上してくる。ヒンコンはつねに相対的なものである。食事もまともにとれず、生存の維持すら**アヤ**[72]うい「絶対的ヒンコン」も、人と自然との剝《む》きだしの関係のなかで露《あら》わになるのではなく、つまり食餌を求めて野をさまようのでなく、食堂やコンビニなど、**ハイキ**[73]される残飯に向かうことからも察せられるように、**スミ**[74]に追いやられた人びとというかたちで食糧の流通**ケイロ**[75]というシステムのなかに現出する。

〈鷲田清一「小さな肯定」内田樹編『待場の平成論』〉 立命館大

①身も蓋もない　②身も世もない　③身を焦がす　④身を粉にする

| 63 | 64 | 65 | 66 | 67 | 68 | 69 | 70 | 71 | 72 | 73 | 74 | 75 |
|---|---|---|---|---|---|---|---|---|---|---|---|---|
| 盛 | ③ | くく | 道徳 | ③ | 摩擦 | 貧困 | 格差 | ① | 危 | 廃棄 | 隅 | 経路 |

# 第8章

## 同音異義語①

50/100

1 □ 他国の文化を**ジュヨウ**する。
うけ入れること

2 □ 住宅の**ジュヨウ**が増える。
もとめること

3 □ 暴行**ショウガイ**事件。
怪我をさせること

4 □ **ショウガイ**忘れられない出来事。
この世にいきている間。いっしょう

5 □ **ショウガイ**物競走。
行動などの妨げとなるもの

6 □ 解散には時期**ショウソウ**だ。
はやすぎること

7 □ 失敗して**ショウソウ**に駆られる。
あせっていらいらすること

8 □ 国会で予算を**シンギ**する。
ある物事をかいぎで検討して可否を決めること

9 □ うわさ話の**シンギ**を見極める。
本当かうそか、ということ

10 □ 原初的な山岳**シンコウ**。
神仏などをしんじて崇めること

11 □ **シンコウ**住宅地が舞台となる。
勢力などがあたらしくおこること

12 □ 意味**シンチョウ**な言い回し。
含みがあること

受容　需要　傷害　生涯　障害　尚早　焦燥　審議　真偽　信仰　新興　深長

13 □ **シンチョウ**に計画を実行する。
注意深くて軽々しく行動しないさま

14 □ クラブへの入会を**スス**める。
相手がその事をするように誘いかける

15 □ 以前からの計画を**スス**める。
前へ移動させる。はかどらせる

16 □ 評論家の**スス**める音楽。
よい点を述べて採用するように相手を促す

17 □ 若手小説家の**セイコウ**な文章。
未熟でかたい感じがすること

18 □ **セイコウ**な鉄道模型。
細かな点まで行き届いて、よくできているさま

19 □ 病人に付き**ソ**う。
離れずにそばにいる

20 □ 川の流れに**ソ**った道。
わきを進む。そばを行く

21 □ 遠くから機械を**ソウサ**する。
機械などを動かすこと

22 □ 警察が事件を**ソウサ**する。
さがし調べること

23 □ こまめに部屋を**ソウジ**する。
ごみや汚れを取りのぞくこと

24 □ **ソウジ**した図形を見つける。
形などが写したようによく似ていること

慎重　勧　進　薦　生硬　精巧　添　沿　操作　捜査　掃除　相似

25 □ 国際社会から**ソガイ**される。
のけものにすること
疎外

26 □ 経済発展を**ソガイ**する政策。
邪魔をしてさまたげること
阻害

27 □ 万一の事故に**ソナ**える。
あらかじめしておくじゅんび
備

28 □ お墓に花を**ソナ**える。
神仏や高貴な人に物を捧げる
供

29 □ 幼児を**タイショウ**とした劇。
はたらきかけの目標
対象

30 □ 左右**タイショウ**の図形。
図形が点・線・面で向き合う位置にあること
対称

31 □ 性格の**タイショウ**的な二人。
二つの事物をてらし合わせること
対照

32 □ 資本主義**タイセイ**の確立。
ある原理により秩序づけられた国家・社会・組織
体制

33 □ 崩れた**タイセイ**を立て直す。
からだの構え。しせい
体勢

34 □ 常に警戒**タイセイ**をとる。
物事やじょうせいに対する身がまえ
態勢

35 □ 演奏家として**タイセイ**する。
業績をなし遂げて優れた人になること
大成

36 □ 型紙通りに布を**タ**つ。
紙や布を切る
裁

37 □ 酒もたばこも**タ**つ。
ある行為をやめる
断

38 □ 友人との交際を**タ**つ。
縁を切る
絶

39 □ 著名人を**チュウショウ**する記事。
根拠のない事を言い他人の名誉をきずつけること
中傷

40 □ **チュウショウ**画の解説。
事物からある要素を引き出して把握すること
抽象

41 □ ガラス製の**チョウコク**。
木・石・金属などに文字・絵などをほりこむこと
彫刻

42 □ 苦境を**チョウコク**する。
困難を乗りこえ打ちかつこと
超克

43 □ 代金を**チョウシュウ**する。
金などを取り立てること
徴収

44 □ 演奏会に集まる**チョウシュウ**。
演説や音楽を聞きに集まった人々
聴衆

45 □ 人間の本質を**ツイキュウ**する。
深く考え調べて明らかにしようとすること
追究

46 □ 事件の犯人を**ツイキュウ**する。
原因や責任をくいさがって問いただすこと
追及

47 □ 理想を**ツイキュウ**する。
目的を達するまで粘り強く追いもとめること
追求

48 □ 時間どおりに目的地に**ツ**く。
他の所まで達する
着

49 □ 朝方に眠りに**ツ**く。
ある位置に身を置く。自らある動作を始める
就

50 □ 肩を棒で**ツ**く。
強く押す
突

# 第8章

## 同音異義語②

100／100

51 □ **ツツシ**んでお礼申しあげます。
恭しくかしこまる

52 □ 軽率な言動は**ツツシ**むべきだ。
控え目にする

53 □ 早朝に茶を**ツ**む。
指先ではさんで取る

54 □ トラックに荷物を**ツ**む。
車や船に荷を乗せる

55 □ 他人に責任を**テンカ**する。
自分の責任や罪などを他人のせいにすること

56 □ 食品**テンカ**物を表示する。
他の物をつけくわえること

57 □ 米の価格が**トウキ**する。
物価が上がること

58 □ ごみを**トウキ**する。
なげ捨てること

59 □ 法務局で会社の**トウキ**をする。
社会に公示するためにとうき簿にきさいすること

60 □ 泡立て器で卵を**ト**く。
混ぜて均質な液状にする

61 □ 教育の必要性を**ト**く。
せつめいする。よくわかるように話す

62 □ テスト問題を**ト**く。
答えを出す

謹 慎 摘 積 転嫁 添加 騰貴 投棄 登記 溶 説 解

63 □ 監督が新作映画を**ト**る。
カメラなどで音・映像・動きを記録する

64 □ 手紙を書こうとペンを**ト**る。
おこなう

65 □ 四月に新入社員を**ト**る。
選んで決める。さいよう・選択する

66 □ ライオンが獲物を**ト**る。
つかまえる

67 □ 入学試験に**ノゾ**む学生。
目の前にする。向かい対する

68 □ 多くの企業の参入を**ノゾ**む。
願う。遠くを眺めやる

69 □ 生地のしわを**ノ**ばす。
しわをなくして平らにする

70 □ 締め切りを一か月**ノ**ばす。
時間・日時をおくらせる

71 □ 短距離走のタイムを**ハカ**る。
時間を数える

72 □ 地方分権の推進を**ハカ**る。
企てる

73 □ 山の標高を**ハカ**る。
長さ・面積などを数える

74 □ 毎日体重を**ハカ**る。
重さ・容積などを数える

撮 執 採 捕 臨 望 伸 延 計 図 測 量

75 □ ほうきで玄関を**ハ**く。
箒でごみを払い除く

76 □ 工場の煙突が煙を**ハ**く。
中にたまったものを外部に出す

77 □ お気に入りの靴を**ハ**く。
はきものを足につける

78 □ 太陽光発電が**フキュウ**する。
広い範囲に行きわたること

79 □ 日本映画の**フキュウ**の名作。
すたれず価値を失わないこと

80 □ 城を**フシン**する武将。
建築や土木の工事

81 □ 成績**フシン**が続くスポーツ選手。
勢い・成績・業績がふるわないこと

82 □ **フシン**に思って通報する。
疑わしいこと

83 □ 信頼回復のために**フシン**する。
ある事を成し遂げようとこころを悩ませること

84 □ 体の**ヘイコウ**を保つ仕組み。
つりあいがとれていること

85 □ 日本の冬の寒さに**ヘイコウ**する。
手の打ちようがなくすっかり困ること

86 □ 交通事故が**へ**る。
少なくなる

87 □ これまでに多くの失敗を**へ**る。
ある過程・段階などを通る

普　不　普　不　不　腐　平　閉
掃　吐　履　及　朽　請　振　審　心　衡　口　減　経

88 □ 考え方が**ヘンコウ**している。
考え方がかたよっていること

89 □ 急に行き先を**ヘンコウ**する。
かえること

90 □ 医師が都市部に**ヘンザイ**する。
ある場所にかたよってあること

91 □ 世界に**ヘンザイ**する紛争の種。
あちこちにゆきわたってあること

92 □ **ホウヨウ**力のある女性。
心が広く、他人を受け入れること

93 □ 別れ際に**ホウヨウ**する。
だき合うこと

94 □ チームの弱点を**ホカン**する。
欠けているところをおぎなってかんぜんなものにすること

95 □ 宝物を箱に入れて**ホカン**する。
ほぞん・かんりすること

96 □ 商品の質を**ホショウ**する。
安全であるとうけあうこと

97 □ 盗難の被害を**ホショウ**する。
損失をおぎないつぐなうこと

98 □ 言論の自由を**ホショウ**する。
邪魔されたり損をしたりしないように守ること

99 □ 地震を**ヨチ**する。
前もってしること

100 □ 疑う**ヨチ**のない事実。
ある事を行うゆとり。あまっているとち

偏　変　偏　遍　包　抱　補　保　保　補　保　予　余
向　更　在　在　容　擁　完　管　証　償　障　知　地

1 □ 外国の文化を**ジュヨウ**する。
受け入れること
受容 高知大

2 □ システムを**コウチク**する。
組み立ててきずくこと
構築 宇都宮大

3 □ 食料を輸入に**イソン**する。
何らかに頼って生きること
依存 早稲田大

4 □ トレーニングを**ケイゾク**する。
引きつづき行うこと
継続 埼玉大

5 □ 白い**ボウシ**をかぶる。
頭の保護や身なりを整えるため頭にかぶるもの
帽子 関学大

6 □ 親に**メイワク**をかける。
人がしたことで不快になること
迷惑 愛教大

7 □ **トウメン**の目標を定める。
さしあたり
当面 大分大

8 □ 売買について**ケイヤク**を結ぶ。
法律上有効なやくそくを取り交わすこと。そのやくそく
契約 熊本大

9 □ 外国語を**タイケイ**的に学ぶ。
個々の部分が互いに関係してまとまったぜんたい
体系 岡山大

10 □ 自説に固執し**ハイタ**的になる。
ほかの者をおしのけること
排他 明治大

11 □ 会議は**イゼン**として続いている。
前の状態のままであるさま
依然 山形大

12 □ **センタク**した服がすぐに乾く。
衣類などについた汚れをあらって落とすこと
洗濯 千葉大

13 □ 髪に**ツヤ**を出す。
しっとりした光沢
艶 埼玉大

14 □ 失点は**ソクザ**に試合に影響した。
すぐその場
即座 上智大

15 □ 大きな鉄の**カタマリ**。
かたまったもの
塊 高知大

16 □ 容器にガスを**ジュウテン**する。
空間にものを詰めてふさぐこと
充塡 関西大

17 □ **ショウゲキ**に強い材質。
瞬間的に物体に加わる大きな力
衝撃 大阪大

18 □ 詳しくご**キョウジ**ください。
知識や方法などをおしえしめすこと
教示 高知大

19 □ **キョヨウ**範囲を定める。
ゆるして受け入れること
許容 東北大

20 □ **ヨソク**と違う答えが返ってくる。
前もっておしはかること
予測 関西大

21 □ こまめに部屋を**ソウジ**する。
ごみや汚れを取りのぞくこと
掃除 三重大

22 □ 参加者に粗品を**シンテイ**する。
物を差し上げること
進呈 関学大

23 □ 法案が議会で**サイタク**される。
意見や案をいくつかの中から選び取ること
採択 名古屋大

24 □ 自作の絵を**ガクブチ**に飾る。
絵画などを入れるための枠
額縁 岐阜大

25 □ 書類を原簿と**ショウゴウ**する。
てらしあわせて確かめること
照合　関西大

26 □ 川の流れに**ソ**った道。
わきを進む。そばを行く
沿　福井大

27 □ 非常時にも**レイセイ**に判断する。
感情に流されず、落ち着いていること
冷静　三重大

28 □ 敗北を**サト**り悲嘆にくれる。
物事の道理をはっきりと知る
悟　千葉大

29 □ 就業**ケイタイ**の多様化。
物のかたち。組織などのありさま
形態　早稲田大

30 □ 隣人と朝の**アイサツ**を交わす。
人と会った時や別れ際に交わす儀礼的な動作や言葉
挨拶　大阪大

31 □ 展覧会で**ショウレイ**賞を受賞する。
よいと思われることを人に勧めること
奨励　福岡女大

32 □ 賞賛を求めて**キョセイ**を張る。
見せかけのいきおい
虚勢　関学大

33 □ 空気のよい山で**リョウヨウ**する。
病気などを治しながら体を休めること
療養　県広島大

34 □ **コセキ**をたどって家系図を作る。
家族的身分関係について、登録証明する公文書
戸籍　東洋大

35 □ **ダマ**ったままやり過ごす。
ものを言うことをやめる。無言になる
黙　新潟大

36 □ 実験を見て**カンキョウ**がわく。
何かを見たり聞いたりしてきょう味を持つこと
感興　名古屋大

37 □ **ケンヤク**のため外食をやめる。
費用の無駄をはぶいて切りつめること
倹約　関学大

38 □ ボルトを**ジョジョ**にゆるめる。
少しずつ。だんだんに
徐徐　奈良教大

39 □ 仕事の合間に**スイジ**をする。
食べ物を煮たきすること
炊事　早稲田大

40 □ 修学旅行の行き先を**テイアン**する。
意見を出すこと
提案　岡山大

41 □ 長い旅で彼の体は**ヤセ**細っていた。
肉が落ちて体が細くなること
痩　中央大

42 □ 市役所に**ツト**める。
仕事につく
勤　信州大

43 □ 悲報にも**マユ**一つ動かさなかった。
目の上に弓状に生えている毛
眉　宇都宮大

44 □ 感動が鮮明に蘇る。
生き返る。もう一度さかんになる
よみがえ　名古屋大

45 □ 体調不良で嘔吐した。
ものを胃から吐き出すこと
おうと　愛教大

46 □ 舞を奉納する巫女。
神社に奉仕する女性
みこ　琉球大

47 □ 他人を貶めたような口調。
劣ったものとみなす。さげすむ
おとし　福岡女大

48 □ 死をもって罪を贖う。
罪のつぐないをする
あがな　関学大

49 □ 脆弱な構造が指摘された。
もろくて弱いこと
ぜいじゃく　小樽商大

50 □ 敬虔な信者の祈り。
神仏に心から仕えるさま
けいけん　名古屋大

51 □ 重い伝染病に罹る。
病気や災難などを身に受ける
かか　立命館大

52 □ 強靭な肉体の持ち主。
強くてしなやかで粘りのあること
きょうじん　名市大

53 □ 天気は**ブナン**な話題だ。
危険のないこと。欠点のないこと

54 □ 言論の自由が**ヨクアツ**される。
押さえつけること

55 □ **メイニチ**に花を供える。
故人が亡くなったつきひ

56 □ 花の栽培で**セイケイ**を立てる。
せいかつのための手段

57 □ 彼は**シンシ**的な態度で接した。
礼儀正しく立派な男性

58 □ 町づくりに関する住民**コンダン**会。
打ち解けて話し合うこと

59 □ 仲間と**ユカイ**に騒ぐ。
楽しく心が浮き立つさま

60 □ **セイリョウ**感あふれる香り。
さわやかですずしいこと

61 □ かけうどんだけの**シッソ**な夕食。
つつましいこと

62 □ 物資の**トボ**しい地域。
十分でない。不足している

63 □ 列車の行き先を**タズ**ねる。
質問する

64 □ 試合に負けて**クチビル**をかむ。
口腔の入り口を囲む部分

53 無難 上智大
54 抑圧 埼玉大
55 命日 関西大
56 生計 滋賀大
57 紳士 滋賀県大
58 懇談 学習院大
59 愉快 北教大
60 清涼 埼玉大
61 質素 関西大
62 乏 千葉大
63 尋 滋賀大
64 唇 広島大

65 □ 彼は怒りっぽい**セイカク**だ。
その人の感情・意志などの傾向

66 □ 日暮れに**イエジ**を急ぐ。
自宅へ帰る道

67 □ 足の筋肉が**オトロ**える。
勢いや力が弱くなる

68 □ 国際**キョウチョウ**が重要だ。
互いにきょう力し合うこと

69 □ 期待に心が**オド**る。
喜びや期待などで浮き浮きする

70 □ ガラス製の**チョウコク**。
木・石・金属などに文字・絵などをほりこむこと

71 □ **コウテイ**する意見が多数だ。
そのとおりだと認めること

72 □ 騒音に耳を**フサ**ぐ。
開口部を無くする

73 □ **グチ**一つこぼさずに片付けた。
言ってもしかたのない嘆き

74 □ **タイカ**なく航海を終える。
おおきなあやまち

75 □ 政財界の**ジュウチン**。
ある社会・分野で地位や力を持つ人物。

76 □ けんかしたことを**コウカイ**する。
あとになってからくやむこと

65 性格 関西大
66 家路 信州大
67 衰 熊本大
68 協調 西南大
69 躍 高崎経大
70 彫刻 大阪教大
71 肯定 立命館大
72 塞 岐阜大
73 愚痴 愛教大
74 大過 早稲田大
75 重鎮 青森公大
76 後悔 埼玉大

77 □ 十円未満の**ハスウ**は切り捨てる。
かずをきりのよい位で切った余りの分
端数　学習院大

78 □ 寺の本堂を建て**カ**える。
古くなったものを新しいものにする
替　センター

79 □ 心理的な**ジュバク**を解く。
まじないや心理的な強制によって自由を奪うこと
呪縛　お茶女大

80 □ **カギョウ**に精を出す。
生活を維持するための仕事
稼業　立命館大

81 □ 大切な**ホウユウ**と会う。
同志。ゆうじん
朋友　早稲田大

82 □ 九月**チュウジュン**に発売予定だ。
月の十一日から二十日まで
中旬　関西大

83 □ お金で**ス**む問題ではない。
物事が終わる。解決する
済　名古屋大

84 □ 図書館に古い**ショセキ**が並んでいた。
文章などを記した紙を綴じたもの。本
書籍　宇都宮大

85 □ **ムサボ**るように知識を得る。
際限なく欲しがる
貪　立教大

86 □ 見学者をガイドが**センドウ**する。
さきに立ってみちびくこと
先導　和歌山大

87 □ **カダン**にチューリップを植える。
庭などで、花を植えるために一角を区切った所
花壇　関学大

88 □ 仕事の大変さを**ウッタ**える。
理解・同情などを期待して、要求や不平を人に告げる
訴　信州大

89 □ 人質を取って**キョウハク**する。
恐れさせるために、害悪を加える意思を示しておどすこと
脅迫　高知工大

90 □ **センジョウテキ**な週刊誌の広告。
関心や欲望をあおりたてるさま
扇情的　高知大

91 □ 新しい政党の**コウリョウ**を掲げた。
団体の政策や方針などの基本を示したもの
綱領　小樽商大

92 □ 破れたシャツを**ヌ**う。
針に通した糸で布などをつなぎ合わせる
縫　お茶女大

93 □ 代金の支払いを**セイキュウ**する。
ある行為をするようにもとめること
請求　上智大

94 □ 台風の被害を蒙る。
自身の身に被害がもたらされる
こうむ(ぶ)る　福岡女大

95 □ 王位の簒奪を企てる。
君主の地位を奪い取ること
さんだつ　明治大

96 □ 手紙に思いの丈を綴る。
とじ合わせる。文章などを作る
つづ　静文芸大

97 □ 街の喧騒を離れる。
物音や声で騒がしいこと
けんそう　名古屋大

98 □ 外套を羽織って出かける。
マントなどのゆったりとした外衣
がいとう　関学大

99 □ 食べ物の嗜好が異なる。
特に好み親しむこと
しこう　学芸大

100 □ 事件の顛末を語る。
始めから終わりまでの事のなりゆき
てんまつ　立命館大

101 □ 物思いに耽る。
ある一つの事に熱中する
ふけ　釧路公大

102 □ 飛行機の窓から外を覗く。
隙間などからこっそり見る
のぞ　香川大

103 □ 豪華絢爛な食事会。
美しくきらびやかなさま
けんらん　日本大

104 □ コップから水が溢れる。
容器がいっぱいになって液体がこぼれる
あふ　熊本県大

▼**太字の語の意味を後から選べ。**

**1** □生まれ育った故郷の環境の変化に、**一抹**の寂しさを覚えた経験のある人は多いだろう。
①一言では言えないほど ②計り知れないほど ③ほんのわずか
③ 大阪公大

**2** □経済が人を殺し、さらには法や政治をも殺害すると言えば、**怪訝**《けげん》に思われるかもしれない。
①怪しみ敬遠するさま ②疑い不思議がるさま ③驚いて遠巻きにするさま
② 奈良女大

**3** □けっして**看過**できないことである。
①見誤ること ②見くびること ③見逃すこと
③ 滋賀大

**4** □気紛れや心変わりなどの感情の**機微**。
①表面だけではわからない微妙な事情 ②不変に感じられたものが劇的に変化する性質 ③目を離せないほど小刻みに変化する状態
① 成蹊大

**5** □国家への**恭順**を示すわかりやすい外見の指標があり、男性は徴兵され軍服を着て髪形も指定された。
①忠誠をちかうこと ②つつしんで従うこと ③礼節をもってあたること
② 法政大

**6** □**屈託**の癖がつくと忌忌しいもので、なんの関連もなく元気でいる最中にもひょいとそれが顔を出すようになる。
①思いや感情を素直に出せないこと ②なげやりですべて他人まかせにすること ③一つの事ばかり気にかかって心配すること
③ 國學院大

**7** □ショート・ショートがいつ発生したか、ぼくは**寡聞**にして審《つまび》らかにしないが、ものの本によると、欧米、特にアメリカに生れたジャンルらしい。
①聞く耳を持たないこと ②見聞の狭いこと ③情報が限られていること
② 千葉大

**8** □この蟹《かに》は、ほんものか、にせものか、と言うと、それが行ってみりゃわかるんでしょう、と娘は**言下**に明答した。
①言い終わってすぐ ②言い含めるように ③声を落として
① 明学大

**9** □一見して思われるよりも、はるかに**錯綜**《さくそう》した問である。
①複雑に入り交じること ②分別の定まらないこと ③正常に処理できないこと
① 國學院大

10 □ 毎年夏と冬に催される文学祭りに**参画**する。

①加わること ②賛同すること ③突き動かされること

① 成城大

11 □ 居住と職場が同一の農業地域では**多岐**にわたる集合性が成立している。

①様々な方面 ②多様なもの ③いくつも重なること

① 同志社大

12 □ 唐モロコシ畑か、**丈余**のカヤの茂みだと思い込んでいた場所は、いつの間にかただの草原であった。

①がっしりした ②一丈あまり ③びっしりとつまった

② 立教大

13 □ この問題に対処するための**処方箋**は二つある。

①基本的な理念 ②具体的な対応策 ③専門的な指示書

② 学習院大

14 □ 彼女が**早晩**作家として文壇に打って出る事は、殆《ほとん》ど誰も疑わなかった。

①遅かれ早かれ ②早いうちに ③できるだけ早く

① 防衛医大

15 □ 人形は、どこか**恬然**《てんぜん》とした感じのする存在だ。

①高貴で触れがたい気品を備えているさま ②人工的で不自然なまでに整っているさま ③物事に心を動かされずに平気でいるさま

③ 成蹊大

16 □ 下手《まず》いのは病気の**所為**《せい》だと思いたまえ。

①おもわく ②しわざ ③たくらみ

② 東京大

17 □ 例えば学校の講義のあるものを**悉皆**《しっかい》蓄音機ですませる事は出来ないかという問題が起る。

①いったんは ②ことごとく ③なるべく

② 成城大

18 □ **畢竟**《ひっきょう》、ぬいぐるみとは個人的な感覚や経験と不可分な存在なのである。

①いやしくも ②ともすれば ③つまるところ

③ 学習院大

19 □ 私は当時、**無聊に**《ぶりょう》苦しんでいた。

①退屈 ②病気 ③貧困

① 熊本大

20 □ 最新の**ガイドライン**に基づく治療。

①学説 ②指針 ③潮流

② 国際教養大

21 □ 社会の電子的な情報ネットワーク化を新しい**コモンセンス**形成の機会にしない法はないと思う。

①眼識 ②常識 ③知識

② 都立大

## 「実用」追加キーワード

22 □ **オルタナティブ**〈英〉 京都大

既存のものにとって代わる新たなもの。代案・代替物。また、二者択一。

23 □ **プロバビリティ**〈英〉 京都大

ありそうなことが起こりうる確実性の度合い。蓋然性。公算。

▼語の意味を参考に、空欄に当てはまる語句を選べ。

24 □装飾をとめどなく（　　　）《満ち満ちていること》させる様式。
①横溢《おういつ》　②蕩尽《とうじん》　③飽満
①　福岡教大

25 □会合では波風を立てぬよう、周囲に（　　　）《打ち解けて仲良くすること》した。
①緩和　②融解　③融和
③　高知工大

26 □友人の窮状を（　　　）《うすうす聞くこと》する。
①仄《そく》聞　②聴聞　③百聞
①　津田塾大

27 □言葉は、真偽不明の情報を伝える（　　　）《記号》に過ぎない。
①割賦　②護符　③符牒《ふちょう》
③　成城大

28 □フリーターが増えたのは、若者自身の意識や価値観の変化というよりは、労働市場が（　　　）《差し迫ること》したためである。
①攪乱《かくらん》　②纏綿《てんめん》　③逼迫《ひっぱく》
③　法政大

29 □嘘《うそ》とフィクションを（　　　）《厳しく区別すること》する。
①隔絶　②峻別《しゅんべつ》　③背馳《はいち》
②　神戸大

30 □その声、あるいはその（　　　）《清らかで美しいさま》とした身ごなしとともに聞こえてくる音。
①綽々《しゃくしゃく》　②粛々　③楚楚
③　青学大

31 □敵対者の多数派工作という（　　　）《策略》におちいった。
①陥穽《かんせい》　②誤謬《ごびゅう》　③恣意
①　高知工大

32 □言いがたき暗愁は（　　　）《少しの間》も自分を安めない。
①暫時　②随時　③即時
①　香川大

33 □携帯電話が鳴り、持ち主はそれまで話していた相手に申し訳なさそうな（　　　）《ちらっと見ること》を送りつつ、誰かと話し出す。
①一瞥《いちべつ》　②秋波　③睥睨《へいげい》
①　山形大

34 □各人が自らの先入観や偏見を自覚し、（　　　）《他との関係において成り立つこと》化する力を持つことが不可欠だ。
①可視　②顕在　③相対
③　一橋大

35 □論文の（　　　）《他人の文章を盗んで使うこと》チェック。
①剽悍《ひょうかん》　②剽軽《ひょうきん》　③剽窃《ひょうせつ》
③　立命館大

**36** □（　　）《恥じ入るさま》たる思い。
①唖然《あぜん》　②鬱々　③忸怩《じくじ》
③ 東医歯大

**37** □安寧・秩序を維持する機能が社会のあちこちに（　　）《広く行き渡っていること》している。
①潜在　②偏在　③遍在
③ 法政大

**38** □武蔵野の雑木林との（　　）《めぐりあい》を果たしている。
①謁見　②逢瀬《おうせ》　③邂逅《かいこう》
③ 立命館大

**39** □父の筆記者でありまたあれこれと（　　）《役に立ちありがたいこと》になってくれる土橋さん。
①貴重　②重畳　③重宝
③ 立教大

**40** □内部の人間関係に対する過剰な配慮は、外部の人間関係に積極的に（　　）《関与》する意欲を失わせる。
①アテンド　②オミット
③コミット
③ 成城大

**41** □用語があまりに（　　）《否定的》すぎて、ひいてしまう人もでてくるかもしれない。
①ストイック　②ナイーブ
③ネガティブ
③ 秋田大

---

**42** □植物は地上に見えている部分と地下にかくれた根とは形もほぼ同形で（　　）《対称》をなしているという。
①アマルガム
②インタラクティブ
③シンメトリー
③ 滋賀県大

**43** □（　　）《生活の質》が低い状態で生物学的な生命だけを延ばすような治療。
①CSR　②QOL　③WFP
② 広島大

## 「実用」追加キーワード

**44** □ **旧態依然** 奈良女大
昔のままで少しも変化や進展がないこと。

**45** □ **虚心坦懐** 東医歯大
わだかまりがなくさっぱりしているさま。

**46** □ **臨機応変** お茶女大
場面や状況に応じて適切な処置をとること。

**47** □ **ベーシックインカム〈英〉** 学習院大
最低限の生活を送るのに必要なお金を行政が給付するという考え方。BI。

**48** □ **レジリエンス〈英〉** センター
困難や脅威に直面している状況で、うまく適応し立ち直る力。

70/70

▼**太字の語の意味を後から選べ。**

49 □金魚玉の中で**あえない**最期をとげていった金魚たち。
①思いがけない ②はかない ③むなしい
② 國學院大

50 □**言いよどむ**彼に、彼女はつれない素振りを見せる。
①言葉を選ぶ ②言葉に詰まる ③言葉を繰り
② 立教大

51 □父は「ほう」と目をよこしてから、話の**腰を折って**言った。
①途中で邪魔をして ②内容に反対して ③本題に入って
① 立教大

52 □人間の愚かさであったのか賢さであったのか**云々する**。
①あれこれ批評する ②くどくど述べる ③ひたすら熟考する
① 広島大

53 □悠悠ひとりの生活をしている永井さんを考えると、父の**お株を奪われた**ようなへんな気がする。
①世間からの評価を否定された ②得意としていたことを横取りされた ③やろうとしていたことをまねされた
② 立教大

54 □**折に触れ**口にしていたことがあった。
①以前よりも頻繁に ②時代にかかわらず ③機会があるたびに
③ 釧路公大

55 □私も結婚をしたり、子が出来たりして、境遇も次第に前と異って来て、一層**足が遠くなった**。
①会う理由がなくなった ②訪れることがなくなった ③行き来が不便になった
② センター

56 □自分たちの**しがない**取り分はさらに小さくなる。
①飽き足りない ②取るに足りない ③抜き差しならない
② 滋賀大

57 □何せ、クビになるんだから、何十年かの勤続も**水泡に帰する**んだから。
①一瞬にして全てが消え去る ②それまでの努力が無駄になる ③物事がぴたりと止まってしまう
② 防衛医大

58 □公然とカトリック教会に**反旗を翻して**プロテスタントの教会(新教)の礎を築いた。
①そむく ②降参する ③失望する
① 大分大

59 □**ひとかど**の大人になったとき回想することば。

①一人前であること ②自立していること ③立派に成長すること

① 宮城教大

60 □夜中**まんじりともせず**に、寝返りばかり打つ。

①落ち着くことができず ②じっとして動かず ③眠ることができず

③ 防衛医大

61 □どうしても「そうしないこともできたはずだ」という叫び声がからだから消えないとき、われわれは「後悔に**むせぶ**」。

①息が詰まる ②辺りをはばからず泣く ③声を殺して悔しがる

① 島根大

62 □理性は高次の認識能力を指すが、感覚は**もとより**、知性ともはっきり区別される。

①根本から ②さておき ③もちろん

③ 立教大

63 □戸のあらわな木肌は、不意に尭の心を**寄る辺のない**旅情で染めた。

①いたたまれない ②いわれのない ③頼りとするところのない

③ 防衛医大

64 □不可欠な要素としての運の問題を**なおざり**にする。

①軽視して放っておくさま ②ごまかして欺くさま ③その場逃れでいい加減に対応するさま

① 岡山大

▼**語の意味を参考に、空欄に当てはまる語句を選べ。**

65 □己の罪に(　)《不安で体が震える》平凡な人間。

①いななく ②うそぶく ③おののく

③ 関学大

66 □「(　)《失敗して必要以上に用心深くなる》」といった諺は、身体的記憶を戯画化したものと言えるでしょう。

①羹《あつもの》に懲りて膾《なます》を吹く ②火中の栗を拾う ③ミイラ取りがミイラになる

① 関西大

67 □いちどだけ(　)《怒りを抑えられない》**に据えかねた**のか「別れようか」と言われたことがあった。

①肝 ②腹 ③腑《ふ》

② センター

68 □人間が現れる前から宇宙が存在していたことは、(　)《明白で疑う余地のないさま》**明らか**なことだと思われる。

①文目も分かぬほど ②水魚の交わりより ③火を見るより

③ 法政大

**「表現」追加キーワード**

69 □**奇を衒《てら》う**

わざと変わったことをして注意を引こうとする。[例]奇を衒った服装。

早稲田大

70 □**後顧《こうこ》の憂い**

自分がいなくなった後を気遣ったり心配したりすること。[例]後顧の憂いなく旅立つ。

慶應大

# 第8章　長文問題① 実用・その他

25／75

**赤傍線部の語の意味を後ろから選べ。また、傍線部のカタカナを漢字にし、漢字は読みをひらがなで記せ。**

▼驚くことは生きることの**ツヤ**[1]であり色である。真理との**邂逅**《かいこう》[2]に表情が動かない大人がいくら子どもに教えても、子どもの心は動かない。驚かない子どもや大人たちが**溢**《あふ》[3]れる社会よりは、電子技術による検索システムを全て粉々にした社会の方がよほど楽しく、明るい。

〈藤原辰史「子どもの商品化に抗する思想」〉

埼玉大

**①思いがけなく出会うこと　②偶然手に入ること**
**③少しずつ近づくこと　④努力して見つけること**

▼この判断を、およそ庭の一区画全体に**キョヨウ**[4]するとどうなるだろうか？　これまで**カダン**[5]や植え込みのなかで息を潜めていた数多《あまた》の一年草や二年草も忙しく動き出し、種の特性に応じた群れとなって**オド**[6]り出るだろう。それに応じて管理の仕方も変えなければならない。カダンはカダン、芝地は芝地、園路は園路といった維持管理はもはや通用しない。庭師は植物の群れの動きを観察、**ヨソク**[7]しながら、複雑な分布のパターンに**ソ**[8]って大まかな庭のかたちを切り出していくことになる。**錯綜**《さくそう》**する**[9]群れのあいだを**ヌ**[10]うように通り道が切り開かれ、その合間合間に、島のような草花の**カタマリ**[11]がいくつも現れては消えていく。

〈山内朋樹「動いている庭—迂回、すなわち技巧」〉

お茶女大

**①種々のものが入り交じっている　②互いに絡みついている**
**③互いに対立している　④複雑に入り交じっている**

▼言うまでもなく赤ちゃんは、まわりにいる大人が話すことばをモデルとして、自分の話す言語**タイケイ**[12]を獲得していく。そのためにまず第一になさねばならないのは耳に入ってくる物音のうち「何がモデルで、何がモデルでないか」を**峻別する**[13]ことなのである。われわれの世界は、ヒトの話し声もさることながら、ことば以外にもさまざまな種類の音であふれかえっている。大人たちはあま

| 1 | 2 | 3 | 4 | 5 | 6 | 7 | 8 | 9 | 10 | 11 | 12 |
|---|---|---|---|---|---|---|---|---|---|---|---|
| 艶 | ① | あふ | 許容 | 花壇 | 躍 | 予測 | 沿 | ④ | 縫 | 塊 | 体系 |

りに「音の洪水」に慣れてしまっているために普段、ほとんど失念しているのだけれども、感覚される全ての音のなかから言語音だけを拾い上げて、それに耳を傾けるというのは、本当はとてつもなく大変な作業を行っているのである。

〈正高信男「赤ちゃん誕生の科学」〉 三重大

**①大まかに区別する　②聞き分けて区別する　③厳しく区別する　④素早く区別する**

▼カマキリは人間の髪の毛が非常に好きで[14]**シンテイ**すると幾本でも[15]**ムサボ**り食う。恐れるという事を知らない彼の性質もなかなか面白い。しかし彼は[16]**チョウコク**にはならない。[17]**ケイタイ**がチョウコクに向かない。バッタ、コオロギもその点では役に立たない。トンボには銀ヤンマのような堂々たる者もあり、トウスミトンボのような[18]**楚々《そそ》たる**者もあり、アカトンボのようなしゃれた者もあって、ちょっとチョウコクにおもしろそうに思えるが、これがやはり駄目。チョウコク的契機に[19]**トボ**しい。

〈高村光太郎「蟬の美と造型」〉 関学大

**①おどけた　②清らかな　③そそっかしい　④しなやかな**

▼昨今は育児雑誌の投書欄をはじめとした受け皿が準備され、そこに思いのたけを[20]**ウッタ**えることができる時代になっている。それだけ母性愛神話の[21]**ジュバク**は弱まりつつあると見ることもできるかもしれない。育児は母親一人で担えば[22]**ス**むものではない。母親もいろいろな主張ができる時代を迎えたといえよう。母性愛神話の仮面をかぶっていた母親たちが、ようやく素顔を表に出し始めたといってよいかもしれない。しかし、その一方で、どれだけの人がその素顔を[23]**虚心坦懐に**受け止め得るかを考えると、[24]**イゼン**として[25]**忸怩たる**思いを吹っ切ることができない。たとえば女性のライフスタイルに関する意識調査をみるたびに、母性をめぐる人々の思い入れの根深さを痛感させられる。

〈大日向雅美『増補 母性愛神話の罠』〉 東医歯大

**23 ①遠慮深く慎重に　②思いやって親切に　③寛大でおおらかに　④素直にさっぱりと**

**25 ①興味を持つ　②恥じ入る　③腹立たしい　④不愉快な**

| 13 | 14 | 15 | 16 | 17 | 18 | 19 | 20 | 21 | 22 | 23 | 24 | 25 |
|---|---|---|---|---|---|---|---|---|---|---|---|---|
| ③ | 進呈 | 貪 | 彫刻 | 形態 | ② | 乏 | 訴 | 呪縛 | 済 | ④ | 依然 | ② |

50/75

**赤傍線部の語の意味を後ろから選べ。また、傍線部のカタカナを漢字にし、漢字は読みをひらがなで記せ。**

▼――彼が橋を渡りきったとき、うしろから栄二が追って来た。こっちは[26]**ヤ**せたすばしっこそうな軀《からだ》つきで、おもながな顔の濃い[27]**マユ**と、小さなひき緊《しま》った[28]**クチビル**が、いかにも賢そうな、そしてきかぬ気の強い性質をあらわしているようにみえた。栄二は追いつくとともに、さぶの前へ立ち[29]**フサ**がった。さぶは俯向《うつむ》いたまま、栄二をよけて通りぬけようとし、栄二はさぶの肩をつかんだ。「よせったら、さぶ」と栄二が云《い》った、「いいから帰ろう」さぶは手の甲で眼を拭き、[30]**咽《むせ》びあげた**。
〈山本周五郎「さぶ」〉
宇都宮大

**①息を詰まらせて泣く ②声をあげて泣く**
**③声を立てずに泣く ④涙を流して泣く**

▼翌年春、魚芳《うおよし》は入営し、やがて満洲の方から便りを寄越すようになった。その年の秋から私の妻は発病し[31]**リョウヨウ**生活を送るようになったが、妻は枕頭《ちんとう》で女中を指図して慰問の小包を作らせ魚芳に送ったりした。温かそうな毛の[32]**ボウシ**を着た軍服姿の写真が満洲から送って来た。きっと魚芳はみんなに可愛《かわい》がられているに違いない。[33]**スイジ**も出来るし、あの気性では誰からも[34]**重宝がられる**だろう、と妻は時折噂《うわさ》をした。
〈原民喜「翳」〉
センター

**①一目置かれて尊ばれる ②思いのままに利用される**
**③親しみを込めて扱われる ④頼みやすく思われ使われる**

▼役人のほうは、その大半、幼にして学を好み、長ずるに及んで立志出郷、もっぱら六法全書の糞暗《くそあん》記《き》に努め、[35]**シッソ**[36]**ケンヤク**、友人にケチと言われても[37]**馬耳東風**、祖先を敬するの念厚く、亡父の命日にはお墓の[38]**ソウジ**などして、大学の卒業証書は金色の[39]**ガクブチ**にいれて母の寝間の壁に飾り、まことにこれ父母に孝、兄弟には友ならず、[40]**ホウユウ**は相信ぜず、お役所に[41]**ツト**めても、ただもうわ

26 〔瘦〕
27 〔眉〕
28 〔唇〕
29 〔塞〕
30 〔①〕
31 〔療養〕
32 〔帽子〕
33 〔炊事〕
34 〔④〕
35 〔質素〕
36 〔倹約〕
37 〔②〕

が身分の**タイカ**[42]無きを期し、ひとを憎まず愛さず、にこりともせず、ひたすら公平、紳士の亀鑑《きかん》、立派、立派、すこしは威張ったって、かまわない、と私は世の所謂《いわゆる》お役人に同情さえしていたのである。

〈太宰治「家庭の幸福」〉

防衛医大

**①肝心なことをはぐらかすさま　②人の話に耳を傾けないさま**
**③身近なものごと以外に無関心なさま　④目的に向かってひたすら進むさま**

▼**コウカイ**[43]はしたのだ、いつも。だがなぜか再び舌が勝手に動いて、憎まれ口が飛び出す。そういうことが幾度もあった。俊介はたまったものではなかっただろう。いつも**ダマ**[44]り込むだけだったが、いちどだけ**腹に据えかねた**[45]のか「別れようか」と言われたことがあった。別れようか。俺と一緒にいることが、そんなにつらいのなら……。いやよ。郁子は**ソクザ**[46]にそう答えた。とうとう夫がその言葉を言ったということに**戦**《おのの》**きながら**[47]、でもその**ショウゲキ**[48]を**サト**[49]られまいと**キョセイ**[50]を張って。

〈井上荒野『キャベツ炒めに捧ぐ』〉

センター

**45**　**①合点がいかなかった　②我慢ができなかった**
**③気持ちが静まらなかった　④本心を隠しきれなかった**

**47**　**①慌てて取り繕いながら　②勇んで奮い立ちながら**
**③驚いてうろたえながら　④ひるんでおびえながら**

| 38 | 39 | 40 | 41 | 42 | 43 | 44 | 45 | 46 | 47 | 48 | 49 | 50 |
|---|---|---|---|---|---|---|---|---|---|---|---|---|
| 掃除 | 額縁 | 朋友 | 勤 | 大過 | 後悔 | 黙 | ② | 即座 | ④ | 衝撃 | 悟 | 虚勢 |

# 第8章

## 長文問題③ 実用・その他

75／75

**（　）にあてはまる語を後ろから選べ。また、傍線部のカタカナを漢字にし、漢字は読みをひらがなで記せ。**

▼表1は、政府によって**ケイゾク**[51]的に実施されている「国民生活に関する世論調査」における、「お宅の生活の程度は、世間一般からみて、どうですか」という質問への回答を示したものである。質問文には「世間一般からみて」という文言が含まれており、自分の生活のいわば「（ **52** ）評価」を**タズ**[53]ねている。したがって、ここで「中」のいずれかに自分の生活を位置づけるということは、直接的には「おおむね世間並み」の生活をしているという以上のことを意味しない。

〈井田正道『世論調査を読む　Q&Aから見る日本人の〈意識〉』〉

上智大

**①過少　②自己　③相対　④平均**

▼一見すると町の中での信頼関係は「町の人しか信じない」という**ハイタ**[54]性をもたらすと考えられがちであるが、そうではない。他者との信頼関係があればこそ、現状への対策を考え、新たな空気を持ち込んでくれる移住者に対してオープンになる。また、信頼関係があれば、誤解をおそれずに互いを公平に評価できるようになるかもしれない。実際企業で収集しているデータにおいても、信頼関係がリスクを恐れずに新しいことを**テイアン**[55]する行動につながっていることがわかっている。つまり一階部分の**キョウチョウ**[56]性を、（ **57** ）とした保守的な関係ではなく、互いの信頼関係を**コウチク**[58]し、維持するためのシステムとしてリノベートして活用すれば、二階部分の独立性とは両立する可能性があるのではと思える。

〈内田由紀子「日本の協調性の行方」〉

同志社大

**①曖昧模糊　②旧態依然　③泰然自若　④理路整然**

▼今日の子どもたちは、多様性を否定する画一的な檻《おり》のなかへ囲い込まれていた時代とは異なって、むしろ多様性を**ショウレイ**[59]するようになった新しい学校文化のなかを生きています。学校の教師にも**ヨクアツ**[60]性を感じなくなり、仲間で団結して立ち向かう敵とはみなさなくなっています。そのため、

| 51 | 52 | 53 | 54 | 55 | 56 | 57 | 58 | 59 | 60 | 61 | 62 |
|---|---|---|---|---|---|---|---|---|---|---|---|
| 継続 | ③ | 尋 | 排他 | 提案 | 協調 | ② | 構築 | 奨励 | 抑圧 | ④ | 徐徐 |

学校文化に（ **61** ）を翻《ひるがえ》すことで成立してきた非行文化は、その基盤を**ジョジョ**[62]に失いつつあります。しかし、いくら多様性が賞揚されるといっても、あらゆる個性のあり方が学校で**ジュヨウ**[63]されるわけではありません。そもそも周囲の期待にそうものでなければ、その個性が**コウテイ**[64]的な評価を受けることはありません。

〈土井隆義『キャラ化する／される子どもたち』〉 兵教大

**①駒　②志　③掌　④反旗**

▼父は「ほう」と目をよこしてから、話の（ **65** ）を折って、「おまえはまさか、いきなり**アイサツ**[66]なんぞしたんじゃあるまいね。」行きたい方へ行きたいように歩いているものを、横あいから中婆さんが飛びだして来て勝手法界なアイサツなどを長たらしくやられてはたまったものではない。**カンキョウ**[67]も何も一時に吹っ飛んで迷惑**フユカイ**[68]この上もない。「おれならいやだね」というのである。

〈幸田文「すがの」〉 立教大

**①腰　②鼻　③膝　④骨**

▼子どもは母親におむつを**カ**[69]えてもらい、ごはんを食べさせてもらい、**センタク**[70]をしてもらう。母親は子どものさまざまなニーズを満たす。子どもの**イソン**[71]を引き受ける。このとき、母親の仕事は（ **72** ）。「ワタクシは授乳することには異論はありませんが、おむつについては**ケイヤク**[73]に含まれておりません！」とはなかなか言えない。いや、そうやって主張すること自体は可能かもしれないけど、実際には誰かがおむつをカえてあげないと、そのあいだに赤ちゃんのお尻はかぶれてしまう。ケアってそういうことなのだ。なんらかの**脆弱**[74]性を抱えた人には、さまざまなニーズが発生している。誰かがそれに対して（ **75** ）に対処しなくてはいけない。

〈東畑開人『居るのはつらいよ　ケアとセラピーについての覚書』〉 高崎経大

**72** ①肩を落とす　②頭を垂れる　③親身になる　④多岐にわたる

**75** ①一進一退　②温故知新　③七転八倒　④臨機応

| 63 | 64 | 65 | 66 | 67 | 68 | 69 | 70 | 71 | 72 | 73 | 74 | 75 |
|---|---|---|---|---|---|---|---|---|---|---|---|---|
| 受容 | 肯定 | ① | 挨拶 | 感興 | 不愉快 | 替 | 洗濯 | 依存 | ④ | 契約 | ぜいじゃく | ④ |

**▼傍線部のカタカナを漢字にせよ。**

□あるいはその場の声にならない声を感じ取り、その場になにかのきっかけをあたえる者たちである。さらには予想外の言葉の断片が、新たな脈絡を見出《みいだ》すようにその場の雰囲気にリンカクをあたえ、リセットしていく人たちである。

〈河本英夫『経験をリセットする　理論哲学から行為哲学へ』〉

〔輪郭〕東北大

□例えば2015年に国連でサイタクされた「SDGs：2030年までの持続可能な開発目標」においてウェルビーイングは重要な達成目標のひとつとして挙げられている。

〈安藤英由樹・渡邊淳司「ウェルビーイングの見取り図」〉

〔採択〕名古屋大

□また、「政治、経済、教育、文化」も全て「国民生活の領域」にホウセツされていることに注意したい。

〈大塚英志『「暮らし」のファシズム』〉

〔包摂〕早稲田大

□〈共感〉は分かります。精神科医になりたての頃から、これは嫌というほど教えられ、実際に患者さんと接する中での重要性もツウカンさせられます。簡単に言えば、「相手を思いやる心」です。

〈帚木蓬生『ネガティブ・ケイパビリティ　答えの出ない事態に耐える力』〉

〔痛感〕大阪大

**▼傍線部の読みを答えよ。**

□しかしながら、東西冷戦体制の解体という、世界史上の大きな画期をなす出来事であったことは間違いないし、それ以上に、とりわけベルリンという都市に関してみると、世界のどの都市も体験したことのないような大改造の嵐にさらされた、その未曽有の状況に、そこに住んでいた当人たちだけでなく世界中が興奮したのである。

〈渡辺裕『まちあるき文化考』〉

〔みぞう〕青学大

▼**傍線部の読みとして最も適当なものを選べ。**

□死を待つルイス・ペインの肖像が示唆するとおり、写真というメディウムに随伴する時間性とは不思議なものである。

〈松本健太郎『「複数の状態」にひらかれたデジタル写真をどう認識するか』〉

①シギ　②シサ
③ジゲン　④ジダン
⑤シジュン

②　関学大

▼**傍線部と同じ漢字を用いるものを一つ選べ。**

□しかも、文字の読み書きを暗黙の前提にして成り立っている社会的諸関係というのは、単に直接に文字バイタイ（例えば、新聞、雑誌、書籍、あるいは手紙や文書、広告、案内板など）を介して取り結ばれる間柄という狭い意味だけではない。

〈小柳正司『リテラシーの地平―読み書き能力の教育哲学』〉

①微生物をバイヨウする。
②祝賀の宴にバイセキする。
③挙式のバイシャクの労をとる。
④損害をバイショウする。
⑤売り上げがバイカする。

③　関西大

▼**傍線部と同じ漢字を用いるものを一つ選べ。**

□さらにあわせて、貧困と格差がこの社会のキッ緊の問題になろうとはつゆ思うところではなかった。

〈鷲田清一「小さな肯定」〉

①キッ祥　②キッ甲　③キッ符
④キッ茶　⑤キッ粋

④　立命館大

▼**（　）に当てはまる語を一つ選べ。**

□ただし『フィンランディア』にせよ『ナブッコ』にせよ、これらはあくまで国民国家の歌であり、国境を越えて知られてはいても、国境を越えて「わたしたちの歌」として歌われることはない。その強烈なナショナリズムの故に（　）は弱い。

〈岡田暁生『音楽の危機――《第九》が歌えなくなった日』〉

①独自性　②象徴性
③抽象性　④普遍性

④　早稲田大

▼**（　）に当てはまる漢字を一つ選べ。**

□辛（　）をなめる

①辣　②酸　③味
④甘　⑤肝

②　法政大

**▼傍線部のカタカナを漢字にせよ。**

□ 自分たちの社会がホウカイするのを目撃した古代人や中世人にとって、それは端的に「世界の終わり」であって、そこに「脱古代」や「脱中世」、あるいは「古代の終焉」や「中世の終焉」を発見した人間はいない。

〈佐藤俊樹『近代・組織・資本主義』〉

〔崩壊〕 大阪大

□ 「近年から近日にいたるまで、天変地異や飢饉・疫病があまねく天下に満ち、広く地上をオオっている。牛馬は路上に倒れ伏し、人の屍《しかばね》と骨は道にあふれている」という描写は、決して誇張ではなかったのである。

〈佐藤弘夫『日本人と神』〉

〔覆〕 小樽商大

□ 互酬性は、特定の行為をバイカイとした二者間の相互的なやり取りである。

〈河野哲也『善悪は実在するか』〉

〔媒介〕 上智大

**▼傍線部の読みを答えよ。**

□ 神西清の翻訳については、直訳か意訳かといったいわゆる翻訳論の範疇で論じるのではなく、あくまで日本語論の観点で問題化しなければいけないのだと。

〈小林実『神西清の散文問題』〉

〔はんちゅう〕 立命館大

**▼傍線部と同じ漢字を用いるものを一つ選べ。**

□ こうしたモデルに従うならば、「原因」と「理由」の対比もまた少々違った相ボウを帯びてくる。

〈一ノ瀬正樹『原因と理由の迷宮 「なぜならば」の哲学』〉

① ボウ険家の帰還
② 眺ボウが開ける
③ ボウ子を被る
④ 類まれなる美ボウ
⑤ 権ボウ術数

〔④〕 関学大

□ いったん人が死の世界に足を踏み入れてしまえば、アワただしい形式的な葬儀を終えて、親族はただちに日常生活に戻ってしまう。

〈佐藤弘夫『日本人と神』〉

①シン重論　②繁ボウ期
③哀トウの辞　④世界恐コウ
⑤絶滅危グ種

④ 早稲田大

□ブルームのこうした見解は、野生動物写真や自然写真の業界で長年懸案となってきた写真家によるステージングもしくは場面の捏造《ねつぞう》を糾ダンすることの難しさをめぐる出口のない葛藤を根本から打開する意図も含んでいた。〈信岡朝子『快楽としての動物保護』〉

①ダン劾　②ダン罪
③ダン合　④ダン気
⑤ダン塊

① 立命館大

▼（　）に入る四字熟語を選べ。

□今日のエレクトロニクス技術によって達成されたコミュニケーションの「同時性」や「遍在性」が（　）のものであるという点を強調する考え方もありえようが、われわれとしては、そうしたすべての祖型はすでに「一八八〇年代」の西欧に出揃っているという視点に立ちたいと思う。〈松浦寿輝『平面論』〉

①荒唐無稽　②一期一会
③千載一遇　④前代未聞

④ 明治大

▼傍線部の意味として最も適当なものを選べ。

□また或る作曲家は、ピアニストに対して演奏会場のステージのピアノの前におもむろに腰を掛けるなり四分三十三秒間なにもしないままでいるように指示し、その間にきこえてくる自然音に聴衆の耳を傾けさせて、それを「四分三十三秒」と名づけた（ジョン・ケージ）。〈中村雄二郎『共通感覚論』〉

①静かにゆっくりと　②注意をひきながら
③突如として　④予想外のやり方で
⑤わざとらしく

① 名外大

□フェニキアのシドンやティルスは聖書にも出てくる都市ですが（ローマと覇権を争ったカルタゴはティルスの植民地でした）、これらの都市は「貝紫で栄えた」といわれています。〈見田宗介『社会学入門』〉

①卑劣な手段を用いて獲得した権力
②宗教的な権威に基づく神聖な権力
③順位により継承された正統な権力
④他を寄せつけないほど強大な権力
⑤戦いに勝ち抜いて手に入れた権力

⑤ 國學院大

## 付録　入試問題③

▼**傍線部のカタカナを漢字にせよ。**

□過去のある犯罪について、それが脳のシッカンや遺伝的・環境的要因によるものか否かは線引き困難であり、科学がこのまま発展すれば、線引きの基準はどんどん変化する（おそらくは、遺伝的・環境的要因をより重視する方向に）。

〈青山拓央『心にとって時間とは何か』〉

〔疾患〕 神戸大

□それを知るには、当人がどういう状況で誰と生活していて、何に困っているか、どのような人的、技術的リソースが使えるのか、それを使うことで以前の生活から何をアキラめなければならないのかなどを理解しなければならない。

〈松嶋健「ケアと共同性――個人主義を超えて」〉

〔諦〕 東京大

□逆にここで保持されるべきは、たがいにユウゴウしえない特異なもの（singular＝単数のもの）どうしの、通約されることのない関係の経験である。

〈鷲田清一『〈ひと〉の現象学』〉

〔融合〕 立教大

□言語学の領域でも、こうした人は、充分に変わった人であるとみられたが、ましてや、ユイショただしい文章を重んじるはずの作家が、フランス語をひどくくずした、アンティル諸島のクレオール語を聞いたとき、それを「世界のうちでもっとも流麗で快い」言語だなどと讃美したら、気が変だと思われるだろう。

〈田中克彦『ことばのエコロジー』〉

〔由緒〕 西南大

▼**傍線部の読みを答えよ。**

□一般に自虐の笑いというのは、比較的地位の高い者が、比較的地位の低い者を前に、自分の愚かさをあえて披瀝することで、優劣を一時的に逆転させて、自分が笑われることで周囲からの笑いを獲得するものである。

〈木村覚『笑いの哲学』〉

〔ひれき〕 関学大

▼**傍線部と同じ漢字を用いるものを一つ選べ。**

□近代に十分にはケイショウされなかったこの空間の概念がメディナに物象化されているのを、私たちは見たのだった。

〈原広司『集落への旅』〉

①寺社へのサンケイ
②賃貸ケイヤク
③ケイヒ削減
④テレビチュウケイ

④
近畿大

▼傍線部のカタカナにあたる漢字として最も適当なものを選べ。

□植民地の権力体制のチュウスウにあったコトンは、「すべての権力は基本的に民衆に存する」と語っている。
〈森本あんり『不寛容論―アメリカが生んだ「共存」の哲学―』〉

①抽数　②抽象　③宙崇
④中秋　⑤中枢

⑤
青学大

▼傍線部のカタカナに当てはまる漢字を二つ選べ。

□しかしその風邪のウイルスが体内でひどい効果を及ぼし、思わぬ重症となって入院をヨギなくされたときには、驚くだろうし、悲しんだり、自分の体調管理の甘さに怒ったりするだろう。
〈河野哲也『人は語り続けるとき、考えていない―対話と思考の哲学』〉

①予　②与　③預
④余　⑤疑　⑥議
⑦儀　⑧犠

④
⑦
法政大

▼（　）に当てはまる語を一つ選べ。

□大正時代は（　）に大正デモクラシー時代と総称されてはいるものの、明治末年に石川啄木が言い残したように「時代閉塞の現状」という病気に罹ったままのようなところがありました。
〈松岡正剛『日本という方法』〉

①十人十色
②十把一からげ
③千篇一律
④一足飛び
⑤単刀直入

②
立命館大

▼傍線部の意味として最も適当なものを選べ。

□その場ではけっして満たされない対話を時間の差を経て反芻《はんすう》することは、その対話の遂行において相手が不在であることを意味します。
〈納富信留『対話の技法』〉

①深くかえりみること。
②文字で書き表すこと。
③繰り返しよく考えること。
④調査して事実を証明すること。
⑤よいものにするために吟味すること。

③
甲南大

▼傍線部のカタカナを漢字にせよ。

□両親の不仲や嫁姑問題で家の中が緊迫しているとか、親がカンペキ主義であるとか、一見平和に見えても、親がつねにイライラ、ピリピリしているというのも含まれる。

〈梶谷真司「話す・聞く」『ことばを紡ぐための哲学』〉

〔完璧〕　愛教大

□患者の言うことにシンシに耳を傾け、病状をわかりやすく説明したり、患者の納得のいく治療方針を示したりしなければならない。

〈信原幸弘『情動の哲学入門　価値・道徳・生きる意味』〉

〔真摯〕　一橋大

□いっぽう現代、図書目録に代わって普及したOPACデータベースは、書名、著者名、刊行年、価格など、さまざまな情報を含む点で図書目録と似ているが、そこには利便性があるだけで、価値観の提案はない。むしろキヒされてきたのであろう。

〈木島史雄「円形図書館と書籍評価サイト」〉

〔忌避〕　上智大

▼傍線部の読みを答えよ。

□このようなルールを措定するには、一定の価値基準を共有している必要があります。

〈山竹伸二『ひとはなぜ「認められたい」のか――承認不安を生きる知恵』〉

〔そてい〕　立命館大

▼傍線部と同じ漢字を用いるものを一つ選べ。

□携帯可能《ポータブル》なデジタルカメラで、あるいはスマートフォンにトウ載されているカメラで、たとえば旅行中に、私たちは気軽に、しかも(端末の容量が許す限りは)無際限に写真を撮ることができる。

〈松本健太郎『複数の状態』にひらかれたデジタル写真をどう認識するか〉

①高峰をトウ破する
②無実の罪でトウ獄される
③雑誌の劈トウを飾る
④飛行機にトウ乗する
⑤五重のトウを修復する

④　関学大

□その意味で所有(権)は、社会的な合意(コンヴェンション)にもとづくいわばキハン的な観念であり、だれかの所有物とは「その恒常的な所持が社会の法によって確立された事物」(デイヴィッド・ヒューム)のことにほかならないことになる。

〈鷲田清一『わかりやすいはわかりにくい?』〉

①剣術のシハン
②手先がキヨウだ
③ハンダンに迷う提案
④学校にキフをする
⑤ヒャッパンの事情に通じる

①
中央大

□第二に、従来の技術は人間ひとりひとり、あるいはせいぜい数人から数十人ぐらいの能力を増強したり運搬したりするものだったのが、現在の先端技術、とくに情報関係の技術はぼくたちを取り巻く環境となって、あらゆるところにヘンザイしている。

〈佐倉統「科学技術は暴走しているのか?」〉

①事故現場のシュウヘンを調査する。
②学生時代の読書ヘンレキを語る。
③戦時中のヘンコウした教育。
④すべてのザイサンを失う。
⑤飲みやすいジョウザイの薬にかえる。

②
成蹊大

**▼傍線部を別の言葉に言い換えた場合、文脈上最も適切なものを選べ。**

□つまりそれは、反共というアイデンティティを失った結果、内向きに凝固した状態を維持することのむずかしくなった反動として、顕著になったといえるのではないか。

〈篠原雅武『全―生活論 転形期の公共空間』〉

①可能 ②明瞭
③有効 ④由来

②
亜細亜大

**▼傍線部の意味として最も適当なものを選べ。**

□『こころ』の主人公が、直ちに漱石自身ではないにせよ、漱石も明治人としての、国家との一体感は秘めていて、講演などにみられる彼の姿勢は啓蒙《けいもう》―指導する側にあった。

〈高橋和巳「漱石における政治」〉

①知識を与え、教育すること。
②正しい考え方をたたき込むこと。
③道徳的な人を育てること。
④近代人としてふさわしい常識を示すこと。
⑤宗教的な救いを与えること。

①
法政大

# 付録

## 四字熟語①

- □ 難問に悪戦苦闘する。
  困難に対し必死に戦うこと
  あくせんくとう
- □ 阿鼻叫喚の現場を目撃する。
  地獄の苦しみに耐えきれず泣き叫ぶさま
  あびきょうかん
- □ 前例のない中暗中模索する。
  見通しのない中であれこれ試みること
  あんちゅうもさく
- □ 唯唯諾諾と受け入れる。
  自分の考えを持たず人の言うことに従うさま
  いいだくだく
- □ 老いてますます意気軒昂だ。
  元気があり意気込みが盛んなさま
  いきけんこう
- □ 出会ってすぐ意気投合した。
  互いの考えが一致し気が合うこと
  いきとうごう
- □ 彼とは以心伝心の仲だ。
  言葉を必要とせず、考えていることが互いにわかること
  いしんでんしん
- □ 一期一会の出会い。
  出会いは一生に一度のものだということ
  いちごいちえ
- □ 敵を一網打尽にする。
  一度に全部をつかまえること
  いちもうだじん

---

- □ 効果は一目瞭然だ。
  一目ではっきりわかること
  いちもくりょうぜん
- □ 一蓮托生の関係だ。
  よくても悪くても運命をともにすること
  いちれんたくしょう
- □ 一攫千金を夢見る。
  大した苦労もせず一度に大金を得ること
  いっかくせんきん
- □ 試合結果に一喜一憂する。
  状況の変化に応じて喜んだり心配したりすること
  いっきいちゆう
- □ 一気呵成にやりとげる。
  ひといきに物事を成し遂げること
  いっきかせい
- □ 一騎当千の活躍をする。
  一人で千人に匹敵するほど強いこと
  いっきとうせん
- □ 一挙両得をねらう。
  一つのことをして同時に二つの利益を得ること
  いっきょりょうとく
- □ 一触即発の危機。
  少し触れても爆発するような状態
  いっしょくそくはつ
- □ 状況は一進一退だ。
  進んだり後戻りしたりすること
  いっしんいったい

□ **一朝一夕**には完成しない。
一朝か一夜ほどのわずかな時間
いっちょういっせき

□ **威風堂堂**とした行進。
威厳があり立派なさま
いふうどうどう

□ **意味深長**な笑み。
意味が深く言外に多くの意を含んでいること
いみしんちょう

□ **因果応報**の理を説く。
過去の善悪の報いは必ずあるということ
いんがおうほう

□ **慇懃無礼**な物言い。
表面は丁寧でも内面では見下して失礼なこと
いんぎんぶれい

□ この世の全ては**有為転変**だ。
物事は常に移り変わっているということ
ういてんぺん

□ 状況に**右往左往**する。
混乱してうろたえること
うおうさおう

□ いたずらに**右顧左眄**する。
周りを気にして決心がつかないこと
うこさべん

□ **有象無象**の輩が近づく。
この世のあらゆるもの
うぞうむぞう

□ **紆余曲折**の末に達成した。
様々な事情があって込み入ること
うよきょくせつ

□ 心配事も**雲散霧消**した。
雲や霧のように一度に消え果てること
うんさんむしょう

---

□ **栄枯盛衰**は世の常だ。
栄えたり衰えたりすること
えいこせいすい

□ 本人より**岡目八目**でわかる。
第三者は当事者よりも客観的な判断ができるということ
おかめはちもく

□ **温故知新**の精神。
昔のことを学んで新しい知識を得ること
おんこちしん

□ **快刀乱麻**の解決ぶり。
もつれた物事を鮮やかに解決すること
かいとうらんま

□ **臥薪嘗胆**の努力の末の成功。
目的達成のため長い間苦労に耐えること
がしんしょうたん

□ **花鳥風月**を愛でる。
美しい自然の風物。それを鑑賞すること
かちょうふうげつ

□ **隔靴搔痒**の思いだ。
物事の核心に触れられずいらいらすること
かっかそうよう

□ その理屈はあまりに**我田引水**だ。
強引に自分に都合よくなるようにすること
がでんいんすい

□ 用意した物は**夏炉冬扇**だった。
時節に合わない無用なもの
かろとうせん

□ **侃侃諤諤**の様相を呈した。
遠慮なく大いに議論すること
かんかんがくがく

□ 名作を**換骨奪胎**した作品だ。
古いものを模して独自のものを作ること
かんこつだったい

# 付録

## 四字熟語②

- □ **勧善懲悪**の筋書き。　かんぜんちょうあく
  善いことを奨励し悪事を懲らしめること
- □ **完全無欠**のヒーロー。　かんぜんむけつ
  少しも不足するところがなく完全なこと
- □ **閑話休題**、本題に戻る。　かんわきゅうだい
  話を本題に戻すときに用いる語。それはさておき
- □ **気宇壮大**な計画を立てた。　きうそうだい
  物事に対する心の持ち方が大きく立派なこと
- □ **危機一髪**のところで助かった。　ききいっぱつ
  非常に危険なこと
- □ **危急存亡**の瀬戸際に臨む。　ききゅうそんぼう
  生き残るか滅びるかの危機が迫っていること
- □ **起死回生**のホームラン。　きしかいせい
  絶望状態を好転させること
- □ **喜色満面**で合格を報告する。　きしょくまんめん
  喜びを顔全体に表すこと
- □ **疑心暗鬼**になる。　ぎしんあんき
  あらゆることを疑って不安になること

---

- □ **奇想天外**な発想に驚く。　きそうてんがい
  普通は思いつかないような奇抜な考え
- □ **恐悦至極**に存じます。　きょうえつしごく
  非常に喜ぶ様子を表すかしこまった表現
- □ **行住坐臥**初心を忘れない。　ぎょうじゅうざが
  日常の起居動作
- □ **驚天動地**の大事件。　きょうてんどうち
  世間をひどく驚かす
- □ **虚虚実実**のかけひき。　きょきょじつじつ
  計略を巡らし相手の隙をついて戦うこと
- □ **曲学阿世**の徒のすることだ。　きょくがくあせい
  学問上の真理を曲げてまで大衆にへつらうこと
- □ **毀誉褒貶**の激しい人。　きよほうへん
  褒めることとけなすこと
- □ **金科玉条**のごとく守る。　きんかぎょくじょう
  最も大切な法律や規則
- □ **謹厳実直**な勤めぶり。　きんげんじっちょく
  厳かでまじめで慎み深いこと

- □ 群雄割拠の戦国時代。（各地の英雄が互いに勢力を争うこと） ぐんゆうかっきょ
- □ 牽強付会も甚だしい。（都合のいいように理屈をこじつけること） けんきょうふかい
- □ 乾坤一擲の大勝負。（運命をかけて大勝負をすること） けんこんいってき
- □ 権謀術数に長けた人。（巧みに人を陥れる策謀） けんぼうじゅっすう
- □ 公平無私を心がける。（私的な感情や利益を交えず偏りがないこと） こうへいむし
- □ 豪放磊落な性格。（快活で度量が広いこと） ごうほうらいらく
- □ 公明正大に振る舞う。（公平で物事が正しく行われること） こうめいせいだい
- □ 虎視眈眈と狙う。（油断なく機会をねらっていること） こしたんたん
- □ 古色蒼然とした建物。（古めかしいさま） こしょくそうぜん
- □ 目標に向かって刻苦勉励する。（心身を痛めるほど苦労して励むこと） こっくべんれい
- □ 現状は五里霧中だ。（状況を把握できず判断のつかないこと） ごりむちゅう

---

- □ そのような案は言語道断だ。（話にならないほどひどいこと） ごんごどうだん
- □ 幼少期から才気煥発だった。（優れた才能が外に表れること） さいきかんぱつ
- □ 彼女は才色兼備だ。（才知と美を兼ね備えていること） さいしょくけんび
- □ 山紫水明の地。（日に映えて山や川の景色が美しいこと） さんしすいめい
- □ できばえを自画自賛する。（自分で自分を褒めること） じがじさん
- □ 自業自得と言わざるを得ない。（自分の行為が原因で報いを受けること） じごうじとく
- □ 獅子奮迅の働き。（獅子があばれまわるような激しい勢い） ししふんじん
- □ 自縄自縛に陥る。（自分の言動によって身動きがとれなくなること） じじょうじばく
- □ 質実剛健な校風。（飾り気がなくまじめなこと） しつじつごうけん
- □ 自暴自棄になる。（投げやりになること） じぼうじき
- □ 杓子定規な考え方。（一つの基準ですべてを処理し融通のきかないこと） しゃくしじょうぎ

# 四字熟語③

□ 遮二無二突っ走る。
一つのことをがむしゃらにするさま
しゃにむに

□ 縦横無尽に駆けめぐる。
自由自在に動くこと
じゅうおうむじん

□ 突然の報告に周章狼狽する。
うろたえて慌てて騒ぐこと
しゅうしょうろうばい

□ 衆人環視のもと行われた。
多くの人が周りで見ていること
しゅうじんかんし

□ 首尾一貫した行い。
始めから終わりまで筋が通っていること
しゅびいっかん

□ 純真無垢な笑顔。
心に汚れや曇りのないさま
じゅんしんむく

□ 笑止千万にも程がある。
非常に滑稽なこと
しょうしせんばん

□ 常住坐臥心がける。
座っているときも横になっているときもいつも
じょうじゅうざが

□ 正真正銘の宝石。
疑いなく本物であること
しょうしんしょうめい

---

□ 枝葉末節にこだわる。
物事の本質からはずれたささいな部分
しようまっせつ

□ この世は諸行無常だ。
すべての物事は移り変わっていくということ
しょぎょうむじょう

□ 支離滅裂な言動。
まとまりがなく、筋道が立たないこと
しりめつれつ

□ 神出鬼没に現れる。
行動が自由自在で現れたり消えたりすること
しんしゅつきぼつ

□ 針小棒大に騒ぎ立てる。
物事を大袈裟に言うこと
しんしょうぼうだい

□ 新進気鋭のデザイナー。
その分野に新たに現れ出て勢いが盛んな人
しんしんきえい

□ 深謀遠慮から出た発言。
将来のことまで見通して深く考えること
しんぼうえんりょ

□ この世の森羅万象について。
この世に存在するすべてのもの
しんらばんしょう

□ 晴耕雨読の日々。
束縛のない気ままな生活のこと
せいこううどく

□ 生殺与奪の権を握られる。
生かすも殺すも思いのままになること
せいさつよだつ

□ 清廉潔白な人柄。
心がきれいで私欲のないこと
せいれんけっぱく

□ 互いに切磋琢磨する。
同じ志を持つ者同士が競い合い向上しようとすること
せっさたくま

□ 絶体絶命の苦境。
どうにも逃れようのない困難な状態
ぜったいぜつめい

□ 千載一遇のチャンス。
千年に一度というような絶好の機会
せんざいいちぐう

□ 前人未踏（到）の挑戦。
まだだれも足を踏み入れていないこと
ぜんじんみとう

□ このような事件は前代未聞だ。
今までに聞いたこともないようなこと
ぜんだいみもん

□ 後年に大器晩成した。
大物ほど遅れて大成するということ
たいきばんせい

□ 大義名分が立つ。
人として守るべき道義、道理
たいぎめいぶん

□ 大言壮語ばかり吐く人。
実力以上の大きなことを言うこと
たいげんそうご

□ 泰然自若とした態度。
落ち着いて物事に動じないさま
たいぜんじじゃく

---

□ 大胆不敵な行動に驚く。
度胸があり敵を敵とも思わないさま
だいたんふてき

□ 両者は大同小異だ。
ほとんど同じで違いが少ないこと
だいどうしょうい

□ 単刀直入に質問する。
話の本題にいきなり入ること
たんとうちょくにゅう

□ 魑魅魍魎がうごめく。
様々な化け物や妖怪
ちみもうりょう

□ 丁丁発止の議論。
議論を激しく戦わせるさま
ちょうちょうはっし

□ 悪徳商法が跳梁跋扈する。
悪者などが好き勝手に振る舞うこと
ちょうりょうばっこ

□ 朝令暮改に振り回される。
法令が次々に改められ一定しないこと
ちょうれいぼかい

□ 直情径行に任せる。
心のまま思ったとおりに行動すること
ちょくじょうけいこう

□ 目標に向かって猪突猛進する。
向こうみずに勢いよく突進すること
ちょとつもうしん

□ 徹頭徹尾反対の立場を貫く。
はじめから終わりまで一貫して
てっとうてつび

□ 天衣無縫な傑作。
技巧がなく自然で美しいこと
てんいむほう

# 付録

## 四字熟語④

- □ 当意即妙のやりとり。 機転をきかせてうまく適応すること とういそくみょう
- □ 二つの作品は同工異曲だ。 一見違うが、実は大体同じであること どうこういきょく
- □ 同じチームでも同床異夢だ。 同じ行動をしながらも意見や考えが異なること どうしょういむ
- □ 準備のため東奔西走する。 目的のために忙しくかけ回ること とうほんせいそう
- □ 内憂外患が絶えない。 国や組織の内外に心配事があること ないゆうがいかん
- □ 難攻不落の城として知られる。 なかなか思い通りにならないこと なんこうふらく
- □ 二束三文で売りさばく。 数量が多くても値段が非常に安いこと にそくさんもん
- □ 技術の進歩は日進月歩だ。 進歩や発展が早いこと にっしんげっぽ
- □ 二律背反の関係にある。 矛盾する二つの命題が理論上はともに正しいこと にりつはいはん

---

- □ よい知らせに破顔一笑した。 にっこりと笑うこと はがんいっしょう
- □ 驚くほど博覧強記な人。 広く本を読みいろいろなことを覚えていること はくらんきょうき
- □ 八面六臂の活躍。 あらゆる方面で大活躍すること はちめんろっぴ
- □ 波瀾万丈な人生。 非常に変化に富み展開が多様なこと はらんばんじょう
- □ 罵詈雑言を浴びせる。 口汚いののしりの言葉 ばりぞうごん
- □ 美辞麗句ばかりを並べる。 うわべだけを飾った美しい言葉 びじれいく
- □ 百花繚乱と咲き乱れる。 様々な花が咲き乱れること ひゃっかりょうらん
- □ 長所と短所は表裏一体だ。 二つのものが密接で切り離せないこと ひょうりいったい
- □ 品行方正な人物。 行いが正しくきちんとしていること ひんこうほうせい

□ 風光明媚な海岸として有名。
自然の風景が美しいこと
ふうこうめいび

□ 不倶戴天の敵。
恨みや憎しみの深いこと
ふぐたいてん

□ 不偏不党の立場を守る。
公平中立の立場で一方に偏らないこと
ふへんふとう

□ 節操なく付和雷同する。
意見を持たず他説にすぐ賛成すること
ふわらいどう

□ 目標達成のため粉骨砕身する。
力の限り努力すること
ふんこつさいしん

□ 平身低頭してお願いする。
ひたすら頭を下げてわびること
へいしんていとう

□ 傍若無人な振る舞い。
遠慮がなく勝手きままに振る舞うこと
ぼうじゃくぶじん

□ あまりの事態に茫然自失する。
思いがけないことで我を忘れてしまうこと
ぼうぜんじしつ

□ 冗談に抱腹絶倒した。
腹を抱えて転げ回るほど大笑いすること
ほうふくぜっとう

□ いかに無知蒙昧だったか痛感する。
知識がなく道理を知らないこと
むちもうまい

□ 無味乾燥な文章。
味わいや面白味のないこと
むみかんそう

---

□ エースの面目躍如たる活躍。
その人本来の姿が生き生きと表れているさま
めんぼくやくじょ

□ 気晴らしに物見遊山に出かけた。
見物して遊び回ること
ものみゆさん

□ 優柔不断な性格。
ぐずぐずして決断の鈍いこと
ゆうじゅうふだん

□ 既に有名無実な規則。
名ばかりで実質がないこと
ゆうめいむじつ

□ 悠悠自適に暮らす。
俗事に惑わされず思いのままに暮らすこと
ゆうゆうじてき

□ 用意周到な計画だ。
用意が整っていて注意が行き届いていること
よういしゅうとう

□ その商品の広告は羊頭狗肉だ。
見かけと実体がそぐわないこと
ようとうくにく

□ 余裕綽綽とした態度。
ゆったりあせらず落ち着きはらったさま
よゆうしゃくしゃく

□ 流言飛語に惑わされない。
根拠のない噂話
りゅうげんひご

□ 計画は竜頭蛇尾に終わった。
始めは勢いが盛んで終わりは振るわないこと
りゅうとうだび

□ 理路整然と意見を述べる。
意見や議論の筋が正しく整っていること
りろせいぜん

| | | | | |
|---|---|---|---|---|
| □ | りろせいぜん | | 理路整然 | 213 |
| 200 | りんかく | 漢 | 輪郭 | 4, 114, 132 |
| □ | りんきおうへん | 語 | 臨機応変 | 189, 197 |
| □ | りんじゅう | 漢 | 臨終 | 50 |
| 200 | りんしょう | 漢 | 臨床 | 8, 94 |
| □ | りんじょう | 漢 | 臨場 | 124 |
| □ | りんせつ | 漢 | 隣接 | 115 |
| □ | りんり | 漢 | 倫理 | 67, 86 |
| □ | りんりつ | 漢 | 林立 | 121 |


## る


| | | | | |
|---|---|---|---|---|
| □ | るいけい | 漢 | 累計 | 92, 110 |
| □ | るいじ | 漢 | 類似 | 118 |
| □ | るいしん | 漢 | 累進 | 119 |
| □ | るいすい | 漢 | 類推 | 162, 172 |
| □ | るいせき | 漢 | 累積 | 29 |
| □ | るいらんのあやうき | 語 | 累卵の危うき | 83 |
| □ | ルサンチマン | 語 | ルサンチマン | 169 |
| □ | るふ | 語 | 流布 | 80, 84 |
| □ | るる | 語 | 縷々 | 151 |


## れ


| | | | | |
|---|---|---|---|---|
| □ | れいぎ | 漢 | 礼儀 | 97 |
| □ | れいこく | 漢 | 冷酷 | 120 |
| □ | れいこん | 漢 | 霊魂 | 164 |
| □ | れいせい | 漢 | 冷静 | 183 |
| □ | れいせつ | 漢 | 礼節 | 123 |
| □ | れいぞく | 漢 | 隷属 | 67 |
| □ | れいたん | 漢 | 冷淡 | 24 |
| □ | れいめい | 語 | 黎明 | 128 |
| □ | れいらく | 漢 | 零落 | 23 |
| □ | れきぜん | 漢 | 歴然 | 125 |
| □ | レジリエンス | 語 | レジリエンス | 189 |
| □ | れっきょ | 漢 | 列挙 | 73 |
| □ | レッテルをはる | 語 | レッテルを貼る | 131 |
| 40 | レトリック | 語 | レトリック | 13, 33 |
| □ | れんか | 漢 | 廉価 | 123 |
| □ | れんけい | 漢 | 連携 | 98 |
| 200 | れんさ | 漢 | 連鎖 | 10, 76, 86 |
| □ | れんま | 漢 | 錬磨 | 73 |
| □ | れんめん | 語 | 連綿 | 55 |


## ろ


| | | | | |
|---|---|---|---|---|
| □ | ろうかく | 漢 | 楼閣 | 68 |
| □ | ろうにゃく | 漢 | 老若 | 119 |
| □ | ろうひ | 漢 | 浪費 | 47 |
| □ | ロゴス | 語 | ロゴス | 33 |
| 200 | ろこつ | 漢 | 露骨 | 11, 24, 37 |
| 40 | ろてい | 語 | 露呈 | 13, 31, 40 |
| □ | ろんをまたない | 語 | 論を俟たない | 131 |


## わ


| | | | | |
|---|---|---|---|---|
| □ | わいしょうか | 語 | 矮小化 | 128 |
| 200 | わく | 漢 | 湧く | 8, 18 |
| □ | わく | 漢 | 枠 | 68 |
| □ | わくぐみ | 漢 | 枠組み | 20, 40 |
| □ | わくせい | 漢 | 惑星 | 98 |
| □ | わずか | 漢 | 僅か | 53 |
| □ | わずらう | 漢 | 患う | 53 |
| □ | わずらう | 漢 | 煩う | 43 |
| □ | わだかまり | 語 | わだかまり | 34 |

| | | | | |
|---|---|---|---|---|
| 200 | よくあつ | 漢 | 抑圧 | 9, 184, 196 |
| 200 | よくせい | 漢 | 抑制 | 8, 114 |
| □ | よくぼう | 漢 | 欲望 | 75, 85 |
| □ | よくよう | 漢 | 抑揚 | 20 |
| □ | よし | 漢 | 由 | 116 |
| □ | よじん | 漢 | 余人 | 28 |
| □ | よしんば | 語 | よしんば | 59 |
| □ | よすが | 語 | よすが | 151 |
| □ | よせ | 漢 | 寄席 | 68 |
| □ | よそおう | 漢 | 装う | 123 |
| □ | よそく | 漢 | 予測 | 182, 192 |
| □ | よち | 漢 | 余地 | 29, 181 |
| □ | よち | 漢 | 予知 | 181 |
| □ | よちょう | 漢 | 予兆 | 165 |
| □ | よねん | 漢 | 余念 | 68 |
| □ | よは | 漢 | 余波 | 123 |
| □ | よびみず | 語 | 呼び水 | 59 |
| □ | よみがえる | 漢 | 蘇る | 183 |
| □ | よゆうしゃくしゃく | | 余裕綽綽 | 213 |
| □ | よる | 漢 | 拠る | 114 |
| □ | よるべのない | 漢 | 寄る辺のない | 191 |
| □ | よろしく | 語 | よろしく | 35 |

## ら

| | | | | |
|---|---|---|---|---|
| □ | らいさん | 漢 | 礼賛 | 25 |
| □ | らいひん | 漢 | 来賓 | 71 |
| □ | らくいんをおす | 語 | 烙印を押す | 82 |
| □ | らくたん | 漢 | 落胆 | 101 |
| □ | ラジカル | 語 | ラジカル | 129 |
| □ | らしん | 漢 | 羅針 | 45 |
| □ | らちがい | 語 | 埒外 | 80 |
| □ | られつ | 漢 | 羅列 | 115 |
| □ | らんかん | 漢 | 欄干 | 116 |
| □ | ランダム | 語 | ランダム | 55 |
| □ | らんぼう | 漢 | 乱暴 | 99 |

## り

| | | | | |
|---|---|---|---|---|
| □ | リアリズム | 語 | リアリズム | 147 |
| □ | りかにかんむりをたださず | 語 | 李下に冠を正さず | 151 |
| □ | りき | 漢 | 利器 | 143 |
| □ | りくぞく | 語 | 陸続 | 104 |
| □ | りくつ | 漢 | 理屈 | 93 |
| □ | りこう | 漢 | 履行 | 90 |
| □ | りごう | 漢 | 離合 | 53 |
| □ | りしゅう | 漢 | 履修 | 125 |
| □ | りじゅん | 漢 | 利潤 | 77 |
| □ | リスクヘッジ | 語 | リスクヘッジ | 57 |
| □ | りだつ | 漢 | 離脱 | 67 |
| □ | りっぱ | 漢 | 立派 | 68 |
| 40 | リテラシー(リテラシイ) | 語 | リテラシー(リテラシイ) | 13, 149, 154 |
| □ | りねん | 語 | 理念 | 80, 85 |
| □ | りふじん | 漢 | 理不尽 | 47 |
| □ | りべんせい | 漢 | 利便性 | 96 |
| □ | りゅうぎ | 漢 | 流儀 | 26 |
| □ | りゅうげんひご | | 流言飛語 | 213 |
| □ | りゅうし | 漢 | 粒子 | 47 |
| □ | りゅうせい | 漢 | 隆盛 | 29 |
| □ | りゅうとうだび | | 竜頭蛇尾 | 213 |
| □ | りゅうれい | 漢 | 流麗 | 122 |
| □ | りょういき | 漢 | 領域 | 20, 36 |
| □ | りょうが | 語 | 凌駕 | 80 |
| □ | りょうかい | 漢 | 了解 | 75. 88 |
| □ | りょうぎせい | 語 | 両義性 | 168 |
| □ | りょうよう | 漢 | 療養 | 183, 194 |
| 200 | りれき | 漢 | 履歴 | 8, 121, 132 |

- □ ゆううつ 漢 憂鬱 115
- □ ゆうえつ 漢 優越 117
- □ ゆうえん 語 幽遠 147
- □ ゆうかい 漢 誘拐 119
- □ ゆうかん 漢 勇敢 125
- □ ゆうき 語 有機 54
- □ ゆうぎ 漢 遊戯 117
- □ ゆうぐう 漢 優遇 19
- □ ゆうごう 漢 融合 25
- □ ゆうし 漢 勇姿 115
- □ ゆうしゅう 漢 有終 124
- □ ゆうじゅうふだん 優柔不断 213
- 200 ゆうずう 漢 融通 10, 123
- □ ゆうち 漢 誘致 98
- □ ゆうどう 漢 誘導 19
- □ ユートピア 語 ユートピア 169, 175
- □ ゆうはつ 漢 誘発 23
- □ ゆうへい 漢 幽閉 27
- □ ゆうべん 漢 雄弁 143, 156
- □ ゆうめいむじつ 有名無実 213
- □ ゆうゆうじてき 悠悠自適 213
- 200 ゆうよ 漢 猶予 9, 98
- □ ゆうよう 漢 有用 46, 64
- □ ゆうれい 漢 幽霊 24
- □ ゆうわ 語 融和 188
- □ ゆうわく 漢 誘惑 92
- □ ゆえん 漢 所以 117
- □ ゆかい 漢 愉快 184
- □ ゆくえ 漢 行方 21, 39
- □ ゆそう 漢 輸送 71
- 200 ゆだねる 漢 委ねる 7, 18
- □ ゆだん 漢 油断 163, 173
- □ ゆちゃく 漢 癒着 28
- □ ゆらい 漢 由来 53, 60
- □ ゆらぐ 漢 揺らぐ 26
- □ ゆるい 漢 緩い 165
- □ ゆるむ 漢 緩む 173

## よ

- □ よいん 漢 余韻 115
- □ ようい 漢 容易 76
- □ よういしゅうとう 用意周到 213
- □ よういん 漢 要因 47
- 200 ようご 漢 擁護 4, 27
- □ ようこう 漢 洋行 51
- □ ようし 漢 容姿 93
- □ ようしゃ 漢 容赦 92, 108
- □ ようしょう 漢 要衝 96
- □ ようしょく 漢 要職 74
- □ ようしょく 漢 養殖 119
- □ ようする 漢 擁する 45
- 200 ようせい 漢 要請 11, 122, 133
- □ ようそう 漢 様相 49
- □ ようたい 漢 様態 121
- □ ようだい 漢 容体（態） 77
- □ ようてい 語 要諦 127
- □ ようと 漢 用途 121
- □ ようどう 漢 陽動 98
- □ ようとうくにく 羊頭狗肉 213
- □ ようにん 漢 容認 73
- □ ようぼう 漢 容貌 25
- □ ようゆう 漢 溶融 119
- □ ようよう 漢 洋洋 145
- □ ようりつ 漢 擁立 70
- □ ようりょう 漢 要領 119
- □ よか 漢 余暇 162, 174
- 40 よぎない 語 余儀ない 13, 171, 173

| | | | | |
|---|---|---|---|---|
| □ | むちもうまい | | 無知蒙昧 | 213 |
| □ | むとんちゃく | 漢 | 無頓着 | 45 |
| □ | むね | 漢 | 旨 | 23 |
| □ | むぼう | 漢 | 無謀 | 73 |
| □ | むほん | 漢 | 謀反 | 53 |
| □ | むみかんそう | | 無味乾燥 | 213 |

## め

| | | | | |
|---|---|---|---|---|
| □ | めいうん | 漢 | 命運 | 116 |
| □ | めいかい | 漢 | 明快 | 20, 36 |
| □ | めいがら | 漢 | 銘柄 | 114 |
| □ | めいきゅう | 漢 | 迷宮 | 73 |
| □ | めいじょうしがたい | 語 | 名状しがたい | 35 |
| □ | めいじんげい | 漢 | 名人芸 | 26 |
| □ | めいだい | 語 | 命題 | 31, 36 |
| □ | めいちゅう | 漢 | 命中 | 73 |
| □ | めいにち | 漢 | 命日 | 184 |
| □ | めいやく | 漢 | 盟約 | 74 |
| □ | めいよ | 漢 | 名誉 | 74 |
| □ | めいりょう | 漢 | 明瞭 | 124, 132 |
| □ | めいわく | 漢 | 迷惑 | 182 |
| □ | メタ | 語 | メタ | 169 |
| 40 | メタファー | 語 | メタファー | 15, 105, 110 |
| □ | めった | 漢 | 滅多 | 164 |
| □ | メディア | 語 | メディア | 127 |
| □ | めんぼくやくじょ | | 面目躍如 | 213 |

## も

| | | | | |
|---|---|---|---|---|
| □ | もうい | 漢 | 猛威 | 50 |
| □ | もうける | 漢 | 設ける | 119 |
| □ | もうまく | 漢 | 網膜 | 49 |
| □ | もうら | 漢 | 網羅 | 69 |
| □ | もうれつ | 漢 | 猛烈 | 98 |
| □ | モード | 語 | モード | 103 |
| □ | もくにん | 漢 | 黙認 | 164, 175 |
| 200 | もさく | 漢 | 模索 | 11, 123 |
| □ | モチーフ | 語 | モチーフ | 147 |
| □ | もとより | 語 | もとより | 191 |
| □ | ものする | 語 | ものする | 106, 108 |
| □ | ものみゆさん | | 物見遊山 | 213 |
| □ | もはや | 漢 | 最早 | 95 |
| □ | もはん | 漢 | 模範 | 22 |
| 200 | もほう | 漢 | 模倣 | 7, 19 |
| □ | モメント | 語 | モメント | 81 |
| □ | もよう | 漢 | 模様 | 97 |
| 200 | もよおす | 漢 | 催す | 8, 90 |
| □ | もろはのつるぎ | 語 | 諸刃の剣 | 83 |

## や

| | | | | |
|---|---|---|---|---|
| □ | やくじょ | 漢 | 躍如 | 100 |
| □ | やくそく | 漢 | 約束 | 75 |
| □ | やくびょうがみ | 漢 | 疫病神 | 76 |
| □ | やじゅう | 漢 | 野獣 | 119 |
| □ | やせる | 漢 | 痩せる | 183, 194 |
| 200 | やっかい | 漢 | 厄介 | 4, 28, 38 |
| □ | やっき | 漢 | 躍起 | 74 |
| □ | やとう | 漢 | 雇う | 29, 38 |
| □ | やばん | 漢 | 野蛮 | 93, 111 |
| □ | やみ | 漢 | 闇 | 144, 153 |
| □ | やむなく | 語 | やむなく | 107, 109 |
| □ | やむにやまれぬ | 語 | やむにやまれぬ | 107, 111 |
| □ | やゆ | 語 | 揶揄 | 127 |

## ゆ

| | | | | |
|---|---|---|---|---|
| □ | ゆいいつ | 漢 | 唯一 | 122, 132 |
| 200 | ゆいしょ | 漢 | 由緒 | 8, 53 |
| □ | ゆうい | 漢 | 優位 | 119, 134 |
| □ | ゆういん | 漢 | 誘引 | 164 |

| | | | | |
|---|---|---|---|---|
| 200 | まいきょ | 漢 | 枚挙 | 7, 49, 64 |
| □ | まいそう | 漢 | 埋葬 | 75 |
| □ | マイノリティー | 語 | マイノリティー | 129, 134 |
| □ | まいぼつ | 漢 | 埋没 | 29, 41 |
| 200 | まかなう | 漢 | 賄う | 8, 117 |
| □ | まかりとおる | 語 | まかり通る | 59 |
| □ | まぎれる | 漢 | 紛れる | 97 |
| □ | まく | 漢 | 幕 | 25 |
| □ | まことしやか | 語 | まことしやか | 130 |
| □ | まさつ | 漢 | 摩擦 | 162, 177 |
| □ | まざまざ | 語 | まざまざ | 150 |
| □ | まじゅつ | 漢 | 魔術 | 145 |
| □ | まじゅつし | 漢 | 魔術師 | 152 |
| □ | またたく | 漢 | 瞬く | 43 |
| □ | まつる | 漢 | 祀る | 145 |
| □ | まっこう | 漢 | 真っ向 | 26 |
| □ | まっさつ | 漢 | 抹殺 | 117 |
| □ | まてんろう | 漢 | 摩天楼 | 121 |
| □ | まとう | 漢 | 纏う | 163 |
| 40 | まとをいる | 語 | 的を射る | 12, 130, 137 |
| □ | まぬかれる | 漢 | 免れる | 119 |
| □ | まね | 漢 | 真似 | 47 |
| □ | まばら | 漢 | 疎ら | 121 |
| □ | まゆ | | 眉 | 183, 194 |
| □ | まゆをひそめる | 語 | 眉をひそめる | 35 |
| □ | まれ | 漢 | 稀 | 145, 153 |
| □ | まんえん | 語 | 蔓延 | 56 |
| □ | まんが | 漢 | 漫画 | 143 |
| □ | まんじりともせず | 語 | まんじりともせず | 191 |
| □ | まんをじす | 語 | 満を持す | 59 |


## み


| | | | | |
|---|---|---|---|---|
| □ | みき | 漢 | 幹 | 47, 60 |
| □ | みこ | 漢 | 巫女 | 183 |
| □ | みさお | 漢 | 操 | 39 |
| □ | みすえる | 漢 | 見据える | 123 |
| 200 | みぞう | 漢 | 未曽有 | 8, 18 |
| □ | みちびく | 漢 | 導く | 144, 157 |
| □ | みっせつ | 漢 | 密接 | 164, 175 |
| □ | みにくい | 漢 | 醜い | 125 |
| □ | ミニマム | 語 | ミニマム | 55 |
| □ | みもふたもない | 語 | 身も蓋もない | 171, 177 |
| □ | みゃくはく | 漢 | 脈拍 | 44 |
| □ | みゃくみゃく | 語 | 脈々 | 55 |
| □ | みゃくらく | 漢 | 脈絡 | 46 |
| □ | みりょう | 漢 | 魅了 | 42 |
| 200 | みりょく | 漢 | 魅力 | 11, 48, 61 |
| □ | みんぞく | 漢 | 民俗 | 44 |


## む


| | | | | |
|---|---|---|---|---|
| □ | むえん | 漢 | 無縁 | 143, 155 |
| □ | むく | 漢 | 無垢 | 101 |
| □ | むげん | 漢 | 無限 | 29, 36 |
| □ | むさぼる | 漢 | 貪る | 185, 193 |
| □ | むざん | 漢 | 無残(惨) | 44 |
| □ | むじゃき | 語 | 無邪気 | 32, 41 |
| □ | むじゅん | 漢 | 矛盾 | 45, 62 |
| □ | むしょう | 語 | 無償 | 79, 89 |
| □ | むせっそう | 漢 | 無節操 | 69 |
| □ | むせぶ | 語 | 咽ぶ | 191, 194 |
| □ | むぞうさ | 漢 | 無造作 | 117 |
| □ | むだ | 漢 | 無駄 | 50, 61 |
| □ | むちつじょ | 語 | 無秩序 | 33, 36 |

| | | | | |
|---|---|---|---|---|
| □ | ぼうじゃくぶじん | | 傍若無人 | 213 |
| 200 | ほうしゅう | 漢 | 報酬 | 10, 163, 176 |
| □ | ほうしょう | 語 | 放縦 | 80, 84 |
| □ | ほうじょう | 語 | 豊饒 | 148 |
| 40 | ほうせつ | 語 | 包摂 | 12, 31 |
| □ | ぼうせん | 漢 | 防戦 | 98 |
| □ | ぼうぜんじしつ | | 茫然自失 | 213 |
| □ | ほうそう | 漢 | 包装 | 117 |
| 200 | ぼうだい | 漢 | 膨大 | 4, 24 |
| □ | ほうちく | 語 | 放逐 | 168 |
| □ | ぼうちょう | 漢 | 膨張 | 27 |
| □ | ほうと | 漢 | 方途 | 99 |
| □ | ほうどう | 漢 | 報道 | 122, 134 |
| □ | ぼうとう | 漢 | 冒頭 | 43 |
| □ | ぼうはてい | 漢 | 防波堤 | 117 |
| □ | ほうふく | 漢 | 報復 | 77, 88 |
| □ | ほうふくぜっとう | | 抱腹絶倒 | 213 |
| □ | ほうまん | 漢 | 放漫 | 120 |
| □ | ほうむる | 漢 | 葬る | 73 |
| □ | ほうゆう | 漢 | 朋友 | 185, 194 |
| □ | ほうよう | 漢 | 包容 | 181 |
| □ | ほうよう | 漢 | 抱擁 | 181 |

| | | | | |
|---|---|---|---|---|
| □ | ぼうりょく | 漢 | 暴力 | 67, 84 |
| □ | ほうわ | 漢 | 飽和 | 117, 136 |
| □ | ほかく | 漢 | 捕獲 | 94 |
| □ | ほかならない | 語 | ほかならない | 130 |
| □ | ほかん | 漢 | 補完 | 95, 181 |
| □ | ほかん | 漢 | 保管 | 181 |
| □ | ぼくしゅ | 漢 | 墨守 | 70 |
| □ | ぼくめつ | 漢 | 撲滅 | 53 |
| □ | ぼけい | 漢 | 母系 | 96 |
| □ | ぼご | 語 | 母語 | 32 |
| □ | ほこさき | 漢 | 矛先 | 124, 134 |
| □ | ほさ | 漢 | 補佐 | 47 |
| 200 | ほしょう | 漢 | 保障 | 5, 90, 181 |
| □ | ほしょう | 漢 | 保証 | 181 |
| □ | ほしょう | 漢 | 補償 | 181 |
| □ | ポスト | 語 | ポスト | 81, 87 |
| □ | ポスト・トゥルース | 語 | ポスト・トゥルース | 81 |
| □ | ほそう | 漢 | 舗装 | 23 |
| □ | ほぞをかむ | 語 | 臍を噬む | 151 |
| □ | ぼっか | 漢 | 牧歌 | 99 |

| | | | | |
|---|---|---|---|---|
| □ | ぼっこう | 漢 | 勃興 | 53, 64 |
| □ | ほっそく | 漢 | 発足 | 28 |
| □ | ほったん | 漢 | 発端 | 98 |
| □ | ぼっとう | 漢 | 没頭 | 72, 84 |
| □ | ぼつにゅう | 漢 | 没入 | 99 |
| 200 | ほどこす | 漢 | 施す | 8, 19 |
| □ | ほにゅうるい | 漢 | 哺乳類 | 52, 60 |
| □ | ぼひめい | 漢 | 墓碑銘 | 49 |
| □ | ポピュリズム | 語 | ポピュリズム | 81 |
| □ | ほまれ | 漢 | 誉れ | 117 |
| □ | ほめる | 漢 | 褒める | 22 |
| □ | ほりゅう | 漢 | 保留 | 163 |
| □ | ぼんさい | 漢 | 盆栽 | 95 |
| □ | ほんそう | 漢 | 奔走 | 77 |
| □ | ほんね | 漢 | 本音 | 95, 113 |
| □ | ほんぽう | 漢 | 奔放 | 101 |
| □ | ほんまつてんとう | 語 | 本末転倒 | 57, 61 |
| □ | ほんやく | 漢 | 翻訳 | 75 |
| 200 | ぼんよう | 漢 | 凡庸 | 5, 46 |
| 200 | ほんろう | 漢 | 翻弄 | 4, 93, 108 |


## ま

| | | | | |
|---|---|---|---|---|
| □ | ふんしゅつ | 漢 | 噴出 | 49 |
| □ | ぶんじょう | 漢 | 分譲 | 119 |
| □ | ぶんせき | 漢 | 分析 | 45, 62 |
| □ | ぶんせつ | 語 | 分節 | 31, 38 |
| □ | ふんそう | 漢 | 紛争 | 76 |
| □ | ぶんぴつ | 漢 | 分泌 | 115 |
| □ | ぶんれつ | 漢 | 分裂 | 121, 133 |

## へ

| | | | | |
|---|---|---|---|---|
| □ | へいおん | 漢 | 平穏 | 74 |
| □ | へいがい | 漢 | 弊害 | 115 |
| □ | へいこう | 漢 | 平衡 | 47, 62, 181 |
| □ | へいこう | 漢 | 閉口 | 123, 181 |
| □ | へいごう | 漢 | 併合 | 77 |
| □ | へいしんていとう | | 平身低頭 | 213 |
| □ | へいせい | 漢 | 平静 | 101 |
| □ | へいそく | 漢 | 閉塞 | 90 |
| □ | へいばん | 漢 | 平板 | 25 |
| □ | へいふく | 漢 | 平伏 | 124 |
| □ | へいれつ | 漢 | 並列 | 47 |
| □ | ベーシックインカム | 語 | ベーシックインカム | 189 |
| □ | へだたり | 漢 | 隔たり | 125 |
| 200 | へだてる | 漢 | 隔てる | 5, 42 |
| □ | べっけん | 語 | 瞥見 | 104, 110 |
| □ | べっし | 漢 | 蔑視 | 70, 89 |
| □ | へる | 漢 | 経る | 181 |
| □ | へる | 漢 | 減る | 181 |
| □ | べんかい | 漢 | 弁解 | 98 |
| □ | へんかん | 漢 | 変換 | 76 |
| 200 | べんぎ | 漢 | 便宜 | 9, 90 |
| □ | へんきょう | 漢 | 偏狭 | 69 |
| □ | へんきょう | 漢 | 辺境 | 50 |
| □ | へんくつ | 漢 | 偏屈 | 47 |
| □ | へんけん | 漢 | 偏見 | 73, 86 |
| □ | へんげん | 漢 | 変幻 | 125 |
| □ | へんこう | 漢 | 偏向 | 181 |
| □ | へんこう | 漢 | 変更 | 181 |
| □ | へんざい | 漢 | 偏在 | 68, 181 |
| □ | へんざい | 漢 | 遍在 | 181, 189 |
| □ | へんさん | 漢 | 編纂 | 145 |
| 200 | へんせん | 漢 | 変遷 | 5, 42 |
| □ | へんちょう | 漢 | 偏重 | 116 |
| □ | ペンディング | 語 | ペンディング | 167, 176 |
| □ | へんてつ | 漢 | 変哲 | 76 |
| 200 | へんぼう | 漢 | 変貌 | 5, 18, 41 |
| □ | へんよう | 漢 | 変容 | 43 |
| □ | へんりん | 語 | 片鱗 | 147, 156 |
| □ | へんれき | 漢 | 遍歴 | 47 |

## ほ

| | | | | |
|---|---|---|---|---|
| □ | ほうが | 漢 | 萌芽 | 51 |
| 200 | ほうかい | 漢 | 崩壊 | 5, 28, 41 |
| □ | ほうかつ | 漢 | 包括 | 122, 136 |
| 200 | ほうがん | 漢 | 包含 | 11, 73 |
| □ | ぼうかん | 漢 | 傍観 | 164, 176 |
| 200 | ほうき | 漢 | 放棄 | 4, 90 |
| □ | ぼうきゃく | 漢 | 忘却 | 69 |
| □ | ぼうぎゃく | 漢 | 暴虐 | 49 |
| □ | ほうきゅう | 漢 | 俸給 | 116 |
| □ | ぼうきょ | 漢 | 暴挙 | 20 |
| □ | ほうけん | 漢 | 封建 | 143 |
| □ | ぼうけん | 漢 | 冒険 | 70 |
| □ | ほうさく | 漢 | 方策 | 28 |
| □ | ぼうさつ | 漢 | 忙殺 | 24 |
| □ | ほうし | 漢 | 奉仕 | 27 |
| □ | ぼうし | 漢 | 帽子 | 182, 194 |

| | | | |
|---|---|---|---|
| □ ふくらむ | 漢 | 膨らむ | 66 |
| □ ふける | 漢 | 耽る | 185 |
| □ ふさがる | 漢 | 塞がる | 194 |
| □ ふさぐ | 漢 | 塞ぐ | 184 |
| □ ふし | 漢 | 節 | 94, 113 |
| □ ふじょ | 漢 | 扶助 | 99 |
| □ ぶしょ | 漢 | 部署 | 96 |
| □ ふしょう | 漢 | 不詳 | 47 |
| □ ふじょう | 漢 | 浮上 | 97, 110 |
| □ ふしょうじ | 漢 | 不祥事 | 77 |
| □ ふじょうり | 語 | 不条理 | 167 |
| □ ぶじょく | 漢 | 侮辱 | 142 |
| □ ふしん | 漢 | 不審 | 98, 181 |
| □ ふしん | 漢 | 腐心 | 21, 181 |
| □ ふしん | 漢 | 不振 | 181 |
| □ ふしん | 漢 | 普請 | 181 |
| □ ふずい | 漢 | 付(附)随 | 22 |
| □ ふせぐ | 漢 | 防ぐ | 98 |
| □ ふせつ | 漢 | 敷設 | 21, 36 |
| □ ふそく | 漢 | 不測 | 97 |
| □ ふた | 漢 | 蓋 | 121 |
| □ ふたい | 漢 | 付帯 | 67 |
| □ ぶたい | 漢 | 舞台 | 29 |
| □ ふたん | 漢 | 負担 | 97 |
| 200 ふだん | 漢 | 不断 | 5, 72 |
| □ ふち | 漢 | 布置 | 24 |
| □ ふちょう | 語 | 符牒(丁) | 188 |
| □ ふちん | 漢 | 浮沈 | 74 |
| □ ふっかん | 漢 | 復刊 | 75 |
| □ ふっき | 漢 | 復帰 | 98 |
| □ ぶつぎをかもす | 語 | 物議を醸す | 131 |
| □ ふっこう | 漢 | 復興 | 27 |
| □ ふっしょく | 漢 | 払拭 | 43 |
| □ ふっそう | 漢 | 沸騰 | 125 |
| □ ぶっそう | 漢 | 物騒 | 123 |
| □ ぶつりゅう | 漢 | 物流 | 145 |
| □ ふところ | 漢 | 懐 | 23 |
| □ ぶなん | 漢 | 無難 | 184 |
| □ ふにおちる | 語 | 腑に落ちる | 59 |
| □ ふにん | 漢 | 赴任 | 20 |
| □ ふへん | 語 | 普遍 | 32, 37 |
| □ ふへんふとう | | 不偏不党 | 213 |
| □ ふむ | 漢 | 踏む | 77 |
| □ ふゆかい | 漢 | 不愉快 | 197 |
| □ ふよ | 漢 | 付与 | 124 |
| □ ふよう | 漢 | 扶養 | 73 |
| □ ぶよう | 漢 | 舞踊 | 118 |
| □ フラストレーション | 語 | フラストレーション | 167 |
| □ プリミティブ | 語 | プリミティブ | 103 |
| □ ぶりょう | 語 | 無聊 | 187 |
| □ ふるまう | 漢 | 振る舞う | 121 |
| □ プロット | 語 | プロット | 149 |
| □ プロバビリティ | 語 | プロバビリティ | 187 |
| □ ふわらいどう | | 付和雷同 | 213 |
| 200 ふんいき | 漢 | 雰囲気 | 11, 48 |
| 200 ふんがい | 漢 | 憤慨 | 10, 67 |
| □ ぶんかつ | 漢 | 分割 | 124 |
| □ ふんき | 漢 | 奮起 | 120, 132 |
| □ ぶんき | 漢 | 分岐 | 100 |
| □ ふんきゅう | 漢 | 紛糾 | 53 |
| □ ぶんけん | 漢 | 文献 | 145, 155 |
| □ ふんこつさいしん | | 粉骨砕身 | 213 |
| □ ふんしつ | 漢 | 紛失 | 94 |

| | | | | |
|---|---|---|---|---|
| □ | ヒューマニズム | 語 | ヒューマニズム | 80 |
| □ | ひょうかい | 漢 | 氷解 | 73 |
| 40 | ひょうざんのいっかく | 語 | 氷山の一角 | 13, 59 |
| □ | びょうしゃ | 漢 | 描写 | 124 |
| 40 | ひょうしょう | 語 | 表象 | 15, 32, 37 |
| □ | びょうしょう | 漢 | 病床 | 71 |
| □ | ひょうせつ | 語 | 剽窃 | 189 |
| □ | ひょうそう | 漢 | 表層 | 26 |
| □ | ひょうはく | 漢 | 漂泊 | 123 |
| □ | ひょうほん | 漢 | 標本 | 49, 64 |
| □ | ひょうりいったい | | 表裏一体 | 212 |
| □ | ひよく | 漢 | 肥沃 | 99 |
| □ | ひより | 漢 | 日和 | 115 |
| □ | びりょく | 漢 | 微力 | 77 |
| □ | ひるがえる | 漢 | 翻る | 95 |
| □ | ひるむ | 漢 | 怯む | 165 |
| □ | ひれき | 漢 | 披瀝 | 143 |
| □ | ひろう | 漢 | 披露 | 69 |
| □ | ひろう | 漢 | 疲労 | 101 |
| □ | ひろうこんぱい | 漢 | 疲労困憊 | 163 |
| □ | ひをみるよりあきらか | 語 | 火を見るより明らか | 191 |
| □ | ひんこうほうせい | | 品行方正 | 212 |
| □ | ひんこん | 漢 | 貧困 | 164, 177 |
| □ | ひんじゃく | 漢 | 貧弱 | 47, 63 |
| □ | ひんしゅつ | 漢 | 頻出 | 145, 155 |
| □ | びんじょう | 漢 | 便乗 | 67 |
| □ | ひんする | 漢 | 瀕する | 115 |
| □ | びんそく | 漢 | 敏速 | 100 |
| □ | ひんど | 漢 | 頻度 | 29 |
| □ | ひんぱつ | 漢 | 頻発 | 73 |
| 200 | ひんぱん | 漢 | 頻繁 | 4, 48 |


## ふ


| | | | | |
|---|---|---|---|---|
| □ | ファクター | 語 | ファクター | 169 |
| □ | フィードバック | 語 | フィードバック | 129 |
| □ | フィクション | 語 | フィクション | 149 |
| □ | ふいちょう | 語 | 吹聴 | 103 |
| □ | フィルターバブル | 語 | フィルターバブル | 127 |
| □ | ふうこうめいび | | 風光明媚 | 213 |
| □ | ふうさ | 漢 | 封鎖 | 53 |
| □ | ふうちょう | 漢 | 風潮 | 23 |
| □ | フェーズ | 語 | フェーズ | 79 |
| □ | ふえん | 語 | 敷衍 | 32 |
| □ | ふおん | 漢 | 不穏 | 43 |
| □ | ふかかい | 漢 | 不可解 | 19 |
| □ | ふかぎゃくてき | 語 | 不可逆的 | 127, 137 |
| □ | ふかけつ | 漢 | 不可欠 | 68, 86 |
| □ | ふかつ | 漢 | 賦活 | 23 |
| □ | ふかぶん | 漢 | 不可分 | 52 |
| □ | ふかん | 語 | 俯瞰 | 147, 153 |
| □ | ふかんよう | 漢 | 不寛容 | 134 |
| □ | ふきゅう | 漢 | 不急 | 74 |
| 200 | ふきゅう | 漢 | 不朽 | 9, 94, 181 |
| □ | ふきゅう | 漢 | 普及 | 121, 136, 181 |
| □ | ふきょう | 漢 | 不興 | 124 |
| □ | ふくさよう | 語 | 副作用 | 126, 136 |
| □ | ふくじゅう | 漢 | 服従 | 52 |
| □ | ふくしょく | 漢 | 服飾 | 94 |
| □ | ふくすう | 漢 | 複数 | 162, 174 |
| □ | ふくせい | 漢 | 複製 | 51 |
| □ | ふぐたいてん | | 不倶戴天 | 213 |

| | 読み | | 語 | ページ |
|---|---|---|---|---|
| □ | ばんのう | 漢 | 万能 | 94 |
| □ | はんも | 漢 | 繁茂 | 116 |
| □ | ばんゆう | 語 | 蛮勇 | 32, 39 |
| 40 | はんよう | 語 | 汎用 | 14, 126 |
| □ | はんらん | 漢 | 氾濫 | 76 |
| □ | はんりょ | 漢 | 伴侶 | 115 |

## ひ

| | 読み | | 語 | ページ |
|---|---|---|---|---|
| □ | ひあい | 漢 | 悲哀 | 21 |
| □ | ヒエラルキー | 語 | ヒエラルキー | 79 |
| □ | ひがい | 漢 | 被害 | 101 |
| □ | ひかく | 漢 | 比較 | 51, 65 |
| □ | ひきいる | 漢 | 率いる | 72 |
| □ | ひくつ | 漢 | 卑屈 | 45 |
| □ | ひげ | 漢 | 卑下 | 25 |
| □ | ひけん | 漢 | 比肩 | 70, 88 |
| □ | びさい | 漢 | 微細 | 42 |
| □ | びしゅう | 漢 | 美醜 | 125 |
| 200 | ひじゅん | 漢 | 批准 | 9, 29 |
| □ | ひしょ | 漢 | 避暑 | 124 |
| □ | びじれいく | | 美辞麗句 | 212 |
| □ | ひそう | 漢 | 皮相 | 99 |
| □ | ひそか | 漢 | 密か | 52 |
| □ | ひそみにならう | 語 | ひそみにならう | 35 |
| 200 | ひそむ | 漢 | 潜む | 4, 144, 156 |
| 200 | ひだい | 漢 | 肥大 | 7, 76 |
| 200 | ひたる | 漢 | 浸る | 10, 93 |
| □ | ひっきょう | 語 | 畢竟 | 187 |
| □ | ビッグデータ | 語 | ビッグデータ | 129 |
| □ | ひっし | 漢 | 必至 | 21 |
| □ | ひつじゅ | 漢 | 必需 | 121 |
| □ | ひつじょう | 語 | 必定 | 128, 133 |
| □ | ひっす | 漢 | 必須 | 48 |
| □ | ひつぜつ | 漢 | 筆舌 | 90 |
| □ | ひっち | 漢 | 筆致 | 21 |
| □ | ひってき | 漢 | 匹敵 | 51 |
| □ | ひっとう | 漢 | 筆頭 | 53 |
| □ | ひっぱく | 語 | 逼迫 | 188 |
| □ | ひとかど | 語 | ひとかど | 191 |
| □ | ひとく | 漢 | 秘匿 | 96 |
| □ | ひとくち | 語 | 一口 | 34 |
| 40 | ひとすじなわではいかない | 語 | 一筋縄ではいかない | 12, 150 |
| □ | ひとまずおく | 語 | ひとまず措く | 150 |
| □ | ひとりよがり | 語 | 一人よがり | 107 |
| □ | ひながた | 語 | 雛形 | 80 |
| □ | ひなん | 漢 | 避難 | 93 |
| □ | ひはん | 漢 | 批判 | 51, 64 |
| □ | ひびく | 漢 | 響く | 26, 39 |
| □ | ひひょう | 漢 | 批評 | 76 |
| □ | びひん | 漢 | 備品 | 125 |
| □ | ひへい | 漢 | 疲弊 | 92 |
| □ | ひぼう | 漢 | 誹謗 | 143 |
| 200 | ひま | 漢 | 暇 | 9, 18 |
| 200 | びみょう | 漢 | 微妙 | 10, 144, 154 |
| □ | ひめい | 漢 | 悲鳴 | 75 |
| □ | ひもとく | 語 | ひもとく | 130 |
| 200 | ひやく | 漢 | 飛躍 | 10, 45, 62 |
| □ | ひゃくぶんはいっけんにしかず | 語 | 百聞は一見に如かず | 131 |
| □ | ひゃっかりょうらん | | 百花繚乱 | 212 |

| | | | | |
|---|---|---|---|---|
| □ | はけん | 漢 | 派遣 | 93, 111 |
| □ | はけん | 語 | 覇権 | 79 |
| □ | はざかいき | 語 | 端境期 | 79 |
| □ | はさむ | 漢 | 挟む | 121 |
| □ | はし | 漢 | 端 | 144, 153 |
| □ | ばじとうふう | 語 | 馬耳東風 | 194 |
| □ | はしゃ | 漢 | 覇者 | 29 |
| □ | はすう | 漢 | 端数 | 185 |
| □ | はずむ | 漢 | 弾む | 117, 132 |
| □ | はせい | 漢 | 派生 | 72 |
| □ | はたがしら | 漢 | 旗頭 | 20, 36 |
| □ | はたふりやく | 語 | 旗振り役 | 171 |
| 200 | はたん | 漢 | 破綻 | 4, 90, 110 |
| □ | はち | 漢 | 鉢 | 92, 112 |
| □ | はちく | 漢 | 破竹 | 121 |
| □ | はちめんろっぴ | | 八面六臂 | 212 |
| 200 | はっき | 漢 | 発揮 | 4, 142, 154 |
| □ | ばっこ | 語 | 跋扈 | 128, 132 |
| □ | はっこう | 漢 | 発酵 | 27 |
| □ | ばっさい | 漢 | 伐採 | 123 |
| □ | はっしょう | 漢 | 発祥 | 42 |
| □ | はつでんき | 漢 | 発電機 | 123 |

| | | | | |
|---|---|---|---|---|
| □ | はつろ | 語 | 発露 | 147 |
| 200 | ばとう | 漢 | 罵倒 | 11, 47, 127 |
| □ | パトス | 語 | パトス | 149, 155 |
| □ | はなから | 語 | はなから | 106 |
| □ | はなしのこしをおる | 語 | 話の腰を折る | 190, 197 |
| □ | はなはだしい | 漢 | 甚だしい | 48 |
| □ | はなれる | 漢 | 離れる | 74, 84 |
| □ | はばむ | 漢 | 阻む | 42 |
| □ | はばをきかせる | 語 | 幅を利かせる | 131 |
| □ | はもん | 漢 | 波紋 | 76 |
| □ | はらう | 漢 | 払う | 72, 87 |
| □ | パラダイム | 語 | パラダイム | 55 |
| □ | パラドックス | 語 | パラドックス | 81, 87 |
| □ | はらにすえかねる | 語 | 腹に据えかねる | 191, 195 |
| □ | パラフレーズ | 語 | パラフレーズ | 149, 154 |
| □ | パラレル | 語 | パラレル | 167 |
| □ | はらんばんじょう | | 波瀾万丈 | 212 |

| | | | | |
|---|---|---|---|---|
| □ | ばりぞうごん | | 罵詈雑言 | 212 |
| □ | はんい | 漢 | 範囲 | 92, 111 |
| □ | はんえい | 漢 | 繁栄 | 121 |
| □ | ばんかい | 漢 | 挽回 | 145 |
| □ | はんかがい | 漢 | 繁華街 | 99 |
| □ | ばんかん | 漢 | 万感 | 73 |
| □ | はんきょう | 漢 | 反響 | 121 |
| □ | はんきをひるがえす | 語 | 反旗を翻す | 190, 197 |
| □ | はんざい | 漢 | 犯罪 | 68, 87 |
| □ | はんざつ | 漢 | 煩雑 | 24, 76 |
| □ | はんさよう | 語 | 反作用 | 79, 89 |
| □ | ばんさん | 漢 | 晩餐 | 120 |
| □ | ばんじゃく | 語 | 盤石 | 148, 152 |
| □ | はんしょく | 漢 | 繁殖 | 43, 60 |
| □ | はんすう | 語 | 反芻 | 147 |
| 200 | はんぜん | 漢 | 判然 | 11, 75 |
| □ | ばんそう | 漢 | 伴奏 | 116 |
| □ | はんそく | 漢 | 反則 | 27 |
| □ | はんちゅう | 漢 | 範疇 | 143 |
| □ | パンデミック | 語 | パンデミック | 57 |
| □ | はんてん | 漢 | 反転 | 125 |

| | | | | |
|---|---|---|---|---|
| □ | ねんちゃく | 漢 | 粘着 | 71 |
| □ | ねんど | 漢 | 粘土 | 24 |
| 200 | ねんとう | 漢 | 念頭 | 11, 52, 64 |
| □ | ねんれい | 漢 | 年齢 | 125 |

## の

| | | | | |
|---|---|---|---|---|
| □ | のうり | 漢 | 脳裏 | 48 |
| □ | のせる | 漢 | 載せる | 101 |
| □ | のぞく | 漢 | 覗く | 185 |
| □ | のぞむ | 漢 | 望む | 180 |
| □ | のぞむ | 漢 | 臨む | 180 |
| □ | のばす | 漢 | 延ばす | 180 |
| □ | のばす | 漢 | 伸ばす | 180 |

## は

| | | | | |
|---|---|---|---|---|
| 200 | はあく | 漢 | 把握 | 7, 120, 132 |
| □ | パースペクティヴ | 語 | パースペクティヴ | 167 |
| □ | ばあたりてき | 語 | 場当たり的 | 106 |
| 40 | バイアス | 語 | バイアス | 13, 55, 62 |
| □ | はいかい | 漢 | 俳諧 | 21 |
| 40 | ばいかい | 語 | 媒介 | 15, 31 |
| 200 | はいき | 漢 | 廃棄 | 9, 164, 177 |
| □ | はいぐうしゃ | 漢 | 配偶者 | 95 |
| □ | はいご | 漢 | 背後 | 67, 85 |
| □ | ばいしゃく | 漢 | 媒酌 | 163 |
| 200 | はいしゅつ | 漢 | 輩出 | 10, 52 |
| 200 | はいじょ | 漢 | 排除 | 9, 95, 110 |
| 200 | ばいしょう | 漢 | 賠償 | 8, 94 |
| □ | ばいしん | 漢 | 陪審 | 77 |
| □ | はいせき | 漢 | 排斥 | 29 |
| □ | はいた | 漢 | 排他 | 182, 196 |
| □ | ばいたい | 漢 | 媒体 | 121, 137 |
| □ | はいゆう | 漢 | 俳優 | 116 |
| □ | はいりょ | 漢 | 配慮 | 43 |
| □ | はかい | 漢 | 破壊 | 43 |
| □ | はがす | 漢 | 剥がす | 22, 41 |
| □ | はかる | 漢 | 計る | 180 |
| □ | はかる | 漢 | 図る | 180 |
| □ | はかる | 漢 | 測る | 180 |
| □ | はかる | 漢 | 量る | 180 |
| □ | はがんいっしょう | | 破顔一笑 | 212 |
| 200 | はき | 漢 | 破棄 | 6, 43 |
| □ | ばきゃくをあらわす | 語 | 馬脚を露(現)す | 107 |
| □ | はきゅう | 漢 | 波及 | 75 |
| □ | はく | 漢 | 掃く | 181 |
| □ | はく | 漢 | 吐く | 181 |
| □ | はく | 漢 | 履く | 181 |
| □ | ばく | 漢 | 漠 | 48 |
| □ | ばくが | 漢 | 麦芽 | 121 |
| □ | はくがい | 漢 | 迫害 | 19 |
| □ | はくがんし | 語 | 白眼視 | 106, 108 |
| □ | はぐくむ | 漢 | 育む | 114 |
| □ | はくしき | 漢 | 博識 | 72 |
| □ | はくしゃ | 漢 | 拍車 | 72 |
| □ | はくじゃく | 漢 | 薄弱 | 77 |
| □ | はくしゃせいしょう | 語 | 白砂青松 | 149, 157 |
| □ | はくしゅ | 漢 | 拍手 | 75 |
| □ | はくじょう | 漢 | 薄情 | 116 |
| □ | はくす | 漢 | 博す | 19 |
| 200 | ばくぜん | 漢 | 漠然 | 5, 27 |
| □ | はくだつ | 漢 | 剥奪 | 21 |
| □ | はくちゅう | 漢 | 伯仲 | 74 |
| □ | ばくはつ | 漢 | 爆発 | 121 |
| □ | はくらい | 漢 | 舶来 | 24 |
| □ | はくらんきょうき | | 博覧強記 | 212 |
| □ | ばくろ | 漢 | 暴露 | 25 |

- □ とる 漢 捕る 180
- □ どれい 漢 奴隷 29
- □ とろ 語 吐露 147
- □ とろう 漢 徒労 97
- □ とんざ 漢 頓挫 120
- □ どんてん 漢 曇天 142
- □ どんよく 漢 貪欲 164, 174

## な

- □ ないおう 漢 内奥 67
- □ ないがしろ 語 ないがしろ 82
- □ ないじつ 漢 内実 77, 86
- □ ないぞう 漢 内蔵 96
- □ ないふん 漢 内紛 99
- □ ないゆうがいかん 内憂外患 212
- 40 なおざり 語 なおざり 14, 191
- □ ながいものにはまかれろ 語 長いものには巻かれろ 170, 177
- □ なかば 漢 半ば 165, 172
- 200 ながめる 漢 眺める 9, 142, 153
- □ なかんずく 語 なかんずく 82
- 200 なぐさめる 漢 慰める 9, 114
- □ ナショナリズム 語 ナショナリズム 103
- □ ナショナル 語 ナショナル 80, 86
- □ なつかしい 漢 懐かしい 43
- □ なっとく 漢 納得 91
- □ なまじ 語 なまじ 34, 37
- □ なみなみならぬ 語 なみなみならぬ 34, 36
- □ なめらか 漢 滑らか 93
- □ ならう 漢 倣う 71
- □ ナルシシズム 語 ナルシシズム 129, 136
- □ なれる 漢 慣れる 122, 135
- □ なんこうふらく 難攻不落 212
- □ なんじゅう 漢 難渋 28

## に

- □ にぎやか 漢 賑やか 143
- □ にぎる 漢 握る 21
- □ にくはく 語 肉迫 56
- □ にげんろん 語 二元論 169
- □ にごる 漢 濁る 120
- □ にじむ 漢 滲む 165
- □ にそくさんもん 二束三文 212
- □ にっしんげっぽ 日進月歩 212
- 200 になう 漢 担う 6, 90
- □ ニュートラル 語 ニュートラル 127
- □ にゅうわ 漢 柔和 27
- □ にょじつ 語 如実 166
- □ にりつはいはん 二律背反 212
- □ にわかに 語 にわかに 59, 63
- □ にんい 漢 任意 27
- □ にんげんはかんがえるあしである 語 人間は考える葦である 171
- □ にんたい 漢 忍耐 48

## ぬ

- □ ぬう 漢 縫う 185, 192
- □ ぬきさしならない 語 抜き差しならない 150

## ね

- □ ネガティブ 語 ネガティブ 189
- □ ねこもしゃくしも 語 猫も杓子も 151
- 200 ねらう 漢 狙う 7, 114

| | | | | |
|---|---|---|---|---|
| ☐ | どうしょういむ | | 同床異夢 | 212 |
| ☐ | とうすい | 漢 | 陶酔 | 29 |
| ☐ | とうせい | 漢 | 統制 | 24 |
| ☐ | とうそう | 漢 | 闘争 | 145, 152 |
| ☐ | どうぞう | 漢 | 銅像 | 125 |
| ☐ | とうそつ | 漢 | 統率 | 50 |
| ☐ | とうた | 語 | 淘汰 | 80 |
| ☐ | とうたつ | 漢 | 到達 | 100 |
| 200 | とうてい | 漢 | 到底 | 6, 42 |
| ☐ | とうとう | 漢 | 滔々 | 143, 156 |
| ☐ | どうとく | 漢 | 道徳 | 162, 177 |
| ☐ | とうとつ | 漢 | 唐突 | 21 |
| ☐ | とうひ | 漢 | 当否 | 116 |
| ☐ | とうひ | 漢 | 逃避 | 99 |
| ☐ | とうぼく | 漢 | 倒木 | 52 |
| ☐ | とうほんせいそう | | 東奔西走 | 212 |
| ☐ | とうめい | 漢 | 透明 | 100, 111 |
| ☐ | とうめん | 漢 | 当面 | 182 |
| ☐ | どうもく | 語 | 瞠目 | 148 |
| ☐ | どうよう | 漢 | 動揺 | 96 |
| ☐ | どうよう | 漢 | 同様 | 52 |
| ☐ | とうらい | 漢 | 到来 | 19 |
| ☐ | どうりょう | 漢 | 同僚 | 162, 176 |
| ☐ | とうろうのおの | 語 | 蟷螂の斧 | 83 |
| ☐ | どがいし | 漢 | 度外視 | 125 |
| ☐ | とく | 漢 | 解く | 180 |
| ☐ | とく | 漢 | 説く | 180 |
| ☐ | とく | 漢 | 溶く | 180 |
| ☐ | とぐ | 漢 | 研ぐ | 46 |
| ☐ | とくい | 漢 | 得意 | 145, 155 |
| ☐ | とくい | 漢 | 特異 | 122, 137 |
| ☐ | ドクサ | 語 | ドクサ | 169 |
| ☐ | どくさい | 漢 | 独裁 | 165, 172 |
| ☐ | とくさく | 漢 | 得策 | 98 |
| ☐ | とくしゅ | 漢 | 特殊 | 53, 65 |
| ☐ | どくせん | 漢 | 独占 | 75, 88 |
| ☐ | どくぜん | 語 | 独善 | 32 |
| 200 | とくそく | 漢 | 督促 | 7, 91 |
| ☐ | とくちょう | 漢 | 特徴 | 145, 152 |
| ☐ | とくてん | 漢 | 特典 | 46 |
| ☐ | どくびん | 漢 | 毒瓶 | 45, 64 |
| 200 | とくめい | 漢 | 匿名 | 4, 123 |
| ☐ | とげる | 漢 | 遂げる | 162, 175 |
| ☐ | どじょう | 漢 | 土壌 | 68 |
| 200 | とたん | 漢 | 途端 | 9, 18 |
| ☐ | とっきょ | 漢 | 特許 | 44 |
| ☐ | とっしゅつ | 漢 | 突出 | 22, 37 |
| ☐ | とつじょ | 漢 | 突如 | 49 |
| ☐ | とっぱ | 漢 | 突破 | 49 |
| ☐ | とっぴょうしもない | 語 | 突拍子もない | 131 |
| ☐ | とてい | 漢 | 徒弟 | 116 |
| 200 | とどこおる | 漢 | 滞る | 7, 18 |
| ☐ | とどのつまり | 語 | とどのつまり | 82 |
| ☐ | となえる | 漢 | 唱える | 164, 172 |
| 200 | とほう | 漢 | 途方 | 7, 114 |
| ☐ | とぼしい | 漢 | 乏しい | 184, 193 |
| ☐ | とむらう | 漢 | 弔う | 114 |
| ☐ | ともなう | 漢 | 伴う | 97 |
| ☐ | とらえる | 漢 | 捉える | 43, 62 |
| ☐ | とらわれる | 漢 | 囚われる | 143, 152 |
| ☐ | どりょう | 漢 | 度量 | 91 |
| ☐ | とる | 漢 | 撮る | 50, 180 |
| ☐ | とる | 漢 | 執る | 48, 180 |
| ☐ | とる | 漢 | 採る | 180 |

| | | | | |
|---|---|---|---|---|
| □ | ていしょく | 漢 | 抵触 | 99 |
| □ | ていする | 漢 | 呈する | 69 |
| □ | ていたい | 漢 | 停滞 | 69 |
| □ | ていたく | 漢 | 邸宅 | 123 |
| □ | ていだん | 語 | 鼎談 | 33 |
| 200 | ていねい | 漢 | 丁寧 | 6, 120 |
| □ | ていねん | 漢 | 諦念 | 68 |
| □ | ていめい | 漢 | 低迷 | 122 |
| □ | テーゼ | 語 | テーゼ | 147 |
| □ | できあい | 語 | 出来合い | 35 |
| □ | てきかく | 漢 | 的確 | 96 |
| □ | てきぎ | 漢 | 適宜 | 43 |
| □ | てきしゅつ | 漢 | 摘出 | 44 |
| □ | てきたい | 漢 | 敵対 | 26 |
| □ | テクスト（テキスト） | 語 | テクスト（テキスト） | 33 |
| □ | てっきん | 漢 | 鉄筋 | 95, 109 |
| □ | てっする | 漢 | 徹する | 49 |
| 200 | てってい | 漢 | 徹底 | 4, 162, 173 |
| □ | てっとうてつび | | 徹頭徹尾 | 211 |
| □ | てっぱい | 漢 | 撤廃 | 75 |
| □ | でばなをくじく | 語 | 出鼻をくじく | 131 |
| □ | デフォルト | 語 | デフォルト | 127 |
| □ | デフォルメ | 語 | デフォルメ | 31, 39 |
| □ | てんいむほう | | 天衣無縫 | 211 |
| 200 | てんか | 漢 | 転嫁 | 6, 77, 180 |
| □ | てんか | 漢 | 添加 | 180 |
| □ | てんかい | 漢 | 展開 | 143, 156 |
| □ | てんかん | 漢 | 転換 | 70, 87 |
| □ | てんき | 漢 | 転機 | 98 |
| 200 | てんけい | 漢 | 典型 | 6, 46, 64 |
| □ | てんさく | 漢 | 添削 | 75 |
| □ | でんしょう | 漢 | 伝承 | 143, 156 |
| □ | てんぜん | 語 | 恬然 | 187 |
| □ | てんてき | 漢 | 天敵 | 73 |
| □ | でんとう | 漢 | 伝統 | 99 |
| □ | てんにつばする | 語 | 天に唾する | 131 |
| □ | でんぱ | 漢 | 伝播 | 56 |
| □ | てんぷ | 漢 | 天賦 | 122, 133 |
| □ | てんぽ | 漢 | 店舗 | 99 |
| □ | てんまつ | 漢 | 顛末 | 185 |


## と


| | | | | |
|---|---|---|---|---|
| □ | とういそくみょう | | 当意即妙 | 212 |
| □ | どういん | 漢 | 動員 | 163 |
| □ | とうえい | 漢 | 投影 | 47 |
| □ | とうか | 漢 | 等価 | 44 |
| □ | とうかい | 語 | 韜晦 | 167 |
| □ | とうがい | 漢 | 当該 | 42 |
| □ | とうかく | 漢 | 頭角 | 25 |
| □ | とうかんし | 語 | 等閑視 | 104, 108 |
| □ | とうき | 漢 | 登記 | 180 |
| □ | とうき | 漢 | 投棄 | 180 |
| □ | とうき | 漢 | 騰貴 | 180 |
| □ | とうぎ | 漢 | 討議 | 162 |
| □ | どうき | 漢 | 動機 | 46 |
| □ | どうけつ | 漢 | 洞穴 | 49 |
| □ | どうこういきょく | | 同工異曲 | 212 |
| □ | とうさい | 漢 | 搭載 | 96 |
| □ | とうさく | 漢 | 倒錯 | 29 |
| 40 | どうさつ | 語 | 洞察 | 14, 79, 86 |
| □ | とうさん | 漢 | 倒産 | 26 |
| □ | とうし | 漢 | 投資 | 45 |
| 200 | とうしゅう | 漢 | 踏襲 | 6, 68 |
| □ | とうしゅく | 漢 | 投宿 | 101 |

| | | | | |
|---|---|---|---|---|
| □ | ちょうこく | 漢 | 超克 | 179 |
| □ | ちょうしゅう | 漢 | 聴衆 | 118, 137, 179 |
| □ | ちょうしゅう | 漢 | 徴収 | 179 |
| □ | ちょうしょう | 漢 | 嘲笑 | 45 |
| □ | ちょうせい | 漢 | 調整 | 21 |
| □ | ちょうちょうはっし | | 丁丁発止 | 211 |
| □ | ちょうはつ | 漢 | 挑発 | 100 |
| □ | ちょうぼ | 漢 | 帳簿 | 72 |
| □ | ちょうほう | 語 | 重宝 | 189, 194 |
| □ | ちょうぼう | 漢 | 眺望 | 100, 111 |
| □ | ちょうりゅう | 漢 | 潮流 | 91 |
| □ | ちょうりょうばっこ | | 跳梁跋扈 | 211 |
| □ | ちょうれいぼかい | | 朝令暮改 | 211 |
| □ | ちょくじょうけいこう | | 直情径行 | 211 |
| □ | ちょちく | 漢 | 貯蓄 | 101 |
| □ | ちょとつもうしん | | 猪突猛進 | 211 |
| □ | ちんあつ | 漢 | 鎮圧 | 29 |
| □ | ちんざ | 漢 | 鎮座 | 19 |
| □ | ちんしゃ | 漢 | 陳謝 | 68 |
| □ | ちんせい | 漢 | 鎮静 | 76 |
| □ | ちんせん | 漢 | 沈潜 | 125 |
| □ | ちんちょう | 漢 | 珍重 | 142, 157 |
| □ | ちんぷか | 語 | 陳腐化 | 128, 136 |
| □ | ちんもく | 漢 | 沈黙 | 100 |
| □ | ちんれつ | 漢 | 陳列 | 117 |


## つ


| | | | | |
|---|---|---|---|---|
| □ | ついきゅう | 漢 | 追及 | 91, 179 |
| □ | ついきゅう | 漢 | 追求 | 163, 175, 179 |
| □ | ついきゅう | 漢 | 追究 | 179 |
| □ | ついずい | 漢 | 追随 | 73, 85 |
| □ | ついとう | 漢 | 追悼 | 21 |
| □ | ついらく | 漢 | 墜落 | 77 |
| □ | つうかい | 漢 | 痛快 | 100 |
| □ | つうかん | 漢 | 痛感 | 74 |
| □ | つうぎょう | 漢 | 通暁 | 91 |
| 200 | つうてい | 漢 | 通底 | 10, 76 |
| □ | つかさどる | 漢 | 司る | 115 |
| □ | つく | 漢 | 就く | 179 |
| □ | つく | 漢 | 着く | 179 |
| □ | つく | 漢 | 突く | 179 |
| □ | つくろう | 漢 | 繕う | 27 |
| □ | つたない | 漢 | 拙い | 93 |
| 200 | つちかう | 漢 | 培う | 5, 48 |
| □ | つつしむ | 漢 | 謹む | 180 |
| □ | つつしむ | 漢 | 慎む | 180 |
| □ | つづる | 漢 | 綴る | 185 |
| □ | つど | 漢 | 都度 | 21 |
| □ | つとめる | 漢 | 勤める | 183, 194 |
| □ | つとめる | 漢 | 務める | 94, 113 |
| □ | つながる | 漢 | 繋がる | 22, 40 |
| □ | つのる | 漢 | 募る | 48 |
| □ | つばさ | 漢 | 翼 | 45, 60 |
| □ | つぶす | 漢 | 潰す | 46 |
| □ | つぶやく | 漢 | 呟く | 145, 154 |
| □ | つむ | 漢 | 積む | 180 |
| □ | つむ | 漢 | 摘む | 180 |
| 200 | つむぐ | 漢 | 紡ぐ | 6, 118 |
| □ | つや | 漢 | 艶 | 182, 192 |


## て


| | | | | |
|---|---|---|---|---|
| □ | ていあん | 漢 | 提案 | 183, 196 |
| □ | ディーエヌエー | 語 | DNA | 55 |
| □ | ていぎ | 漢 | 定義 | 93, 112 |
| □ | ていけつ | 漢 | 締結 | 26 |
| □ | ていこう | 漢 | 抵抗 | 75, 89 |
| □ | ていさい | 漢 | 体裁 | 100 |
| 200 | ていしょう | 漢 | 提唱 | 4, 49 |

| | | | | |
|---|---|---|---|---|
| □ | たたずまい | 語 | たたずまい | 58 |
| □ | ただよう | 漢 | 漂う | 20 |
| 40 | たちうち | 語 | 太刀打ち | 14, 130 |
| □ | たつ | 漢 | 裁つ | 179 |
| □ | たつ | 漢 | 絶つ | 179 |
| □ | たつ | 漢 | 断つ | 179 |
| □ | だっきゃく | 漢 | 脱却 | 28 |
| 200 | だとう | 漢 | 妥当 | 5, 66, 84 |
| □ | だとう | 漢 | 打倒 | 144 |
| □ | たどる | 漢 | 辿る | 163 |
| □ | たなごころ | 漢 | 掌 | 26 |
| □ | たましい | 漢 | 魂 | 67 |
| □ | たまもの | 漢 | 賜物 | 43 |
| □ | だまる | 漢 | 黙る | 183, 195 |
| □ | たよう | 漢 | 多様 | 165, 176 |
| 200 | だらく | 漢 | 堕落 | 10, 53 |
| □ | たれる | 漢 | 垂れる | 99 |
| □ | たわむれる | 漢 | 戯れる | 72 |
| □ | だんがい | 漢 | 弾劾 | 92 |
| □ | たんさく | 漢 | 探索 | 47, 65 |
| □ | たんじゅん | 漢 | 単純 | 67 |
| □ | たんしょ | 語 | 端緒 | 166 |
| □ | たんじょう | 漢 | 誕生 | 25 |
| □ | だんぜつ | 漢 | 断絶 | 145 |
| □ | だんそう | 漢 | 断層 | 74, 88 |
| □ | たんそく | 漢 | 嘆息 | 22 |
| □ | だんちょうのおもい | 語 | 断腸の思い | 151 |
| 40 | たんてき | 語 | 端的 | 12, 31 |
| □ | たんとうちょくにゅう | | 単刀直入 | 211 |
| □ | だんねん | 漢 | 断念 | 20, 38 |
| □ | たんのう | 漢 | 堪能 | 124, 137 |
| □ | だんぺん | 漢 | 断片 | 26 |
| □ | たんぽ | 漢 | 担保 | 52 |
| □ | たんらくてき | 語 | 短絡的 | 126 |
| □ | だんりょく | 漢 | 弾力 | 48 |
| □ | たんれん | 漢 | 鍛錬 | 47 |

## ち

| | | | | |
|---|---|---|---|---|
| □ | ちあん | 漢 | 治安 | 123 |
| □ | ちかう | 漢 | 誓う | 122 |
| □ | ちき | 漢 | 知己 | 99 |
| □ | ちくいち | 漢 | 逐一 | 25 |
| □ | ちくご | 漢 | 逐語 | 93 |
| □ | ちくさん | 漢 | 畜産 | 77 |
| 40 | ちくせき | 語 | 蓄積 | 15, 56, 64 |
| □ | ちけん | 漢 | 知見 | 51, 64 |
| □ | ちせつ | 漢 | 稚拙 | 23 |
| 200 | ちつじょ | 漢 | 秩序 | 5, 26, 38 |
| □ | ちっそ | 漢 | 窒素 | 23 |
| 200 | ちみつ | 漢 | 緻密 | 4, 90, 110 |
| □ | ちみもうりょう | | 魑魅魍魎 | 211 |
| □ | ちめい | 漢 | 致命 | 120 |
| □ | ちゆ | 漢 | 治癒 | 72 |
| □ | ちゅうざい | 漢 | 駐在 | 23 |
| □ | ちゅうしゅつ | 漢 | 抽出 | 91 |
| □ | ちゅうじゅん | 漢 | 中旬 | 185 |
| □ | ちゅうしょう | 漢 | 中傷 | 48, 179 |
| □ | ちゅうしょう | 漢 | 抽象 | 23, 37, 179 |
| □ | ちゅうしん | 語 | 衷心 | 167 |
| □ | ちゅうすう | 漢 | 中枢 | 20 |
| □ | ちゅうたい | 語 | 紐帯 | 103 |
| □ | ちゅうちょ | 語 | 躊躇 | 148 |
| □ | ちゅうよう | 漢 | 中庸 | 69, 89 |
| □ | ちゅうりゅう | 漢 | 駐留 | 49 |
| □ | ちょういきん | 漢 | 弔慰金 | 97 |
| □ | ちょうえつ | 漢 | 超越 | 48 |
| □ | ちょうこく | 漢 | 彫刻 | 179, 184, 193 |

| | | | | |
|---|---|---|---|---|
| □ | そまつ | 漢 | 粗末 | 75 |
| □ | そや | 漢 | 粗野 | 69, 84 |
| □ | そよう | 漢 | 素養 | 69 |
| □ | そらんじる | 語 | そらんじる | 35 |
| □ | ソリューション | 語 | ソリューション | 79 |
| □ | ぞんがい | 語 | 存外 | 31 |
| □ | そんけい | 漢 | 尊敬 | 162, 176 |
| □ | そんげん | 漢 | 尊厳 | 47 |
| □ | ぞんざい | 語 | ぞんざい | 150, 156 |
| □ | そんしょう | 漢 | 損傷 | 29 |
| □ | そんたく | 語 | 忖度 | 55, 60 |
| □ | ぞんぶん | 漢 | 存分 | 116 |

## た

| | | | | |
|---|---|---|---|---|
| □ | たいか | 漢 | 大過 | 184, 195 |
| □ | たいき | 漢 | 待機 | 53 |
| □ | たいきばんせい | | 大器晩成 | 211 |
| □ | たいぎめいぶん | | 大義名分 | 211 |
| □ | たいきょく | 漢 | 対極 | 67, 84 |
| □ | たいぐう | 漢 | 待遇 | 28 |
| □ | たいけい | 漢 | 体系 | 182, 192 |
| □ | たいげんそうご | | 大言壮語 | 211 |
| □ | たいこ | 漢 | 太古 | 28 |
| 200 | たいざい | 漢 | 滞在 | 10, 72 |
| □ | たいじ | 漢 | 対峙 | 51 |
| □ | たいしゃ | 漢 | 代謝 | 76 |
| □ | たいしゅう | 漢 | 大衆 | 26 |
| □ | たいしょ | 漢 | 対処 | 71, 88 |
| □ | たいしょう | 漢 | 対照 | 67, 179 |
| □ | たいしょう | 漢 | 対象 | 142, 154, 179 |
| □ | たいしょう | 漢 | 対称 | 179 |
| □ | だいしょう | 漢 | 代償 | 47 |
| □ | たいせい | 漢 | 体制 | 179 |
| □ | たいせい | 漢 | 体勢 | 179 |
| □ | たいせい | 漢 | 態勢 | 179 |
| □ | たいせい | 漢 | 大成 | 179 |
| □ | たいせい | 語 | 耐性 | 56 |
| 200 | たいせき | 漢 | 堆積 | 9, 95 |
| □ | たいぜんじじゃく | | 泰然自若 | 211 |
| □ | たいだ | 漢 | 怠惰 | 74, 84 |
| 200 | だいたい | 漢 | 代替 | 5, 66 |
| □ | だいたん | 漢 | 大胆 | 96 |
| □ | だいだんえん | 語 | 大団円 | 102 |
| □ | だいたんふてき | | 大胆不敵 | 211 |
| 200 | たいとう | 漢 | 台頭 | 7, 96 |
| □ | だいどうしょうい | | 大同小異 | 211 |
| □ | ダイナミズム | 語 | ダイナミズム | 81 |
| □ | たいはい | 漢 | 退廃 | 90 |
| □ | たがい | 漢 | 互い | 25, 36 |
| □ | たがやす | 漢 | 耕す | 101 |
| □ | たきにわたる | 語 | 多岐にわたる | 187, 197 |
| □ | だきょう | 漢 | 妥協 | 43 |
| □ | たぐい | 漢 | 類い | 116, 136 |
| □ | たくえつ | 漢 | 卓越 | 43 |
| □ | たくす | 漢 | 託す | 52 |
| □ | たくせん | 漢 | 託宣 | 27 |
| □ | たくみ | 漢 | 巧み | 28 |
| □ | たくわえる | 漢 | 蓄える | 53, 61 |
| □ | だけつ | 漢 | 妥結 | 124 |
| □ | たさい | 漢 | 多彩 | 28 |
| □ | だす | 漢 | 堕す | 91 |
| 200 | たずさえる | 漢 | 携える | 9, 90, 110 |
| □ | たずねる | 漢 | 尋ねる | 184, 196 |
| □ | だせい | 漢 | 惰性 | 18 |

| | | | | |
|---|---|---|---|---|
| 200 | そうぐう | 漢 | 遭遇 | 5, 24, 40 |
| 200 | ぞうけい | 漢 | 造詣 | 9, 51 |
| ☐ | そうごん | 漢 | 荘厳 | 49 |
| ☐ | そうさ | 漢 | 操作 | 164, 172, 178 |
| ☐ | そうさ | 漢 | 捜査 | 178 |
| ☐ | そうさい | 漢 | 相殺 | 77 |
| ☐ | そうじ | 漢 | 掃除 | 178, 182, 194 |
| ☐ | そうじ | 漢 | 相似 | 117, 178 |
| 200 | そうしつ | 漢 | 喪失 | 6, 73, 84 |
| ☐ | そうじゅう | 漢 | 操縦 | 28 |
| ☐ | そうしゅこく | 漢 | 宗主国 | 74 |
| ☐ | そうしゅつ | 漢 | 創出 | 97 |
| ☐ | そうしょく | 漢 | 装飾 | 124 |
| ☐ | ぞうしょく | 漢 | 増殖 | 48 |
| ☐ | そうぜん | 漢 | 騒然 | 49 |
| ☐ | そうそうき | 漢 | 草創期 | 96 |
| ☐ | そうぞう | 漢 | 創造 | 142, 157 |
| ☐ | そうたい | 語 | 相対 | 188, 196 |
| ☐ | そうたいてきひんこん | 語 | 相対的貧困 | 79 |
| ☐ | そうだつ | 漢 | 争奪 | 165 |
| ☐ | そうち | 漢 | 装置 | 73 |
| ☐ | そうちょう | 漢 | 荘重 | 47 |
| ☐ | そうてい | 漢 | 想定 | 20, 40 |
| 200 | そうにゅう | 漢 | 挿入 | 7, 48 |
| ☐ | そうばん | 語 | 早晩 | 187 |
| ☐ | ぞうふく | 漢 | 増幅 | 97 |
| ☐ | そうぼう | 漢 | 相貌 | 72 |
| ☐ | ぞうよ | 漢 | 贈与 | 143, 152 |
| ☐ | そうわ | 漢 | 挿話 | 71 |
| ☐ | そえる | 漢 | 添える | 50 |
| ☐ | そえん | 漢 | 疎遠 | 118 |
| 200 | そがい | 漢 | 疎外 | 11, 22, 179 |
| ☐ | そがい | 漢 | 阻害 | 51, 179 |
| ☐ | そきゅう | 漢 | 遡及 | 29 |
| ☐ | そぐ | 漢 | 削ぐ | 22 |
| ☐ | そくざ | 漢 | 即座 | 182, 195 |
| ☐ | そくじょ | 漢 | 息女 | 49 |
| ☐ | そくしん | 漢 | 促進 | 49 |
| ☐ | そくす | 漢 | 即す | 114 |
| ☐ | そくてい | 漢 | 測定 | 117 |
| ☐ | そくばく | 漢 | 束縛 | 44 |
| ☐ | そくぶつてき | 語 | 即物的 | 56, 61 |
| ☐ | そくぶん | 語 | 仄(側)聞 | 188 |
| ☐ | そご | 語 | 齟齬 | 55 |
| ☐ | そこう | 語 | 遡行 | 30 |
| ☐ | そこなう | 漢 | 損なう | 51 |
| ☐ | そし | 漢 | 阻止 | 100 |
| ☐ | そしゃく | 漢 | 咀嚼 | 145 |
| ☐ | そしょう | 漢 | 訴訟 | 22 |
| ☐ | そじょうにのせる | 語 | 俎上に載せる | 83, 88 |
| ☐ | そせき | 漢 | 礎石 | 71 |
| ☐ | そせん | 漢 | 祖先 | 119 |
| ☐ | そそ | 語 | 楚々 | 188, 193 |
| ☐ | そそのかす | 漢 | 唆す | 122 |
| ☐ | そち | 漢 | 措置 | 29 |
| 200 | そつう | 漢 | 疎通 | 7, 24, 40 |
| ☐ | そっこうやく | 漢 | 即効薬 | 100 |
| ☐ | そで | 漢 | 袖 | 142 |
| ☐ | そてい | 漢 | 措定 | 23 |
| ☐ | そなえる | 漢 | 供える | 179 |
| ☐ | そなえる | 漢 | 備える | 26, 179 |
| ☐ | そなわる | 漢 | 備わる | 39 |
| ☐ | そぶり | 漢 | 素振り | 70 |
| ☐ | そぼく | 漢 | 素朴 | 22, 38 |

| | | | | |
|---|---|---|---|---|
| □ | ぜっさん | 漢 | 絶賛 | 122 |
| □ | せつじつ | 漢 | 切実 | 22 |
| 200 | せっしゅ | 漢 | 摂取 | 9, 21 |
| □ | せっしょう | 語 | 折衝 | 103 |
| □ | せっしょく | 漢 | 接触 | 118, 132 |
| □ | せっしょく | 漢 | 摂食 | 23, 39 |
| □ | せつじょく | 漢 | 雪辱 | 115 |
| □ | せつぜん | 語 | 截然 | 148 |
| □ | せっそく | 語 | 拙速 | 30 |
| □ | ぜったい | 漢 | 絶対 | 93, 112 |
| □ | ぜったいぜつめい | | 絶体絶命 | 211 |
| □ | せっちゃく | 漢 | 接着 | 93 |
| 200 | せっちゅう | 漢 | 折衷 | 10, 67, 89 |
| □ | せっとう | 漢 | 窃盗 | 114 |
| □ | せつな | 漢 | 刹那 | 22 |
| □ | せっぱく | 漢 | 切迫 | 93, 113 |
| □ | ぜつみょう | 語 | 絶妙 | 30 |
| □ | せつり | 語 | 摂理 | 56 |
| □ | ぜにん | 漢 | 是認 | 124 |
| □ | ぜひもない | 語 | 是非もない | 34 |
| □ | せまい | 漢 | 狭い | 145 |
| □ | せまる | 漢 | 迫る | 71 |
| 40 | せめぎあう | 語 | せめぎあう | 13, 150 |
| □ | せりふ | 漢 | 台詞 | 144, 156 |
| □ | せんい | 漢 | 繊維 | 50 |
| □ | せんえいか | 語 | 先鋭化 | 54, 60 |
| □ | せんかい | 漢 | 旋回 | 97 |
| □ | せんく | 漢 | 先駆 | 22 |
| □ | せんさい | 漢 | 戦災 | 29, 41 |
| 200 | せんさい | 漢 | 繊細 | 10, 143, 154 |
| 200 | せんざい | 漢 | 潜在 | 8, 122, 134 |
| □ | せんざいいちぐう | | 千載一遇 | 211 |
| □ | ぜんじ | 語 | 漸次 | 55 |
| □ | せんじょうてき | 漢 | 扇情的 | 185 |
| □ | せんじん | 漢 | 先陣 | 142 |
| □ | ぜんしん | 漢 | 漸進 | 70, 88 |
| □ | ぜんじんみとう | | 前人未踏(到) | 211 |
| □ | せんせい | 漢 | 宣誓 | 99 |
| □ | ぜんだいみもん | | 前代未聞 | 211 |
| □ | せんたく | 漢 | 洗濯 | 182, 197 |
| □ | せんたく | 漢 | 選択 | 50, 65 |
| □ | せんだつ | 語 | 先達 | 168 |
| □ | ぜんちょう | 漢 | 前兆 | 69, 88 |
| □ | ぜんてい | 漢 | 前提 | 123, 133 |
| □ | せんでん | 漢 | 宣伝 | 40 |
| □ | せんどう | 漢 | 先導 | 185 |
| □ | せんぷう | 漢 | 旋風 | 115 |
| □ | ぜんぷく | 漢 | 全幅 | 67 |
| □ | ぜんぼう | 漢 | 全貌 | 142, 153 |
| □ | せんめい | 漢 | 鮮明 | 51 |
| □ | せんもんか | 漢 | 専門家 | 99, 110 |
| □ | ぜんもんのとらこうもんのおおかみ | 語 | 前門の虎後門の狼 | 171 |
| □ | せんゆう | 漢 | 占有 | 44, 60 |
| □ | ぜんよう | 漢 | 全容 | 76 |
| □ | せんりつ | 漢 | 旋律 | 27 |
| □ | せんれん | 漢 | 洗練 | 125, 132 |

## そ

| | | | | |
|---|---|---|---|---|
| □ | そあん | 漢 | 素案 | 75 |
| □ | そう | 漢 | 沿う | 178、183, 192 |
| □ | そう | 漢 | 添う | 178 |
| □ | そうい | 漢 | 相違 | 24 |
| □ | ぞうお | 漢 | 憎悪 | 116, 134 |
| □ | そうかい | 漢 | 掃海 | 52 |
| □ | そうき | 漢 | 想起 | 67, 84 |

| | | | | |
|---|---|---|---|---|
| □ | ずさん | 語 | 杜撰 | 150 |
| □ | すすめ | 漢 | 勧め | 125 |
| □ | すすめる | 漢 | 勧める | 178 |
| □ | すすめる | 漢 | 進める | 178 |
| □ | すすめる | 漢 | 薦める | 178 |
| □ | すたれる | 漢 | 廃れる | 121, 132 |
| □ | ステータス | 語 | ステータス | 79 |
| □ | すてる | 漢 | 捨てる | 27, 39 |
| 40 | ステレオタイプ | 語 | ステレオタイプ | 15, 129, 134 |
| □ | すなお | 漢 | 素直 | 99, 113 |
| □ | ずのう | 漢 | 頭脳 | 119, 133 |
| □ | すべ | 漢 | 術 | 29, 39 |
| □ | すべからく | 語 | すべからく | 82 |
| □ | すべもない | 語 | 術もない | 59 |
| □ | すべる | 漢 | 滑る | 48 |
| □ | すべる | 語 | 統べる | 130 |
| □ | すみ | 漢 | 隅 | 164, 177 |
| □ | すむ | 漢 | 済む | 185, 193 |
| □ | すむ | 漢 | 澄む | 77 |
| □ | するどい | 漢 | 鋭い | 144, 154 |


## せ


| | | | | |
|---|---|---|---|---|
| □ | せいいっぱい | 漢 | 精一杯 | 144 |
| □ | せいかく | 漢 | 性格 | 184 |
| □ | せいぎ | 漢 | 正義 | 125 |
| □ | せいきゅう | 漢 | 請求 | 185 |
| □ | せいきょ | 漢 | 逝去 | 70 |
| □ | せいぎょ | 語 | 制御 | 128, 132 |
| □ | せいけい | 漢 | 生計 | 184 |
| □ | せいこう | 漢 | 生硬 | 117, 178 |
| □ | せいこう | 漢 | 精巧 | 117, 178 |
| □ | せいこううどく | | 晴耕雨読 | 210 |
| □ | せいこくをえる（いる） | 語 | 正鵠を得る（射る） | 83, 85 |
| □ | せいさい | 漢 | 精細 | 77 |
| □ | せいさく | 漢 | 政策 | 75, 84 |
| □ | せいさつよだつ | | 生殺与奪 | 211 |
| □ | せいじゃく | 漢 | 静寂 | 46 |
| □ | ぜいじゃく | 漢 | 脆弱 | 183, 197 |
| □ | せいじゅく | 漢 | 成熟 | 66 |
| □ | せいずい | 漢 | 精髄 | 25 |
| □ | せいせき | 漢 | 成績 | 73, 84 |
| □ | せいそく | 漢 | 生（棲）息 | 70 |
| □ | ぜいたく | 漢 | 贅沢 | 165 |
| □ | せいち | 漢 | 精緻 | 124 |
| □ | せいちょう | 漢 | 成長 | 51 |
| □ | せいつう | 漢 | 精通 | 125 |
| □ | せいど | 漢 | 精度 | 116, 136 |
| □ | せいとん | 漢 | 整頓 | 42 |
| □ | せいひ | 漢 | 成否 | 76 |
| □ | せいひつ | 漢 | 静謐 | 163 |
| □ | せいふく | 漢 | 征服 | 44, 61 |
| □ | せいみつ | 漢 | 精密 | 119 |
| □ | せいみょう | 漢 | 精妙 | 24 |
| □ | せいやく | 漢 | 制約 | 101 |
| □ | せいりょう | 漢 | 清涼 | 184 |
| □ | せいれんけっぱく | | 清廉潔白 | 211 |
| □ | せきにん | 漢 | 責任 | 96 |
| □ | せきねん | 漢 | 積年 | 124 |
| □ | せきひん | 漢 | 赤貧 | 26 |
| □ | せじ | 漢 | 世辞 | 142 |
| □ | せしゅう | 漢 | 世襲 | 71 |
| □ | ぜせい | 漢 | 是正 | 74 |
| □ | せっけん | 語 | 席巻 | 126 |
| □ | せっさたくま | | 切磋琢磨 | 211 |

| | | | |
|---|---|---|---|
| ☐ しんさ | 漢 | 審査 | 114, 137 |
| ☐ しんさつ | 漢 | 診察 | 101 |
| ☐ しんさん | 漢 | 辛酸 | 69 |
| 200 しんし | 漢 | 真摯 | 10, 116, 134 |
| ☐ しんし | 漢 | 紳士 | 184 |
| ☐ しんしゃく | 語 | 斟酌 | 78 |
| ☐ しんしゅ | 漢 | 進取 | 99 |
| ☐ しんしゅつきぼつ | | 神出鬼没 | 210 |
| ☐ しんじょう | 漢 | 信条 | 25 |
| ☐ じんじょう | 漢 | 尋常 | 98 |
| ☐ しんしょうぼうだい | | 針小棒大 | 210 |
| ☐ しんしんきえい | | 新進気鋭 | 210 |
| ☐ じんしんせい | 語 | 人新世 | 57 |
| ☐ しんすい | 漢 | 心酔 | 72 |
| ☐ しんせき | 漢 | 親戚 | 123 |
| ☐ しんせん | 漢 | 新鮮 | 28, 40 |
| 200 じんそく | 漢 | 迅速 | 5, 48 |
| ☐ じんだい | 漢 | 甚大 | 18 |
| ☐ じんちゅう | 漢 | 陣中 | 124 |
| ☐ しんちょう | 漢 | 慎重 | 50, 178 |
| ☐ しんちょう | 漢 | 深長 | 19, 178 |
| ☐ しんちょく | 語 | 進捗 | 56 |
| ☐ しんてい | 漢 | 進呈 | 182, 193 |
| ☐ しんてんち | 語 | 新天地 | 102, 110 |
| 200 しんとう | 漢 | 浸透 | 4, 27, 38 |
| ☐ しんどう | 漢 | 振動 | 97 |
| ☐ しんぱん | 漢 | 侵犯 | 98 |
| ☐ しんぱん | 漢 | 審判 | 47 |
| ☐ しんび | 漢 | 審美 | 53 |
| ☐ しんぴょうせい | 語 | 信憑性 | 166 |
| ☐ しんぷく | 漢 | 振幅 | 142, 156 |
| ☐ しんぼう | 漢 | 辛抱 | 23 |
| ☐ しんぽう | 漢 | 信奉 | 44 |
| ☐ しんぼうえんりょ | | 深謀遠慮 | 210 |
| ☐ シンメトリー | 語 | シンメトリー | 189 |
| ☐ しんらつ | 語 | 辛辣 | 147 |
| ☐ しんらばんしょう | | 森羅万象 | 210 |
| ☐ じんりん | 漢 | 人倫 | 25 |
| ☐ しんわ | 漢 | 親和 | 70 |

## す

| | | | |
|---|---|---|---|
| ☐ ずいい | 語 | 随意 | 30, 39 |
| ☐ すいこう | 漢 | 推敲 | 145 |
| 200 すいこう | 漢 | 遂行 | 9, 76, 87 |
| ☐ すいじ | 漢 | 炊事 | 183, 194 |
| ☐ ずいじ | 漢 | 随時 | 144 |
| ☐ すいしょう | 漢 | 推奨 | 164, 174 |
| ☐ すいしん | 漢 | 推進 | 99, 109 |
| ☐ すいせん | 漢 | 推薦 | 44 |
| ☐ すいそう | 漢 | 吹奏 | 74 |
| ☐ すいそう | 漢 | 水槽 | 71 |
| ☐ すいたい | 漢 | 衰退 | 69, 89 |
| ☐ すいてい | 漢 | 推定 | 29 |
| ☐ ずいはん | 漢 | 随伴 | 98 |
| ☐ すいほうにきする | 語 | 水泡に帰する | 190 |
| ☐ すいぼく | 漢 | 水墨 | 92 |
| ☐ すうこう | 漢 | 崇高 | 46 |
| ☐ すうせい | 語 | 趨勢 | 167, 174 |
| ☐ ずうたい | 漢 | 図体 | 52 |
| ☐ すうはい | 漢 | 崇拝 | 118 |
| ☐ すえる | 漢 | 据える | 144, 153 |
| ☐ すきま | 漢 | 隙間 | 114 |
| ☐ すぐれる | 漢 | 優れる | 51, 65 |
| ☐ すごい | 漢 | 凄い | 162 |
| ☐ すこぶる | 語 | すこぶる | 58 |

| | | | | |
|---|---|---|---|---|
| □ | じょうと | 漢 | 譲渡 | 20 |
| 200 | しょうどう | 漢 | 衝動 | 7, 75 |
| 40 | じょうとうく | 語 | 常套句 | 15, 104, 112 |
| □ | しょうとつ | 漢 | 衝突 | 25 |
| □ | しょうはく | 語 | 衝迫 | 103, 111 |
| □ | しょうへき | 漢 | 障壁 | 70 |
| □ | じょうほ | 漢 | 譲歩 | 125 |
| □ | しようまっせつ | | 枝葉末節 | 210 |
| □ | じょうまん | 語 | 冗漫 | 32 |
| □ | しょうめい | 漢 | 証明 | 114 |
| □ | しょうめつ | 漢 | 消滅 | 44 |
| □ | しょうもう | 漢 | 消耗 | 67 |
| □ | じょうよ | 語 | 丈余 | 187 |
| □ | しょうよう | 漢 | 従容 | 67 |
| □ | しょうよう | 語 | 称揚 | 166 |
| □ | じょうり | 漢 | 条理 | 45 |
| □ | しょうりょう | 語 | 渉猟 | 32 |
| □ | しょうれい | 漢 | 奨励 | 183, 196 |
| □ | しょき | 漢 | 所期 | 28 |
| □ | じょきょ | 漢 | 除去 | 23 |
| □ | しょぎょう | 漢 | 所業 | 101 |
| □ | しょぎょうむじょう | | 諸行無常 | 210 |
| □ | しょくばい | 漢 | 触媒 | 67 |
| □ | しょくはつ | 漢 | 触発 | 52 |
| □ | しょけん | 漢 | 所見 | 68 |
| 200 | しょさ | 漢 | 所作 | 11, 92 |
| □ | しょさい | 漢 | 書斎 | 48 |
| 40 | しょさん | 語 | 所産 | 14, 103 |
| □ | じょじゅつ | 漢 | 叙述 | 42 |
| □ | じょじょ | 漢 | 徐徐 | 183, 197 |
| □ | じょじょう | 語 | 叙(抒)情 | 147 |
| □ | しょせき | 漢 | 書籍 | 185 |
| □ | じょせき | 漢 | 除籍 | 125 |
| 200 | しょせん | 漢 | 所詮 | 6, 66 |
| □ | しょはん | 漢 | 諸般 | 75 |
| □ | しょほうせん | 語 | 処方箋 | 187 |
| □ | しょみん | 漢 | 庶民 | 120 |
| □ | しょめい | 漢 | 署名 | 77 |
| □ | しょよ | 語 | 所与 | 54, 60 |
| □ | しらかべ | 漢 | 白壁 | 50 |
| □ | しりごみ | 語 | 尻込み | 34 |
| □ | しりめつれつ | 漢 | 支離滅裂 | 162, 210 |
| □ | しりょ | 漢 | 思慮 | 43 |
| □ | じれい | 漢 | 辞令 | 23 |
| □ | しれつ | 漢 | 熾烈 | 145 |
| □ | ジレンマ | 語 | ジレンマ | 55 |
| □ | しろうと | 漢 | 素人 | 20 |
| □ | じんい | 漢 | 人為 | 100 |
| □ | しんか | 漢 | 真価 | 48 |
| □ | しんがい | 漢 | 侵害 | 165, 175 |
| □ | しんぎ | 漢 | 真偽 | 24, 178 |
| □ | しんぎ | 漢 | 審議 | 178 |
| □ | シンギュラリティー | 語 | シンギュラリティー | 129 |
| □ | しんきろう | 漢 | 蜃気楼 | 143 |
| □ | シンクロ | 語 | シンクロ | 105 |
| □ | しんけい | 漢 | 神経 | 162, 173 |
| □ | しんけん | 漢 | 真剣 | 28 |
| □ | しんけん | 漢 | 親権 | 99 |
| □ | しんげん | 語 | 箴言 | 169 |
| □ | しんこう | 漢 | 信仰 | 93, 108, 178 |
| 200 | しんこう | 漢 | 振興 | 10, 90 |
| □ | しんこう | 漢 | 新興 | 91, 178 |
| □ | じんこうにかいしゃする | 語 | 人口に膾炙する | 107, 112 |
| □ | しんこく | 漢 | 深刻 | 20 |

□ しゅせき 漢 首席 77
□ じゅだく 漢 受諾 120
□ じゅっかい 漢 述懐 72
□ じゅっこう 漢 熟考 94
□ しゅつらんのほまれ 語 出藍の誉れ 59
□ しゅどう 漢 主導 93, 109
□ じゅばく 漢 呪縛 185, 193
□ しゅび 漢 首尾 98, 112
□ しゅびいっかん 首尾一貫 210
□ しゅみ 漢 趣味 72
□ じゅみょう 漢 寿命 77
□ じゅよう 漢 受容 178, 182, 197
□ じゅよう 漢 需要 178
□ じゅりつ 漢 樹立 19
□ しゅりょう 漢 狩猟 71
□ しゅわん 漢 手腕 94
□ しゅんかん 漢 瞬間 144, 153
200 じゅんかん 漢 循環 8, 48
□ じゅんきょ 漢 準拠 46
□ じゅんきょう 漢 殉教 75
200 じゅんしゅ 漢 遵守 7, 42
□ じゅんしんむく 純真無垢 210
200 じゅんすい 漢 純粋 10, 101, 111
□ じゅんぜん 漢 純然 19
□ じゅんたく 漢 潤沢 74, 89
□ しゅんべつ 語 峻別 188, 192
□ しょい 語 所為 187
□ しょうあく 漢 掌握 23
□ じょうえん 漢 上演 125
□ しょうか 語 昇華 80, 84
□ しょうかい 漢 紹介 52, 63
200 しょうがい 漢 生涯 6, 66, 178
□ しょうがい 漢 傷害 178
□ しょうがい 漢 障害 115, 178
□ しょうかく 漢 昇格 114
200 じょうき 漢 常軌 8, 26
□ じょうき 漢 蒸気 97
□ しょうけい 語 憧憬 149
200 しょうげき 漢 衝撃 9, 182, 195
□ しょうこ 漢 証拠 116
□ しょうこう 漢 小康 94
□ しょうごう 漢 照合 183
□ しょうさ 漢 証左 23
□ しょうさい 漢 詳細 100
□ しょうさん 漢 称(賞)賛 22, 36
□ しょうしせんばん 笑止千万 210
□ しょうしゃ 漢 照射 71
□ しょうしゃ 語 瀟洒 102
□ じょうじゅ 漢 成就 70
□ じょうじゅうざが 常住坐臥 210
□ しょうじゅん 漢 照準 75
□ しょうじん 漢 精進 23
□ しょうしんしょうめい 正真正銘 210
□ しょうする 漢 称する 75
□ じょうせい 漢 醸成 71, 89
□ じょうせき 漢 定石 42
□ しょうそう 漢 尚早 69, 178
200 しょうそう 漢 焦燥 8, 97, 178
□ じょうぞう 漢 醸造 125
200 しょうそく 漢 消息 9, 66
□ しょうだく 漢 承諾 91
□ じょうだん 漢 冗談 20
□ しょうち 漢 招致 77
□ じょうちょ 漢 情緒 27, 37
□ しょうちょう 語 象徴 104
□ じょうちょう 語 冗長 168

| | | | |
|---|---|---|---|
| □ しゃくほう | 漢 | 釈放 | 144 |
| □ しゃしょう | 語 | 捨象 | 102, 113 |
| □ しゃそう | 漢 | 車窓 | 98 |
| 200 しゃだん | 漢 | 遮断 | 11, 90 |
| □ じゃっかん | 漢 | 若干 | 51 |
| □ じゃっかん | 漢 | 弱冠 | 124 |
| □ じゃっき | 語 | 惹起 | 54 |
| □ じゃっく | 語 | 惹句 | 104 |
| □ しゃてい | 漢 | 射程 | 28 |
| □ しゃにむに | | 遮二無二 | 210 |
| □ しゃへい | 漢 | 遮蔽 | 45, 60 |
| □ ジャポニスム | 語 | ジャポニスム | 105 |
| 200 じゃま | 漢 | 邪魔 | 9, 163, 175 |
| □ しゆう | 漢 | 雌雄 | 26 |
| □ しゅうあく | 漢 | 醜悪 | 76 |
| □ しゅうえん | 漢 | 周縁 | 144, 157 |
| □ しゅうえん | 漢 | 終焉 | 143, 156 |
| □ じゅうおうむじん | | 縦横無尽 | 210 |
| □ しゅうかく | 漢 | 収穫 | 20 |
| □ しゅうかん | 漢 | 習慣 | 120 |
| □ しゅうぎ | 漢 | 祝儀 | 94 |
| □ しゅうじ | 語 | 修辞 | 30 |
| □ しゅうしふをうつ | 語 | 終止符を打つ | 83 |
| 200 しゅうしゅう | 漢 | 収拾 | 7, 114, 136 |
| □ じゅうじゅん | 漢 | 従順 | 70 |
| □ しゅうしょうろうばい | | 周章狼狽 | 210 |
| □ しゅうじんかんし | | 衆人環視 | 210 |
| □ しゅうせい | 漢 | 終生 | 95 |
| □ しゅうせい | 漢 | 習性 | 25 |
| □ しゅうせき | 漢 | 集積 | 75 |
| □ じゅうせき | 漢 | 重責 | 74 |
| □ しゅうぜん | 漢 | 修繕 | 46 |
| □ じゅうぜん | 語 | 十全 | 54 |
| □ しゅうぞく | 漢 | 習俗 | 26 |
| □ じゅうそく | 漢 | 充足 | 165, 176 |
| □ じゅうたい | 漢 | 渋滞 | 28 |
| □ しゅうだつ | 漢 | 収奪 | 77 |
| □ しゅうち | 漢 | 周知 | 94, 161 |
| □ しゅうち | 漢 | 衆知 | 161 |
| □ しゅうちゃく | 漢 | 執着 | 92 |
| □ じゅうちん | 漢 | 重鎮 | 184 |
| □ じゅうてん | 漢 | 充塡 | 182 |
| □ しゅうとう | 漢 | 周到 | 49 |
| □ じゅうとく | 漢 | 重篤 | 18 |
| □ じゅうなん | 漢 | 柔軟 | 29 |
| □ しゅうばん | 漢 | 終盤 | 142 |
| □ しゅうふく | 漢 | 修復 | 116 |
| □ じゅうらんせい | 語 | 縦覧性 | 126, 137 |
| □ しゅうれん | 語 | 収斂 | 80 |
| □ しゅうろう | 漢 | 就労 | 120 |
| □ しゅうろく | 漢 | 収録 | 101, 112 |
| □ しゅがん | 漢 | 主眼 | 91 |
| □ しゅくさい | 漢 | 祝祭 | 97 |
| □ しゅくしゅく | 漢 | 粛粛 | 45 |
| □ しゅくめい | 漢 | 宿命 | 163, 172 |
| □ じゅくれん | 漢 | 熟練 | 71 |
| □ しゅこう | 漢 | 趣向 | 52, 161 |
| □ しゅこう | 漢 | 首肯 | 161 |
| □ しゅさい | 漢 | 主催 | 161 |
| □ しゅさい | 漢 | 主宰 | 161 |
| □ しゅざい | 漢 | 取材 | 120, 134 |
| □ しゅし | 漢 | 趣旨 | 46, 64 |
| □ しゅしゃ | 漢 | 取捨 | 75 |
| □ しゅしょう | 漢 | 殊勝 | 101 |

| Mark | Reading | Type | Entry | Page |
|---|---|---|---|---|
| □ | ししつ | 漢 | 資質 | 49 |
| □ | ししふんじん | | 獅子奮迅 | 209 |
| □ | じしゃく | 漢 | 磁石 | 45 |
| □ | ししゅく | 漢 | 私淑 | 20 |
| □ | ししょう | 漢 | 支障 | 29 |
| □ | じしょう | 漢 | 事象 | 116, 134 |
| □ | じじょうじばく | | 自縄自縛 | 209 |
| □ | ししん | 漢 | 指針 | 115 |
| □ | じすい | 漢 | 自炊 | 49 |
| □ | しずめる | 漢 | 鎮める | 101 |
| □ | しせい | 漢 | 市井 | 118, 136 |
| □ | しせい | 漢 | 姿勢 | 19, 36 |
| □ | じせい | 漢 | 時勢 | 70 |
| □ | しせつ | 漢 | 施設 | 50 |
| □ | じぜんのさく | 語 | 次善の策 | 83, 88 |
| □ | じぞく | 漢 | 持続 | 100 |
| □ | しだい | 漢 | 次第 | 66 |
| □ | したう | 漢 | 慕う | 94 |
| □ | したく | 漢 | 支度 | 45 |
| □ | じだんだをふむ | 語 | 地団駄を踏む | 35 |
| □ | じちょう | 漢 | 自嘲 | 163 |
| □ | しっかい | 語 | 悉皆 | 187 |
| □ | しっかん | 漢 | 疾患 | 49 |
| □ | しっこく | 語 | 桎梏 | 148, 152 |
| □ | しつじつごうけん | | 質実剛健 | 209 |
| □ | しっせき | 漢 | 叱責 | 53 |
| □ | じっせん | 漢 | 実践 | 26, 36 |
| □ | しっそ | 漢 | 質素 | 184, 194 |
| □ | しっそう | 漢 | 疾走 | 73 |
| □ | じったい | 漢 | 実態 | 20 |
| □ | じっぱひとからげ | 語 | 十把一絡げ | 170, 176 |
| □ | しっぷ | 漢 | 湿布 | 99 |
| 200 | しっぺい | 漢 | 疾病 | 9, 48 |
| □ | しつよう | 語 | 執拗 | 55, 63 |
| 200 | してき | 漢 | 指摘 | 9, 100, 108 |
| □ | しなう | 語 | 撓う | 58 |
| □ | しなん | 漢 | 指南 | 165 |
| 200 | しなん | 漢 | 至難 | 11, 66 |
| □ | シニカル(シニック) | 語 | シニカル(シニック) | 103, 111 |
| □ | しのぐ | 漢 | 凌ぐ | 163 |
| □ | しばい | 漢 | 芝居 | 25 |
| □ | しばらく | 漢 | 暫く | 117 |
| 200 | しばる | 漢 | 縛る | 5, 50 |
| □ | しひょう | 漢 | 指標 | 95 |
| □ | じふ | 漢 | 自負 | 25 |
| □ | しふくをこやす | 語 | 私腹を肥やす | 83 |
| □ | しべん | 漢 | 至便 | 50 |
| □ | しべん | 語 | 思弁 | 167 |
| □ | じぼうじき | | 自暴自棄 | 209 |
| 40 | しみんけんをえる | 語 | 市民権を得る | 12, 35 |
| □ | じめい | 語 | 自明 | 126 |
| □ | じめつ | 漢 | 自滅 | 122 |
| □ | しめる | 漢 | 占める | 161 |
| □ | しめる | 漢 | 絞める | 161 |
| □ | しめる | 漢 | 締める | 94, 161 |
| □ | じもくをあつめる | 語 | 耳目を集める | 131 |
| □ | しもん | 漢 | 諮問 | 77 |
| □ | しや | 漢 | 視野 | 66 |
| □ | じゃあく | 漢 | 邪悪 | 25 |
| □ | しゃくしじょうぎ | | 杓子定規 | 209 |
| 40 | しゃくぜん | 語 | 釈然 | 15, 128, 135 |

| | | | |
|---|---|---|---|
| ☐ サブカルチャー | 語 | サブカルチャー | 103 |
| ☐ さまたげる | 漢 | 妨げる | 47 |
| ☐ ざゆう | 漢 | 座右 | 92 |
| ☐ さらち | 漢 | 更地 | 24 |
| ☐ さわる | 漢 | 障る | 161 |
| ☐ さわる | 漢 | 触る | 161 |
| ☐ さんいつ | 漢 | 散逸 | 22, 41 |
| ☐ さんかく | 語 | 参画 | 187 |
| ☐ ざんぎゃく | 漢 | 残虐 | 76, 86 |
| ☐ さんけん | 語 | 散見 | 148 |
| ☐ ざんこく | 漢 | 残酷 | 101 |
| ☐ さんさく | 漢 | 散策 | 27 |
| ☐ ざんじ | 語 | 暫時 | 188 |
| ☐ さんしすいめい | | 山紫水明 | 209 |
| ☐ さんしょう | 漢 | 参照 | 95 |
| ☐ さんじょう | 漢 | 惨状 | 121 |
| ☐ ざんしん | 漢 | 斬新 | 45 |
| ☐ さんだつ | 漢 | 簒奪 | 185 |
| ☐ さんだん | 漢 | 算段 | 27 |
| 40 ざんていてき | 語 | 暫定的 | 14, 126 |
| ☐ さんどう | 漢 | 賛同 | 24 |
| ☐ さんにんよればもんじゅのちえ | 語 | 三人寄れば文殊の知恵 | 59, 65 |
| ☐ さんび | 語 | 酸鼻 | 78 |
| ☐ さんもんえかき | 語 | 三文絵かき | 107, 109 |
| ☐ さんらん | 漢 | 散乱 | 26 |
| **し** | | | |
| ☐ しあん | 漢 | 思案 | 27 |
| ☐ しいてき | 語 | 恣意的 | 57, 62 |
| ☐ しいる | 漢 | 強いる | 45 |
| ☐ ジェンダー | 語 | ジェンダー | 81 |
| ☐ しかい | 漢 | 視界 | 28 |
| ☐ じがじさん | | 自画自賛 | 209 |
| ☐ しがない | 語 | しがない | 190 |
| ☐ しからしむる | 語 | しからしむる | 107, 109 |
| ☐ しかるに | 語 | しかるに | 106, 111 |
| ☐ しかん | 漢 | 弛緩 | 22 |
| ☐ しき | 漢 | 指揮 | 124 |
| ☐ しぎ | 漢 | 仕儀 | 71 |
| ☐ じき | 漢 | 自棄 | 94 |
| ☐ しきべつ | 漢 | 識別 | 52 |
| ☐ しきんせき | 語 | 試金石 | 171 |
| ☐ じくじ | 語 | 忸怩 | 189, 193 |
| ☐ しぐれ | 漢 | 時雨 | 71 |
| ☐ じけいれつ | 漢 | 時系列 | 98 |
| ☐ しげき | 漢 | 刺激 | 118, 136 |
| ☐ しげん | 漢 | 資源 | 45, 63 |
| ☐ しげん | 語 | 至言 | 166 |
| ☐ しこう | 漢 | 志向 | 161 |
| ☐ しこう | 漢 | 思考 | 161 |
| ☐ しこう | 漢 | 施行 | 53, 161 |
| ☐ しこう | 漢 | 嗜好 | 161, 185 |
| ☐ じこう | 漢 | 時候 | 50 |
| ☐ しこうさくご | 漢 | 試行錯誤 | 113 |
| ☐ じごうじとく | | 自業自得 | 209 |
| ☐ しごく | 漢 | 至極 | 23, 41 |
| 200 しさ | 漢 | 示唆 | 4, 18, 36 |
| ☐ じさ | 漢 | 時差 | 51 |
| ☐ じざい | 漢 | 自在 | 25, 36 |
| 200 しさく | 漢 | 思索 | 5, 98, 110 |
| ☐ しさく | 漢 | 施策 | 115 |
| ☐ しし | 漢 | 四肢 | 72 |
| ☐ しじ | 漢 | 師事 | 161 |
| ☐ しじ | 漢 | 指示 | 161 |
| ☐ しじ | 漢 | 支持 | 161 |

| | | | | |
|---|---|---|---|---|
| □ | こんぜつ | 漢 | 根絶 | 49 |
| □ | こんぜんいったい | 語 | 混(渾)然一体 | 57, 64 |
| □ | こんたん | 漢 | 魂胆 | 101 |
| □ | こんだん | 漢 | 懇談 | 184 |
| □ | コンテクスト | 語 | コンテクスト | 31, 41 |
| □ | コンテンツ | 語 | コンテンツ | 127 |
| □ | こんどう | 漢 | 混同 | 71 |
| □ | こんとん | 語 | 混沌 | 104 |
| □ | こんなん | 漢 | 困難 | 46 |
| □ | こんぼう | 漢 | 混紡 | 50 |
| □ | こんめい | 漢 | 混迷 | 115 |
| □ | こんらん | 漢 | 混乱 | 162, 174 |
| 200 | こんりゅう | 漢 | 建立 | 11, 90 |
| □ | こんわく | 漢 | 困惑 | 51 |

## さ

| | | | | |
|---|---|---|---|---|
| □ | さい | 漢 | 差異 | 117, 135 |
| □ | さいきかんぱつ | | 才気煥発 | 209 |
| □ | さいきん | 漢 | 細菌 | 91 |
| □ | さいく | 漢 | 細工 | 76 |
| □ | さいじき | 漢 | 歳時記 | 95 |
| □ | さいしょくけんび | | 才色兼備 | 209 |
| □ | さいそく | 漢 | 催促 | 92 |
| □ | さいたく | 漢 | 採択 | 182, 198 |
| □ | さいたるもの | 語 | 最たるもの | 58 |
| □ | さいだん | 漢 | 裁断 | 20 |
| □ | さいばん | 漢 | 裁判 | 77, 86 |
| □ | さいよう | 漢 | 採用 | 121 |
| □ | ざいらいしゅ | 語 | 在来種 | 56 |
| □ | さいりょう | 漢 | 裁量 | 66 |
| □ | さえぎる | 漢 | 遮る | 28 |
| 200 | さかのぼる | 漢 | 遡る | 7, 42 |
| □ | さかん | 漢 | 盛ん | 165, 176 |
| □ | さぎ | 漢 | 詐欺 | 99 |
| □ | さく | 漢 | 割く | 43, 161 |
| □ | さく | 漢 | 咲く | 161 |
| □ | さく | 漢 | 裂く | 161 |
| □ | さく | 漢 | 策 | 144 |
| □ | さくいん | 漢 | 索引 | 124 |
| 200 | さくご | 漢 | 錯誤 | 11, 94 |
| □ | さくしゅ | 漢 | 搾取 | 29 |
| □ | さくじょ | 漢 | 削除 | 22 |
| □ | さくそう | 語 | 錯綜 | 186, 192 |
| □ | さくばく | 語 | 索漠 | 102 |
| □ | さげすむ | 漢 | 蔑む | 93 |
| □ | さける | 漢 | 避ける | 28, 37 |
| □ | ささい | 語 | 些細 | 168 |
| □ | さしえ | 漢 | 挿絵 | 143, 156 |
| □ | さじょうのろうかく | 語 | 砂上の楼閣 | 171 |
| □ | さすが | 漢 | 流石 | 163 |
| □ | サステイナビリティ | 語 | サステイナビリティ | 81 |
| 200 | ざせつ | 漢 | 挫折 | 10, 164, 172 |
| 200 | さっかく | 漢 | 錯覚 | 6, 42 |
| □ | さっき | 漢 | 殺気 | 101 |
| □ | さっしん | 語 | 刷新 | 128, 133 |
| □ | さっそく | 漢 | 早速 | 114 |
| □ | さっち | 漢 | 察知 | 97 |
| □ | さっとう | 漢 | 殺到 | 75 |
| □ | ざっとう | 漢 | 雑踏 | 25 |
| □ | さとす | 漢 | 諭す | 114 |
| □ | さとる | 漢 | 悟る | 183, 195 |
| □ | さばく | 漢 | 砂漠 | 116 |
| □ | さはんじ | 漢 | 茶飯事 | 46, 64 |

| | | | |
|---|---|---|---|
| ☐ こうりつ | 漢 | 効率 | 42 |
| ☐ こうりょ | 漢 | 考慮 | 93, 108 |
| ☐ こうりょう | 漢 | 綱領 | 160, 185 |
| ☐ こうりょう | 漢 | 荒涼 | 160 |
| ☐ こおう | 漢 | 呼応 | 115 |
| ☐ コード | 語 | コード | 33 |
| ☐ こかつ | 漢 | 枯渇 | 45, 63 |
| ☐ ごかんせい | 漢 | 互換性 | 69 |
| ☐ こきゃく | 漢 | 顧客 | 25 |
| ☐ こくいっこく | 漢 | 刻一刻 | 115 |
| ☐ こくいん | 漢 | 刻印 | 125 |
| ☐ こくう | 漢 | 虚空 | 114 |
| ☐ こくじ | 漢 | 告示 | 160 |
| ☐ こくじ | 漢 | 酷似 | 94, 160 |
| ☐ こくはく | 漢 | 酷薄 | 165 |
| ☐ こくふく | 漢 | 克服 | 115 |
| 200 こくめい | 漢 | 克明 | 6, 46 |
| ☐ こげる | 漢 | 焦げる | 116 |
| ☐ こじ | 漢 | 孤児 | 50 |
| ☐ こじ | 漢 | 誇示 | 53, 161 |
| ☐ こじ | 漢 | 固持 | 161 |
| ☐ こじ | 漢 | 固辞 | 18, 38, 161 |
| ☐ こしたんたん | | 虎視眈眈 | 209 |
| ☐ こしつ | 漢 | 固執 | 23 |
| ☐ ごしゅう | 語 | 互酬 | 126 |
| ☐ こしょう | 漢 | 呼称 | 144, 157, 161 |
| ☐ こしょう | 漢 | 故障 | 123, 161 |
| ☐ こしょくそうぜん | | 古色蒼然 | 209 |
| ☐ コスモロジー | 語 | コスモロジー | 149, 155 |
| ☐ こせき | 漢 | 戸籍 | 183 |
| ☐ ごせんふ | 漢 | 五線譜 | 123 |
| ☐ こそく | 語 | 姑息 | 30 |
| 200 こちょう | 漢 | 誇張 | 11, 48 |
| ☐ こっき | 漢 | 国旗 | 120 |
| ☐ こっくべんれい | | 刻苦勉励 | 209 |
| 200 こっけい | 漢 | 滑稽 | 7, 18 |
| ☐ こっちょう | 漢 | 骨頂 | 145, 155 |
| ☐ ごてん | 漢 | 御殿 | 116 |
| ☐ ことがら | 漢 | 事柄 | 98 |
| ☐ ことごとく | 語 | ことごとく | 170 |
| ☐ ことに | 語 | 殊に | 151 |
| ☐ ことばのあや | 語 | 言葉の綾 | 35 |
| ☐ ことわざ | 漢 | 諺 | 165 |
| ☐ こはん | 漢 | 湖畔 | 72 |
| 200 こぶ | 漢 | 鼓舞 | 9, 93, 113 |
| ☐ こまたがきれあがる | 語 | 小股が切れ上がる | 106 |
| ☐ コミット | 語 | コミット | 189 |
| ☐ コモンセンス | 語 | コモンセンス | 187 |
| ☐ こゆう | 漢 | 固有 | 72 |
| ☐ こよう | 漢 | 雇用 | 97 |
| ☐ ごらく | 漢 | 娯楽 | 142, 154 |
| ☐ こらす | 漢 | 凝らす | 24 |
| ☐ こりつ | 漢 | 孤立 | 117 |
| ☐ ごりむちゅう | 漢 | 五里霧中 | 209 |
| ☐ こりょ | 漢 | 顧慮 | 47, 60 |
| ☐ こりる | 漢 | 懲りる | 28 |
| ☐ こわだか | 漢 | 声高 | 71 |
| ☐ こんかん | 漢 | 根幹 | 52 |
| ☐ こんがん | 漢 | 懇願 | 27 |
| ☐ こんきょ | 漢 | 根拠 | 43 |
| ☐ ごんげ | 漢 | 権化 | 45 |
| ☐ ごんごどうだん | | 言語道断 | 209 |
| 200 こんせき | 漢 | 痕跡 | 4, 18 |

| | 読み | 区分 | 語 | ページ |
|---|---|---|---|---|
| □ | こうかん | 語 | 浩瀚 | 146 |
| 200 | こうがんむち | 漢 | 厚顔無恥 | 8, 66 |
| □ | こうぎ | 漢 | 広義 | 165, 175 |
| □ | こうぎ | 漢 | 講義 | 122, 160 |
| □ | こうぎ | 漢 | 抗議 | 160 |
| □ | こうきゅう | 漢 | 恒久 | 77 |
| □ | こうきん | 語 | 拘禁 | 79 |
| □ | こうけい | 漢 | 光景 | 29 |
| □ | こうげき | 漢 | 攻撃 | 77, 87 |
| □ | こうけつ | 漢 | 高潔 | 95 |
| 200 | こうけん | 漢 | 貢献 | 5, 18 |
| □ | ごうけん | 漢 | 剛健 | 118 |
| □ | こうこつ | 語 | 恍惚 | 147 |
| □ | こうこのうれい | 語 | 後顧の憂い | 191 |
| □ | こうざい | 漢 | 功罪 | 117 |
| 200 | こうさく | 漢 | 交錯 | 6, 18, 37 |
| □ | こうさつ | 漢 | 考察 | 46, 62 |
| □ | こうし | 漢 | 行使 | 71, 87 |
| □ | こうし | 語 | 嚆矢 | 102, 109 |
| □ | こうしょう | 漢 | 交渉 | 28, 38, 160 |
| □ | こうしょう | 漢 | 口承 | 160 |
| □ | こうしょう | 漢 | 高尚 | 95, 160 |
| □ | こうじょう | 漢 | 口上 | 100 |
| □ | こうじょう | 漢 | 恒常 | 117 |
| □ | ごうしょう | 漢 | 豪商 | 144 |
| □ | こうしん | 漢 | 更新 | 160, 163 |
| □ | こうしん | 漢 | 後進 | 160 |
| □ | こうしん | 漢 | 交信 | 160 |
| □ | こうせき | 漢 | 功績 | 143, 156 |
| □ | こうせつ | 漢 | 巧拙 | 24 |
| □ | こうそ | 漢 | 控訴 | 74 |
| □ | こうそう | 漢 | 抗争 | 96 |
| □ | こうぞう | 漢 | 構造 | 145, 157 |
| 200 | こうそく | 漢 | 拘束 | 8, 66 |
| □ | こうたい | 漢 | 後退 | 145, 157 |
| □ | ごうたん | 漢 | 豪胆 | 97 |
| 200 | こうちく | 漢 | 構築 | 6, 182, 196 |
| □ | こうちょく | 漢 | 硬直 | 164, 176 |
| □ | こうてい | 漢 | 肯定 | 160, 184, 197 |
| □ | こうてい | 漢 | 行程 | 160 |
| □ | こうでい | 語 | 拘泥 | 78 |
| 200 | こうてつ | 漢 | 更迭 | 5, 92 |
| □ | こうとう | 漢 | 口頭 | 160 |
| □ | こうとう | 漢 | 高踏 | 160 |
| □ | こうとう | 漢 | 高騰 | 122 |
| □ | こうとうむけい | 漢 | 荒唐無稽 | 142, 156 |
| □ | こうどく | 漢 | 購読 | 121 |
| □ | こうのう | 漢 | 効能 | 72 |
| □ | こうはい | 漢 | 後輩 | 160 |
| □ | こうはい | 漢 | 交配 | 160 |
| □ | こうはい | 漢 | 荒廃 | 25, 160 |
| □ | こうはん | 漢 | 広範 | 122, 137 |
| □ | こうふく | 漢 | 幸福 | 162, 175 |
| □ | こうふん | 漢 | 興奮 | 121 |
| □ | こうへいむし | | 公平無私 | 209 |
| 200 | こうほ | 漢 | 候補 | 9, 44, 65 |
| □ | ごうほうらいらく | | 豪放磊落 | 209 |
| □ | こうまん | 漢 | 高慢 | 23 |
| 200 | ごうまん | 漢 | 傲慢 | 8, 18 |
| □ | こうみょう | 漢 | 巧妙 | 50, 65, 160 |
| □ | こうみょう | 漢 | 功名 | 160 |
| □ | こうむる | 漢 | 被る | 29 |
| □ | こうむ（ぶ）る | 漢 | 蒙る | 185 |
| □ | こうめいせいだい | | 公明正大 | 209 |
| □ | こうよう | 漢 | 効用 | 117 |
| □ | こうよう | 漢 | 高揚 | 115 |

| | | | | |
|---|---|---|---|---|
| 200 | けんきょ | 漢 | 謙虚 | 11, 53, 159 |
| □ | けんきょ | 漢 | 検挙 | 159 |
| □ | けんきょうふかい | | 牽強付会 | 209 |
| □ | けんげん | 漢 | 権限 | 70 |
| □ | けんげん | 漢 | 顕現 | 44 |
| □ | けんご | 漢 | 堅固 | 96 |
| □ | けんこう | 漢 | 健康 | 66 |
| □ | けんこう | 漢 | 兼行 | 98 |
| □ | げんこう | 漢 | 原稿 | 44 |
| □ | けんこんいってき | | 乾坤一擲 | 209 |
| □ | けんさ | 漢 | 検査 | 125 |
| □ | けんざい | 漢 | 健在 | 46 |
| □ | けんざい | 漢 | 顕在 | 115 |
| □ | けんさく | 漢 | 検索 | 119, 132 |
| □ | けんじ | 漢 | 堅持 | 159 |
| □ | けんじ | 漢 | 顕示 | 159 |
| □ | けんじつ | 漢 | 堅実 | 20 |
| □ | げんじゅう | 漢 | 厳重 | 144 |
| □ | げんしゅく | 漢 | 厳粛 | 50 |
| □ | けんしゅつ | 漢 | 検出 | 43, 62 |
| □ | けんしょう | 漢 | 検証 | 46 |
| □ | けんしょう | 漢 | 顕彰 | 66 |
| □ | けんじょう | 漢 | 献上 | 74 |
| □ | げんしょう | 漢 | 減少 | 51 |
| □ | げんしょう | 漢 | 現象 | 49, 65 |
| □ | けんしん | 漢 | 検診 | 159 |
| □ | けんしん | 漢 | 献身 | 159 |
| □ | けんすい | 漢 | 懸垂 | 125 |
| □ | けんせい | 漢 | 権勢 | 124 |
| □ | げんせん | 漢 | 源泉 | 97 |
| □ | げんぜん | 語 | 厳然 | 78 |
| □ | けんそう | 漢 | 喧騒 | 185 |
| □ | げんそう | 漢 | 幻想 | 27 |
| □ | けんぞく | 漢 | 眷属(族) | 50 |
| □ | けんそん | 漢 | 謙遜 | 23 |
| 40 | けんちょ | 語 | 顕著 | 12, 54 |
| □ | けんでん | 語 | 喧伝 | 104 |
| 200 | けんとう | 漢 | 検討 | 11, 144, 155, 159 |
| □ | けんとう | 漢 | 見当 | 51 |
| □ | けんとう | 漢 | 健闘 | 159 |
| □ | げんばつ | 漢 | 厳罰 | 19 |
| □ | けんばん | 漢 | 鍵盤 | 123, 136 |
| □ | けんびきょう | 漢 | 顕微鏡 | 125 |
| □ | けんぼうじゅっすう | | 権謀術数 | 209 |
| □ | げんみつ | 漢 | 厳密 | 72 |
| □ | けんめい | 漢 | 懸命 | 77 |
| □ | けんめい | 漢 | 賢明 | 45 |
| □ | けんやく | 漢 | 倹約 | 183, 194 |
| □ | けんらん | 漢 | 絢爛 | 185 |
| □ | げんりょう | 漢 | 減量 | 25 |
| □ | けんろう | 漢 | 堅牢 | 163 |


## こ


| | | | | |
|---|---|---|---|---|
| □ | こ | 漢 | 弧 | 27 |
| 200 | ごい | 漢 | 語彙 | 11, 18 |
| □ | こういしょう | 漢 | 後遺症 | 123 |
| □ | こうえん | 漢 | 講演 | 48, 63 |
| □ | こうお | 漢 | 好悪 | 117 |
| □ | こうおつ | 漢 | 甲乙 | 143 |
| □ | ごうか | 漢 | 豪華 | 96 |
| □ | こうかい | 漢 | 後悔 | 184, 195 |
| □ | こうかく | 漢 | 甲殻 | 21 |
| □ | こうかつ | 語 | 狡猾 | 78 |
| □ | こうかん | 漢 | 交換 | 160 |
| □ | こうかん | 漢 語 | 交歓 | 148, 152, 160 |
| □ | こうかん | 漢 | 好感 | 160 |
| □ | こうかん | 語 | 巷間 | 146 |

| | | | | |
|---|---|---|---|---|
| □ | けいこう | 漢 | 傾向 | 76, 89 |
| □ | けいこく | 漢 | 渓谷 | 159 |
| □ | けいこく | 漢 | 警告 | 159 |
| □ | けいさい | 漢 | 掲載 | 123, 137 |
| □ | けいし | 漢 | 軽視 | 24 |
| □ | けいじじょう | 語 | 形而上 | 149, 153 |
| □ | けいしつ | 漢 | 形質 | 47, 61 |
| 200 | けいしょう | 漢 | 継承 | 5, 90, 159 |
| 200 | けいしょう | 漢 | 警鐘 | 7, 42, 159 |
| □ | けいしょう | 漢 | 形象 | 159 |
| □ | けいしょう | 漢 | 敬称 | 159 |
| □ | けいぞく | 漢 | 継続 | 182, 196 |
| □ | けいたい | 漢 | 形態 | 159, 183, 193 |
| □ | けいたい | 漢 | 携帯 | 159 |
| □ | けいだい | 漢 | 境内 | 43 |
| □ | けいちょう | 漢 | 傾聴 | 101, 159 |
| □ | けいちょう | 漢 | 軽重 | 159 |
| □ | けいてき | 漢 | 警笛 | 52 |
| □ | けいとう | 漢 | 傾倒 | 69, 159 |
| □ | けいとう | 漢 | 系統 | 91, 108, 159 |
| □ | けいはく | 漢 | 軽薄 | 45 |
| □ | けいはつ | 漢 | 啓発 | 25, 36 |
| □ | けいふ | 漢 | 系譜 | 70 |
| □ | けいぶ | 漢 | 軽侮 | 44 |
| □ | けいべつ | 漢 | 軽蔑 | 73 |
| □ | けいもう | 語 | 啓蒙 | 146 |
| □ | けいやく | 漢 | 契約 | 182, 197 |
| □ | けいゆ | 漢 | 経由 | 70 |
| □ | けいりゅう | 漢 | 渓流 | 27 |
| □ | けいろ | 漢 | 経路 | 164, 177 |
| □ | けう | 語 | 稀有 | 166 |
| □ | げきえつ | 漢 | 激越 | 75 |
| □ | げきてき | 漢 | 劇的 | 90 |
| □ | げきぶん | 語 | 檄文 | 30 |
| □ | げきりん | 漢 | 逆鱗 | 163 |
| □ | げきれい | 漢 | 激励 | 49 |
| □ | けげん | 語 | 怪訝 | 186 |
| □ | げざい | 漢 | 下剤 | 123 |
| □ | げし | 漢 | 夏至 | 121 |
| □ | けしょう | 漢 | 化粧 | 29 |
| □ | けたちがい | 漢 | 桁違い | 93 |
| □ | けつえき | 漢 | 血液 | 123 |
| □ | けっかん | 漢 | 欠陥 | 100, 108 |
| 200 | けっさく | 漢 | 傑作 | 11, 90 |
| □ | けつじょ | 漢 | 欠如 | 21 |
| □ | けっそく | 漢 | 結束 | 66 |
| □ | けったく | 漢 | 結託 | 145 |
| □ | けっぺき | 漢 | 潔癖 | 93 |
| □ | けつぼう | 漢 | 欠乏 | 48 |
| □ | けねん | 語 | 懸念 | 30, 38 |
| □ | ゲノム | 語 | ゲノム | 55 |
| □ | けはい | 漢 | 気配 | 144, 154 |
| □ | ける | 漢 | 蹴る | 92 |
| □ | けんあく | 漢 | 険悪 | 53 |
| 200 | けんい | 漢 | 権威 | 5, 69, 88 |
| □ | けんえき | 漢 | 権益 | 46 |
| □ | けんえつ | 漢 | 検閲 | 117 |
| □ | けんお | 漢 | 嫌悪 | 91 |
| □ | げんか | 語 | 言下 | 186 |
| □ | けんかい | 漢 | 見解 | 99 |
| □ | げんがい | 漢 | 言外 | 46 |
| □ | けんかく | 漢 | 懸隔 | 122 |
| □ | けんぎ | 漢 | 嫌疑 | 19 |
| □ | げんぎ | 漢 | 原義 | 66 |
| □ | けんきゅう | 漢 | 研究 | 74 |
| □ | げんきゅう | 漢 | 言及 | 74, 85 |

| | | | | |
|---|---|---|---|---|
| □ | きんゆう | 漢 | 金融 | 23 |
| □ | きんりん | 漢 | 近隣 | 25 |

## く

| | | | | |
|---|---|---|---|---|
| □ | くい | 漢 | 杭 | 163 |
| □ | くいる | 漢 | 悔いる | 70 |
| □ | くうきょ | 漢 | 空虚 | 118 |
| □ | ぐうぜん | 漢 | 偶然 | 99, 109 |
| □ | くうぜんぜつご | 語 | 空前絶後 | 172 |
| □ | くうそ | 漢 | 空疎 | 44 |
| □ | ぐうぞう | 漢 | 偶像 | 27 |
| □ | くうどう | 漢 | 空洞 | 51 |
| □ | ぐうはつ | 漢 | 偶発 | 115 |
| □ | ぐうわ | 語 | 寓話 | 146 |
| □ | くかく | 漢 | 区画 | 122 |
| □ | くぎづけ | 語 | 釘付け | 58 |
| □ | くきょう | 漢 | 苦境 | 72 |
| □ | くくる | 漢 | 括る | 165, 176 |
| □ | ぐけん | 語 | 愚見 | 146 |
| □ | ぐげん | 漢 | 具現 | 70 |
| 200 | くし | 漢 | 駆使 | 6, 164, 172 |
| □ | くじゅう | 漢 | 苦渋 | 72 |
| □ | くずす | 漢 | 崩す | 73 |
| □ | くせもの | 漢 | 曲者 | 115 |
| □ | くだく | 漢 | 砕く | 100 |
| □ | ぐち | 漢 | 愚痴 | 184 |
| 200 | くちく | 漢 | 駆逐 | 8, 48, 62 |
| □ | くちぐせ | 漢 | 口癖 | 115 |
| □ | くちびる | 漢 | 唇 | 184, 194 |
| □ | くちょう | 漢 | 口調 | 101 |
| □ | ぐちょく | 漢 | 愚直 | 66 |
| □ | くつ | 漢 | 靴 | 124, 135 |
| 200 | くつがえす | 漢 | 覆す | 10, 24 |
| □ | くったく | 語 | 屈託 | 186 |
| □ | くどう | 漢 | 駆動 | 125 |
| □ | ぐどん | 漢 | 愚鈍 | 117 |
| 40 | くにくのさく | 語 | 苦肉の策 | 12, 82 |
| □ | ぐび | 語 | 具備 | 102 |
| □ | くびき | 語 | 軛 | 146 |
| □ | くみする | 漢 | 与する | 164 |
| □ | くむ | 漢 | 汲む | 114 |
| □ | くめん | 漢 | 工面 | 26 |
| □ | くよう | 漢 | 供養 | 97, 112 |
| □ | クラスター | 語 | クラスター | 57 |
| □ | くりかえし | 漢 | 繰り返し | 26 |
| □ | クレオール | 語 | クレオール | 105 |
| □ | くわしい | 漢 | 詳しい | 97, 110 |
| □ | くわだてる | 漢 | 企てる | 119 |
| □ | くんかい | 漢 | 訓戒 | 94 |
| □ | くんとう | 語 | 薫陶 | 166 |
| □ | ぐんばいをあげる(ぐんばいがあがる) | 語 | 軍配を(が)上げ(が)る | 59, 65 |
| □ | ぐんゆうかっきょ | | 群雄割拠 | 209 |
| □ | くんりん | 漢 | 君臨 | 92 |
| □ | くんれん | 漢 | 訓練 | 123, 133 |

## け

| | | | | |
|---|---|---|---|---|
| 200 | けいい | 漢 | 経緯 | 6, 100, 159 |
| □ | けいい | 漢 | 敬意 | 159 |
| □ | けいかい | 漢 | 警戒 | 122 |
| □ | けいがい | 語 | 形骸 | 102 |
| □ | けいかん | 漢 | 景観 | 100, 109 |
| 200 | けいき | 漢 | 契機 | 4, 49, 63, 159 |
| □ | けいき | 漢 | 継起 | 122, 159 |
| □ | けいき | 漢 | 景気 | 159 |
| □ | けいく | 語 | 警句 | 32 |
| □ | けいけん | 漢 | 敬虔 | 183 |
| □ | けいけん | 漢 | 経験 | 94, 113 |

| | 読み | | 語 | ページ |
|---|---|---|---|---|
| □ | ぎょうせき | 漢 | 業績 | 52, 64 |
| □ | きょうだい | 漢 | 強大 | 52 |
| □ | きょうたん | 漢 | 驚嘆 | 66 |
| □ | きょうちょう | 漢 | 協調 | 184, 196 |
| □ | ぎょうてん | 漢 | 仰天 | 69 |
| □ | きょうてんどうち | | 驚天動地 | 208 |
| □ | きょうはく | 漢 | 脅迫 | 185 |
| □ | きょうふ | 漢 | 恐怖 | 123, 134 |
| □ | きょうぼう | 漢 | 共謀 | 124 |
| □ | きょうみ | 漢 | 興味 | 29 |
| □ | きょうめい | 漢 | 共鳴 | 96 |
| □ | きょうゆう | 漢 | 共有 | 29, 41 |
| □ | きょうよう | 漢 | 強要 | 21 |
| □ | きょうりょう | 漢 | 狭量 | 97 |
| □ | きょえい | 漢 | 虚栄 | 48 |
| □ | きょぎ | 漢 | 虚偽 | 19 |
| □ | きょきょじつじつ | | 虚虚実実 | 208 |
| □ | きょくがくあせい | | 曲学阿世 | 208 |
| □ | きょくしょ | 語 | 局所 | 56 |
| □ | ぎょくせきこんこう | 語 | 玉石混交（淆） | 57, 64 |
| 200 | きょくたん | 漢 | 極端 | 10, 51, 60 |
| □ | きょこう | 漢 | 虚構 | 145, 152, 158 |
| □ | きょこう | 漢 | 挙行 | 158 |
| □ | きょじゅう | 漢 | 居住 | 123 |
| □ | きょしん | 語 | 虚心 | 54 |
| □ | きょしんたんかい | 語 | 虚心坦懐 | 189, 193 |
| □ | きょせい | 漢 | 虚勢 | 183, 195 |
| □ | きょぜつ | 漢 | 拒絶 | 122, 134 |
| □ | きょそ | 漢 | 挙措 | 50 |
| □ | きょぞう | 漢 | 虚像 | 125 |
| □ | きょだく | 漢 | 許諾 | 45 |
| □ | きょてん | 漢 | 拠点 | 74 |
| 200 | きょどう | 漢 | 挙動 | 10, 26 |
| □ | きょひ | 漢 | 拒否 | 119 |
| □ | きよほうへん | | 毀誉褒貶 | 208 |
| □ | きょむ | 漢 | 虚無 | 27 |
| □ | きょよう | 漢 | 許容 | 182, 192 |
| □ | きょり | 漢 | 距離 | 163, 172 |
| □ | きらい | 語 | きらい | 170 |
| □ | きらう | 漢 | 嫌う | 52 |
| □ | きりつ | 漢 | 規律 | 93 |
| □ | ぎれい | 漢 | 儀礼 | 164, 172 |
| □ | きれつ | 漢 | 亀裂 | 50 |
| □ | きろ | 漢 | 岐路 | 93 |
| 200 | きわだつ | 漢 | 際立つ | 9, 120, 137 |
| □ | きわめる | 漢 | 極める | 73 |
| □ | きをてらう | 語 | 奇を衒う | 191 |
| □ | きをみてもりをみざる | 語 | 木を見て森を見ざる | 151 |
| □ | きんかぎょくじょう | | 金科玉条 | 208 |
| □ | きんき | 漢 | 禁忌 | 44 |
| □ | きんげんじっちょく | | 謹厳実直 | 208 |
| □ | きんこう | 漢 | 均衡 | 66 |
| □ | きんこう | 漢 | 近郊 | 96, 158 |
| □ | きんこう | 漢 | 均衡 | 159 |
| □ | きんしつ | 漢 | 均質 | 163, 176 |
| □ | きんしゅく | 漢 | 緊縮 | 116 |
| □ | きんしん | 漢 | 謹慎 | 47 |
| □ | きんせい | 漢 | 均整 | 117 |
| □ | きんせん | 語 | 琴線 | 102 |
| □ | きんちょう | 漢 | 緊張 | 165, 172 |
| □ | きんべん | 漢 | 勤勉 | 22 |
| □ | ぎんみ | 漢 | 吟味 | 50 |
| □ | きんみつ | 漢 | 緊密 | 95 |

| | | | | |
|---|---|---|---|---|
| □ | きはく | 漢 | 希薄 | 53, 158 |
| □ | きはく | 漢 | 気迫 | 158 |
| □ | きはつ | 漢 | 揮発 | 75 |
| 200 | きはん | 漢 | 規範 | 5, 78 |
| 200 | きばん | 漢 | 基盤 | 8, 162, 175 |
| 200 | きひ | 漢 | 忌避 | 4, 162, 174 |
| □ | きび | 語 | 機微 | 186 |
| □ | きびすをせっする | 語 | 踵を接する | 171, 175 |
| □ | きびん | 漢 | 機敏 | 98 |
| □ | きふ | 漢 | 寄付 | 99 |
| □ | ぎふん | 漢 | 義憤 | 74 |
| □ | きべん | 語 | 詭弁 | 31 |
| □ | きぼ | 漢 | 規模 | 95 |
| □ | ぎまん | 語 | 欺瞞 | 80, 85 |
| □ | きみょう | 漢 | 奇妙 | 23 |
| □ | きやく | 漢 | 規約 | 73 |
| □ | きゃくしょく | 漢 | 脚色 | 68 |
| 40 | ぎゃくせつ | 語 | 逆説 | 13, 33 |
| □ | ぎゃくたい | 漢 | 虐待 | 44 |
| □ | きゃしゃ | 漢 | 華奢 | 165 |
| □ | ぎゃっきょう | 漢 | 逆境 | 91 |
| □ | きゆう | 語 | 杞憂 | 171 |
| □ | キューオーエル | 語 | QOL | 189 |
| □ | きゅうかく | 漢 | 嗅覚 | 47 |
| □ | きゅうきょく | 漢 | 究極 | 43, 61 |
| □ | きゅうくつ | 漢 | 窮屈 | 72 |
| □ | きゅうけい | 漢 | 休憩 | 20 |
| □ | きゅうげき | 漢 | 急激 | 51 |
| □ | ぎゅうじる | 語 | 牛耳る | 83 |
| □ | きゅうする | 漢 | 窮する | 90 |
| □ | きゅうだい | 漢 | 及第 | 68 |
| □ | きゅうたいいぜん | 語 | 旧態依然 | 189, 196 |
| 200 | きゅうだん | 語 | 糾弾 | 8, 18 |
| □ | きゅうち | 漢 | 窮地 | 70 |
| □ | きゅうとう | 漢 | 急騰 | 114 |
| □ | きゅうへい | 漢 | 旧弊 | 165 |
| □ | きゅうりょう | 漢 | 丘陵 | 69 |
| □ | きよ | 漢 | 寄与 | 53 |
| 200 | きょうい | 漢 | 脅威 | 8, 96, 158 |
| □ | きょうい | 漢 | 驚異 | 158 |
| □ | きょうえつしごく | | 恐悦至極 | 208 |
| □ | きょうかい | 漢 | 境界 | 71, 87 |
| □ | きょうぎ | 語 | 狭義 | 33 |
| □ | きょうきゃく | 漢 | 橋脚 | 76 |
| □ | きょうきゅう | 漢 | 供給 | 23 |
| □ | きょうきん | 漢 | 胸襟 | 93 |
| □ | きょうぐう | 漢 | 境遇 | 93 |
| □ | きょうくん | 漢 | 教訓 | 43 |
| □ | きょうこ | 漢 | 強固 | 72 |
| □ | ぎょうこ | 漢 | 凝固 | 115 |
| □ | きょうこう | 漢 | 恐慌 | 52, 158 |
| □ | きょうこう | 漢 | 強硬 | 158 |
| □ | きょうごう | 漢 | 競合 | 73 |
| □ | きょうこく | 漢 | 峡谷 | 52 |
| □ | きょうじ | 漢 | 教示 | 182 |
| 40 | きょうじ | 語 | 矜持 | 14, 166 |
| □ | ぎょうし | 漢 | 凝視 | 72 |
| 200 | きょうじゅ | 漢 | 享受 | 4, 143, 154 |
| □ | ぎょうじゅうざが | | 行住坐臥 | 208 |
| 40 | ぎょうしゅく | 語 | 凝縮 | 15, 146 |
| □ | きょうじゅん | 語 | 恭順 | 186 |
| □ | きょうしょう | 漢 | 狭小 | 72 |
| □ | きょうじん | 漢 | 強靭 | 183 |
| □ | きょうせい | 漢 | 共生 | 158 |
| □ | きょうせい | 漢 | 強制 | 29, 158 |
| □ | きょうせい | 漢 | 矯正 | 92, 158 |

| | | | | |
|---|---|---|---|---|
| □ | きげん | 漢 | 機嫌 | 68 |
| □ | きこう | 漢 | 機構 | 125, 141 |
| □ | きこう | 漢 | 気候 | 141 |
| □ | きこう | 漢 | 紀行 | 141 |
| □ | きごう | 語 | 記号 | 31 |
| □ | きさい | 漢 | 記載 | 53 |
| □ | きさく | 漢 | 奇策 | 53 |
| □ | きざし | 漢 | 兆し | 67 |
| □ | きし | 漢 | 既視 | 22 |
| □ | きしかいせい | | 起死回生 | 208 |
| □ | ぎしき | 漢 | 儀式 | 122 |
| □ | きしせんめい（きしをせんめいにする） | 語 | 旗幟鮮明（旗幟を鮮明にする） | 83, 89 |
| □ | きしゃく | 語 | 希釈 | 54 |
| □ | きじゅん | 漢 | 基準 | 99 |
| □ | きしょうてんけつ | 語 | 起承転結 | 33, 41 |
| □ | きじょうのくうろん | 語 | 机上の空論 | 83 |
| □ | きしょくまんめん | | 喜色満面 | 208 |
| □ | ぎじろく | 漢 | 議事録 | 120 |
| □ | ぎしん | 漢 | 疑心 | 120 |
| □ | ぎしんあんき | | 疑心暗鬼 | 208 |
| □ | ぎじんか | 漢 | 擬人化 | 43 |
| □ | きす | 漢 | 期す | 44 |
| □ | きす | 漢 | 帰す | 43, 62 |
| □ | きず | 漢 | 傷 | 22 |
| □ | きすう | 語 | 帰趨 | 54 |
| 200 | きずく | 漢 | 築く | 5, 18 |
| 40 | きせい | 漢 語 | 既成 | 12, 146, 158 |
| □ | きせい | 漢 | 規制 | 119, 134, 158 |
| □ | きせい | 漢 | 帰省 | 158 |
| 200 | ぎせい | 漢 | 犠牲 | 5, 73, 87 |
| □ | きせき | 漢 | 奇跡 | 97, 158 |
| □ | きせき | 漢 | 軌跡 | 25, 158 |
| □ | きそ | 漢 | 基礎 | 123 |
| □ | ぎそう | 漢 | 偽装 | 21 |
| □ | きそうてんがい | | 奇想天外 | 208 |
| □ | きそく | 漢 | 規則 | 52 |
| □ | きぞく | 漢 | 帰属 | 162, 173 |
| □ | きそん | 漢 | 既存 | 97, 112 |
| □ | ぎたい | 漢 | 擬態 | 91 |
| □ | きたえる | 漢 | 鍛える | 76 |
| □ | きたん | 漢 | 忌憚 | 67 |
| □ | きち | 漢 | 既知 | 67, 158 |
| □ | きち | 漢 | 機知 | 158 |
| □ | きちょう | 漢 | 貴重 | 52 |
| □ | きちょうめん | 漢 | 几帳面 | 95 |
| □ | きつえん | 漢 | 喫煙 | 29 |
| □ | きっきん | 語 | 喫緊 | 78 |
| □ | きっこう | 語 | 拮抗 | 104 |
| □ | きっさてん | 漢 | 喫茶店 | 100 |
| □ | きつねにつままれる | 語 | キツネ（狐）につままれる | 170 |
| □ | きつりつ | 漢 | 屹立 | 163 |
| □ | きてい | 漢 | 基底 | 71 |
| □ | きてい | 漢 | 規定 | 47, 61 |
| □ | きてき | 漢 | 汽笛 | 122 |
| □ | きてん | 漢 | 起点 | 71, 88 |
| □ | きと | 漢 | 企図 | 75 |
| □ | きと | 漢 | 帰途 | 163 |
| □ | きどあいらく | 漢 | 喜怒哀楽 | 163 |
| □ | きどう | 漢 | 軌道 | 68 |
| □ | きとく | 漢 | 危篤 | 96, 158 |
| □ | きとく | 漢 | 奇特 | 158 |
| □ | きとく | 漢 | 既得 | 158 |
| □ | きのう | 語 | 帰納 | 168, 172 |
| □ | きば | 漢 | 騎馬 | 74 |

| | | | | |
|---|---|---|---|---|
| □ | かんぜんちょうあく | | 勧善懲悪 | 208 |
| □ | かんぜんむけつ | | 完全無欠 | 208 |
| □ | かんそう | 漢 | 乾燥 | 50, 63 |
| □ | かんたい | 漢 | 歓待 | 71 |
| □ | かんだい | 漢 | 寛大 | 68 |
| □ | かんだかい | 漢 | 甲高い | 68 |
| □ | かんたん | 漢 | 感嘆 | 122, 141 |
| □ | かんたん | 漢 | 肝胆 | 122, 141 |
| □ | がんたん | 漢 | 元旦 | 50 |
| 200 | がんちく | 漢 | 含蓄 | 5, 32 |
| □ | かんてつ | 漢 | 貫徹 | 20 |
| □ | かんでんち | 漢 | 乾電池 | 114 |
| □ | かんとう | 漢 | 巻頭 | 76 |
| □ | かんにゅう | 漢 | 嵌入 | 165 |
| □ | かんねん | 漢 | 観念 | 162, 174 |
| □ | かんぱ | 語 | 看破 | 78 |
| □ | かんぱい | 漢 | 乾杯 | 120 |
| □ | かんぷなきまで | 語 | 完膚なきまで | 82 |
| 200 | かんぺき | 漢 | 完璧 | 8, 24, 40 |
| □ | がんぺき | 漢 | 岸壁 | 121 |
| □ | かんぼつ | 漢 | 陥没 | 51 |
| □ | かんまん | 漢 | 干満 | 68 |
| □ | かんまん | 漢 | 緩慢 | 93 |
| □ | かんめい | 漢 | 感銘 | 26 |
| □ | がんめい | 漢 | 頑迷 | 101, 108 |
| □ | かんゆう | 漢 | 勧誘 | 122 |
| □ | かんよ | 漢 | 関与 | 43, 60 |
| 200 | かんよう | 漢 | 寛容 | 8, 115, 141 |
| □ | かんよう | 漢 | 慣用 | 46, 141 |
| □ | かんよう | 漢 | 肝要 | 96, 141 |
| □ | かんり | 漢 | 管理 | 76 |
| □ | かんりょう | 漢 | 官僚 | 94 |
| □ | かんるい | 漢 | 感涙 | 144, 157 |
| □ | かんれき | 漢 | 還暦 | 96 |
| 200 | かんわ | 漢 | 緩和 | 10, 164, 172 |
| □ | かんわきゅうだい | | 閑話休題 | 208 |

## き

| | | | | |
|---|---|---|---|---|
| □ | きいん | 漢 | 起因 | 96 |
| □ | きうそうだい | | 気宇壮大 | 208 |
| □ | きえ | 漢 | 帰依 | 71 |
| □ | きおく | 漢 | 記憶 | 26, 39 |
| □ | ぎおん | 漢 | 擬音 | 124 |
| □ | きが | 漢 | 飢餓 | 118 |
| □ | ぎが | 漢 | 戯画 | 118 |
| □ | きかい | 漢 | 奇怪 | 120 |
| □ | きかい | 漢 | 機会 | 67 |
| □ | きがい | 漢 | 気概 | 66 |
| □ | きかがく | 漢 | 幾何学 | 95 |
| □ | きかく | 漢 | 企画 | 49 |
| □ | きかく | 漢 | 規格 | 73 |
| □ | きかん | 漢 | 器官 | 19, 39, 141 |
| □ | きかん | 漢 | 機関 | 27 |
| □ | きかん | 漢 | 基幹 | 141 |
| □ | きかん | 漢 | 帰還 | 123, 141 |
| □ | きがん | 漢 | 祈願 | 51 |
| □ | きき | 漢 | 鬼気 | 142 |
| □ | ききいっぱつ | | 危機一髪 | 208 |
| □ | ききゅうそんぼう | | 危急存亡 | 208 |
| □ | きぎょう | 漢 | 起業 | 162 |
| □ | きく | 漢 | 効く | 141 |
| □ | きく | 漢 | 利く | 141 |
| □ | きぐ | 漢 | 危惧 | 49 |
| □ | きけつ | 漢 | 帰結 | 51 |
| □ | きけん | 漢 | 危険 | 51, 62, 158 |
| □ | きけん | 漢 | 棄権 | 66, 158 |
| □ | きげん | 漢 | 期限 | 74 |

| | | | | |
|---|---|---|---|---|
| □ | かなめ | 漢 | 要 | 95 |
| □ | かねつ | 漢 | 過熱 | 91 |
| □ | かびん | 漢 | 過敏 | 42 |
| □ | かぶん | 語 | 寡聞 | 186 |
| □ | かへい | 漢 | 貨幣 | 70, 89 |
| □ | がまん | 漢 | 我慢 | 28 |
| 40 | かみひとえ | 語 | 紙一重 | 13, 171, 175 |
| □ | かもく | 漢 | 寡黙 | 27 |
| □ | かもしだす | 語 | 醸し出す | 106 |
| □ | から | 漢 | 殻 | 100 |
| 200 | からむ | 漢 | 絡む | 4, 90 |
| □ | カリカチュア | 語 | カリカチュア | 105 |
| □ | がれき | 漢 | 瓦礫 | 163 |
| □ | かろとうせん | | 夏炉冬扇 | 207 |
| □ | かわく | 漢 | 渇く | 140 |
| □ | かわく | 漢 | 乾く | 140 |
| □ | かわせ | 漢 | 為替 | 46 |
| 200 | がんい | 漢 | 含意 | 6, 18 |
| □ | かんか | 漢 | 感化 | 119, 140 |
| 40 | かんか | 語 | 看過 | 13, 140, 186 |
| □ | かんか | 漢 | 感化 | 140 |
| □ | かんがい | 漢 | 感慨 | 144, 156 |
| □ | かんかく | 漢 | 感覚 | 77 |
| □ | かんかく | 漢 | 間隔 | 92 |
| 200 | かんかつ | 漢 | 管轄 | 11, 114 |
| □ | かんがみる | 漢 | 鑑みる | 67, 85 |
| □ | かんかんがくがく | | 侃侃諤諤 | 207 |
| 40 | かんき | 漢 語 | 喚起 | 13, 140, 168 |
| □ | かんき | 漢 | 換気 | 67, 140 |
| □ | かんき | 漢 | 歓喜 | 140 |
| □ | かんきゅう | 漢 | 緩急 | 75 |
| □ | かんきょう | 漢 | 感興 | 183, 197 |
| □ | かんきょう | 漢 | 環境 | 49, 61 |
| □ | がんきょう | 漢 | 頑強 | 95 |
| □ | かんけつ | 漢 | 完結 | 76, 86 |
| □ | かんけつ | 漢 | 簡潔 | 21 |
| □ | かんげん | 漢 | 換言 | 21, 141 |
| □ | かんげん | 漢 | 還元 | 91, 141 |
| □ | かんげん | 漢 | 甘言 | 141 |
| □ | がんけん | 漢 | 頑健 | 72 |
| □ | がんこ | 漢 | 頑固 | 123 |
| □ | かんこう | 漢 | 観光 | 96 |
| □ | かんごく | 漢 | 監獄 | 67 |
| □ | かんこつだったい | | 換骨奪胎 | 207 |
| □ | かんこどり | 漢 | 閑古鳥 | 144 |
| □ | かんしゃく | 漢 | 癇癪 | 165 |
| □ | かんしゅ | 漢 | 看(観)取 | 21 |
| □ | かんしょう | 漢 | 干渉 | 141, 163, 175 |
| □ | かんしょう | 漢 | 感傷 | 21, 141 |
| □ | かんしょう | 漢 語 | 緩衝 | 56, 141 |
| □ | かんしょう | 漢 | 鑑賞 | 141, 143, 154 |
| □ | かんしん | 漢 | 感心 | 121, 141 |
| □ | かんしん | 漢 | 関心 | 141 |
| □ | かんしん | 漢 | 歓心 | 141 |
| □ | かんじん | 漢 | 肝心 | 50 |
| □ | かんじん | 漢 | 勧進 | 119 |
| □ | かんしんをかう | 語 | 歓心を買う | 107 |
| □ | かんすい | 漢 | 完遂 | 120 |
| □ | かんする | 漢 | 冠する | 70, 87 |
| □ | かんせい | 漢 | 感性 | 53, 141 |
| □ | かんせい | 漢 | 閑静 | 141, 162 |
| □ | かんせい | 漢 | 歓声 | 141 |
| □ | かんせい | 語 | 陥穽 | 188 |
| □ | かんぜん | 漢 | 敢然 | 73 |
| □ | かんせんしょう | 漢 | 感染症 | 49, 63 |

| | | | |
|---|---|---|---|
| □ かける | 漢 | 掛（懸）ける | 140 |
| □ かける | 漢 | 欠ける | 140 |
| □ かこく | 漢 | 過酷 | 73 |
| □ かさい | 漢 | 火災 | 124 |
| □ かさく | 漢 | 佳作 | 140 |
| □ かさく | 漢 | 寡作 | 140 |
| □ かし | 漢 | 可視 | 121 |
| □ がしゅう | 語 | 我執 | 168 |
| 200 かじょう | 漢 | 過剰 | 4, 18 |
| □ がじょう | 漢 | 牙城 | 73 |
| □ がしんしょうたん | | 臥薪嘗胆 | 207 |
| □ かす | 漢 | 課す | 95 |
| □ かすか | 漢 | 微か | 119 |
| □ かせい | 漢 | 加勢 | 27 |
| □ かせがはずれる | 語 | 枷が外れる | 58 |
| □ かせぐ | 漢 | 稼ぐ | 44 |
| □ かせつ | 漢 | 仮設 | 140 |
| □ かせつ | 漢 | 仮説 | 140 |
| □ かせつ | 漢 | 架設 | 140 |
| □ かせん | 漢 語 | 寡占 | 128, 132, 140 |
| □ かせん | 漢 | 河川 | 140 |

| | | | |
|---|---|---|---|
| □ かそ | 漢 | 過疎 | 97 |
| □ かそう | 漢 | 仮想 | 77 |
| □ かそう | 漢 | 仮装 | 120 |
| □ かそせい | 語 | 可塑性 | 54 |
| □ かた | 漢 | 肩 | 97 |
| □ かたく | 漢 | 仮託 | 71, 87 |
| □ かたず | 漢 | 固唾 | 91 |
| □ カタストロフィ | 語 | カタストロフィ | 105 |
| □ かたどる | 漢 | 象る | 117 |
| □ かたひじはる | 語 | 肩肘張る | 106, 113 |
| □ かたまり | 漢 | 塊 | 182, 192 |
| 200 かたよる | 漢 | 偏る | 10, 51 |
| □ カタルシス | 語 | カタルシス | 31 |
| □ かたん | 漢 | 加担 | 94 |
| □ かだん | 漢 | 花壇 | 185, 192 |
| □ かち | 漢 | 価値 | 92, 112 |
| □ がち | 漢 | 雅致 | 53 |
| □ かちく | 漢 | 家畜 | 52 |
| 200 かちゅう | 漢 | 渦中 | 6, 42 |
| □ かちょうふうげつ | | 花鳥風月 | 207 |
| □ かっかそうよう | | 隔靴搔痒 | 207 |

| | | | |
|---|---|---|---|
| □ かっき | 漢 | 画期 | 42 |
| □ がっきゅうはだ | 漢 | 学究肌 | 100 |
| □ かっきょう | 語 | 活況 | 104 |
| □ かっこ | 漢 | 確固 | 69 |
| □ かっこ | 漢 | 括弧 | 95 |
| □ かっこう | 漢 | 格好 | 52, 61 |
| □ かっさい | 漢 | 喝采 | 142, 155 |
| □ かっしょく | 漢 | 褐色 | 68 |
| □ がっち | 漢 | 合致 | 25 |
| □ かっとう | 漢 | 葛藤 | 143, 152 |
| □ かっぱ | 語 | 喝破 | 128, 1315 |
| 200 かつぼう | 漢 | 渇望 | 7, 165, 174 |
| □ かつやく | 漢 | 活躍 | 145, 152 |
| 200 かて | 漢 | 糧 | 11, 143, 154 |
| □ かてい | 漢 | 過程 | 25, 41, 140 |
| □ かてい | 漢 | 課程 | 140 |
| □ カテゴリー | 語 | カテゴリー | 57, 129, 134 |
| □ がでんいんすい | | 我田引水 | 207 |
| □ かどう | 漢 | 稼働 | 101 |
| □ かなえのけいちょうをとう | 語 | 鼎の軽重を問う | 107 |
| □ かなでる | 漢 | 奏でる | 26 |

| | | | | |
|---|---|---|---|---|
| □ | かいそう | 漢 | 階層 | 72 |
| □ | かいたく | 漢 | 開拓 | 21 |
| □ | かいだん | 漢 | 階段 | 77 |
| □ | がいたん | 漢 | 慨嘆 | 97 |
| □ | かいつまんで | 語 | かいつまんで | 170, 173 |
| □ | かいてい | 漢 | 改訂 | 100 |
| □ | がいとう | 漢 | 該当 | 21, 139 |
| □ | がいとう | 漢 | 街灯 | 91 |
| □ | がいとう | 漢 | 街頭 | 139 |
| □ | がいとう | 漢 | 外套 | 185 |
| □ | かいとうらんま | | 快刀乱麻 | 207 |
| □ | ガイドライン | 語 | ガイドライン | 187 |
| □ | かいにゅう | 漢 | 介入 | 99 |
| □ | がいねん | 漢 | 概念 | 19, 38 |
| □ | がいはく | 語 | 該博 | 166 |
| □ | かいひ | 漢 | 回避 | 97 |
| □ | かいほう | 漢 | 介抱 | 91, 139 |
| □ | かいほう | 漢 | 解放 | 139, 162, 174 |
| □ | かいほう | 漢 | 快方 | 139 |
| □ | かいほう | 漢 | 開放 | 139 |
| □ | かいぼう | 漢 | 解剖 | 45 |
| □ | かいむ | 漢 | 皆無 | 69, 87 |
| □ | かいもく | 漢 | 皆目 | 92 |
| □ | かいり | 漢 | 乖離 | 163, 176 |
| □ | かう | 漢 | 交う | 69 |
| □ | カウンターカルチャー | 語 | カウンターカルチャー | 105 |
| 200 | かえりみる | 漢 | 顧みる | 6, 18 |
| □ | かえる | 漢 | 替える | 185, 197 |
| □ | かおく | 漢 | 家屋 | 21 |
| □ | がかい | 語 | 瓦解 | 168 |
| 200 | かかげる | 漢 | 掲げる | 6, 99 |
| □ | かがやく | 漢 | 輝く | 95 |
| □ | かかる | 漢 | 罹る | 183 |
| □ | かかん | 漢 | 果敢 | 121 |
| □ | かきゅう | 漢 | 火急 | 164 |
| □ | かきょう | 語 | 佳境 | 148 |
| □ | かぎょう | 漢 | 稼業 | 185 |
| 200 | かくう | 漢 | 架空 | 5, 18 |
| □ | かくさ | 漢 | 格差 | 164, 177 |
| □ | かくしつ | 漢 | 確執 | 73 |
| □ | かくしん | 漢 | 核心 | 120, 140 |
| □ | かくしん | 漢 | 確信 | 140 |
| □ | かくしん | 漢 | 革新 | 118, 136, 140 |
| □ | かくす | 漢 | 隠す | 96, 111 |
| □ | かくせい | 漢 | 隔世 | 95 |
| □ | かくせい | 漢 | 覚醒 | 122 |
| □ | かくぜつ | 漢 | 隔絶 | 101 |
| □ | かくぜん | 漢 | 確然 | 76 |
| □ | かくぜん | 語 | 画然 | 104 |
| □ | がくぜん | 語 | 愕然 | 148 |
| □ | かくだん | 漢 | 格段 | 51 |
| □ | かくちょう | 漢 | 格調 | 101, 140 |
| □ | かくちょう | 漢 | 拡張 | 115, 136, 140 |
| □ | かくとく | 漢 | 獲得 | 69, 89 |
| □ | がくぶち | 漢 | 額縁 | 182, 194 |
| □ | かくり | 漢 | 隔離 | 99 |
| □ | かくりつ | 漢 | 確率 | 123 |
| □ | かくりつ | 漢 | 確立 | 142, 152 |
| □ | かげ | 漢 | 影 | 142, 152 |
| □ | がけ | 漢 | 崖 | 142, 152 |
| □ | かけいぼ | 漢 | 家計簿 | 29 |
| □ | かける | 漢 | 駆ける | 28, 140 |
| □ | かける | 漢 | 賭ける | 119 |

| | | | | |
|---|---|---|---|---|
| □ | おこがましい | 語 | おこがましい | 130 |
| □ | おこたる | 漢 | 怠る | 101 |
| □ | おさめる | 漢 | 治める | 139 |
| □ | おさめる | 漢 | 収める | 139 |
| □ | おさめる | 漢 | 修める | 139 |
| □ | おさめる | 漢 | 納める | 139 |
| □ | おじぎ | 漢 | お辞儀 | 70 |
| □ | おしなべて | 語 | おしなべて | 34 |
| □ | おしむ | 漢 | 惜しむ | 22 |
| □ | おしょく | 漢 | 汚職 | 24 |
| □ | おすみつき | 語 | お墨付き | 34 |
| □ | おせん | 漢 | 汚染 | 119 |
| □ | おぜんだて | 語 | お膳立て | 58 |
| □ | おそう | 漢 | 襲う | 114 |
| □ | おだやか | 漢 | 穏やか | 76 |
| 200 | おちいる | 漢 | 陥る | 7, 91 |
| □ | おっくう | 漢 | 億劫 | 143 |
| □ | おとしめる | 漢 | 貶める | 183 |
| □ | おどる | 漢 | 躍る | 184, 192 |
| □ | おとろえる | 漢 | 衰える | 184 |
| □ | おどろく | 漢 | 驚く | 24, 40 |

| | | | | |
|---|---|---|---|---|
| □ | おののく | 語 | 戦く | 191, 195 |
| □ | おびえる | 漢 | 怯える | 165 |
| □ | おびただしい | 語 | おびただしい | 58 |
| □ | おびやかす | 漢 | 脅かす | 162, 176 |
| □ | おぼれる | 漢 | 溺れる | 28 |
| □ | おもむく | 漢 | 赴く | 25 |
| 40 | おもむろに | 語 | おもむろに | 13, 170 |
| □ | おもわく | 漢 | 思惑 | 119 |
| □ | オリエンタリズム | 語 | オリエンタリズム | 105 |
| □ | おりにふれ | 語 | 折に触れ | 190 |
| □ | おりふし | 漢 | 折節 | 22 |
| □ | オルタナティブ | 語 | オルタナティブ | 187 |
| 200 | おんけい | 漢 | 恩恵 | 11, 142, 153 |
| □ | おんけん | 漢 | 穏健 | 118 |
| □ | おんこう | 漢 | 温厚 | 22 |
| □ | おんこちしん | | 温故知新 | 207 |
| □ | おんとう | 漢 | 穏当 | 71 |


## か


| | | | | |
|---|---|---|---|---|
| □ | か | 漢 | 禍 | 19 |

| | | | | |
|---|---|---|---|---|
| □ | かいかく | 漢 | 改革 | 19, 37 |
| □ | がいかん | 漢 | 概観 | 21 |
| □ | かいぎ | 漢 | 懐疑 | 24 |
| □ | かいぎゃく | 語 | 諧謔 | 30 |
| □ | かいきゅう | 漢 | 階級 | 44 |
| □ | かいきょ | 漢 | 快挙 | 91 |
| □ | かいきょう | 漢 | 海峡 | 51 |
| □ | かいきん | 漢 | 開襟 | 121, 139 |
| □ | かいきん | 漢 | 解禁 | 139 |
| □ | かいきん | 漢 | 皆勤 | 139 |
| □ | かいこ | 漢 | 回顧 | 74, 86, 139 |
| □ | かいこ | 漢 | 解雇 | 139 |
| □ | かいこ | 漢 | 懐古 | 139 |
| □ | かいこう | 語 | 邂逅 | 189, 192 |
| □ | かいさい | 漢 | 快哉 | 145 |
| □ | かいさい | 漢 | 開催 | 49 |
| □ | かいざい | 漢 | 介在 | 74 |
| □ | かいしゃく | 漢 | 解釈 | 42, 62 |
| □ | かいしゅう | 漢 | 改宗 | 142, 157 |
| □ | かいせき | 漢 | 解析 | 66 |
| □ | がいぜん | 漢 | 蓋然 | 162, 174 |
| □ | かいそう | 漢 | 回想 | 143, 154 |

□ えいたん 漢 詠嘆 45
□ えいち 漢 英知 52
□ えいびん 漢 鋭敏 100
□ えいゆう 漢 英雄 165, 172
□ えいよう 漢 栄養 144
□ えいり 漢 鋭利 91
□ エートス 語 エートス 169
□ えきしょう 漢 液晶 51
□ エキゾチック（エキゾティック） 語 エキゾチック（エキゾティック） 105, 110
□ エクリチュール 語 エクリチュール 33
□ エコロジー 語 エコロジー 57
200 えしゃく 漢 会釈 11, 98
□ エスニシティ 語 エスニシティ 81
□ えそらごと 語 絵空事 151
□ えたい 漢 得体 119
□ えっきょう 漢 越境 69
200 えつらん 漢 閲覧 6, 42
□ えとく 漢 会得 66
□ エビデンス 語 エビデンス 57
□ エピローグ 語 エピローグ 149
□ えもいわれぬ 語 えもいわれぬ 34
□ えらい 漢 偉い 119, 134
□ えり 漢 襟 98
□ えんえき 語 演繹 167, 174
□ えんかく 漢 沿革 97, 139
□ えんかく 漢 遠隔 139
200 えんかつ 漢 円滑 11, 42
□ えんかん 漢 円環 100
□ えんきょく 語 婉曲 33
□ えんげん 漢 淵源 118
□ えんじゅく 漢 円熟 91
□ えんせい 漢 遠征 93
□ えんどおい 漢 縁遠い 164, 173
□ えんよう 語 援用 146

## お

□ おいそれと 語 おいそれと 150
□ おういつ 語 横溢 188
□ おうおう 漢 往往 96
□ おうかん 語 往還 168
□ おうぎ 漢 奥義 73
□ おうこう 漢 横行 92
□ おうしゅう 漢 押収 90, 139
□ おうしゅう 漢 応酬 118, 139
200 おうせい 漢 旺盛 6, 90
□ おうだん 漢 横断 28, 39
□ おうと 漢 嘔吐 183
□ おうねん 漢 往年 92
□ おうへい 漢 横柄 51
□ おうぼ 漢 応募 53
□ おうらい 漢 往来 120
200 おおう 漢 覆う 4, 19, 40
□ おおざっぱ 漢 大雑把 69
□ おおづめ 語 大詰め 106
□ おおむね 漢 概ね 28
□ おかす 漢 冒す 19, 139
□ おかす 漢 侵す 139
□ おかす 漢 犯す 139
□ おかどちがい 語 お門違い 82
□ おかぶをうばう 語 お株を奪う 190
□ おかめはちもく 岡目八目 207
□ おくびょう 漢 臆病 121

| | 読み | | 語 | ページ |
|---|---|---|---|---|
| □ | いわゆる | 語 | いわゆる | 150 |
| □ | いわれはない | 語 | いわれはない | 58 |
| 40 | いわんばかり | 語 | 言わんばかり | 14, 106 |
| □ | いんがおうほう | | 因果応報 | 207 |
| □ | いんがりつ | 語 | 因果律 | 167 |
| □ | いんぎんぶれい | | 慇懃無礼 | 207 |
| □ | いんしゅう | 語 | 因習（襲） | 103 |
| □ | いんしょう | 漢 | 印象 | 95, 112 |
| □ | いんぜん | 語 | 隠然 | 78 |
| □ | いんどうをわたす | 語 | 引導を渡す | 171 |
| □ | いんねん | 漢 | 因縁 | 164 |
| □ | いんぶん | 語 | 韻文 | 147 |
| 200 | いんぺい | 漢 | 隠蔽 | 11, 50 |
| □ | いんぼう | 漢 | 陰謀 | 20 |
| □ | いんゆ | 語 | 隠喩 | 33 |
| □ | いんをふむ | 語 | 韻を踏む | 151 |

## う

| | 読み | | 語 | ページ |
|---|---|---|---|---|
| □ | うい | 漢 | 有為 | 123 |
| □ | ういてんぺん | | 有為転変 | 207 |
| □ | うおうさおう | | 右往左往 | 207 |
| □ | うかがう | 漢 | 窺う | 143 |
| □ | うがつ | 漢 | 穿つ | 145 |
| □ | うけたまわる | 漢 | 承る | 20 |
| □ | うこさべん | | 右顧左眄 | 207 |
| □ | うごのたけのこ | 語 | 雨後の筍 | 131 |
| □ | うさんくさい | 語 | 胡散臭い | 34, 40 |
| □ | うず | 漢 | 渦 | 27 |
| □ | うぞうむぞう | | 有象無象 | 207 |
| □ | うそもほうべん | 語 | うそも方便 | 35 |
| □ | うたう | 漢 | 謳う | 165 |
| □ | うちゅう | 漢 | 宇宙 | 73 |
| □ | うつ | 漢 | 撃つ | 138 |
| □ | うつ | 漢 | 討つ | 138 |
| □ | うつす | 漢 | 移す | 138 |
| □ | うつす | 漢 | 映す | 138 |
| □ | うつす | 漢 | 写す | 138 |
| □ | うったえる | 漢 | 訴える | 185, 193 |
| □ | うってつけ | 語 | 打ってつけ | 151 |
| □ | うとい | 漢 | 疎い | 68 |
| 200 | うとむ | 漢 | 疎む | 7, 24 |
| 200 | うながす | 漢 | 促す | 5, 120 |
| □ | うなずく | 漢 | 頷く | 165 |
| □ | うばう | 漢 | 奪う | 118, 135 |
| □ | うよきょくせつ | | 紆余曲折 | 207 |
| □ | うらうち | 語 | 裏打ち | 131 |
| □ | うらやむ | 漢 | 羨む | 99 |
| □ | うらをかく | 語 | 裏をかく | 59 |
| 200 | うるおす | 漢 | 潤す | 7, 90 |
| □ | うんさんむしょう | | 雲散霧消 | 207 |
| □ | うんでいのさ | 語 | 雲泥の差 | 107 |
| □ | うんぬんする | 語 | 云々する | 190 |
| □ | うんぱん | 漢 | 運搬 | 92, 110 |

## え

| | 読み | | 語 | ページ |
|---|---|---|---|---|
| □ | えいい | 漢 | 営為 | 19, 139 |
| □ | えいい | 漢 | 鋭意 | 138 |
| □ | えいえい | 語 | 営々 | 78 |
| □ | えいが | 漢 | 栄華 | 124 |
| □ | えいきゅうし | 漢 | 永久歯 | 125 |
| □ | えいきょう | 漢 | 影響 | 45, 61 |
| □ | えいこせいすい | | 栄枯盛衰 | 207 |
| □ | えいせい | 漢 | 衛星 | 27, 139 |
| □ | えいせい | 漢 | 衛生 | 125, 139 |
| □ | えいぞう | 漢 | 映像 | 101 |

| | | | | |
|---|---|---|---|---|
| □ | いちぐう | 漢 | 一隅 | 69 |
| □ | いちごいちえ | | 一期一会 | 206 |
| □ | いちじるしい | 漢 | 著しい | 97, 108 |
| □ | いちず | 漢 | 一途 | 116 |
| □ | いちべつ | 語 | 一瞥 | 188 |
| □ | いちまつ | 語 | 一抹 | 186 |
| □ | いちもうだじん | | 一網打尽 | 206 |
| □ | いちもくりょうぜん | | 一目瞭然 | 206 |
| □ | いちよく | 漢 | 一翼 | 95 |
| □ | いちれんたくしょう | | 一蓮托生 | 206 |
| □ | いっかくせんきん | | 一攫千金 | 206 |
| □ | いっかん | 漢 | 一環 | 68, 85 |
| □ | いっかん | 漢 | 一貫 | 118 |
| □ | いっきいちゆう | | 一喜一憂 | 206 |
| □ | いっきかせい | | 一気呵成 | 206 |
| □ | いっきとうせん | | 一騎当千 | 206 |
| □ | いっきょ | 漢 | 一挙 | 75 |
| □ | いっきょりょうとく | | 一挙両得 | 206 |
| □ | いっこ | 漢 | 一顧 | 120 |
| □ | いっこう | 漢 | 一向 | 25 |
| □ | いっこく | 漢 | 一刻 | 98 |
| 40 | いっしゅう | 語 | 一蹴 | 15, 166 |
| □ | いっしょう | 漢 | 一笑 | 93 |
| □ | いっしょくそくはつ | | 一触即発 | 206 |
| □ | いっしん | 漢 | 一新 | 101, 109 |
| □ | いっしんいったい | | 一進一退 | 206 |
| □ | いっせい | 漢 | 一斉 | 23 |
| □ | いっせきをとうじる | 語 | 一石を投じる | 107, 113 |
| □ | いっそう | 漢 | 一掃 | 48 |
| 200 | いつだつ | 漢 | 逸脱 | 7, 91, 112 |
| □ | いっちょういっせき | | 一朝一夕 | 207 |
| □ | いっぱん | 漢 | 一般 | 92, 109 |
| □ | いっぴん | 語 | 逸品 | 146 |
| □ | いつわ | 語 | 逸話 | 30 |
| □ | イデア | 語 | イデア | 169 |
| □ | イデオロギー | 語 | イデオロギー | 79 |
| □ | いでんし | 漢 | 遺伝子 | 23 |
| □ | いと | 漢 | 意図 | 92, 109 |
| □ | いど | 漢 | 緯度 | 49 |
| □ | いどむ | 漢 | 挑む | 118 |
| □ | イニシアティヴ | 語 | イニシアティヴ | 127 |
| □ | イノベーション | 語 | イノベーション | 57, 63 |
| □ | いひょう | 漢 | 意表 | 27 |
| 200 | いふ | 漢 | 畏怖 | 7, 119, 132 |
| □ | いふうどうどう | | 威風堂堂 | 207 |
| □ | いぶかしがる | 語 | 訝しがる | 82 |
| □ | いぶき | 漢 | 息吹 | 51 |
| □ | いぶつ | 漢 | 異物 | 120 |
| 40 | いみじくも | 語 | いみじくも | 15, 170 |
| □ | いみしんちょう | | 意味深長 | 207 |
| □ | いもづるしき | 語 | 芋づる式 | 170, 176 |
| □ | いやおう | 漢 | 否応 | 53 |
| □ | いやがおうでも | 語 | 否が応でも | 34, 40 |
| □ | いやす | 漢 | 癒やす | 19 |
| □ | いよう | 漢 | 異様 | 95, 138 |
| □ | いよう | 漢 | 威(偉)容 | 138 |
| □ | いらい | 漢 | 依頼 | 121 |
| □ | いりょう | 漢 | 医療 | 101 |
| □ | いりょく | 漢 | 威力 | 96 |
| □ | いわずもがな | 語 | 言わずもがな | 35 |

| | | | |
|---|---|---|---|
| □ アンソロジー | 語 | アンソロジー | 149 |
| □ あんたい | 漢 | 安泰 | 77 |
| □ あんちゅうもさく | | 暗中模索 | 206 |
| □ あんのん | 漢 | 安穏 | 19 |
| □ アンビバレント（アンビバレンス） | 語 | アンビバレント（アンビバレンス） | 128, 135 |
| □ あんもく | 漢 | 暗黙 | 26 |
| □ あんゆ | 漢 | 暗喩 | 142, 153 |


## い


| | | | |
|---|---|---|---|
| □ いいだくだく | | 唯唯諾諾 | 206 |
| □ いいよどむ | 語 | 言いよどむ | 190 |
| □ いえじ | 漢 | 家路 | 184 |
| □ いかく | 漢 | 威嚇 | 47 |
| □ いかん | 漢 | 遺憾 | 142, 154 |
| □ いき | 漢 | 遺棄 | 75 |
| □ いき | 漢 | 粋 | 117 |
| □ いぎ | 漢 | 異議 | 99, 138 |
| □ いぎ | 漢 | 威儀 | 138 |
| □ いぎ | 漢 | 意義 | 138 |
| □ いきけんこう | | 意気軒昂 | 206 |
| □ いきしょうちん | 漢 | 意気消沈 | 143 |
| □ いきとうごう | | 意気投合 | 206 |
| □ いきどおり | 漢 | 憤り | 45 |
| 40 いきょ | 語 | 依拠 | 15, 56 |
| □ いぎょう | 漢 | 偉業 | 121, 133 |
| □ いきをのむ | 語 | 息をのむ | 150, 157 |
| □ いくつ | 漢 | 幾つ | 44 |
| □ いくどうおん | 漢 | 異口同音 | 91 |
| □ いけい | 漢 | 畏敬 | 94 |
| □ いげん | 漢 | 威厳 | 71 |
| □ いご | 漢 | 囲碁 | 119, 133 |
| □ いこう | 漢 | 憩う | 43 |
| □ いこう | 漢 | 威光 | 138 |
| □ いこう | 漢 | 意向 | 138 |
| □ いこう | 漢 | 移行 | 138 |
| □ いさかい | 漢 | 諍い | 145 |
| □ いざしらず | 語 | いざ知らず | 58 |
| □ いし | 漢 | 意志 | 101, 113 |
| 200 いじ | 漢 | 維持 | 9, 19, 38 |
| □ いしき | 漢 | 意識 | 44, 63 |
| 200 いしずえ | 漢 | 礎 | 9, 42 |
| □ いしゅく | 漢 | 萎縮 | 43 |
| □ いしょう | 漢 | 意匠 | 124, 138 |
| □ いしょう | 漢 | 衣装 | 138 |
| □ いじょう | 漢 | 異常 | 100 |
| □ いしょく | 漢 | 委（依）嘱 | 138 |
| □ いしょく | 漢 | 異色 | 138 |
| □ いしょく | 漢 | 移植 | 138 |
| □ いしん | 漢 | 威信 | 67 |
| □ いしん | 漢 | 維新 | 74 |
| □ いじん | 漢 | 偉人 | 21 |
| □ いしんでんしん | | 以心伝心 | 206 |
| □ いぜん | 漢 | 以前 | 98, 112 |
| 200 いぜん | 漢 | 依然 | 6, 182, 193 |
| □ いそう | 語 | 位相 | 126 |
| □ いぞん | 漢 | 依存 | 182, 197 |
| □ いだい | 漢 | 偉大 | 165, 172 |
| □ いだく | 漢 | 抱く | 118, 135 |
| □ いたずらに | 語 | いたずらに | 106 |
| □ いたむ | 漢 | 悼む | 53, 138 |
| □ いたむ | 漢 | 傷む | 138 |
| □ いたむ | 漢 | 痛む | 138 |
| □ いたん | 漢 | 異端 | 145 |
| □ いちがん | 漢 | 一丸 | 75 |
| □ いちぎてき | 語 | 一義的 | 148, 154 |

## あ


| | | | | |
|---|---|---|---|---|
| □ | アーカイブ | 語 | アーカイブ | 129 |
| □ | アイオーティー | 語 | IoT | 129 |
| □ | あいがん | 漢 | 哀願 | 19 |
| 200 | あいさつ | 漢 | 挨拶 | 7, 183, 197 |
| □ | あいしゅう | 漢 | 哀愁 | 118 |
| □ | あいしょう | 漢 | 愛称 | 21 |
| □ | あいせき | 漢 | 哀惜 | 53 |
| □ | あいせき | 漢 | 愛惜 | 68 |
| □ | あいぼ | 漢 | 愛慕 | 97 |
| □ | あいぼう | 漢 | 相棒 | 26 |
| 200 | あいまい | 漢 | 曖昧 | 4, 42 |
| □ | あいまって | 語 | あいまって | 130 |
| □ | あいろ | 語 | 隘路 | 126 |
| □ | アイロニー | 語 | アイロニー | 31 |
| □ | あえない | 語 | あえない | 190 |
| □ | あおぐ | 漢 | 仰ぐ | 69 |
| □ | あがなう | 漢 | 贖う | 183 |
| 200 | あきらめる | 漢 | 諦める | 10, 101 |
| □ | アクセシビリティ | 語 | アクセシビリティ | 127 |
| □ | あくせんくとう | | 悪戦苦闘 | 206 |
| □ | あくとう | 漢 | 悪党 | 27 |
| □ | あくむ | 漢 | 悪夢 | 24 |
| □ | あげく | 漢 | 挙句 | 118 |
| □ | あげくのはて | 語 | 挙げ句の果て | 131 |
| □ | あげつらう | 語 | あげつらう | 130 |
| 200 | あこがれる | 漢 | 憧れる | 10, 90 |
| □ | あざむく | 漢 | 欺く | 124 |
| □ | あざやか | 漢 | 鮮やか | 49 |
| □ | あさる | 漢 | 漁る | 24 |
| □ | アジェンダ | 語 | アジェンダ | 127 |
| □ | あしがとおくなる | 語 | 足が遠くなる | 190 |
| □ | あずかる | 語 | 与る | 82 |
| □ | あせる | 漢 | 焦る | 46 |
| □ | あっかん | 漢 | 圧巻 | 69 |
| 200 | あっとう | 漢 | 圧倒 | 8, 96 |
| □ | あつものにこりてなますをふく | 語 | 羹に懲りて膾を吹く | 191 |
| □ | あつれき | 語 | 軋轢 | 168, 172 |
| □ | あなどる | 漢 | 侮る | 67, 84 |
| □ | アナロジー | 語 | アナロジー | 167 |
| □ | あびきょうかん | 語 | 阿鼻叫喚 | 206 |
| □ | あびる | 漢 | 浴びる | 118 |
| □ | アプリオリ | 語 | アプリオリ | 169 |
| □ | あふれる | 漢 | 溢れる | 185, 192 |
| □ | アポリア | 語 | アポリア | 167 |
| 40 | あまつさえ | 語 | あまつさえ | 15, 83, 86 |
| □ | あみめ | 漢 | 網目 | 91 |
| □ | あやうい | 漢 | 危うい | 163, 177 |
| □ | あやつる | 漢 | 操る | 25, 39 |
| □ | あやまる | 漢 | 誤る | 138 |
| □ | あやまる | 漢 | 謝る | 138 |
| □ | あらがう | 漢 | 抗う | 53 |
| □ | あらわす | 漢 | 著す | 77 |
| □ | ありゅう | 語 | 亜流 | 103 |
| □ | アルゴリズム | 語 | アルゴリズム | 127 |
| □ | あわただしい | 漢 | 慌ただしい | 19 |
| 200 | あわてる | 漢 | 慌てる | 7 |
| □ | あわよくば | 語 | あわよくば | 83, 85 |
| □ | あんい | 漢 | 安易 | 120, 134 |
| □ | あんかん | 漢 | 安閑 | 50 |
| □ | あんけん | 漢 | 案件 | 125 |

# 索引

- 掲載した漢字を五十音順に並べています（付録・入試問題を除く）。
- 最頻出漢字の２００語には200、
  最重要語彙の４０語には40をつけています。
- 同音異義語が学習しやすいように　で表示しました。

営業所のご案内

札幌／仙台／東京／東海　(03) 5302-7010
大阪／広島／福岡　(06) 6368-8025

営業時間　9:00 ～ 17:00（土日祝を除く）

# 上級入試漢字・語彙

2023 年 10 月 20 日　初　版第 1 刷発行
2024 年 1 月 10 日　初　版第 2 刷発行

編　者　桐原書店編集部
発行人　門間　正哉
発行所　株式会社 桐原書店
〒 114-0001　東京都北区東十条 3-10-36
TEL：03-5302-7010（販売）
www.kirihara.co.jp
装丁＋本文レイアウト　塙 浩孝（ハナワアンドサンズ）
印刷＋製本　図書印刷株式会社



ISBN978-4-342-35407-6
Printed in Japan